Léon Brunschvicg

Écrits philosophiques

Tome I. L'humanisme de l'Occident
- Descartes - Spinoza - Kant

 Le code de la propriété intellectuelle du 1er juillet 1992 interdit en effet expressément la photocopie à usage collectif sans autorisation des ayants droit. Or, cette pratique s'est généralisée dans les établissements d'enseignement supérieur, provoquant une baisse brutale des achats de livres et de revues, au point que la possibilité même pour les auteurs de créer des œuvres nouvelles et de les faire éditer correctement est aujourd'hui menacée. En application de la loi du 11 mars 1957, il est interdit de reproduire intégralement ou partiellement le présent ouvrage, sur quelque support que ce soir, sans autorisation de l'Éditeur ou du Centre Français d'Exploitation du Droit de Copie, 20, rue Grands Augustins, 75006 Paris.

ISBN : 978-3-98881-993-2

10 9 8 7 6 5 4 3 2 1

Léon Brunschvicg

Écrits philosophiques

Tome I. L'humanisme de l'Occident
- Descartes - Spinoza - Kant

Table de Matières

INTRODUCTION	7
DESCARTES	17
SPINOZA	121
KANT	193
APPENDICES	314

INTRODUCTION : L'HUMANISME DE L'OCCIDENT [1]

L'Orient, de loin, c'est quelque chose. De près, c'est beaucoup de choses, les unes que l'Occident a connues, et les autres qu'il ne connaît pas, dont l'Orient lui-même est loin d'avoir jamais pris conscience. Aussi l'antithèse *Orient-Occident* n'a-t-elle chance de fournir un thème à des réflexions utiles que si l'on commence par la considérer dans les termes où elle s'est effectivement proposée à l'Europe, *le long*, pour ainsi dire, *de ses frontières historiques.*

La civilisation d'Occident affleure, dans l'histoire, avec l'arithmétique de Pythagore, avec la *maïeutique* de Socrate. Et certes, à travers les siècles de la décadence hellénistique, Pythagore et Socrate retomberont au niveau où les légendes orientales laissent leurs héros : ils deviendront maîtres de divination ou faiseurs de miracles. Cependant il suffit de savoir qu'un schisme s'est produit effectivement à l'intérieur de l'école pythagoricienne, entre *acousmatiques* et *mathématiciens,* c'est-à-dire entre traditionalistes de la *fides ex auditu* et rationalistes de la *veritas ex intellectu,* pour avoir l'assurance que, bien avant l'ère chrétienne, l'Europe a conçu l'alternative de la *théosophie* et de la *philosophie sous* une forme équivalente à celle qui se pose devant la pensée contemporaine. Rappelons-nous encore l'anecdote rapportée par Aristoxène de Tarente, contemporain d'Aristote. Nous y voyons Socrate, l'interrogateur, soumis lui-même à l'interrogatoire d'un Hindou, qui, se trouvant à Athènes, lui demande quelle philosophie il pratiquait. Socrate répond que ses recherches portaient sur la vie humaine. Et l'Hindou se met à rire : *on ne peut pas contempler les choses humaines, si l'on ignore les choses divines.*

Et la même opposition, Orient et *Occident* pour parler un langage géographique, mais qui est aussi *moyen âge* et civili*sation* du point de vue historique, *enfant* et *homme* du point de vue pédagogique, a fait le fond de la littérature platonicienne. Quel est le rapport de la *mythologie,* fixée par le « Moyen âge homérique », à la *dialectique* issue des progrès de la mathématique ? Le problème s'est resserré sur le terrain de l'astronomie où devaient entrer en

---

[1] Conférence faite pendant l'hiver de 1926-1927, à l'École des Hautes Études sociales. A paru dans : P. ARCHAMBAULT, G. BERNOVILLE, etc., *La Renaissance religieuse,* Paris, F. Alcan, 1928, pp. [230]-243.

conflit, d'une façon décisive, le spiritualisme absolu de Platon et le réalisme d'Aristote. La valeur essentielle de la science, suivant Platon, est dans son pouvoir d'affranchissement à l'égard de l'imagination spatiale. Telle est la doctrine qui est au centre de la *République*. Selon le VIIe Livre, l'arithmétique et la géométrie ont une tout autre destinée que d'aider les marchands dans leur commerce ou les stratèges dans la manœuvre des armées ; elles élèvent l'âme au-dessus des choses périssables en lui faisant connaître ce qui est toujours ; elles l'obligent à porter en haut son regard, au lieu de l'abaisser, comme on le fait d'habitude, sur les choses d'ici-bas. Encore Platon n'emploie-t-il ces métaphores que pour avoir l'occasion d'insister sur leur sens métaphorique. Dans la considération de l'astronomie, enfin, la doctrine livre son secret, par l'antithèse qu'elle établit entre le réalisme de la matière et l'idéalisme de l'esprit, entre la valeur de la transcendance cosmique et la valeur de l'intériorité rationnelle. La dignité de l'astronomie n'est pas dans la supériorité locale de ses objets : « Tu crois donc que si quelqu'un distinguait quelque chose en considérant de bas en haut les ornements d'un plafond, il regarderait avec les yeux de l'âme et non avec les yeux du corps ?... Qu'on admire la beauté et l'ordre des astres dont le ciel est orné, rien de mieux ; mais, comme après tout ce sont des objets sensibles, je veux qu'on mette leurs objets bien au-dessous de la beauté véritable que produisent la vitesse et la lenteur réelles dans leurs rapports réciproques et dans les mouvements qu'ils communiquent aux astres, selon le vrai nombre et selon toutes leurs vraies figures. » Platon insiste encore d'une manière particulièrement significative dans le *Phèdre* : « Celui qui a le courage de parler de la vérité selon la vérité, doit chercher, à la fois un dehors du ciel et au delà de la poésie, ce qui existe sans aucune forme visible et palpable, objet de la seule intelligence par qui l'âme est gouvernée. »

Mais après Platon, ou du moins après Archimède, la spiritualité de la culture hellénique s'efface. L'*animisme* et l'*artificialisme*, qui caractérisent, selon les expressions de M. Piaget, *la représentation du monde chez l'enfant*, rentrent victorieusement en scène avec la métaphysique d'Aristote, incapable, pour parler avec M. Léon Robin, de « ménager de transition, sinon astrologique, entre l'intelligible et le sensible ». Dieu n'est plus ce qui est compris et aimé du dedans,

INTRODUCTION : L'HUMANISME DE L'OCCIDENT

tel l'*Un-Bien* de Platon ; c'est ce qui est imaginé en haut, c'est le *moteur immobile* auquel sont suspendues les âmes bienheureuses des astres ; l'ordonnance de la métaphysique aristotélicienne, de toutes les métaphysiques établies sur le modèle aristotélicien, implique une invention de créatures placées hiérarchiquement, c'est-à-dire situées topographiquement, au-dessus du monde sublunaire. La défaite de l'idéalisme platonicien sous les coups du réalisme aristotélicien engage la destinée de l'Europe pendant les vingt siècles qui vont s'écouler jusqu'à la renaissance cartésienne.

Une telle conclusion pourrait soulever quelques doutes : comme elle est capitale pour le problème que nous essayons de déterminer, on serait tenté de la rapporter à une sorte de construction rétrospective qui nous conduirait, par un procédé facile et fallacieux, là où nous avions pris le parti d'aboutir. Il est donc important d'invoquer ici des témoignages irrécusables. Or, l'écrivain qui a le plus fait au XIXe siècle pour exalter Aristote aux dépens de Platon, qui a célébré dans le cours de la spéculation aux premiers temps de l'ère chrétienne « l'avènement de l'Aristotélisme à la domination universelle », Félix Ravaisson, lui-même, a signalé l'intérêt pathétique d'une question posée par le représentant le plus autorisé de l'école péripatéticienne, par Théophraste : « Tandis que le philosophe *(écrit-il en parlant d'Aristote)*, qui a reconnu dans la pensée le principe de tout le reste, préoccupé cependant d'une vénération superstitieuse pour le monde physique, voit encore dans le mouvement régulier des sphères célestes la plus haute forme de la vie, et n'hésite pas à mettre la condition des astres fort au-dessus de celle des humains, Théophraste se demande si le mouvement circulaire n'est pas au contraire d'une nature inférieure à celui de l'âme surtout au mouvement de la pensée, duquel naît ce désir où Aristote lui-même a cherché la source du mouvement du ciel. »

A la question précisée par ce fragment de Théophraste, qui sonne comme un adieu de l'Occident à lui-même, nous savons qu'il a fallu attendre plus de vingt siècles pour que Descartes y apporte enfin la réponse. Dans l'intervalle, l'éclipse des valeurs proprement et uniquement spirituelles sera complète dans la littérature européenne : la voie est libre aussi bien pour l'importation directe des divers cultes d'Égypte ou d'Asie que pour les fantaisies de synthèses entre le vocabulaire des Écoles philosophiques et la tradition des récits mythologiques.

C'est de Descartes que date le retour à la spiritualité pure par laquelle Platon avait mis en évidence le caractère de la civilisation occidentale : « Toutes les sciences (écrit-il dans la première des *Règles pour la direction de l'esprit*), ne sont rien d'autre que la *sagesse humaine*, laquelle demeure toujours une et identique, tout en s'appliquant à divers sujets, sans se laisser différencier par eux, plus que la lumière du soleil par la variété des choses qu'elle éclaire. » Mais l'humanisme de la sagesse ne manifestera toute sa vertu dans la recherche de la vérité, que s'il a conquis, par une ascèse préalable, sa liberté totale à l'égard des préjugés de la conscience collective. De cette ascèse, Descartes sera redevable aux *Essais* de Montaigne.

C'est un usage d'accabler Montaigne sous le grief de scepticisme sans se demander de quoi et pourquoi il est sceptique. Nul pourtant n'a eu un sens plus scrupuleux et plus profond de la vérité. « On reçoit la médecine comme la géométrie », écrit-il ; et d'un mot il écarte les superstitions ridicules, les pratiques occultes, qui apparentent le XVIe siècle au Moyen âge, et qui, même plus tard, font de Bacon, malgré ses prétentions à la méthode, l'un des plus complets et l'un des plus déconcertants parmi les exemplaires de la crédulité humaine. A aucun moment l'enthousiasme que Montaigne professe pour les lettres antiques, ne le détourne de mettre au jour les contradictions ruineuses des doctrines que la Grèce nous a transmises en matière de logique et de physique, de métaphysique et de morale. Montaigne va plus loin encore : il tire des guerres de religion l'effroyable « moralité » qu'elles comportent ; il a le courage d'insister, au début de son *Apologie de Raimond Sebond*, sur le contraste, qu'on dirait diabolique, entre le christianisme tel qu'il se prêche et la chrétienté telle qu'elle vit.

Il ne faut donc point se laisser tromper par l'attitude d'ironique réserve, que Montaigne étendra, des affirmations téméraires où s'aventurent philosophes et théologiens, aux négations sommaires que la Renaissance leur a parfois opposées. On ne trouvera point chez Montaigne cette « fausse humilité », masque de l'orgueil, qui refuse à la raison l'accès de problèmes qu'elle déclare impénétrables pour la faiblesse humaine, puis qui, tout d'un coup, se prévaudra d'inspirations ou de traditions auxquelles le caprice

INTRODUCTION : L'HUMANISME DE L'OCCIDENT

seul a pu conférer une apparence d'autorité. Si Montaigne évite de s'égarer dans les hauteurs où il pourrait aborder de front les formules transcendantes des dogmes, c'est pour en scruter les racines dans le sol humain, « trop humain », de notre propre histoire. Le crédit des lois repose, non sur la justice, mais sur la coutume qui en est, dira-t-il expressément, le *fondement mystique*. Et il n'y a pas, selon Montaigne deux psychologies, ou comme nous dirions aujourd'hui, deux sociologies, l'une en matière profane, l'autre en matière sacrée. La foi religieuse est d'essence géographique : « Nous sommes chrétiens à même titre que nous sommes ou Périgordins ou Alemans. »

Voici donc ce qui se dégage avec les *Essais* pour former comme la première assise du spiritualisme occidental : une histoire *naturelle* des croyances au *surnaturel*, cette histoire même que Fontenelle et Bayle, Hume et Voltaire, de nos jours enfin MM. Frazer et Lévy-Bruhl, poursuivent, embrassant un champ de plus en plus vaste, selon des procédés de plus en plus assurés. Les explications totales, celles qui apportent à l'homme la clé de n'importe quelle énigme, depuis la création du monde jusqu'à la survie ou la résurrection des morts, sont, pour reprendre le titre de l'excellent ouvrage de M. Daniel Essertier, des *formes inférieures d'explication*. Dieu n'a pu être élevé au-dessus du principe d'identité que par des hommes demeurés eux-mêmes au-dessous du seuil de la logique. Tout recours au primat de la tradition nous rejette donc dans le lointain de la « mentalité primitive », à partir de laquelle se déroule, ininterrompu, le tissu *mystique*, ou *mystifiant* pour parler plus exactement, des représentations collectives. Pas de peuple d'élection, pas de culte d'exception. Ce n'est pas défendre l'Occident que de plaider pour l'incarnation du Christ contre l'incarnation du Bouddha ; au contraire, le trait caractéristique des communautés orientales est que chacune met sa propre Église et sa propre orthodoxie en concurrence avec les Églises voisines et les orthodoxies rivales. Par delà les luttes perpétuelles des espèces éclate, aux yeux d'un observateur impartial et désintéressé, l'identité du genre. Et déjà Montaigne se plaisait à relever dans l'*Apologie de Raimond Sebond*, les étranges exemples de « similitudes et convenances » que « le nouveau monde des Indes occidentales » offre avec le nôtre, « présent et passé » : *circoncision* et *croix*, *usage des mitres* et *célibat*

11

des prêtres. Il prenait à témoins les « cannibales » venus à Rouen du temps de Charles IX, pour se convaincre, et pour convaincre ses lecteurs, que « chacun appelle *barbarie* ce qui n'est pas de son usage ».

Telle est la première perspective de la sagesse occidentale selon Montaigne, et telle déjà elle inquiétait la clairvoyance de Pascal. Mais, depuis Descartes, on ne peut plus dire que la vérité d'Occident tienne tout entière dans la critique historique et sociologique des imaginations primitives. *Sortir de la sujétion de ses précepteurs, s'abstenir de lire des livres ou de fréquenter des gens de lettres, rouler çà et la dans le monde, spectateur plutôt qu'acteur en toutes les comédies qui s'y jouent*, ce ne seront encore que les conditions d'une ascétique formelle. A quoi bon avoir conquis la liberté de l'esprit si l'on n'a pas de quoi mettre à profit sa conquête ? Montaigne est un érudit ou, comme dira Pascal, un *ignorant* ; dans le réveil de la mathématique il ne cherche qu'un intérêt de curiosité, qu'une occasion de rajeunir les arguties et les paradoxes des sophistes. L'homme intérieur demeure pour lui l'individu, réduit à l'alternative de ses goûts et de ses humeurs, penché, avec une volupté que l'âge fait de plus en plus mélancolique, sur « la petite histoire de son âme ». Or, quand Descartes raconte à son tour « l'histoire de son esprit », une tout autre perspective apparaît : la destinée spirituelle de l'humanité s'engage, par la découverte d'une méthode d'intelligence. Et grâce à l'établissement d'un type authentique de vérité, la métaphysique se développera sur le prolongement de la mathématique, mais d'une mathématique renouvelée, purifiée, spiritualisée, par le génie de l'analyse.

Le propre de la sagesse cartésienne, c'est qu'elle accepte dès l'abord, comme bienfaisante el salutaire, l'épreuve du doute de Montaigne. Si l'on réserve le point qui concerne la substance psychique et qui demeure comme une digression par rapport aux thèses essentielles du cartésianisme, aucun des dogmes enseignés par l'autorité, aucun des principes dont l'École faisait la pétition, n'intervient pour altérer la rationalité parfaite du lien entre la méthode et le système. Une même présence de lumière intérieure fait de l'existence du *moi* pensant et de l'existence du Dieu infini les moments d'une seule intuition : elle a sa racine dans la clarté et dans la distinction de la mathématique « pure et abstraite » ; elle a son application dans la

INTRODUCTION : L'HUMANISME DE L'OCCIDENT

clarté et dans la distinction d'une physique mathématique qui explique les phénomènes de l'univers comme objets de la géométrie spéculative. Le mécanisme de la nature et l'autonomie de l'esprit sont les deux faces solidaires de la science que l'homme constitue lorsque, attentif à lui-même, il déroule, par la seule spontanéité de son intelligence, les « longues chaînes de raisons », dont il appartient à l'expérience de prouver qu'elles forment en effet la trame solide des choses, indépendamment des apparences qu'y adjoint l'*animalité* des sens ou de l'imagination.

Cette intériorité de la pensée à la vérité, voilà quelle sera désormais la seconde assise, l'assise définitive, du spiritualisme occidental. Il y a presque trois siècles que le *Discours de la méthode* a terminé, décidément, le Moyen âge post-aristotélicien ; et depuis trois siècles le type de vérité, créé par l'avènement de la physique mathématique, n'a cessé, à mesure qu'il croissait en valeur objective, d'approfondir sa raison d'être, par un double appel aux initiatives humaines de l'invention analytique et de la technique expérimentale. Le savant prend conscience que son univers est d'autant plus réel qu'il s'éloigne davantage des apparences immédiates, des données sensibles, pour ramener des faits, toujours plus minutieusement précisés, à un réseau d'équations, toujours plus dense. Le langage mathématique, qui pouvait d'abord sembler si abstrait, pour ne pas dire si étrange, en face des aspects infiniment variés de la nature, est pourtant le seul dans lequel nous savons qu'elle accepte de répondre effectivement aux questions qui lui sont posées, le seul donc par quoi l'homme, acquérant la dignité de vérité, soit assuré de s'élever, par delà l'ordre de la matière et l'ordre de la vie, jusqu'à l'ordre de l'esprit.

Je ne puis pardonner à Descartes, disait Pascal. Une philosophie de l'esprit pur où l'homme prend possession de l'univers par les seules forces de sa raison, où il n'invoque la toute-sagesse et la toute-puissance de Dieu que pour faire de l'intelligence claire et distincte la norme de la réalité véritable, où Dieu lui est gagné de l'intérieur, comme *Verbe intelligible* et sans la médiation du *Messie historique*, rompt l'alternative sur laquelle l'*Apologie* projetée fondait sa meilleure chance de conversion. Il faut rabaisser l'homme au niveau de la vie simplement biologique pour faire surgir, de la misère de la nature, l'espérance d'une vie surnaturelle. C'est pourquoi Pascal travaille afin de rejeter la théologie rationnelle sur le plan de l'athéisme ; il veut que les découvertes de son génie mathématique, *calcul des probabilités* ou *géométrie infinitésimale*, soient des exercices transcendants à la raison commune ; et il y fera fond pour inviter l'homme à « dépasser l'homme », plus exactement à se laisser dépasser par Dieu. La double infinité où mathématiciens et physiciens s'engageaient avec tant d'allégresse, au début du XVIIe siècle, où lui-même il avait été tenté de reconnaître le gage, pour notre espèce, d'une destinée de progrès ininterrompu, il usera de sa merveilleuse éloquence pour la transformer en un motif de vertige et de tremblement. En fin de compte, à Méré, sceptique en mathématiques, Pascal donnera raison contre la science rationnelle d'un Descartes, de même qu'à Montaigne pessimiste en morale, il donnait raison, devant M. de Saci, contre l'exaltation rationnelle d'un Épictète. C'est que l'ordre de l'esprit est impuissant à franchir la distance entre les abstractions de l'entendement et l'âme vivante qui « cherche en gémissant » la béatitude à travers la justice, la charité à travers la vérité. Ce qui sauvera l'homme de sa propre nature, ce n'est pas « la grandeur des gens d'esprit, pourtant invisible aux rois, aux riches, aux capitaines, à tous les grands de chair » ; c'est une grandeur d'un autre ordre, « incomparablement supérieur, car il est, dit Pascal, *surnaturel* ». Ce troisième ordre est ordre de *charité*, au sens où la théologie prend le mot. Tandis que la charité stoïcienne unit l'homme à l'homme par la présence d'une raison universelle, la charité chrétienne est un influx de grâce qui descend d'un décret mystérieux sur telle ou telle créature en particulier ; elle est une subvention transcendante aux forces de la nature en nous, et sans laquelle aucun de nous, ramené à la mesure de son individualité, ne saurait obtenir le mérite de l'élu.

Ainsi, malgré son dessein de maintenir contre l'alternative philosophique de la matière et de l'esprit la seule alternative théologique de la nature et de la surnature, d'escamoter donc, pour ne considérer que les termes antithétiques du doute et de la foi, la sagesse humaine d'un Descartes « inutile et incertain », Pascal s'est trouvé amené, par la profondeur et la gravité de sa recherche à reconnaître, entre la chair et la charité, l'indépendance de l'ordre spécifiquement spirituel. N'est-ce pas là ce qui fait avant tout l'actualité permanente du recueil des *Pensées* ? Pascal n'a pas borné son horizon à l'image superficielle de l'homme simplement *double* ; il a posé le problème de sa religion dans une humanité à *trois dimensions,* où se rencontrent, sans se confondre, le plan de la critique naturaliste, le plan de la philosophie de l'esprit, le plan de la révélation surnaturelle. Or cette humanité *triple*, c'est, depuis trois siècles, *notre humanité d'Occident*, et l'on pourrait ajouter, d'un Occident chrétien, puisque Montaigne et Descartes furent, comme Pascal, des catholiques pratiquants, qu'aujourd'hui encore leur œuvre continue d'inspirer des tentatives d'apologétique.

Parce qu'il a été tout à la fois, selon ses propres expressions, « pyrrhonien, géomètre et chrétien soumis », Pascal a connu du dedans l'attitude d'un Montaigne et d'un Descartes. Il a pénétré leurs « pensées de derrière la tête » ; il a deviné leur postérité véritable. Poussant le doute aussi loin que Montaigne et sachant démontrer avec autant de rigueur que Descartes, il s'est rendu compte que chez eux la soumission religieuse était un moyen et non une fin, qu'elle correspondait, pour le *moi* humain à une manière tout hétérodoxe de s'envisager dans son origine et dans sa vocation. Le conformisme de Montaigne n'a aucun effet sur l'orientation de l'âme ; c'est une précaution pratique, destinée à la maintenir « libre et déliée » vis-à-vis de tout ce qui prétendrait forcer la conviction intime, elle lui permettrait même de vivre plus facilement en paix avec autrui si les vertus prônées par le christianisme réussissaient enfin à vaincre cette « inhumanité » que Montaigne aperçoit inhérente à la nature humaine et qu'aussi bien les Églises ont exploitée les unes contre les autres dans l'horreur des guerres religieuses. Quant aux Cartésiens, c'est à la recherche de la vérité par la démonstration rationnelle qu'ils subordonnent la soumission de la conduite. Pour Descartes ou, si l'on préfère, pour Spinoza, il faut une religion au peuple, mais en tant que le peuple est incapable de parvenir à la virilité du jugement autonome. Selon le *Traité de théologie et de politique*, qui paraît l'année même où les *Pensées* ont été publiées par les amis de Pascal, la foi anthropomorphique au Dieu oriental de l'Ancien Testament est, du point de vue de l'efficacité morale, un succédané de la connaissance véritable, qui se rattache à la raison d'Occident, et dont, avec une générosité sublime, Spinoza veut que le Nouveau Testament ait été l'annonciateur : le message de Jésus est dans l'avènement d'une catholicité absolue, exclusive par conséquent de toute détermination de symbole littéral ou de rite cultuel qui viendrait la restreindre, c'est-à-dire la nier. Selon l'*Éthique,* enfin, le mythe de l'immortalité psychique ne fait que transposer dans le langage de l'imagination la spiritualité de la vie éternelle, qui est rendue évidente par le dynamisme intuitif de l'intelligence et dont l'expérience continue fait la béatitude du sage.

Nous pouvons donc conclure : la théorie des trois ordres de grandeur, qui occupe le centre de l'apologétique pascalienne, confirme *a contrario,* elle consacre la définition de l'*humanisme occidental,* tel que la civilisation hellénique nous en offrait une première image dans la courte période où *philosophie* a signifié le contraire de *mythologie,* où le saint suivant Socrate, c'est-à-dire selon la justice intrinsèque, s'opposait au saint suivant Euthyphron, c'est-à-dire selon la volonté arbitraire des Dieux. L'œuvre de Socrate et de Platon, brusquement interrompue par la conquête macédonienne, est celle que Montaigne et Descartes ont reprise. Ils ont fait sortir à nouveau l'homme de l'enfance, en lui restituant la conscience claire de son intelligence, le discernement rationnel de la vérité. Il y a désormais une *histoire* et une *physique* dont la constitution solide, dont le progrès ininterrompu, interdisent la confusion des valeurs *surnaturelles* et des valeurs *spirituelles.* Non sans doute que le renouvellement d'une entreprise comme celle de Pascal puisse être préjugé impossible ; mais, si l'accès à un ordre qui serait *supra-spirituel* doit être procuré par « l'Écriture et le dessous du jeu », c'est-à-dire les *prophéties* et les *miracles,* il faut accepter de voir dans une profession de foi chrétienne le « renversement », et non plus le prolongement, de toute discipline de vérité dans la connaissance de l'humanité ou de la nature. « La sagesse qui renvoie à l'enfance », c'est, devant l'homme qui juge par l'esprit, la *folie de la croix.*

Nous n'avons pas à conduire notre étude plus loin que la détermination des conditions distinctes du problème. Mais peut-être cette détermination n'est-elle pas sans intérêt pour définir en leurs termes authentiques les rapports de l'Orient et de l'Occident tels qu'ils se présentent à la réflexion contemporaine. Là où font défaut le scrupule de la critique historique et le progrès du savoir scientifique, il faut convenir que les valeurs proprement *spirituelles* demeurent impliquées, comme matérialisées, dans les valeurs *sur-*

naturelles qui peuvent les symboliser par analogie et pour l'imagination, mais, qui d'un point de vue plus exact, apparaissent à leurs antipodes. Par là s'explique le contre-sens d'un Orient, en grande partie encore puéril et médiéval, sur un Occident où ont été créées les méthodes qui seules exaucent effectivement l'espérance humaine de comprendre et de vérifier. Mais ce n'est pour personne un avantage que des Occidentaux travaillent eux-mêmes à provoquer ou à propager une idée caricaturale de leur propre civilisation par les simplifications abusives, d'essence démagogique et primaire, que des hommes de lettres à la manière de Rousseau, des théologiens à la manière de Joseph de Maistre, ont pris peu à peu coutume d'introduire dans des problèmes de philosophie pure.

Notes bibliographiques

On trouvera l'exposé des principaux thèmes de cet article dans *Le progrès de la conscience dans la philosophie occidentale,* éd. 1927, introduction, t. I, pp.[XIII]-XXIII ; dans *Du XIXe au XXe siècle,* IIIe Partie : L'humanisme de l'intelligence, dans la *Revue de Paris,* 1er février 1927, 34e année, n° 3, pp. [576]-591 ; également dans l'*Esprit européen,* La Baconnière, 1947. Cf. aussi *Le rôle de l'homme occidental,* appendice II du présent ouvrage.

Pour l'humanisme de la Science, cf. *L'expérience humaine et la causalité physique,* éd. 1949, VIe Partie, liv. XX, ch. LVI, surtout § 272, 273, 274, pp. 588-592.

DESCARTES
MATHÉMATIQUE ET MÉTAPHYSIQUE CHEZ DESCARTES [1]

[René DESCARTES, *Discours de la méthode.* Texte et commentaire, par Étienne Gilson, chargé de cours à la Sorbonne, directeur d'Études à l'École pratique des Hautes Études religieuses (1 vol. in-8° de XVI-494 pages, Vrin, 1925).]

---

[1] A paru dans *Revue de métaphysique et de morale,* juillet-septembre 1927, 34e année, n° 3, pp. [277] 324.

« Le Discours de la méthode *pour bien conduire sa raison et chercher la vérité dans les sciences* fut achevé d'imprimer le 8 juin 1637, à Leyde, chez Jean Maire... A vrai dire, les premiers lecteurs ne s'arrêtèrent pas beaucoup à ce Discours préliminaire et s'occupèrent surtout des trois essais dont il était suivi : la *Dioptrique,* les *Météores* et la *Géométrie...* Depuis, l'intérêt s'est déplacé. Aujourd'hui, les trois *Essais* n'ont qu'une valeur historique ; la science a depuis longtemps dépassé les conceptions de Descartes ; le *Discours de la méthode* apparaît au contraire, de plus en plus, à mesure que la pensée moderne prend conscience d'elle-même, comme la définition encore enveloppée, mais très exacte dans son contenu implicite, du rôle véritable et des moyens réels de la philosophie. »

Ces lignes excellentes sont tirées de l'*Introduction* à une édition classique du *Discours,* elle-même excellente, que M. Paul Landormy a publiée en 1899. Elles définissent exactement le point de vue auquel le *Discours* est étudié dans nos classes, pour initier de jeunes esprits aux grands problèmes de la spéculation contemporaine. Et, du même coup, par contraste, elles permettent de mesurer l'originalité presque paradoxale de l'entreprise que M. Gilson a tentée et qu'il a si brillamment réussie. On peut dire qu'il a redécouvert le *Discours,* à titre d'écrit de 1637, destiné à éclairer des *Essais,* qui se présentent sans doute comme des œuvres d'ordre technique, mais qui, pourtant, ne sont nullement comparables aux travaux d'un savant d'aujourd'hui, marchant sur les traces de ses prédécesseurs, appliquant les procédés qu'ils lui ont transmis à des problèmes déjà posés par eux. Selon une distinction de termes familière à Descartes, il faut voir dans le *Discours* l'*explication* de ce qui, dans les *Essais,* est la marque d'une révolution véritable dans la conception séculaire de la mathématique d'une part, de la physique de l'autre, tandis que les *Essais* eux-mêmes sont la « preuve » de l'excellence et de l'universalité de la méthode formulée dans la IIe Partie du *Discours.*

Telle est la perspective initiale du manifeste lancé par Descartes en 1637. Et des 400 grandes pages du *Commentaire* que M. Gilson consacre, ligne par ligne, au texte du *Discours,* il n'en est pas une qui ne soit destinée à fixer le moment de l'histoire où il a été composé, à en faire revivre la pensée, telle qu'elle s'est effectivement développée dans l'esprit de son auteur, telle qu'elle s'est offerte à ses premiers lecteurs. Il est superflu de rappeler à quel point M. Gilson était prêt à considérer ainsi Descartes, en fonction de ceux qu'il a lus, et non de ceux qui devaient le lire. Le très grand et très légitime succès qu'ont rencontré ses diverses publications sur le Moyen âge est dû, non seulement à la simplicité entraînante de l'exposé, à la solidité directe de l'interprétation, mais à une alliance, que nous n'oserions pas dire toute nouvelle en ces matières, qui demeure toutefois assez rare, de sympathie intime et d'objectivité historique.

C'est à l'état de l'enseignement scolastique, au début du XVIIe siècle, que se réfère la Première Partie du *Discours de la méthode*. Comme philosophe, mais surtout comme géomètre et comme physicien, Descartes est tenu à justifier la rupture de sa doctrine avec la tradition ; et c'est pourquoi, racontant « l'histoire de son esprit », il fait, en termes volontairement adoucis, la critique d'une éducation où tout passait pour vérité, sauf la vérité elle-même. De cette éducation, néo-thomiste plus encore que thomiste, où était accentuée, comme le rappelle M. Gilson (p. 118, *ad* p. 6, 1. 8) la stricte soumission du dogme philosophique à la discipline théologique, Montaigne a libéré Descartes. Depuis que le mouvement de contre-réformation a unifié la scolastique, l'opposition au dogmatisme d'inspiration aristotélicienne ou néoplatonicienne a passé du monde des clercs au monde des laïques. Descartes reproduit les phrases les plus typiques des *Essais* dans le *Discours* sans avoir besoin d'indiquer l'origine de ses emprunts, comme on citait la Bible ou l'Évangile ; les rapprochements de textes que M. Gilson a multipliés attestent quel était alors l'ascendant prestigieux de Montaigne sur la jeunesse de France.

Mais voici que le génie apparaît pour exercer sa fonction de renouvellement total. Au lieu de chercher un moyen terme entre les deux partis de la vieille alternative, Descartes, à la lumière d'une vérité qu'elle laissait échapper, éclaire la vanité de l'alternative elle-même. Il abandonne à leurs disputes séculaires l'ontologie illusoire des péripatéticiens et l'empirisme stérile des sceptiques ; il introduit, ou, si l'on préfère, il fait rentrer en scène, un troisième personnage que ni celui-ci ni celle-là n'ont connu : le *philosophe accoutumé, par la pratique des mathématiques, à « se repaître de vérités » et à « ne pas se contenter de fausses raisons »*. Sortir de la sujétion de ses précepteurs, c'est, selon Descartes, faire passer l'humanité de l'âge puéril à l'âge viril, en lui apportant une méthode capable d'assurer le discernement du vrai et du faux.

La méthode dans la mathématique cartésienne

Du point de vue historique, le commentaire de la méthode cartésienne soulève un problème d'un intérêt capital, celui du rapport entre les *Regulae ad directionem ingenii* (qui ne peuvent guère être postérieures à 1629) et le *Discours* de 1637. Si nous l'avons bien compris, M. Gilson, ainsi qu'on le fait d'ordinaire, ainsi que le faisait tout récemment encore M. Cresson dans ses études si alertes et si claires sur les *Courants de la pensée philosophique française* (1927, t. I, p. 37), suppose qu'il suffit de recourir au texte des *Regulae* pour saisir, sous une forme explicite et développée, ce que Descartes a indiqué, d'une façon volontairement elliptique, dans les quatre règles. Rien, d'ailleurs, qui semble plus naturel. Dans un *Discours* écrit en langue française, d'allure populaire, Descartes, pas plus d'ailleurs que dans les *Essais* qui suivent, ne s'est soucié, nous le savons, de livrer en termes tout à fait clairs et distincts le secret de sa pensée. Il résume donc en quatre courts préceptes, dont la simplicité, dont la banalité apparente, aura toute chance de passer pour inoffensive, les règles dont il avait commencé, quelques années auparavant, de faire un exposé détaillé. Le commentaire signé du nom de Descartes s'inscrit donc de lui-même en marge des règles du *Discours*.

Mais, si légitime que soit cette présomption, nous croyons qu'elle se trouve effectivement démentie par un examen attentif de l'évolution de la pensée cartésienne, entre les *Regulae*, d'une part, et, d'autre part, la *Géométrie*, avec laquelle le *Discours* fait corps. A travers la carrière de Descartes, jusqu'en 1637, nous apercevons la continuité d'un progrès scientifique, qui est issu de la découverte de la méthode, *mais qui n'a cessé de réagir sur la conscience que Descartes a prise de cette méthode*, dans son rapport à la psychologie de l'intelligence humaine et aux difficultés propres de la métaphysique. En particulier, l'effort technique provoqué par l'étude du problème de Pappus, à partir de 1631, a conduit Descartes à concevoir ce que *la Ve Méditation* appelle *Mathesis pura atque abstracta* [1]. Cette *mathématique pure* est constituée désormais dans la perfection de sa méthode, à part de la *mathématique universelle* qui était l'objet principal des *Regulae*. Là où l'unité de la méthode semblait devoir faire attendre une identité d'application scientifique, une dualité se manifeste. Et de cette dualité va surgir la question qui devient centrale dans le *Discours*, qui, selon nous, du moins, en commande l'ordonnance : de quel droit passer de la *mathématique pure à* la *mathématique universelle*, c'est-à-dire de l'analyse à la physique ?

Autant donc nous estimons utile de remonter jusqu'aux *Regulae* pour confronter le texte du *Discours* avec la forme embryonnaire que la méthode avait d'abord prise dans l'esprit de Descartes, autant il nous paraît indispensable de ne pas nous y tenir. Le complément de lumière que l'expression de la méthode en 1637 comporte par rapport à la rédaction des *Regulae*, se relie pour nous, de la façon la plus nette et la plus précise, aux nouveautés d'ordre technique qui, dans l'intervalle, ont été introduites par Descartes dans sa propre manière de procéder à la résolution algébrique des problèmes géométriques. Et c'est pourquoi la référence à la *Géométrie*, dans ce qu'elle a de spécifiquement distinct des travaux antérieurs de Descartes, est, du moins à nos yeux, ce qui explique de plus près les préceptes de la seconde partie du *Discours*. Pour cette étude, destinée à fixer la pensée mathématique de Descartes en 1637, les matériaux sont déjà réunis dans l'excellent article de M. Boyce Gibson : La géométrie de Descartes au point de vue de sa méthode [2], dans le mémoire de Pierre Boutroux, *L'imagination et les mathématiques selon Descartes*. En particulier, l'*Appendice II* de ce mémoire, intitulé *Note sur les Regulae*, pose exactement les termes du problème historique à résoudre par l'interprète de la méthode cartésienne. Nous nous bornerons à indiquer les points sur lesquels nous pouvons espérer d'ajouter au commentaire de M. Gilson quelques observations utiles.

On sait en quels termes, dans son troisième précepte, Descartes exalte la vertu créatrice de l'analyse : Conduire par ordre mes pen-

---

1 Ed. Adam-Tannery, que nous désignerons ultérieurement par A. T., VII, p. 65.
2 *Revue de métaphysique*, 1896, pp. 386 et suiv.

sées, en commençant par les objets les plus simples et les plus aisés à connaître, pour monter peu à peu, comme par degrés, jusques à la connaissance des plus composés ; et supposant même de l'ordre entre ceux qui ne se précèdent point naturellement les uns les autres. Selon le commentaire de M. Gilson, le troisième précepte, interprété à la lumière des *Regulae*, pourrait s'énoncer ainsi : « Conduire toujours par ordre ses pensées, c'est-à-dire suivre l'ordre naturel des idées là où il existe et inventer un ordre choisi pour les besoins de la cause là où cet ordre naturel n'existe pas. Cf. comme exemples de questions artificielles à résoudre, l'énigme du Sphinx et autres semblables »[1]. « Le problème des « chiffres » pour correspondre a toujours intéressé Descartes[2] et il en avait proposé un à la princesse Élisabeth dont elle n'avait guère été satisfaite » (voir t. IV, p. 524, l. 5-11). Par contre, « lorsque le problème étudié relève des sciences de la nature, ou des mathématiques, ou de la métaphysique, en un mot d'une science proprement dite, il existe un ordre naturel des choses et des idées que notre pensée doit s'employer à retrouver » (p. 209-210, ad p. 18, l. 31). Mais je souscris malaisément à une telle interprétation : on est en droit, me semble-t-il, de se demander si Descartes reprend bien à son compte le postulat sur lequel repose toute l'économie du dogmatisme péripatéticien, le postulat d'un ordre de l'être qui, non seulement préexisterait à l'ordre du connaître, mais pourrait être orienté en sens inverse. L'argumentation du doute méthodique ne consiste-t-elle pas à mettre en lumière l'inconsistance d'un semblable postulat ? En tout cas, écartant pour le moment les considérations, soit métaphysiques, soit physiques, sur lesquelles nous aurons à revenir dans l'examen des autres parties du *Discours*, et nous souciant seulement de saisir la signification de la méthode sur le terrain de la mathématique où Descartes s'est flatté d'en avoir porté, en effet, la pratique à l'absolu de sa perfection, nous considérons l'ordre progressif de l'analyse cartésienne, non comme un ordre donné dans la nature et qu'il s'agirait pour l'homme de « retrouver », mais comme un ordre que la nature en tant que telle ne peut pas nous fournir, car il est d'essence entièrement spirituelle, et, par suite, c'est à notre intelligence seule qu'il appartient de le constituer. Pour nous, donc, il conviendrait de chercher l'ordre de la pensée mathé-

---

[1] *Reg.*, XIII, t. X, 433, l. 4-14, et p. 435. l. 11-26.
[2] Cf. *Princ. phil.*, IV, 205, t. VIII, p. 327-328.

matique hors de cette alternative, à laquelle M. Gilson rapporte le troisième précepte, entre l'ordre naturel et l'ordre artificiel. L'ordre de la pensée mathématique consiste à monter comme par degrés ; et ces mots, que M. Gilson n'a pas retenus pour son commentaire, nous ne pouvons nous empêcher de croire que Descartes ne les a pas écrits au hasard ; ils sont des renvois explicites aux textes de la Géométrie où aussi bien ils apparaissent avec toute la précision de leur sens technique. Par exemple, Descartes parlera « des équations qui montent jusques au carré de quarré » (A. T., VI, p. 475) ou « des problèmes qui sont d'un degré plus composés que les solides » (ibid., p. 476). Il sera donc loisible à l'analyste de prendre pour point de départ, de « supposer », selon l'expression même de Descartes (ibid., p. 444), $x = 2$ ou $x = 3$. De là, par la multiplication de ces deux équations ramenées à la forme canonique $x - 2 = 0$ et $x - 3 = 0$, on obtiendra, dit Descartes, $x^2 - 5x + 6 = 0$, ou encore, $x^2 = 5x - 6$, « qui est une équation en laquelle la quantité x vaut 2 et tout ensemble vaut 3 ». Le secret du rationalisme moderne est tout entier dans ce début du IIIe Livre de la Géométrie, étrangement ignoré ou méconnu par tant d'historiens et de philosophes. C'est là, en effet, que se caractérise, par opposition à la déduction logique où la pensée se dégrade inévitablement à mesure qu'elle se poursuit, un processus de pensée ascendante qui est un enrichissement continu de vérité.

La même opposition qui domine l'interprétation du troisième précepte cartésien explique aussi la corrélation de l'analyse progressive au processus de régression qui la prépare et la justifie, et que le deuxième précepte explicite ainsi : *diviser chacune des difficultés que j'examinerais en autant de parcelles qu'il se pourrait, et qu'il serait requis pour les mieux résoudre.* Le commentaire de M. Gilson insiste sur l'étroite parenté du deuxième précepte avec le troisième : « Il faut d'abord découvrir le simple afin de pouvoir ensuite en partir. C'est pourquoi les deuxième et troisième préceptes, qui nous sont donnés comme distincts dans le *Discours*, nous sont, au contraire, donnés comme les deux moments d'une seule et même règle dans la rédaction des *Regulae* » (p. 205, *ad* p. 18, 1. 26).

Pour nous la question se pose un peu autrement. Si Descartes, qui, dans le *Discours de la méthode*, est si soucieux de concision, qui réduit à quatre la multiplicité des règles qu'il s'était jadis proposé d'énoncer, distingue pourtant ce que les *Regulae* confondaient, n'est-ce pas qu'il a pris davantage conscience, et qu'il voulait donner davantage le sentiment, de ce que sa méthode présentait d'original et de fécond par rapport à la tradition de la logique commune, où l'ordre de progression synthétique ne fait que reproduire, en sens inverse, l'ordre de régression analytique ? Plus les logiciens se donnent de peine pour avoir l'air d'avancer, plus ils rendent leur impuissance manifeste. Avec une surprise feinte et qui ne laisse pas d'être un peu comique chez des docteurs si graves, ils retrouvent, à mesure qu'ils rebroussent chemin, les cailloux qu'ils avaient préalablement disposés sur leur route. C'est ce que dit admirablement M. Robin [1] : « Ainsi qu'Aristote en convient lui-même, la démonstration... fait toujours l'épreuve d'une proposition très générale avec l'espoir d'y découvrir la proposition particulière qui est en question... Ce savoir prétendument infaillible se borne à articuler dans l'abstrait l'ordre naturel qu'on a précédemment dégagé, tant bien que mal, de la réalité empirique. » Dans la méthode cartésienne le rapport de la composition analytique au processus de réduction préalable est tout à fait différent. C'est une chose de mettre en équation un problème de géométrie ou de physique ; c'est une autre chose de constituer, sur le terrain de l'algèbre, le monde des équations. Les deux tâches sont corrélatives, également requises pour l'avènement de la science rationnelle ; elles n'ont cependant rien de commun ; elles demandent à être considérées chacune pour leur compte dans le travail effectif qu'elles réclament de l'esprit, dans l'attitude mentale dont elles dépendent. Elles comportent chacune leur risque propre d'erreur ; et c'est pourquoi, ainsi que l'indique d'ailleurs M. Gilson (p. 210, *ad* p. 19, l. 3), Descartes, lorsqu'il a révisé la traduction latine du *Discours,* a pris soin de distinguer deux moments dans le processus de vérification qui est exprimé par le quatrième précepte. L'un concerne l'application du second précepte : *tum in difficultatum partibus percurrendis* ; l'autre vise le troisième : *tum in quaerendis mediis.* Et toute l'histoire de la physique mathématique sera liée, en effet, au développement d'une part, et, d'autre part, aux limites, de la correspondance entre les services que le physicien réclame du mathématicien auquel il est

---

[1] *La pensée grecque* (1923, p. 308).

amené à proposer telle ou telle équation, et les ressources que le mathématicien, par l'inégal bonheur de ses solutions, met à la disposition du physicien.

Encore, si l'on veut serrer de près le sens du deuxième précepte, ne suffira-t-il pas de substituer à la considération de l'analyse logique la considération de la division mathématique en général. Le mécanisme atomistique dont, au XVIIe siècle, Bacon, Gassendi, Hobbes, se font les protagonistes, procède, lui aussi, du simple au complexe ; mais l'intelligence qui s'y manifeste demeure cette intelligence spatiale dont on peut dire avec M. Bergson qu'elle « est caractérisée par la puissance indéfinie de décomposer selon n'importe quelle loi et de recomposer en n'importe quel système » [1]. En fait, dans la conclusion des *Principes de la philosophie* (IV, 202), Descartes avertit que sa physique ne doit pas être confondue avec celle de Démocrite : car Démocrite, n'ayant d'autre moyen d'explication que la juxtaposition des petits corps dans l'espace, ne réussissait pas à expliquer « en particulier comment toutes choses avaient été formées par la seule rencontre de ces petits corps, ou bien, s'il l'expliquait de quelques-unes, les raisons qu'il en donnait ne dépendaient pas tellement les unes des autres que cela fît voir que toute la nature pouvait être expliquée en même façon ».

Voici le point fondamental : l'intelligence *atomistique n'a pas de structure* ; *l'intelligence cartésienne,* constituée par la composition analytique des équations, degré par degré, *a une structure.* C'est pourquoi la division des difficultés en « parcelles » ne saurait consister à imaginer dans l'espace des « éléments de représentation » ; elle tend uniquement à découvrir les équations du problème. Et à cet égard, dès les premières pages de sa *Géométrie,* Descartes a pris à cœur de commenter le texte du *Discours* : « Voulant résoudre quelque problème, on doit d'abord le considérer comme déjà fait, et donner des noms à toutes les lignes qui semblent nécessaires pour le construire, aussi bien à celles qui sont inconnues qu'aux autres. Puis, sans considérer aucune différence entre ces lignes connues et inconnues, on doit parcourir la difficulté selon l'ordre qui montre, le plus naturellement de tous, en quelle sorte elles dépendent mutuellement les unes des autres, jusques à ce qu'on ait trouvé moyen d'exprimer une même quantité en deux façons : ce

---

[1] *L'évolution créatrice,* p. 170.

qui se nomme une Équation, car les termes de l'une de ces deux façons sont égaux à ceux de l'autre. Et on doit trouver autant de telles équations qu'on a supposé de lignes qui étaient inconnues. Ou bien, s'il ne s'en trouve pas tant, et que, nonobstant, on n'omette rien de ce qui est désiré en la question, cela témoigne qu'elle n'est pas entièrement déterminée » (A. T., VI, 372).

Nous pouvons donc conclure : Descartes, en 1637, a parfaitement *débrouillé* ce qui, à l'époque des *Regulae*, paraît encore embrouillé dans sa pensée, tout au moins dans l'ex-pression de sa pensée. Non seulement les deux règles, touchant l'ordre pour la mise en équation et l'ordre pour la résolution des équations, sont définies chacune à part dans leur précision caractéristique. Mais encore la manière dont la mathématique détermine son propre objet subit une transformation radicale. Les *Regulae* proposaient l'établissement d'une *mathématique universelle*, qui tournait autour de la notion d'espace, telle qu'elle existait dans la géométrie commune. Elles prenaient pour point de départ l'étendue à trois dimensions, et elles généralisaient la notion de dimension en assimilant à une dimension spatiale tout ce qui est susceptible de mesure (*Reg.*, XIV ; A. T., X, 447). Mais, depuis les *Regulae*, en réfléchissant sur les moyens techniques, que sa méthode lui offrait pour la solution du problème de Pappus, en opposition avec les procédés mis en œuvre par ses contemporains, Descartes est conduit à franchir le pas d'une importance décisive pour la philosophie. Il brise décidément la correspondance entre les dimensions de l'espace et les degrés de l'équation. *Il crée une géométrie qui est avant tout une algèbre.* Et, sans doute, les « rapports ou proportions » qui suffisent à la constitution de l'analyse pure, sont susceptibles d'être représentés par des lignes ; mais la propriété caractéristique de ces lignes n'est plus inhérente, comme dans la géométrie vulgaire, à la structure de l'espace tel que notre perception l'appréhende. La longueur, qui n'est, prise dans son apparence immédiate, qu'une dimension élémentaire, traduit à elle seule tous les degrés de composition que parcourt l'activité proprement intellectuelle. D'où la révolution, d'un intérêt capital pour l'histoire de la pensée humaine, dans la relation entre l'esprit et les choses. *L'espace de la géométrie paraissait, vers 1629, un support indispensable pour le réalisme de la mathématique universelle ; l'espace de la géométrie analytique est, en 1637, un simple auxiliaire pour l'idéalisme de la mathématique pure.*

C'est de cette révolution que Descartes prend acte, dans le *Discours*, sitôt après avoir énoncé les quatre règles. L'universalité de la méthode revient à « imaginer » que toutes les choses qui peuvent tomber sous la connaissance des hommes s'entre-suivent, comme s'entre-suivent « les longues chaînes de raisons, toutes simples et faciles, dont les géomètres ont coutume de se servir pour parvenir à leurs plus difficiles démonstrations ». Mais, afin d'être en état de traduire cette « imagination » dans la réalité d'une science de la nature, il faut, préalablement à l'étude proprement physique, s'être rendu maître du domaine mathématique, où l'esprit, libre de tout préjugé, peut s'entraîner à la pratique désintéressée de la vérité. Or, écrit Descartes, « je n'eus pas dessein, pour cela, de tâcher d'apprendre toutes ces sciences particulières qu'on nomme communément mathématiques ; et, voyant qu'encore que leurs objets soient différents, elles ne laissent pas de s'accorder toutes, en ce qu'elles n'y considèrent autre chose que les divers rapports ou proportions qui s'y trouvent, je pensai qu'il valait mieux que j'examinasse seulement ces proportions en général et sans les supposer que dans les sujets qui serviraient à m'en rendre la connaissance plus aisée, même aussi sans les y astreindre aucunement, afin de les pouvoir d'autant mieux appliquer après à tous les autres auxquels elles conviendraient. Puis, ayant pris garde que, pour les connaître, j'aurais quelquefois besoin de les considérer chacune en particulier, et quelquefois seulement de les retenir ou de les comprendre plusieurs ensemble, je pensai que, pour les considérer mieux en particulier, je les devais supposer en des lignes, à cause que je ne trouvais rien de plus simple ni que je pusse plus distinctement représenter à mon imagination et à mes sens ; mais que, pour les retenir ou les comprendre plusieurs ensemble, il fallait que je les expliquasse par quelques chiffres, les plus courts qu'il serait possible ; et que, par ce moyen, j'emprunterais tout le meilleur de l'analyse géométrique et de l'algèbre, et corrigerais tous les défauts de l'une par l'autre ».

Nous avons reproduit cette page tout entière parce que l'intention de Descartes nous y paraît manifeste : il veut montrer jusqu'où il est arrivé dans la pratique de sa méthode, en réussissant à créer une théorie des équations, dont la géométrie analytique ne sera que la première application, qui, n'étant pas astreinte à la nécessité d'un graphique linéaire, aura par elle-même une valeur de pure intellectualité. M. Gilson, si nous ne nous sommes pas mépris sur sa pensée, voit les choses autrement. Sans doute renvoie-t-il aux excellents travaux de Gaston Milhaud, si déplorablement interrompus par la mort [1], et marque-t-il « la différence entre l'attitude du *Discours*, où il n'est plus question de raisonner que sur des longueurs, et les *Regulae*, qui prennent encore en considération les surfaces » (pp 220, *ad* p. 20, 1. 16-17). Mais il n'en tire aucune conséquence touchant la séparation, à l'intérieur de la mathématique, entre le moment où Descartes considère l'équation indépendamment de toute illustration géométrique et le moment où il fait appel à la représentation spatiale. Bien au contraire, son commentaire, qui ne consacre aucune note spéciale à l'incidente, pourtant décisive à nos yeux : *même aussi sans les y astreindre aucunement*, tend à en réduire singulièrement la portée, en présentant comme liés l'un à l'autre et corrélatifs ces deux moments qui, non seulement se succèdent d'une façon irréversible, mais dont le premier apparaît comme essentiel, tandis que le second demeure accidentel. Voici, en effet, ce qu'écrit M. Gilson : « La nouvelle méthode conservera de l'Analyse géométrique le secours que celle-ci reçoit de l'imagination, puisqu'elle travaillera comme elle sur des lignes, et elle conservera de l'Algèbre la brièveté que permet le symbolisme de cette science, telle que Descartes vient de la simplifier. Du même coup, Descartes corrige l'Analyse et l'Algèbre l'une par l'autre ; car, contrairement au calcul algébrique vulgaire, sa méthode s'adresse à l'esprit, puisqu'elle est une analyse, et, contrairement à la Géométrie des anciens, sa méthode n'est plus asservie à la considération des figures, parce qu'elle est une algèbre. On observera combien la méthode, telle qu'elle se constitue en 1619, est encore dominée par la préoccupation immédiate des mathématiques proprement dites, puisque, pour la transposer plus tard sur le plan métaphysique, il faudra éliminer l'imagination qui fait ici partie intégrante de sa description (les lignes) » (p. 222, *ad* p. 20, 1. 24).

Or, si nos remarques précédentes sont fondées, nous sommes autorisés à dire que cette élimination de l'imagination, Descartes l'a

---

[1] *Descartes savant*, 1921, p. 70, n. 1.

opérée, non pas en métaphysicien seulement, mais déjà en mathématicien ; *ce qui aura pour effet de mettre, dans son système, mathématique pure et métaphysique rationnelle sur le même plan de spiritualité*. C'est, en effet, une chose de dire que la méthode telle qu'elle se constitue en 1619 donne lieu à une géométrie analytique dans le sens propre du mot, c'est-à-dire à la résolution des problèmes géométriques par le moyen des équations algébriques, et c'est autre chose que d'ériger en *fin* la théorie des équations qui, sinon auparavant dans l'histoire de la pensée, du moins chez Descartes, en 1619 et probablement même en 1629, n'était encore envisagée que comme *moyen*. Dans le second cas, ce n'est plus proprement de *Géométrie analytique* qu'il s'agit, mais d'une *Algèbre pure*, qui sera seulement suivie d'une *Algèbre géométrique*. Il sera loisible au praticien de ne voir là que des questions secondaires, de se poser indifféremment des problèmes de géométrie à traiter par l'algèbre, ou des problèmes d'algèbre à traiter par la géométrie ; mais si l'on passe de la *pratique de la méthode à* la *réflexion sur la méthode, qui* est la pierre angulaire de la philosophie cartésienne, alors l'incidente : *même aussi sans les y astreindre aucunement*, apparaît dans sa portée absolue, détachant la relation algébrique du graphique linéaire qui cesse dès lors d'être « partie intégrante » de la compréhension mathématique.

Il reste sans doute vrai de dire que cette absence de représentation imaginative est le défaut de l'algèbre ; mais, aux yeux de Descartes, c'est un défaut d'ordre technique, une gêne pour l'avancement de la science, tandis que le défaut de la géométrie synthétique est un défaut d'explication, qui est d'ordre essentiel et philosophique. On ne saurait attacher la même importance au besoin explicatif que la géométrie a de l'algèbre, et à l'appui représentatif que l'algèbre trouve dans la géométrie, sans compromettre le rapport de valeurs qui sert à poser, dans le cartésianisme, le problème auquel fait allusion M. Gilson aux dernières lignes de sa note, du rôle de l'intelligence pure, de l'entendement, comme on disait au XVIIe siècle, au mathématique et au métaphysique. Si, en effet, il n'existait pas d'analyse se suffisant à elle-même, abstraction faite de toute application à une donnée de l'imagination spatiale ou de l'expérience physique, l'*étendue intelligible* qui n'est pas « spacieuse », l'*attribut étendue* qui est indivisible, seraient des mots dépourvus de sens.

L'effort commun de Malebranche et de Spinoza est suspendu, ainsi qu'en témoignent le VIe Livre de la *Recherche de la vérité*, d'une part, et, d'autre part, le *Traité de la réforme de l'entendement*, à cette intellectualité pure de l'analyse par laquelle le rationalisme classique s'est caractérisé, dans sa courte période d'histoire, entre la publication du *Discours de la méthode* et la réaction du conceptualisme leibnizien.

Au fond, il n'y a peut-être qu'une nuance entre l'interprétation que nous propose M. Gilson et le commentaire que nous voudrions y substituer. La nuance n'est pourtant pas négligeable pour le dessin de l'ensemble du *Discours*. Dans un système de spiritualisme, comme celui de Descartes, la certitude métaphysique serait nécessairement d'un autre genre que la certitude mathématique, si la certitude mathématique était liée aux conditions de l'intuition spatiale. Or, pour le lecteur des *Regulae,* cette liaison semble bien être impliquée dans l'idée de la mathématique universelle : la représentation de l'espace à trois dimensions est donnée *antérieurement* à l'apparition de la pensée mathématique et indépendante d'elle. Dans la *Géométrie,* au contraire, l'élément linéaire n'acquiert son pouvoir d'expression pour les degrés multiples d'une équation que grâce à la signification qui lui est attribuée par le mathématicien *après* la constitution d'une science autonome des équations.

Inviter ce mathématicien à supposer les « rapports ou proportions », qui sont l'objet de la *mathématique pure,* en des lignes, parce qu'on ne trouve rien de plus simple ni qui puisse plus distinctement se représenter à l'imagination, c'est lui suggérer le procédé le plus avantageux dans la pratique, mais ce n'est pas rompre, du point de vue de la méthode, la subordination de la géométrie à l'algèbre, subordination en vertu de laquelle l'objet le plus simple et le plus aisé à connaître, absolument parlant, demeure l'équation, dont la ligne est seulement l'expression sensible, le symbole imaginatif.

La transparence intellectuelle, l'autonomie spirituelle, qui caractérisent les équations de l'algèbre, sont aussi ce qui porte à sa perfection la méthode cartésienne, dans le domaine de la *mathématique pure,* en permettant d'appliquer, d'une manière tout à fait rigoureuse, le précepte : *ne recevoir jamais aucune chose pour vraie que je ne la connusse évidemment être telle.* Le problème se précise si on rappelle, avec M. Gilson, l'origine péripatéticienne des mots : *le plus aisé à connaître*. Chez Aristote et dans la tradition scolastique, cette notion souffrait d'une ambiguïté mortelle : elle signifiait, d'une part, ce que nous connaissons le mieux et, d'autre part, « ce qui est », comme dit M. Robin [1], « le plus connaissable absolument, et par nature, ou le plus intelligible ». En fait, la logique des concepts, tiraillée entre une psychologie empirique et une métaphysique ontologique, est demeurée incapable d'opérer le passage de *l'ordre pour nous* à *l'ordre en soi* ; perpétuellement tentée de violer ses propres lois, elle n'a évité la régression à l'infini qu'en recourant à des pétitions de principe décorées pour la circonstance du nom d'intuitions. Mais de l'intuition, l'ontologie logique connaît seulement le mot : une intuition ne peut avoir ni consistance ni objet tant qu'on imagine de la faire porter sur l'abstraction d'un principe ou sur la généralité de l'être. Avec la méthode cartésienne, au contraire, l'intuition a un caractère de certitude immédiate et concrète, étant d'abord l'intuition intellectuelle du mathématicien. Une telle intuition n'a pas d'objet qui lui soit extérieur ; elle est inhérente au dynamisme de l'esprit. Et, en effet, dans les relations qui servent de base à la construction du monde analytique, $x - 2 = 0$ ou $x - 3 = 0$, il n'y a rien qui puisse favoriser « précipitation » ou « prévention », rien qui puisse devenir « occasion de doute ». En dehors des chiffres 2 ou 3, les termes n'ont pas de contenu qui se représente ; ils ne servent qu'à définir ce qui est le type même de toute clarté et de toute distinction, le rapport d'égalité, l'opération de soustraction. Et dans la mise en œuvre du processus analytique, la multiplication suffit pour créer l'objet composé.

Descartes supprime toute différence de traitement entre les quantités *naturellement connues comme telles,* 2 ou 3, et les quantités *inconnues* ou même les quantités *nulles* qui, selon l'apparence naturelle, seraient bien plutôt absence de quantité ; il multiplie entre elles les expressions algébriques, *égalées* à *zéro,* comme si c'étaient des nombres donnés, — autant de paradoxes déconcertants pour ceux mêmes de ses contemporains qui étaient les représentants les plus autorisés de la science. Mais la hardiesse géniale de ces paradoxes donne son caractère d'achèvement à la méthode car-

---

[1] La pensée grecque, p. 305.

tésienne. En suspendant tout l'édifice de la science rationnelle à la seule considération des opérations arithmétiques, comme l'indique le début de la *Géométrie* (A. T., VI, 369), nous atteignons l'absolu de la connaissance : « Un enfant instruit en l'arithmétique, ayant fait une addition suivant ses règles, se peut assurer d'avoir trouvé, touchant la somme qu'il examinait, tout ce que l'esprit humain saurait trouver : car enfin la méthode qui enseigne à suivre le vrai ordre et à dénombrer exactement toutes les circonstances de ce qu'on cherche contient tout ce qui donne de la certitude aux règles d'arithmétique. »

Et, à la fin du IIIe Livre de la *Géométrie*, Descartes donne à juger qu'il n'est pas malaisé de faire un dénombrement de toutes les voies par lesquelles on peut trouver la valeur des racines d'une équation ; de telle sorte qu'on ose « assurer si une chose est possible ou ne l'est pas » (A. T., VI, 475). Aussi est-il convaincu que son analyse, atteignant comme du premier coup les limites des forces humaines, réussit infailliblement, qu'elle ait affaire à des lignes géométriques ou mécaniques (selon la terminologie des anciens), « pourvu qu'on les puisse imaginer être décrites par un mouvement continu, ou par plusieurs qui s'entre-suivent et dont les derniers soient entièrement réglés par ceux qui les précédent : car, par ce moyen, on peut toujours avoir une connaissance exacte de leur mesure » (A. T., VI, 390).

La méthode dans la métaphysique cartésienne

La positivité de la géométrie cartésienne épuise le domaine de la rationalité. A son sommet, d'une part, elle ne laissera pas de place pour une dialectique *métamathématique,* comme celle qu'ont professée Pythagoriciens et Platoniciens. D'autre part, elle ne souffre pas de divagation hors de la lumière de l'intelligence. Il ne peut y avoir de *néo-cartésianisme* auquel il arriverait, comme il est arrivé au *néo-pythagorisme ou* au *néo-platonisme,* de corrompre son inspiration spirituelle en restaurant l'imagination crédule du surnaturel. Le Moyen âge prend décidément fin, du moment que la raison, « ployable à tout sens » lorsqu'elle est inclinée au service d'une des orthodoxies qui se partagent la conscience collective, acquiert une structure propre, grâce à quoi elle acquiert la dignité d'un instrument inflexible pour la recherche du vrai.

Telle est la portée que confère à la méthode cartésienne, dans la seconde partie du *Discours,* la séparation accomplie par le progrès de la géométrie cartésienne entre la *mathématique pure* et la *mathématique universelle.* Cette séparation, à son tour, va expliquer l'architecture compliquée, tourmentée, du *Discours* tout entier. Il est clair, en effet, que si la mathématique, au lieu de se tourner vers l'esprit pour dérouler du dedans les « longues chaînes de raisons » analytiques, débouchait directement dans l'espace de la géométrie vulgaire, le cartésianisme ne s'opposerait à lui-même aucune difficulté pour passer de l'ordre des questions de mathématique à *l'ordre des questions de physique.* En fait, ainsi qu'il arrive d'ordinaire, le progrès accompli, depuis 1619 et sans doute depuis 1629, a conduit à la conscience d'une difficulté nouvelle. C'est cette conscience qui fait, selon nous, que Descartes a dû intercaler entre l'exposé de sa méthode mathématique et ses vues sur la physique, un double détour : la IIIe Partie, consacrée à *quelques-unes des règles de la morale tirées de cette méthode,* et la IVe Partie, *raisons qui prouvent l'existence de Dieu et de l'âme humaine, ou fondements de la métaphysique.*

En ce qui concerne ces deux parties, l'orientation du commentaire va être dominée par une question fondamentale : la nécessité de ce double détour a-t-elle pour effet de *détendre,* ou de *resserrer,* les liens qui rattachent les problèmes généraux de la philosophie cartésienne à l'interprétation rigoureusement analytique de la méthode ? A nos yeux, la réponse n'est pas douteuse : c'est pour demeurer fidèle à l'exigence mathématique de la méthode que Descartes a dû faire précéder l'esquisse de son système cosmologique par des considérations de morale et de métaphysique. Je ne jurerais pas qu'il en soit partout de même pour M. Gilson : plus d'une note de ce *Commentaire* que je prends la liberté de commenter, laisse l'impression qu'il est tenté d'émanciper Descartes, ou tout au moins de s'émanciper lui-même, d'une imitation trop stricte du modèle mathématique. De là certaines divergences d'interprétation qu'il n'est peut-être pas sans intérêt de signaler, par rapport à la perspective historique du cartésianisme.

Les maximes de la IIIe partie sont bien les règles d'une vie, « intégralement vouée à la pensée et à la recherche de la vérité » (p. 254, *ad* p. 27, l. 9). « Puisque la recherche de la vérité requiert ces maximes provisoires comme conditions pratiques de sa possibilité, elle les fonde ; et, inversement, elles ne sont légitimes que comme conditions préalables de la recherche de la vérité » (p. 256, *ad* p. 27, l. 22). Il y a lieu, toutefois, d'insister ; car, pourquoi l'aspiration à la vérité, qui est commune à tous les philosophes, a-t-elle, chez Descartes en particulier, cette conséquence qu'il est contraint d'examiner son attitude à l'égard de la société, à l'égard de la religion, à l'égard de son propre avenir ? C'est ce qu'on n'apercevra pas clairement et distinctement tant que l'on n'aura pas considéré d'une façon plus précise à quel point la découverte d'une méthode rationnelle, au début du XVIIe siècle, transforme, pour un « Français né chrétien », le problème de la vérité. Chez les théologiens qui avaient, au collège de La Flèche, reçu la mission d'enseigner la philosophie, la position du problème n'est qu'un prétexte à profession de foi dogmatique, tandis que Descartes médite *en vue de la vérité*, non plus *à partir de la vérité*. Il refuse de s'insérer dans une tradition ; il fait de l'autorité une « maîtresse d'erreur », une « faculté trompeuse ». Le *sens commun* de la scolastique a sa source dans la « prévention » des maîtres, dans la « précipitation » des élèves. Lorsqu'il renonce à trouver la vérité dans le respect du consentement général à travers les livres et les siècles, lorsqu'il en appelle au déploiement d'une spontanéité intellectuelle qui est seule capable de conférer à ses produits les caractères de l'universalité authentique et de l'éternité, Descartes dresse le *bon sens* contre la conscience collective. Que la chose doive se payer, c'est ce dont Socrate a fait jadis l'épreuve au prix de sa vie, Galilée au prix de sa liberté. Si nul moins que Descartes n'a pu se croire un ange parmi les hommes, il se regarde comme un homme parmi les enfants. Et la tâche de la réflexion virile, en face du chaos d'opinions où se sont débattus successivement l'Antiquité, le Moyen âge et la Renaissance, cette tâche, qui doit être accomplie hors des Églises et hors des Écoles, réclame une vocation de héros. Mais, aux yeux du philosophe, héroïsme bien ordonné commence par soi-même : l'homme d'action donne sa vie à la cause que les circonstances extérieures l'ont conduit à soutenir ; le premier devoir du sage est de discerner la cause qui vaut qu'on lui voue sa vie, c'est-à-dire celle à qui appartient la valeur de vérité sur laquelle se règlent toutes les valeurs.

De là, dans les pages saisissantes qui terminent la IIIe Partie du *Discours,* le progrès d'un double ascétisme intérieur et extérieur. Du dedans, Descartes affine en lui, par la pratique de sa méthode, le pouvoir de tracer une ligne de partage entre le vrai et le faux ; il remet l'humanité en possession de cette lumière naturelle qui s'est obscurcie en elle par les habitudes nées d'une tradition puérile. Du dehors, à l'exemple de Montaigne, il secouera l'inertie de l'individu en tant que tel ; il ira, roulant « çà et là dans le monde... et faisant particulièrement réflexion en chaque matière sur ce qui la pouvait rendre suspecte et nous donner occasion de nous méprendre ». Mais l'exemple de Montaigne, et des libertins qui se multiplient au grand effroi du P. Garasse et du P. Mersenne, montre comme il est dangereux de développer l'exercice sceptique à l'égard des opinions convenues, sans y joindre le progrès du jugement au cours d'un travail où l'esprit doit se mesurer effectivement, soit avec des difficultés de mathématique, soit avec « quelques autres que je pouvais (dit Descartes), rendre quasi semblables à celles des mathématiques ». On comprend alors l'hésitation de Descartes, justement soulignée par M. Gilson, à mettre dans tout leur jour, au début de la IVe Partie, les raisons qu'il y a de douter. En dénonçant le préjugé du dogmatisme traditionnel, il ne ferait peut-être autre chose que de flatter le préjugé contraire chez des esprits trop nonchalants pour joindre à la lecture du *Discours* la patiente méditation des *Essais* auxquels il sert de Préface. Encore convient-il de remarquer que, dans ces *Essais* eux-mêmes, Descartes s'est abstenu d'indiquer directement l'usage de sa méthode « à cause (dit-il dans une lettre du 22 février 1638) qu'elle prescrit un ordre pour chercher les choses qui est assez différent de celui dont j'ai cru devoir user pour les expliquer » (A. T., I, 559). En fait, soit afin de ménager, lorsqu'il aborde la physique, la susceptibilité des autorités religieuses, soit même, lorsqu'il traite de la *Géométrie,* afin de garder par devers lui une arme décisive contre ses rivaux, Descartes a refusé au public la forme d'initiation claire et distincte que l'on pouvait attendre de lui ; volontairement, il est demeuré mystérieux et obscur. A plus forte raison en sera-t-il de même en ce qui concerne la critique de la connaissance : « Le fondement métaphysique ultime sur lequel cette critique reposera dans les *Meditationes* » (*Medit.* I, t. VII, p. 21, l. 1-16) « et dans les *Principia philoso*phiæ » (I, 5, t. VIII, p. 6, l. 8-24) « sera l'argument du malin génie ; Descartes ne l'a pas utilisé dans le *Discours*, soit qu'il n'y eut pas encore songé, soit que le caractère excessif d'une telle hypothèse lui parut en rendre l'usage dangereux dans un écrit en langue vulgaire » (p. 290, *ad* p. 32, l. 7).

Peut-être faudrait-il ajouter encore une autre considération ; l'argument, dangereux s'il persuadait trop le libertin, ne l'était pas moins s'il découvrait trop Descartes ; car, en un sens, c'est un argument *ad hominem*, dirigé contre le réalisme de la scolastique. A propos des créatures intermédiaires entre l'homme et Dieu, se renouvelait, en effet, l'opposition qui mettait jadis aux prises *Académie* et *Lycée*. Tandis que l'auteur de la *République* faisait du ciel et des astres de simples occasions extérieures pour un progrès de pensée tout intime et tout spirituel, l'auteur de la *Métaphysique* n'a su « ménager de transition sinon astrologique entre l'intelligible et le sensible » [1]. Mais les puissances médiatrices peuvent être mauvaises autant que bonnes ; il devient donc impossible que le discernement du *vrai* et du *faux* demeure suspendu à l'opposition du *haut* et du *bas*, du *céleste* et du *terrestre*. Et, par suite, l'obstacle que l'évocation d'un « malin génie » semble dresser contre l'affirmation d'un savoir objectif ne sera surmonté que par une conception métaphysique ou religieuse qui, par delà tout intermédiaire extérieur, par delà toute imagination, se manifeste capable d'établir l'union de la pensée humaine et de l'être divin. Telle sera la voie dans laquelle s'engage la IVe Partie du *Discours*.

Quelques-uns parmi les premiers lecteurs de Descartes, ayant constaté qu'il traite des mêmes problèmes que ses prédécesseurs, qu'il emploie la même terminologie, ont eu le sentiment qu'il se fût épargné la tâche pénible d'avoir tant à « recoudre » s'il eût mis moins d'acharnement à « tailler » dans le vif d'un enseignement consacré par la tradition. Sur ce sujet, M. Gilson se fait lui même leur écho dans la dernière des six leçons qu'il a professées à Bruxelles sur *Descartes et la métaphysique scolastique* : « Descartes utilise une méthode nouvelle pour redécouvrir d'anciennes réalités. Descartes commence, en effet, par éliminer la « qualité » des

---

1 ROBIN, *La pensée grecque*, p. 370.

domaines de la métaphysique et de la physique. Éliminant la qualité, il élimine l'« analogie » du sensible à l'intelligible, et supprime par conséquent les preuves de Dieu par le sensible... Mais il a besoin de conserver Dieu, et c'est pourquoi nous le voyons conserver une analogie spirituelle qui lui permet de rejoindre par le dedans ce Dieu qu'il ne peut plus rejoindre par le dehors. D'où l'impression, éprouvée par ses contemporains, d'un grand effort pour arriver où tout le monde était déjà [1]. »

Je me demande pourtant si ce n'est pas atténuer un peu arbitrairement le contraste entre l'extériorité de la théologie scolastique et l'intériorité de la théologie cartésienne que d'appliquer indifféremment à l'une et à l'autre la notion d'analogie. Chez Descartes, l'analogie joue un rôle si effacé que le mot lui-même ne se trouve pas dans l'*Index scolastico-cartésien* de M. Gilson. Et cela se comprend sans peine, étant donné l'abîme qui sépare le mathématisme cartésien de l'astro-biologie péripatéticienne. Là, en effet, c'est par le moyen de l'analogie que s'opérait le passage du sensible à l'intelligible ; on transfigurait le sensible pour imaginer l'intelligible. Mais le rationalisme authentique, du fait qu'il refuse de transposer le spirituel dans le supra-lunaire ou dans le surnaturel, ne peut aspirer qu'à un lien de communauté intime entre l'homme et Dieu.

La philosophie, avant Descartes ou depuis Descartes, n'aura donc ni le même point de départ ni le même point d'arrivée. *Veritas, via, vita*, tout prend un sens nouveau. Il s'agira, non plus de conserver, coûte que coûte, un certain type d'analogie, ou de « redécouvrir d'anciennes réalités », mais bien plutôt de satisfaire aux conditions de cette sagesse méthodique qui demande que l'on remonte jusqu'à la source de l'unité entre l'esprit de l'homme et l'esprit de Dieu, et que l'on consacre l'élimination des qualités sensibles au profit de cela seul qui existe véritablement dans le monde, et qui est, selon l'expression de Descartes au début de la VIe *Méditation*, « l'objet des démonstrations de la géométrie ».

A nos yeux donc l'entreprise métaphysique de Descartes exclut toute velléité de retour aux postulats dogmatiques d'Aristote ; elle est tournée tout entière vers l'examen des difficultés que la doc-

---

[1] *Revue de l'Université de Bruxelles*, n° 2, décembre 1923-janvier 1924, p. 34 du tirage à part.

trine s'est créée à elle-même par la dualité de la *mathématique pure,* qui est une algèbre, et de la *mathématique universelle,* qui est une physique. Cette dualité ne peut manquer de présenter immédiatement à l'esprit une objection, l'*objection des objections,* comme dira Descartes, et qui lui sera répétée à satiété par les « modernes », Gassendi et Roberval, pour le passage de « l'étendue mathématique » *qui n'est rien d'autre que ma pensée,* au corps physique *qui doit, lui, subsister hors de mon esprit* [1]. L'idéalité de l'analyse pure compromet l'objectivité de la physique mathématique. Et il y a plus : la mathématique elle-même, dès qu'elle dépasse l'instant où se produit l'évidence immédiate de l'intuition, ne possède plus la garantie de sa propre certitude. La pensée discursive s'étale dans le temps, elle est suspecte par là même.

Nous retrouvons alors la question à laquelle nous avons déjà fait allusion : Descartes va-t-il, pour parvenir à poser les *fondements de sa métaphysique,* s'écarter peu à peu de cette méthode qui l'a engagé dans les difficultés, en apparence inextricables, par-dessus lesquelles l'ancien dogmatisme passait à pieds joints ? Ou, au contraire, va-t-il s'efforcer d'étendre au domaine métaphysique sa méthode originale de manière à élever enfin l'édifice de la raison et de la vérité ?

Sur l'intention de Descartes, il ne nous semble pas qu'il puisse y avoir la moindre incertitude. En faisant surgir du doute méthodique la réalité d'un sujet purement spirituel, en reliant immédiatement à la spiritualité du moi humain la spiritualité d'un Dieu qui est atteint uniquement « par le dedans » et en invoquant les perfections infinies de ce Dieu pour justifier l'existence d'un monde défini à l'aide des seules idées claires et distinctes d'étendue et de mouvement, Descartes a la conscience très nette de s'être conformé à l'ordre de l'analyse. Le *Cogito* n'a rien à faire avec le principe abstrait dont procède la déduction synthétique. Sur ce point, la lettre à Clerselier, de 1646, s'exprime avec une clarté souveraine : « Le mot de *principe* se peut prendre en divers sens, et... c'est autre chose de chercher une *notion commune,* qui soit si claire et si générale qu'elle puisse servir de principe pour prouver l'existence de tous les Êtres, les *Entia,* qu'on connaîtra par après ; et autre chose

---

[1] Cf. la Lettre de Descartes à Monsieur Clerselier en réponse aux instances de Gassendi, A. T., IX [1], 212.

de chercher *un Être*, l'existence duquel nous soit plus connue que celle d'aucuns autres, en sorte qu'elle nous puisse servir de *principe* pour les connaître. Au premier sens, on peut dire que *impossibile est idem simul esse et non esse* est un principe, et qu'il peut généralement servir, non pas proprement à faire connaître l'existence d'aucune chose, mais seulement à faire que, lorsqu'on la connaît, on en confirme la vérité par un tel raisonnement : *Il est impossible que ce qui est ne soit pas ; or, je connais que telle chose est ; donc je connais qu'il est impossible qu'elle ne soit pas.* Ce qui est de bien peu d'importance, et ne nous rend de rien plus savants. En l'autre sens, le premier principe est *que notre Ame existe*, à cause qu'il n'y a rien dont l'existence nous soit plus notoire » (A. T., IV, 444).

Ce texte classique, cité par M. Gilson (p. 300, *ad* p. 32, 1. 22-23), suffirait pour éclaircir le problème de la méthode dans la métaphysique cartésienne s'il n'y entrait en jeu d'autre principe que le principe de contradiction. Mais, lorsque Descartes passe de la considération de sa propre existence à la démonstration de l'existence divine, plus simplement même à la certitude que son âme existe à titre de réalité permanente, on ne peut éviter d'examiner si Descartes n'implique pas, dans le tissu de la IVe Partie du *Discours*, la pétition de principes tels que le principe de substance et le principe de causalité. L'ontologie scolastique se profile à l'horizon, guettant le téméraire qui a lancé le défi du doute généralisé.

Voici un premier point sur lequel il ne saurait y avoir de contestation. En ce qui concerne la substance, la méthode cartésienne demeure en défaut, du moins chez Descartes. L'on voit, en effet, par l'*Éthique* de Spinoza, que le XVIIe siècle a dû attendre jusqu'en 1677 pour que disparaissent, par la subordination de l'idée de substance à l'idée de cause de soi, les *insolubilia* de tout réalisme spatial : supposition d'un ὑποκείμενον derrière les données sensibles, avec les deux corollaires ruineux qu'elle implique : d'une part, juxtaposition d'une multiplicité de substances et, d'autre part, division d'un être unique tel que l'homme, en un corps et une âme également matérialisés par l'imagination d'une frontière commune. Quant à Descartes, il capitule sur toute la ligne. Non seulement, comme s'il n'était jamais sorti de la *sujétion de ses précepteurs*, comme s'il ne s'était jamais accoutumé à *ne pas se contenter de fausses raisons*,

« Descartes conserve de la philosophie qui lui avait été enseignée à La Flèche le principe même de substance : tout attribut est l'attribut d'une substance » (p. 304, *ad* p. 33, 1. 4). Mais il aggrave la doctrine qu'il reproduit par une confusion irrémédiable de vocabulaire : « Descartes tient essentiellement à maintenir, avec l'École, la thèse de l'union substantielle de l'âme et du corps, d'où résulte cette conséquence capitale que l'homme est un *ens per se*, et non le composé accidentel de deux substances hétérogènes... Cet accord n'est cependant que sur les mots... S'il (*Descartes*) affirme avec saint Thomas que l'homme est une substance complète, c'est précisément en niant que l'âme et le corps soient des substances incomplètes, ce qui est pourtant, selon saint Thomas, la condition *sine qua non* de cette affirmation » (p. 431-432, *ad* p. 59, 1. 15).

Quand on examine le rôle du principe de causalité dans la démonstration de l'existence de Dieu, faut-il enregistrer le même abandon de la méthode analytique ? C'est ici que je serais tenté, non de contredire le commentaire de M. Gilson, qui demeure rigoureusement exact et infiniment suggestif, mais de le préciser. Il y a, en effet, des endroits où l'on dirait, si on se laissait aller à sa première impression, que la notion de cause soit pour Descartes un principe de déduction synthétique, par exemple cet endroit où M. Gilson écrit que « la métaphysique de Descartes... consiste tout entière à rendre raison suffisante du contenu réel de la pensée au moyen du principe de causalité » (p. 323, *ad* p. 34, 1. 14).

Mais cette impression générale est, en réalité, corrigée par les notes où M. Gilson suit dans le détail les textes mêmes de Descartes. Nous n'aurons qu'à les reproduire pour apercevoir, se dégageant peu à peu à mesure que se succèdent les étapes de la démonstration théologique, la préoccupation qui a dominé en effet l'entreprise métaphysique de Descartes : échapper aux dogmes dont le doute méthodique a rendu impossible le préjugé, détacher la causalité de la formule abstraite de son principe pour la concentrer dans sa réalité concrète, qui ne saurait se séparer de l'unité spirituelle. La substance cartésienne est encore la substance scolastique ; la cause cartésienne dépouille progressivement les traits de la causalité transitive qui ne peut s'exercer ailleurs que dans l'espace et qui, par suite, matérialise les termes entre lesquels on l'imagine établie ;

elle se manifeste nettement comme *cause de soi.*

Citons la première remarque de M. Gilson (p. 324, *ad* p. 34, l. 17-18) : « La voie suivie par saint Thomas consistait à partir d'un effet quelconque, *pourvu qu'il fût sensible,* et à lui assigner Dieu comme cause. Or, Descartes part de la pensée. Le *Cogito* l'oblige donc à chercher à l'intérieur de la pensée même l'effet dont l'existence postulera Dieu comme cause. C'est ce qu'il exprime en disant que l'existence de Dieu est plus évidente que celle du monde extérieur (puisqu'elle en conditionne l'affirmation) et que, par conséquent, on ne saurait partir du monde extérieur pour prouver Dieu » (I^{ae} *Resp.,* t. VIII, p. 106, l. 14-18). Et, en effet (ajouterons-nous pour notre compte, sinon pour le compte de Descartes), la logique n'a pu servir d'*organe à* une théologie que par une double imagination dont la critique cartésienne du réalisme péripatéticien a mis en relief le caractère d'évidente puérilité : l'imagination *animiste,* qui introduit subrepticement dans le concept abstrait de la puissance l'efficacité d'une cause réelle ; l'imagination *artificialiste,* qui explique analogiquement la création du monde par l'anthropomorphisme de la finalité. Ce n'est pas le principe de causalité en tant que tel qui autorise à déduire le démiurge de la machine cosmique ; c'est l'assimilation du monde à une machine créée de main humaine. Or, du point de vue de la science rationnelle, la nature ne conduit pas hors de la nature, pas plus que l'idée ne conduit hors de l'idée. Autrement dit, comme il n'y a pas deux vérités, la métaphysique doit être rationnelle au même titre, c'est-à-dire selon la même méthode, que la science.

Une fois définie l'intention de la métaphysique cartésienne, il reste à savoir si l'auteur du *Discours* a tenu la gageure héroïque de franchir la distance qui sépare les idées de la mathématique pure et les réalités de la physique mathématique sans faire appel à l'imagination abstraite des principes, c'est-à-dire sans se condamner au cercle vicieux, mais en se rendant capable de suivre un « mouvement continu et ininterrompu » d'intelligence, dans l'acte effectif et concret du *jugement.*

Le géomètre qui pratique la méthode dans l'absolu de sa rigueur fait fond sur l'intuition d'un rapport évident ; il ne se soucie à aucun moment de l'existence d'un objet extérieur à sa pensée. Il ne se demande pas s'il y a dans le monde des triangles équilatéraux ; mais chacun de ses théorèmes implique l'affirmation d'une *existence possible* qui lui est certifiée par la réalité même de la démonstration. L'affirmation d'une telle possibilité n'a pas besoin d'être explicitée ; elle est le sentiment de présence immédiate, qui accompagne l'intuition ramenée à la pure clarté, à la distinction parfaite, de sa source rationnelle.

Or, cette intellectualité d'intuition, à laquelle ce sentiment de présence doit sa garantie de vérité, peut-on dire qu'elle subsiste telle quelle, dans le passage de l'*existence possible* à l'*existence réelle*, c'est-à-dire, pour Descartes, de l'être mathématique à l'être pensant ? Assurément oui, mais à la condition que se trouve modifiée du tout au tout le point sur lequel portait, auparavant, le problème de l'existence. Le jugement, qui laisse peut-être échapper l'*objet pensé*, retiendra, en tout cas, par réflexion sur soi-même, le *sujet pensant*.

Mais la réflexion du jugement, définie en toute rigueur rationnelle, hors de toute imagination de substance, est chez Descartes un acte destiné à s'épuiser dans l'instant même où le jugement s'accomplit. L'instantanéité de la conscience ne fait donc que s'ajouter à l'idéalité de la science pour nous interdire l'accès de cette existence nécessaire qui est le privilège de Dieu. Descartes sera rejeté en pleine mer ; ou, si l'on nous permet de suivre la métaphore leibnizienne, Descartes aura vainement tenté de gagner le port par ses seules forces de nageur : il ne se sauvera qu'en cherchant refuge dans l'arche de l'ontologie traditionnelle, dont il avait eu la prudence de se faire accompagner, qui aura la charité de l'accueillir à l'endroit le plus périlleux de la traversée. Nous devrons dire, ainsi, que l'auteur du doute méthodique se résigne à la pétition du principe de causalité... à moins, pourtant, que Descartes n'ait trouvé le moyen d'éviter dans la preuve de Dieu par ses effets l'usage du principe abstrait de causalité pour s'en tenir à l'intuition concrète de la cause.

Et, déjà, c'est dans cette direction que nous oriente à nouveau M. Gilson. Voici la suite de sa note (p. 325, *ad p.* 34, 1. 17-18) : « En second lieu, la preuve de saint Thomas, acceptée par la majorité des scolastiques, supposait le principe aristotélicien : il est impossible de remonter à l'infini dans une série de causes *essentiellement ordonnées*. Or, dans le monde matériel, les essences des choses et, par conséquent, les causes diffèrent selon les degrés de perfection de leurs formes. Il est donc impossible de remonter à l'infini dans la série de ces causes, mais il faut arriver à une première, qui est Dieu » [1]. « Descartes admet ce principe ; mais, comme la physique mécaniste a pour effet de supprimer les formes substantielles, le monde cartésien ne comporte plus la structure hiérarchique sur laquelle la preuve thomiste s'appuyait ; il n'y a plus que des causes *accidentellement ordonnées* et, par conséquent, dans lesquelles un progrès à l'infini reste toujours possible. C'est ce que prouve la divisibilité indéfinie de la matière dans la physique cartésienne » (I^{ae}, *Resp.*, t. VII, p. 106, 1. 23-p. 107, 1. 2 ; à commenter par la lettre à *Mesland*, 2 mai 1644, t. IV, p. 112, 1. 26-p. 113, 1. 4), « et aussi l'étendue indéfinie de l'univers cartésien qui, contrairement à l'univers fini du thomisme, ne comporte pas un nombre fini de degrés entre le mouvement sublunaire et Dieu. En troisième lieu, même en supposant qu'il fût correct de partir du sensible et qu'un univers fini, composé d'essences hiérarchiquement ordonnées, fournît une base à la preuve, elle n'aboutirait encore qu'à l'existence d'un *auteur de l'Univers,* et non pas à l'existence de *Dieu*. Car l'univers est contingent et imparfait ; prouver son auteur n'est donc pas prouver l'existence d'un être parfait, mais seulement d'un démiurge assez puissant pour le créer. D'où résulte : Que la seule preuve qui aboutisse réellement à l'existence de Dieu est celle qui cherche la cause de l'idée d'être parfait et infini qui est en nous ; car cette cause d'une réalité objective parfaite et infinie ne peut être elle-même que parfaite et infinie » (*Medit. III^a*, t. VII, p. 51, 1. 29 ; p. 52, 1. 9. I^{ae} *Resp.*, t. VIII, p. 105, 1. 24 ; p. 106, 1. 2). « Que, dans ce cas unique, la régression à l'infini dans la série des causes est impossible puisque l'idée de Dieu est en quelque sorte antérieure à celle de tout le reste : *ac proinde priorem quodammodo in me esse perceptionem infiniti quam finiti, hoc est Dei quam mei ipsius* » (*Medit. III^a*, t. VII, p. 45, 1. 27-29. Et plus loin, à p. 36, 1. 23-24).

Chez saint Thomas, le principe de causalité servait à couvrir d'une apparence logique l'hypothèse d'un être transcendant dans un plan surnaturel qui se superpose lui-même à la transcendance de la réalité naturelle. Descartes, lui, prend pour point de départ, non la re-

---

[1] Étienne GILSON, *Le thomisme*, 2ᵉ éd., 1923, p. 46-68 (a). 4ᵉ édition, 1942, chapitres 2 et 3 de la Première Partie.

lation d'idée à nature, mais la relation d'idée à idée. *Or, la priorité, à l'intérieur même du sujet pensant, de la « perception » de l'infini sur celle du fini, de la perception de Dieu sur celle du* moi, *ne peut s'interpréter que dans la psychologie de l'intelligence mathématique*, sur laquelle repose la méthode et qui inspire les premières démarches de la métaphysique. Le fait de douter, pris au niveau humain, avait cette première conséquence de nous contraindre à l'affirmation du *moi* ; mais la fécondité ne s'en trouve pas épuisée par là. Descartes le confronte avec un autre fait, avec la présence, au plus profond de moi-même, de l'idée de l'infini ; et « cette idée, malgré le terme négatif qui la désigne, est, dit excellemment M. Gilson, une idée positive et la plus positive de toutes » (p. 333, *ad* p. 35, 1. 4) ; de telle sorte que l'existence de l'objet de cette idée positive peut seule rendre compte de l'inégalité saisissante entre le contenu infini de la pensée humaine et l'expérience de sa limitation, expérience qui est inhérente au doute lui-même.

La relation de l'idée de Dieu à l'être de Dieu, que Descartes établit ainsi, est-elle la conclusion d'un syllogisme où le principe de causalité devrait figurer comme majeure ? La question pourrait prêter à controverse si la preuve par l'idée d'infini était isolée dans le système des preuves cartésiennes. Mais tel n'est pas le cas ; et M. Gilson insiste sur la solidarité de la preuve par l'idée de l'infini et la preuve par l'être du *moi*, qu'il est loisible de considérer comme formant simplement les moments d'une même démonstration : « Il importe peu, écrira Descartes, que ma seconde démonstration, fondée sur notre propre existence, soit considérée comme différente de la première, ou seulement comme une explication de cette première. Mais, ainsi que c'est un effet de Dieu de m'avoir crée, aussi en est-ce un d'avoir mis en moi son idée ; et il n'y a aucun effet venant de lui par lequel on ne puisse démontrer son existence. Toutefois, il me semble que toutes ces démonstrations, prises des effets, reviennent à une ; et même qu'elles ne sont pas accomplies, si ces effets ne nous sont évidents (c'est pourquoi j'ai plutôt considéré ma propre existence que celle du ciel et de la terre, de laquelle je ne suis pas si certain), et si nous n'y joignons l'idée que nous avons de Dieu » (à *Mesland, 2* mai 1644, t. IV, p. 112, 1. 7-20). Sur quoi M. Gilson ajoute : « On peut dès lors se demander en quoi ce deuxième exposé de la preuve pouvait sembler à Descartes capable de compléter le premier. C'est que prouver Dieu comme cause d'une idée risquait de paraître fort abstrait à un public accoutumé aux preuves par le sensible ; l'être lui-même qui a cette idée, surtout si c'est le nôtre, est au contraire beaucoup plus concret et aisé à concevoir ; c'est donc pour rendre sa preuve plus accessible que Descartes lui donne cette nouvelle forme. Elle présente, en effet, la commodité : 1° De ne pas exclure les images sensibles comme faisait la précédente » (*Medit. III^a*, t. VII, p. 47, 1. 26 — p. 48, 1. 2. Cf. *II^{ae}, Resp.*, t. VII, p. 136, 1. 3-10) ; « 2° De permettre l'usage du principe thomiste que l'on ne peut remonter à l'infini dans la série des causes, et de donner par là même à la preuve un aspect tout à fait traditionnel qui devait en faciliter l'acceptation » (*Medit. III^{ae}*, t. VII, p. 50, 1. 7-10. *V^{ae}, Resp.*, t. VII, p. 370, 1. 13-18). « On n'oubliera pas toutefois que le seul cas auquel ce principe s'applique est celui d'un être ayant l'idée de Dieu » (p. 331, *ad* p. 34, 1. 24).

Pour ma part, j'hésiterais à faire tout à fait aussi grande la part des facteurs extérieurs et accidentels dans la constitution de la métaphysique cartésienne. Descartes, dans son exposé de 1637, me paraît appliqué moins à se concilier la faveur du lecteur scolastique (à la page suivante du *Discours,* nous verrons qu'il le heurte violemment) qu'à voir clair dans sa propre pensée, à ne rompre en aucun point de sa doctrine « l'*ordre* des *raisons* qui dépendent les unes des autres ». Et c'est pourquoi, après avoir fait sortir du *Cogito* l'infini divin de la *Cogitatio, il* se tourne vers le *Sum* pour en faire sortir l'absolu divin de l'être.

Le second moment de la preuve par les effets ne nous renvoie certes pas à l'extériorité du sensible, qui, d'ailleurs, ne cesse pas d'être aux yeux de Descartes une donnée illusoire. L'« unique texte » de la démonstration est l'existence du sujet pensant avec l'expérience intime d'une disproportion entre la présence d'une idée véritable de la perfection et le sentiment d'une imperfection réelle. La même expérience qui, dans l'ordre de l'intelligence pure, posait entre l'homme et Dieu une relation d'idée à idée, pose ici, dans l'ordre du vouloir efficace, la relation d'être à être. Cette relation, Aristote y avait aspiré, mais il l'avait manquée. C'est par un simple jeu d'analogie métaphysique, c'est-à-dire de pure imagination, que le réalisme péripatéticien postule un monde hiérarchiquement ordonné, de façon à se donner la liberté de parcourir, en extension, les degrés de la causalité. La réflexion de Descartes procède tout autrement : elle concentre dans un cas unique l'action de la cause, afin de pouvoir en épuiser d'un coup la compréhension.

Cependant, l'équilibre de la doctrine serait insuffisamment assuré si elle apparaissait incapable de dépasser cette double relation, et d'idée à idée, et d'être à être, où la cause apparaît transcendante par rapport à l'effet. Pour l'achèvement de la théologie cartésienne, il importe que cette double relation soit unifiée, ou, plus exactement peut-être, qu'elle s'unifie elle-même, cause et effet appartenant tous deux à un même plan. C'est-à-dire qu'en Dieu lui-même, indépendamment cette fois de toute attache à la donnée de la pensée humaine, à la réalité du moi, se manifeste, entre l'idée et l'être, entre l'essence et l'existence, cette même évidence d'implication immédiate qui a déjà trouvé son expression dans l'*ergo* du *Cogito ergo sum*. A cette exigence suprême de la méthode dans le domaine de la métaphysique correspond la troisième preuve cartésienne — ou le troisième moment de la démonstration cartésienne — de l'existence de Dieu, ce qu'on a, depuis Kant, pris l'habitude d'appeler, mais assez improprement, selon l'excellente remarque de M. Gilson, l'argument ontologique (p. 347, *ad* p. 36, 1. 23-24).

Il est remarquable que dans le *Discours de la méthode,* pas plus d'ailleurs que dans les *Méditations,* l'exposé de ce troisième moment ne fait immédiatement suite à l'exposé des deux premiers. Descartes demande à son lecteur de s'arrêter pour réfléchir aux caractères de l'affirmation vraie avant d'aborder le problème dont la solution décidera la solidité définitive de tout l'édifice : « Je voulus chercher, après cela, d'autres vérités ; et, m'étant proposé l'objet des géomètres, que je concevais comme un corps continu, ou un espace indéfiniment étendu en longueur, largeur et hauteur ou profondeur, divisible en diverses parties qui pouvaient avoir diverses figures et grandeurs, et être mues ou transposées en toutes sortes, car les géomètres supposent tout cela en leur objet, je parcourus quelques-unes de leurs plus simples démonstrations. Et, ayant pris garde que cette grande certitude, que tout le monde leur attribue, n'est fondée que sur ce qu'on les conçoit évidemment, suivant la règle que j'ai tantôt dite, je pris garde aussi qu'il n'y avait rien du tout en elles qui m'assurât de l'existence de leur objet. Car, par exemple, je voyais bien que, supposant un triangle, il fallait que ses trois angles fussent égaux à deux droits ; mais je ne voyais rien pour cela qui m'assurât qu'il y eût au monde aucun triangle. Au lieu que, revenant à examiner l'idée que j'avais d'un être parfait, je trouvais que l'existence y était comprise, en même façon qu'il est compris en celle d'un triangle que ses trois angles sont égaux à deux droits, ou en celle d'une sphère que toutes ses parties sont également distantes de son centre, ou même encore plus évidemment ; et que, par conséquent, il est pour le moins aussi certain que Dieu, qui est cet être parfait, est ou existe, qu'aucune démonstration de géométrie le saurait être. Mais ce qui fait qu'il y en a plusieurs qui se persuadent qu'il y a de la difficulté à le connaître, et même aussi à connaître ce que c'est que leur âme, c'est qu'ils n'élèvent jamais leur esprit au delà des choses sensibles, et qu'ils sont tellement accoutumés à ne rien considérer qu'en l'imaginant, qui est une façon de penser particulière pour les choses matérielles, que tout ce qui n'est pas imaginable leur semble n'être pas intelligible. Ce qui est assez manifeste de ce que même les Philosophes tiennent pour maxime, dans les Écoles, qu'il n'y a rien dans l'entendement qui n'ait premièrement été dans le sens, où toutefois il est certain que les idées de Dieu et de l'âme n'ont jamais été... »

J'ai l'impression, peut-être trompeuse, que, dans son commentaire de cette page, si curieusement significative, M. Gilson fait un peu la sourde oreille. Il écrit que Descartes, « ayant démontré l'existence de Dieu par ses effets et défini son idée..., passe à l'existence du monde extérieur. Or, pour démontrer cette existence, il doit considérer d'abord l'idée même de corps dans ce qu'elle a de clair et de distinct, c'est-à-dire l'étendue géométrique. Il rappelle donc à sa mémoire quelques démonstrations géométriques élémentaires, et c'est à ce propos qu'il conçoit sa deuxième preuve de l'existence de Dieu » (p. 342, *ad* p. 36, 1. 4). Mais M. Gilson ne nous dit pas, et je ne saurais dire à sa place, pourquoi la réalité du monde extérieur requerrait la démonstration supplémentaire d'une existence qui vient précisément d'être mise hors de conteste par les deux preuves tirées des effets. Au contraire, la digression apparente s'explique d'elle-même si l'on songe que l'argument ontologique se relie à l'intelligibilité pure des idées d'*infini* et de *cause de soi*. Or, Descartes sait quel paradoxe elle constitue pour ceux de ses lecteurs qui sont plongés dans les préjugés de l'école ; de là cet avertissement solennel de ne pas confondre l'*intelligible* et l'*imaginable* ; *de* là aussi cette attaque directe et presque brutale contre un empirisme qui ne saurait mener qu'à une philosophie sans âme et sans Dieu. A mes yeux, l'intention de Descartes est bien ici d'insister sur ce point capital de la méthode qu'il n'y a qu'une manière d'atteindre la vérité en mathématique et en métaphysique. M.Gilson est plutôt porté à retrouver, indiquée « sous une forme volontairement discrète », la conviction de Descartes que « cette démonstration (*la démonstration de l'argument ontologique*) est plus *certaine* que les démonstrations géométriques... Pour qui n'admet comme évidente qu'une proposition satisfaisant à toutes les conditions exigibles pour qu'elle soit vraie, on sait que Dieu existe avant de savoir que les vérités mathématiques sont vraies » (p. 353-354, *ad* p. 36, 1.30-31).

La remarque est assurément juste, en ce sens que la constitution de la théologie cartésienne est requise pour donner au monde des idées claires et distinctes ce double privilège de durée continue et de réalité formelle, sans quoi il resterait condamné à s'évanouir avec chacun des instants où l'acte du jugement se produit dans le *moi. Il* convient, cependant, que la portée en soit nettement déterminée. Il n'y a pas, dans le système de Descartes, comme il y avait dans le système d'Aristote, des qualités de certitude variant selon la situation que les objets occupent dans la hiérarchie des êtres. Si donc l'on dit que l'évidence de la relation entre l'essence et l'existence de Dieu peut avoir une portée tout autrement considérable que l'évidence de la relation entre l'idée du triangle et telle ou telle de ses propriétés idéales, par suite une répercussion décisive sur l'application des mathématiques au monde qui s'étale dans l'espace et dans le temps, il ne s'ensuit nullement qu'il y ait à considérer un autre type de certitude que l'évidence mathématique, ni, par suite, que nous soyons ramenés, par la métaphysique cartésienne, vers la psychologie précartésienne de l'intelligence humaine.

Le problème, auquel nous nous attachons, de l'unité de méthode dans les différentes parties du *Discours,* dépend donc de l'interprétation de la preuve ontologique. M. Gilson a consacré à cette interprétation une longue note nourrie de textes et de références, où il examine successivement *la place de l'argument dans le système, l'universalité de l'idée de Dieu, la possibilité de l'idée de Dieu, l'existence comme attribut, l'existence attribut nécessaire,* enfin *les origines de la preuve,* c'est-à-dire le rapport de la preuve cartésienne à celle de saint Anselme, considérée en droit dans la signification comparée des deux preuves, en fait dans la connaissance directe ou indirecte que Descartes a pu avoir de saint Anselme.

L'idée de Dieu est assurément universelle, puisqu'elle est l'objet d'une aperception simple, au même titre que les idées géométriques. Mais, fait observer M. Gilson, « si quelqu'un s'obstine à nier qu'il possède une telle idée, afin d'échapper à la preuve qui se fonde sur elle, Descartes n'hésite pas à se réclamer de toutes les raisons qui rendent impossible une telle ignorance, révélation comprise » (p. 348, *ad* p. 36, 1. 23-24). Seulement le texte sur lequel s'appuie cette observation me paraît appeler quelque réserve, du fait qu'il est emprunté à la polémique avec Gassendi (A. T., VII, 364 ; IX [1], 209). En face d'un érudit que son érudition même rend incapable de distinguer entre les « universaux de la dialectique » péripatéticienne et les idées du rationalisme cartésien, rien de plus habile, de la part d'un laïque, rien de plus malicieux même, que de lui rappeler qu'il est homme d'Église en même temps qu'épicurien, et de le ramener à la profession de sa foi.

En tout cas, ce n'est là qu'une incidente : « Cette idée de Dieu, ainsi présente dans la pensée, est logiquement possible, c'est-à-dire qu'elle n'implique aucune contradiction interne. Elle est donc apte à devenir la base d'une preuve de l'existence de son objet » (p. 348, *ad* p. 36, 1. 23-24). Pour cela, « il faut encore admettre que l'existence puisse être considérée comme un attribut » (p. 349, *ad idem*). M. Gilson reproduit l'objection de Gassendi, devenue classique avec Kant, et la déclare « inopérante du point de vue de la philosophie cartésienne. Pour Descartes, en effet, l'être n'est pas une donnée empirique d'origine sensible, mais une donnée de la pensée. Une philosophie qui part du *Cogito*, et par conséquent de la pensée pure, suppose que c'est la réalité du sensible qui a besoin d'être garantie par la pensée (ainsi les qualités réelles, étant des idées confuses, *n'existent pas*) et non la réalité de l'objet de la pensée qui aurait besoin d'être attestée par l'expérience sensible.

C'est donc toujours la pensée qui juge de l'existence, et il serait paradoxal de faire exception pour la seule idée de Dieu, puisqu'elle est, au contraire, le seul cas où l'affirmation de l'existence s'impose à nous comme nécessaire... Reste enfin le nerf même de la preuve : l'affirmation de l'existence de Dieu, fondée sur l'attribution nécessaire de l'existence à son idée. Pour comprendre ce qui fait aux yeux de Descartes l'évidence d'une telle preuve, il faut observer : *a)* Que c'est la démarche même de la pensée cartésienne que de conclure du connaître à l'être. Si donc on veut lui interdire de conclure d'une idée à une nature pour l'obliger à ne conclure d'une idée qu'à une idée, ce n'est pas seulement la deuxième preuve de l'existence de Dieu, c'est le cartésianisme même qui se trouve mis en question... ; *b)* Qu'en outre, en lui contestant la légitimité d'une telle conclusion, on lui conteste ce qui est à ses yeux le seul usage légitime de la pensée dans celui de tous les cas où il s'impose à lui de la manière la plus absolument nécessaire. En effet, une philosophie qui part de la pensée n'y découvre le réel que sous l'aspect de la nécessité. C'en est l'indice même ; car la pensée se heurte au réel et s'y soumet chaque fois qu'elle se heurte à une « vraie et immuable nature », c'est-à-dire à une essence dont le contenu s'impose nécessairement à son acceptation. Telles sont les idées du Triangle et de la Sphère ; telle est aussi l'idée de Dieu ; et comme c'est l'existence nécessaire qui se trouve incluse dans cette dernière, la pensée ne fait, en l'affirmant, que se soumettre à la plus impérieuse des nécessités » (p. 349, *ad idem*).

A l'appui de *a)*, M. Gilson cite la forme, rectifiée, que, dans sa *Réponse aux IIes Objections*, Descartes donne à la majeure du syllogisme d'où se conclut l'existence de Dieu : *quod clare intelligimus pertinere ad alicujus rei naturam, id potest cum veritate affirmari ad ejus naturam pertinere* (A. T., VII, 149). A l'appui de *b)*, il reproduit le célèbre passage de la Ve *Méditation* : *Non quod mea cogitatio hoc efficiat, sive aliquam necessitatem ulli rei imponat, sed contra quia ipsius rei, nempe existentiae Dei, necessitas me determinat ad hoc cogitandum* (A. T., VII, 67).

Mais en juxtaposant ainsi deux formules tirées de textes où, tantôt Descartes se place au point de vue de ses contemporains, et tantôt, au contraire, suit l'élan spontané de sa pensée, on court le danger d'aggraver les difficultés que soulève, sinon la doctrine de

Descartes, du moins la forme de son exposition. Si l'on suppose que la formule *b)* s'articule sur la formule *a)* (et c'est ce que donne à entendre, sauf erreur, l'ordre dans lequel M. Gilson les range), on rencontre une contradiction là où on attendait une confirmation. En tout cas, il est malaisé d'apercevoir comment, logiquement, la marche du connaître à l'être peut se renverser sur soi-même pour amener le primat de l'être par rapport au connaître.

Ne semblerait-il pas que les deux formules *a)* et *b)*, entre lesquelles M. Gilson suggère une conjonction, devraient être séparées par une particule disjonctive ? Ou *b)* sera superflu, ou *a)* était insuffisant.

Or, *b)* est péremptoire : selon Descartes, Dieu existe nécessairement, non pas en vertu d'un principe énoncé sous forme générale, tel que celui-ci : *le contenu d'une idée claire et distincte est nécessairement réel,* mais en vertu de cette nécessité d'existence qui est inhérente à la seule idée de Dieu. Il est vrai que, dans les deux cas, le mot de *nécessité* se rencontre, autour duquel on pourrait faire pivoter la pensée cartésienne, de façon à voir se succéder immédiatement *a)* et *b)*. Mais il est évident que rien n'est sauvé encore : le recours à cette notion de nécessité n'aboutit qu'à souligner l'impossibilité de ne pas opter entre une *nécessité logique,* traversant les différentes propositions d'un *raisonnement,* et une *nécessité d'implication immédiate,* par quoi se fondent dans l'unité d'un acte les deux termes d'un *jugement* unique, c'est-à-dire entre deux manières de penser qui appartiennent à deux périodes différentes dans l'histoire de l'humanité, qui impliquent deux structures incompatibles de l'intelligence, qui ne sauraient donc se rencontrer dans un même esprit sans y introduire un inextricable désordre.

Que cette option constitue le problème historique du cartésianisme, les commentateurs sont aujourd'hui unanimes à le reconnaître à propos du *Cogito* ; et M. Gilson ne manque pas de citer le passage classique où Descartes signale à Clerselier « l'erreur la plus considérable » de Gassendi : *Cet auteur suppose que la connaissance des propositions particulières doit toujours être déduite des universelles, suivant l'ordre des syllogismes de la dialectique : en quoi il montre savoir bien peu de quelle façon la vérité se doit chercher* (A. T., IX [1], 205). S'il est arrivé à Descartes, du moins en ce qui concerne l'argument ontologique, de livrer au dehors sa pensée sous forme syllogistique, nul doute que cette pensée, non seulement a son origine dans l'esprit de Descartes, mais selon l'ordre où il l'exprime quand il ne se préoccupe que d'en suivre le développement interne, soit indépendante de la forme syllogistique : elle est congénitalement, intuitive, pour ce qui concerne Dieu comme pour ce qui regarde le *moi*, sans qu'on puisse même à leur racine établir une séparation réelle entre l'intuition d'existence qui affirme le *moi* et l'intuition d'existence qui affirme Dieu. Sur ce point, qui est capital, nous n'avons qu'à reproduire le précieux commentaire de M. Gilson sur la preuve de Dieu par l'idée du parfait : « Un texte vraisemblablement antérieur à l'élaboration des *Meditationes*, celui des *Regulae*, présente déjà comme type de proposition métaphysique nécessaire la formule suivante : *Sum, ergo Deus est* » (*Reg.*, XII ; t. X, p. 421, 1. 29). « Le texte du *Discours* semble donc constater simplement que ces propositions s'impliquent réciproquement, en procédant à une déduction dont la formule pourrait être : *Dubito, ergo Deus est*. Ainsi, trouvant par le doute même, dans lequel elle saisit son existence, l'idée de parfait qui implique l'existence de Dieu, la pensée découvre cette double existence dans une seule intuition » (p. 314-315, *ad* p. 33, 1. 28).

Bien entendu, le bénéfice de cette intuition, M. Gilson ne songe pas à en priver la preuve ontologique, qui dès lors ne saurait être considérée comme une preuve à part des autres preuves. S'il est loisible de dire que « Descartes, ayant déjà démontré l'existence de Dieu, *a posteriori*, comme le faisaient les thomistes, découvre une autre manière de le démontrer, *a priori*, comme l'avaient fait saint Anselme et, après lui, certains augustiniens » (p. 347, *ad* p. 36, 1. 23-24), je crois bien qu'il est conforme à la pensée cartésienne d'ajouter que preuves *a posteriori* et preuve *a priori* perdent leur vertu démonstrative quand on a l'imprudence d'isoler celle-ci de celles-là ; et c'est à quoi on est conduit par l'ordre d'exposition synthétique. Au contraire, l'analyse demeure fidèle à la dépendance mutuelle des idées, telles qu'elles se coordonnent en effet dans la vie unitive de l'intuition intellectuelle.

L'argument ontologique, considéré sous la forme logique où le ramènera le préjugé scolastique de Leibniz, est bien un sophisme ;

et rien ne justifie, ainsi que l'a fait remarquer Hegel, la vérité de l'intuition cartésienne comme le détail des critiques dirigées par Kant contre l'ontologie leibnizienne. Voilà pourquoi il nous paraît important de séparer, nullement en contradiction avec l'interprétation de M. Gilson, mais en complément à son commentaire, les textes où Descartes recherche la vérité analytiquement, et ceux où, par condescendance, pour l'exportation, il se laisse aller à l'exposer synthétiquement. Nous espérons que par là se dégagera plus nettement le rapport du système à la méthode. Et, en effet, si l'ordre de l'analyse métaphysique se constitue comme spécifiquement cartésien, c'est qu'entre le *Cogito ergo sum* et l'*Idea Dei est vera, ergo Deus necessario existit*, il y a un double effort pour faire ressortir l'infinité de pensée qui est impliquée dans le *Cogito*, l'absolu d'existence qui est impliqué dans le *Sum*. Les deux moments de la preuve par les effets ont pour fonction de transporter Descartes de l'intuition initiale de l'être du *moi* à l'intuition suprême de l'être de Dieu, c'est-à-dire, comme l'a indiqué admirablement M. Gilson, de lui donner conscience qu'il n'y a là qu'une seule et même intuition. Cette conscience de l'unité intuitive est le secret du *Discours*. Dans une lettre de mars 1637, Descartes dévoile ce secret ; il y reconnaît, comme il l'a fait à diverses reprises, qu'il n'a pas assez étendu les raisons qui devaient « accoutumer le lecteur à détacher sa pensée des choses sensibles... ; d'où il suit que... l'âme est un être, ou une substance qui n'est point du tout corporelle, et que sa nature n'est que de penser... Même en s'arrêtant assez longtemps sur cette méditation, on acquiert peu à peu une connaissance très claire et, si j'ose ainsi parler, intuitive, de la nature intellectuelle en général, l'idée de laquelle, étant considérée sans limitation, est celle qui nous représente Dieu, et, limitée, est celle d'un ange ou d'une âme humaine » (A. T., I, 353).

Il reste qu'une fois parvenu par le progrès de l'analyse au sommet de l'unité intuitive, le philosophe peut et doit considérer cet absolu de vérité comme se suffisant à lui-même, indépendamment du mouvement par quoi l'esprit humain a mérité cette intuition. Et c'est ce qui conduit Descartes à la déclaration de la V*e Méditation* : « Encore que tout ce que j'ai conclu dans les *Méditations* précédentes ne se trouvât point véritable, l'existence de Dieu devrait passer en mon esprit au moins pour aussi certaine que j'ai estimé jusques ici toutes les vérités des mathématiques qui ne regardent que les nombres et les figures, bien qu'à la vérité cela ne paraisse pas d'abord entièrement manifeste, mais semble avoir quelque apparence de sophisme » (A. T., IX [1], 52).

Cette « apparence de sophisme » qui est signalée par Descartes lui-même et qu'entraîne, en effet, toute tentative pour forcer logiquement, *vi formae*, le passage de l'idée à l'être, nous la dissiperons dans la mesure où, comme nous y invite M. Gilson, nous saurons nous astreindre pour notre propre compte à la discipline intellectuelle qui seule conquiert l'intuition et seule aussi découvre le plein sens de la vérité. Mais on est d'autant plus embarrassé, sinon déconcerté, quand on voit le même Descartes laisser dégrader sa pensée, au risque d'accentuer l'« apparence sophistique » de sa preuve, en la soumettant aux cadres de la dialectique syllogistique. C'est ce qui lui arrive dans les dernières pages de la *Réponse aux Secondes Objections,* où il fait du jugement ontologique la conclusion d'un raisonnement en forme. Pour cela, il est obligé d'invoquer un principe : de même donc qu'avant de poser le *Cogito ergo sum,* on doit, selon l'ordre de la synthèse, savoir que *pour penser il faut être,* de même, avant de conclure que l'existence appartient nécessairement à l'idée de Dieu, il faut posséder la *majeure* à laquelle nous avons déjà fait allusion : *Dire que quelque attribut est contenu dans la nature ou dans le concept d'une chose, c'est le même que de dire que cet attribut est vrai de cette chose, et qu'on peut assurer qu'il est en elle* [par la définition neuvième] (A. T., IX [1], p. 129). D'autre part, le dixième des *axiomes* énoncés par Descartes donne la *mineure,* c'est-à-dire : *l'existence nécessaire est contenue dans la nature ou dans le concept de Dieu.* L'admission simultanée de la définition et de l'axiome fournit la conclusion : *il est vrai de dire que l'existence nécessaire est en Dieu, ou bien que Dieu existe.*

Descartes est donc parvenu à satisfaire le vœu de ses correspondants ; il a explicité l'argument ontologique selon l'ordre synthétique. Est-ce à dire que, consentant à parler en logicien, il ait cessé de penser en mathématicien ? C'est lui qui a pris la précaution, pour prévenir tout malentendu à cet égard, d'écrire aux auteurs des *Secondes Objections* avant de leur présenter son ébauche de métaphysique présentée *more geometrico,* ou, plus exactement, pour ce qui concerne en particulier l'argument ontologique, *more syllogis-*

tico : « Pour moi, j'ai suivi seulement la voie analytique dans mes *Méditations*, pour ce qu'elle me semble être la plus vraie et la plus propre pour enseigner ; mais quant à la synthèse, laquelle, sans doute, est celle que vous désirez ici de moi, encore que, touchant les choses qui se traitent en la géométrie, elle puisse utilement être mise après l'analyse, elle ne convient pas toutefois si bien aux matières qui appartiennent à la métaphysique » (A. T. IX [1], 122).

Et cet *Avertissement* au *lecteur,* si insistant qu'il soit, ne suffit pas à rassurer Descartes. Sitôt après la *démonstration* donnée à l'appui de l'argument ontologique, devenu la première proposition de la métaphysique selon l'ordre de la synthèse (ou, si l'on préfère, après le *semblant de démonstration,* puisque la majeure, introduite par la vertu de la définition, n'a, en toute évidence, de portée universelle qu'une fois l'existence de Dieu préalablement établie), il tient à cœur d'ajouter que la conclusion de ce syllogisme « peut être connue sans preuve par ceux qui sont libres de tous préjugés, ainsi qu'il a été dit dans le *postulat* V », ainsi conçu : « En cinquième lieu, je demande qu'ils s'arrêtent longtemps à contempler la nature de l'être souverainement parfait, et, entre autres choses, qu'ils considèrent que, dans les idées de toutes les autres natures, l'existence possible se trouve bien contenue, mais que, dans l'idée de Dieu, non seulement l'existence possible y est contenue, mais, de plus, la nécessaire. Car de cela seul, et sans aucun raisonnement, ils connaîtront que Dieu existe ; et il ne leur sera pas moins clair et évident, sans autre preuve, qu'il est manifeste que deux est un nombre pair, et que trois est un nombre impair, et choses semblables. Car il y a des choses qui sont ainsi connues sans preuves par quelques-uns, que d'autres n'entendent que par un long discours et raisonnement » (A. T., IX [1], 126-127).

Si ces *autres,* Descartes a la charité, ou peut-être la faiblesse, de ne pas les décourager, on peut, sans témérité, présumer que, seuls, ces *quelques-uns* sont en communion intime avec le sens et avec la vérité du rationalisme cartésien. L'application de la méthode d'analyse à la métaphysique exclut la velléité de déduire quoi que ce soit à partir de principes que le doute interdit de postuler. Inévitablement, toute déduction synthétique conserve « une apparence de sophisme ». Le *Cogito ergo sum* n'est pas un enthymème, car une proposition existentielle ne peut dériver d'une majeure telle que : *Pour penser, il faut être,* à laquelle, comme le dit expressément l'article 10 du Ier Livre des *Principes,* ne s'attache aucune valeur d'existence. De même, la majeure du syllogisme ontologique serait évidemment illusoire si l'on allait l'interpréter en extension, et non en compréhension, de façon à lui conférer une portée existentielle hors du cas unique de Dieu, et c'est ce que Descartes répond triomphalement à Gassendi : *Dieu est son être, et non pas le triangle. Deus est suum esse, non autem triangulus* (A. T., VII, 383).

De toutes façons donc, c'est à l'intuition que ramène l'argument ontologique et non pas à une intuition partielle dont l'argument, pris à part, serait l'expression, mais à une intuition totale qui couvre tout le champ de l'analyse métaphysique depuis le *Cogito* : « S'il fallait assigner dans le cartésianisme (écrit M. Gilson) le plan de cette intuition originelle dont M. Bergson a montré que toute philosophie découle, c'est probablement là qu'il faudrait la chercher : une pensée qui n'atteint son intuition la plus immédiate, celle de son existence contingente, qu'enveloppée dans l'intuition d'une cause nécessaire de soi-même qui est Dieu » (p. 352, *ad* p. 36, l. 23-24).

Précisons seulement que l'intuition qui se déploie à travers la IVe Partie du *Discours de la méthode* n'est pas une espèce d'intuition, découpée dans le concept général d'une intuition qui pourrait être, tantôt anticipation confuse, sentiment décevant, et tantôt vue claire et distincte. Descartes n'admettrait pas qu'il y eût une intuition à la manière de Descartes. Dans le cartésianisme, l'intuition n'est même pas une faculté distincte de l'intelligence ; c'est l'intelligence elle-même, c'est l'âme tout entière, selon le mot de Platon. Cette intuition, la *mathématique pure et abstraite* a dû l'éclairer d'abord dans la spiritualité de son essence pour que du *Cogito* pût se dégager la notion d'un Dieu capable de satisfaire à l'exigence du divin. Les trois moments de la réflexion sur l'être, — *être possible de l'idée mathématique, être réel de la pensée humaine, être nécessaire de l'infinité divine* — marquent les trois moments d'un progrès de conscience que Descartes accomplit à l'intérieur d'une seule et même intuition.

Quoique Descartes, dans le *Discours,* n'ait pas fait allusion à saint Anselme, M. Gilson se trouve amené, en terminant sa note sur l'argument ontologique, à reprendre une comparaison classique depuis que Descartes lui-même y avait été invité par les auteurs des *Premières Objections*. Dans sa réponse, Descartes refusait toute valeur démonstrative à la prétendue preuve *a posteriori* de saint Thomas, qui n'est que perpétuelle pétition de principe, et, en même temps, au nom de son nominalisme radical, il niait la force probante d'un argument *a priori* qui se réfère à l'un quelconque des universaux des dialecticiens, « ne distinguant pas les choses qui appartiennent à la vraie et immuable essence de quelque chose, de celles qui ne lui sont attribuées que par la fiction de notre entendement » (A. T., IX [1], 92).

M. Gilson pose la question de savoir si la lecture de saint Anselme, que Descartes ne paraît pas avoir faite, ne permettrait pas d'en appeler de ce jugement. Pour lui, l'analogie entre la preuve de Descartes et l'argument de saint Anselme est « manifeste » ; il écrit même dans les *positions* de ses *Leçons de Bruxelles* : « L'argument de saint Anselme requiert la présence sous les mots de notions nécessaires dont le contenu dicte à l'esprit ses conclusions (voir *Monologium*, cap. X, *Patr. lat.*, t. 158, p. 158). Certes, Descartes pense cette nécessité sous la forme plus précise de la nécessité mathématique, mais il est remarquable qu'il retrouve ici, pour la promouvoir et pour l'enrichir, l'inspiration originale d'une œuvre qu'il ne connaît pas [1]. » Analogie d'inspiration ou, plus exactement peut-être, analogie d'aspiration, comme entre Icare et Wilbur Wright. Or, pour l'historien de la pensée humaine, le problème est de connaître les raisons qui expliquent, d'une part, que celui-ci a réussi à voler ; d'autre part, que celui-là ne pouvait que tomber. La lueur de génie qu'a eue saint Anselme, c'est d'avoir aperçu que l'homme ne pouvait établir *a priori* l'existence de Dieu qu'au moyen d'une inégalité le contraignant en quelque sorte à franchir la distance qui le séparait de son objet. Mais, tandis que le mathématicien qu'est Descartes fera jouer cette inégalité à l'intérieur de l'intelligence, entre la pensée réelle du fini et la pensée réelle de l'infini, et saura en tirer la preuve de Dieu par l'idée d'infini, saint Anselme, réduit au maniement illusoire des concepts, prétendait obtenir le passage de l'intelligence à la réalité par la conception de l'*Être tel qu'on ne peut en concevoir de plus grand* ; ce qui conduit effectivement à la conception du passage, mais nullement, en toute évidence, au pas-

---

1 P. 18 du tirage à part.

sage lui-même. *Le concept d'un être qui dépasse tout autre être en grandeur,* malgré l'affirmation toute verbale et toute gratuite de sa « nécessité », *n'a pas, en fait, d'autre racine dans l'esprit ni d'autre attache à la réalité que n'en a le concept d'une île qui dépasse en beauté ou en félicité toute autre île.* Et saint Anselme, aussi bien, n'a pu se défendre contre la réplique foudroyante de Gaunilo, qu'en modifiant arbitrairement les règles du jeu qu'il avait lui-même établies : il remonte du plan profane dans le plan sacré dont il avait fait mine de sortir ; il rappelle à l'*insensé* qu'il est aussi son coreligionnaire. En ce sens, le *Proslogium* évoque bien plutôt l'argument du pari pascalien que l'argument ontologique de Descartes.

Et sans doute derrière le *Proslogium* il y a le *Monologium,* c'est-à-dire tout l'héritage de la tradition augustinienne. Lorsque Descartes fera reposer sa métaphysique sur « l'antériorité de l'idée du parfait par rapport à l'idée de l'imparfait », ne peut-on pas dire qu'il s'apparente, lui aussi, à cette tradition, dont aussi bien M. Gilson indique l'esprit par le rappel d'un texte capital ? *Neque enim, in his omnibus bonis... diceremus aliud alio melius cum vere judicamus, nisi esset nobis impressa notio ipsius boni, secundum quod et probaremus aliquid, et aliud alii praeponeremus. Sic amandus est Deus, non hoc et illud bonum, sed ipsum bonum* (*De Trinitate,* lib. VIII, cap. 3, n. 4 ; *Patr. lat.,* t. XLII, col. 949. Cf. *In Psalm.,* 61, 21 ; t. XXXVI, col. 744). La tradition augustinienne... n'avait jamais été oubliée au Moyen âge et s'y formule même parfois d'une manière plus proche encore de celle de Descartes que chez saint Augustin. Cf. saint Bonaventure : *Quomodo autem sciret intellectus, hoc esse ens defectivum et incompletum, si nullam haberet cognitionem entis absque omni defectu ?* (*Itinerarium mentis in Deum,* cap. III, 3 ; edit. minor, Quaracchi, 1911, p. 317). Mais, ajoute M. Gilson, « la puissante intuition qui fait apercevoir Dieu dans la conscience même du doute ne se rencontre nulle part ailleurs, sous la forme que Descartes lui a donnée » (p. 315-316, *ad* p. 33, 1. 28).

C'est bien pourquoi, du point de vue purement rationnel où nous sommes placés par les conditions historiques du problème, il est permis de se demander si l'augustinisme médiéval, dépourvu de cette intuition fondamentale, n'était pas voué à la disgrâce de laisser l'intelligence au seuil de la foi. Retenons seulement de la tradition augustinienne ce qui est d'ordre proprement philosophique ;

car, ainsi que le remarque M. Gilson, avec ce souci d'impartialité qui est un de ses mérites éminents, « Descartes reste opposé à saint Augustin sur le point le plus essentiel de l'augustinisme : les rapports de la raison avec la foi, et, généralement parlant, son idée de la philosophie même » (p. 298, *ad p.* 32, 1. 21). La tradition augustinienne se réduit alors au néo-platonisme ; et le néo-platonisme lui-même, en tant qu'il se subordonne au réalisme d'Aristote et des Stoïciens, renverse le sens des valeurs spirituelles selon Platon ou, en tout cas, selon Descartes. Autrement dit, si le cartésianisme tient tout entier dans la distinction entre l'*intelligible* et l'*imaginable,* on ne voit pas comment l'auteur des *Réponses aux Premières Objections* serait, historiquement, répréhensible pour avoir déclaré qu'il n'y avait que des mots dans l'argument *a priori* rapporté par saint Thomas, qui, d'ailleurs, le condamne. Pour qu'il eût pu trouver autre chose chez saint Anselme lui-même, il aurait fallu que saint Anselme, avant de chercher à démontrer que Dieu existe, eût possédé le moyen de décider « si son essence est immuable et vraie, ou si elle a seulement été inventée » (A. T., IX [1], 92). Or, ce moyen, faute d'une psychologie de l'intelligence en rapport avec la réalité de la science, a manqué aux néo-platoniciens, par suite aux augustiniens. De toutes façons l'exigence de la méthode est inéluctable ; là où il n'y a pas d'idées claires et distinctes, il ne peut y avoir d'idées innées, puisqu'il n'y a pas, suivant Descartes, d'idées du tout, mais seulement, selon l'expression de la Ve *Méditation* (A. T., IX [1], 55), « de vagues et inconstantes opinions ».

La comparaison de la spéculation médiévale et de la philosophie cartésienne attesterait, à nos yeux, plutôt le contraste de la réalisation technique que l'analogie de l'inspiration. Il nous semble que l'avènement de la méthode, que le progrès de la réflexion scrupuleuse sur la norme de vérité, introduisent dans l'histoire une brusque rupture, symétrique de celle qui s'était produite autrefois entre les mathématiciens de l'ancienne *Académie* et les logiciens du *Lycée*, et que M. Whitehead mettait récemment en lumière avec une force incomparable. « L'enseignement pratique de Pythagore consiste à mesurer, à exprimer par suite la qualité en termes de quantité numériquement déterminée. Mais les sciences biologiques, dans l'Antiquité jusqu'à nos jours même, ont été par-dessus tout classificatrices ; d'où résulte que la logique d'Aristote a été l'exaltation de la classification. La popularité d'Aristote a retardé le progrès de la science physique durant le Moyen âge. Si seulement les scolastiques avaient mesuré au lieu de classer, de combien de choses ils auraient pu s'instruire [1] ! »

La restauration des études médiévales a donc cet intérêt et cette opportunité qu'elle nous permet de suivre en détail les vains efforts de ceux qui cherchaient l'*ordre* dans la *classification* pour s'ouvrir un domaine de spéculation positive, dont nous savons que l'accès est réservé à ceux qui cherchent l'*ordre* dans la *mesure*. Mais c'est fausser les rapports réciproques des époques, c'est déplacer le centre de l'histoire, que de passer par-dessus l'opposition des structures intellectuelles, et de supposer homogènes, comme s'ils pouvaient appartenir à un même plan de pensée humaine, les preuves authentiquement rationnelles, c'est-à-dire *méthodiques*, de Descartes et les arguments *améthodiques*, par suite « préscientifiques », imaginaires, de saint Anselme ou de saint Thomas.

Sur ce point, d'ailleurs, l'évolution du cartésianisme fournit une sorte d'*experimentum crucis*. Celui que le XVIIe siècle appelait le grand Arnauld, et qui passait, au temps de Descartes, pour le théologien le plus autorisé, celui qui devait plus tard avoir le mérite de réformer la pédagogie de la géométrie par la méditation de l'analyse cartésienne, a cru pouvoir, en métaphysique et en logique, procéder à une manière d'éclectisme qui utilisait les thèses cartésiennes pour prolonger, pour rajeunir, les thèses scolastiques. Or, sa controverse avec Malebranche met en lumière l'inconsistance de sa tentative : c'était tourner le dos à Descartes, c'était commettre la pétition de principe qui est le grief du doute méthodique contre la scolastique, de prendre « pour la même chose l'idée d'un objet et la perception d'un objet » [2]. On n'est cartésien ou, plutôt, on ne satisfait à l'exigence méthodique de la vérité, qu'à la condition de commencer par inclure l'idée dans la sphère de l'idéalité.

La forme même que M. Gilson a donnée à son *Commentaire* fait qu'on ne peut guère lui rendre hommage qu'en insistant sur les points où ce *Commentaire* s'écarte de la ligne suivant laquelle soi-même on a coutume de parcourir les différentes parties du

---

[1] *Science and the modern world*, Cambridge, 1926, p. 43.
[2] Cf. DELBOS, Étude de la philosophie de Malebranche, 1924, p. 184.

système. Malgré soi, on donne ainsi l'impression de ne pas être tout à fait juste envers M. Gilson, d'autant que là même où l'on discute quelque détail d'interprétation, c'est en mettant à profit les ressources nouvelles qu'il fournit à la connaissance de Descartes et de ses prédécesseurs. Mais il est à craindre aussi qu'on ne rende pas tout à fait justice à Descartes lui-même, quand on l'imagine regardant spontanément en arrière, en vue de rejoindre « par le dedans » ce qu'il n'a pu rencontrer au dehors. La méthode ne laisse à Descartes aucun regret du passé, aucun souci de l'extérieur. Le *Discours*, quant à moi, me paraît tout entier tourné en avant, vers la religion du Verbe purement intelligible qui sera celle de Malebranche et de Spinoza, vers un Dieu qu'ils invoqueront l'un et l'autre comme garant de la physique mathématique, tout en concevant différemment la nature et de la physique et de Dieu.

Pour revenir, enfin, à la conclusion de la IVe Partie, elle ne s'interprétera pas de la même façon, la même page n'aura pas la même signification, selon que l'on oriente la pensée de son auteur dans telle ou telle direction historique. Descartes, après avoir mis en évidence l'existence de Dieu, conclut de la véracité divine à la réalité du monde extérieur. Or, ce monde extérieur sera-t-il l'univers des qualités sensibles, qui était l'objet du dogmatisme scolastique, ou bien l'univers de la quantité spatiale qui est « l'objet de la géométrie spéculative » ? A nos yeux, la façon dont s'exprime Descartes ne laisse planer aucune ambiguïté sur sa pensée. C'est le monde des idées mathématiques auquel il apporte le « fondement de vérité » que la science réclame, en établissant une séparation radicale entre ce qui naît de la raison et ce qui naît des sens ou de l'imagination : « Si nous ne savions point que tout ce qui est en nous de réel et de vrai vient d'un être parfait et infini, pour claires et distinctes que fussent nos idées, nous n'aurions aucune raison qui nous assurât qu'elles eussent la perfection d'être vraies. Or, après que la connaissance de Dieu et de l'âme nous a ainsi rendus certains de cette règle, il est bien aisé à connaître que les rêveries que nous imaginons, étant endormis, ne doivent aucunement nous faire douter de la vérité des pensées que nous avons, étant éveillés. Car, s'il arrivait, même en dormant, qu'on eût quelque idée fort distincte, comme, par exemple, qu'un géomètre inventât quelque nouvelle démonstration, son sommeil ne l'empêcherait pas d'être vraie. Et pour l'erreur la plus ordinaire de nos songes, qui consiste en ce qu'ils nous représentent divers objets en même façon que font nos sens extérieurs, n'importe pas qu'elle nous donne occasion de nous défier de la vérité de telles idées, à cause qu'elles peuvent aussi nous tromper assez souvent sans que nous dormions : comme lorsque ceux qui ont la jaunisse voient tout de couleur jaune, ou que les astres ou autres corps fort éloignés nous paraissent beaucoup plus petits qu'ils ne sont. Car, enfin, soit que nous veillions, soit que nous dormions, nous ne nous devons jamais laisser persuader qu'à l'évidence de notre raison. Et il est à remarquer que je dis de notre raison, et non point de notre imagination ni de nos sens. Comme, encore que nous voyons le soleil très clairement, nous ne devons pas juger pour cela qu'il ne soit que de la grandeur que nous le voyons ; et nous pouvons bien imaginer distinctement une tête de lion entée sur le corps d'une chèvre, sans qu'il faille conclure pour cela qu'il y ait au monde une Chimère : car la raison ne nous dicte point que ce que nous voyons ou imaginons ainsi soit véritable ; mais elle nous dicte bien que toutes nos idées ou notions doivent avoir quelque fondement de vérité ; car il ne serait pas possible que Dieu, qui est tout parfait et tout véritable, les eût mises en nous sans cela. »

La vision claire du *soleil sensible* n'a pas meilleur « fondement de vérité » que l'imagination distincte d'un monstre chimérique : seul existe le soleil intelligible de l'astronome. C'est pourquoi le passage à l'« ordre des questions de physique », tel que le rationalisme cartésien l'établit, implique, d'une part, que le doute issu de la méthode soit levé en ce qui concerne la réalité d'un univers compris mathématiquement ; d'autre part, qu'il soit définitivement confirmé en ce qui concerne le « monde des Philosophes » où, comme Descartes le montrait en 1633, au début de son *Traité* inachevé *du Monde*, les qualités sensibles sont prises pour les caractères des choses, en relation avec les concepts imaginaires de *forme* et de *puissance*. La page que nous avons citée du *Discours* exprime dans sa conclusion le mouvement d'ensemble que Descartes devait condenser si nettement en rédigeant la *Préface* pour la traduction française des *Principia philosophiæ* : « En considérant que celui qui veut douter de tout, ne peut toutefois douter qu'il ne soit, pendant qu'il doute, et que ce qui raisonne ainsi, en ne pouvant douter de soi-même et doutant néanmoins de tout le reste, n'est pas ce que nous disons être notre corps, mais ce que nous appelons notre âme ou notre pensée, j'ai pris l'être ou l'existence de cette pensée pour le premier principe, duquel j'ai déduit très clairement les suivants : à savoir qu'il y a un Dieu qui est auteur de tout ce qui est au monde, et qui, étant la source de toute vérité, n'a point créé notre entendement de telle nature qu'il se puisse tromper au jugement qu'il fait des choses dont il a une perception fort claire et fort distincte. Ce sont là tous les principes dont je me sers touchant les choses immatérielles ou métaphysiques, desquels je déduis très clairement ceux des choses corporelles ou physiques ; à savoir qu'il y a des corps étendus en longueur, largeur et profondeur, qui ont diverses figures et se meuvent en diverses façons » (A. T., IX [2], 9). Je n'oserais donc m'associer à l'effort que M. Gilson fait dans son *Commentaire* pour retrouver dans la fin de cette IVe Partie du *Discours* la préoccupation qui inspirera la *VIe Méditation*, et qui consiste à « justifier Dieu d'être cause des erreurs » que Descartes reproche au réalisme du sens commun et de la scolastique. Descartes me paraît ici chercher non pas, comme le suppose M. Gilson, « le fondement de vérité que l'on peut attribuer à nos perceptions sensibles » (p. 368, *ad* p. 40, 1. 9-10), mais celui qui appartient à « toutes nos idées ou notions », en tant qu'elles s'autorisent de la seule « évidence de notre raison », à part, ou même à l'encontre, de « ce que nous voyons ou imaginons ». Selon nous, le rappel du thème de l'évidence, qui est à la base de la méthode avec la première règle, à la base de la métaphysique avec le *Cogito*, manifeste bien que le dessein de Descartes est de maintenir strictement l'unité architecturale du *Discours*. La physique rationnelle a son « fondement de vérité » dans une méthode dont la rénovation spirituelle de la mathématique, achevée par la *Géométrie* de 1637, a permis de dégager la pure intellectualité pour l'appliquer au renouvellement de la métaphysique elle-même.

Le passage de la IVe Partie à la Ve étant opéré, il s'agirait de savoir de quelle manière et dans quelle mesure Descartes s'est effectivement conformé, dans la constitution de sa physique, aux quatre préceptes de sa méthode. Mais ce problème, Descartes, qui l'avait pourtant résolu dans son *Traité du monde*, n'ose l'aborder directement en 1637, ni dans les dernières parties du *Discours*, ni dans les *Essais* qui le suivent. Son respect pour l'Église l'oblige à des allusions rendues discrètes par cette condamnation de Galilée, dont on lui a souvent, assez légèrement, reproché d'avoir exagéré l'effet : on voit pourtant qu'elle domine la vie spirituelle du XVIIe siècle, brusquement tarie en Italie, tandis que le centre s'en déplace vers la Hollande. Descartes fera donc confidence à son public du parti qu'il a pris d'*ombrager* toutes choses, selon la devise dont on a tourné contre lui la formule trop ingénieuse, mais dont, avec un peu plus de charité, il n'était pas malaisé de rétablir la véritable intention : *larvatus pro Deo*. Quant à M. Gilson, sa tâche était de projeter la lumière directe sur des points que Descartes avait laissés dans un trop savant clair-obscur. Il s'en est acquitté avec la maîtrise que l'on pouvait attendre de l'auteur des *Essais de philosophie médiévale : Descartes, Harvey et la Scolastique ; Météores cartésiens et Météores scolastiques*.

Nous renverrons donc ici au commentaire lui-même, sans avoir la prétention de savoir le résumer. Nous nous bornerons à une remarque, qui intéresse l'histoire de la méthode cartésienne, c'est-à-dire l'usage de la méthode rationnelle pour le développement de la science positive. C'est seulement en 1644, avec les *Principes de la Philosophie*, que Descartes a indiqué en détail comment sa cosmologie se proposait de satisfaire, d'une part, au précepte de l'évidence, en appuyant les lois du mouvement aux perfections infinies de Dieu, d'autre part, au précepte de l'énumération complète, en limitant, comme faisait le dogmatisme d'Aristote et comme fera encore le dogmatisme de Comte, à « ce que nous pourrons apercevoir par l'entremise des sens » les phénomènes qui existent « en la nature » (IV, 199). Par contre, dans les *Essais* de 1637, il procède par hypothèse ; il ne livre sa science que par fragments. Seuls donc vont trouver leur emploi les préceptes de réduction à des relations géométriques et de combinaison entre ces relations. Or, par un retournement inattendu, la méthode des *Essais*, que Descartes avait, à son corps défendant, dépouillée de l'intégralité systématique qu'elle comportait assurément dans sa pensée, semble, sous son aspect en apparence restreint et mutilé, plus exactement appropriée au caractère de notre science actuelle qui n'exprime rien d'autre, en effet, que le progrès de la connexion entre une mathématique toujours à la recherche de ses principes et une physique toujours à la recherche de ses éléments.

LA PENSÉE INTUITIVE CHEZ DESCARTES ET CHEZ LES CARTÉSIENS [1]

Lorsque Xavier Léon s'avisa de commémorer le IIIe Centenaire de la naissance de Descartes le 31 mars 1596, il ne se borna pas à réunir en un numéro de la *Revue de métaphysique*, très largement international, des études qui « permettaient d'embrasser d'un seul regard l'œuvre entière de Descartes dans un ordre méthodique ». Ce fut lui qui, par son initiative et son activité, suscita l'entreprise d'une édition nouvelle. A sa prière, Émile Boutroux en exposait l'opportunité dans un article du 15 mai 1894. Et, sur l'intervention de Louis Liard, l'exécution, par le choix le plus heureux qu'on ait pu souhaiter, en fut confiée à M. Charles Adam et à Paul Tannery.

De cette publication Xavier Léon attendait qu'elle fournît une base plus aisée et plus sûre à l'effort pour serrer de près la pensée de Descartes et en préciser la place dans l'histoire. Nous voudrions recueillir quelques-uns des résultats qui nous semblent avoir été atteints, touchant le rapport entre la doctrine de Descartes et les systèmes qui en relèvent immédiatement, Malebranchisme et Spinozisme.

I. — L'Intuition triomphante

Le point central où s'établit cette liaison n'est guère contesté : c'est le caractère intuitif de la connaissance rationnelle, considérée dans la pureté de son essence. Or, l'intuition n'est pas une idée toute faite, à laquelle on puisse se référer comme à une solution donnée d'avance. Chez les créateurs l'intuition se cherche et se conquiert. M. Bergson, dans une lettre à Höffding, a eu l'occasion de montrer comme on risque de se méprendre en ce qui le concerne quand on part de l'intuition entendue sous une forme schématique et générale, quand on y voit une clé qui ouvrirait toutes les serrures. « La

---

[1] A paru *dans la Revue de métaphysique et de morale*, janvier 1937, 44e année, n° 1, pp. [1]-20.

théorie de l'intuition sur laquelle vous insistez beaucoup plus que sur celle de la durée, ne s'est dégagée à mes yeux qu'assez longtemps après celle-ci. Elle en dérive et ne peut se comprendre que par elle [1]. »

Il est remarquable que, chez Descartes également, l'intuition pose et résout un problème pour lequel le langage des philosophies précédentes n'offrait pas de réponse. Aussi se réserve-t-il, en reprenant le mot, de lui donner une signification qui diffère du sens banal.

Dans les *Regulae*, où sa pensée se laisse surprendre à l'état naissant, préoccupée de s'expliquer pour elle-même autant que pour les autres, il rend ses lecteurs attentifs à ne pas se laisser choquer par l'usage du mot intuition [2]. L'intuition cartésienne ne porte pas sur un élément sensible ou analogue au sensible, comme faisait l'intuition des atomistes, ni sur l'abstraction d'un concept ou d'un principe, comme faisait l'intuition des dialecticiens. C'est même lui faire tort que de la réduire à l'appréhension de natures simples qui s'offriraient à titre de données immédiates. L'intuition cartésienne est, ou tend à être, une intuition, non de chose, mais de pensée. Or, la réalité de la pensée consiste dans un acte. Cet acte, c'est d'abord l'acte du jugement. « Ainsi chacun peut voir par intuition qu'il existe, qu'il pense, que le triangle est délimité par trois lignes seulement, la sphère par une surface unique » (*ibid.*, 368). Encore restreindrait-on à l'excès le sens du terme et masquerait-on la portée de la doctrine si on enfermait l'intuition dans la seule énonciation que le jugement exprime. L'intuition est capable de lier deux propositions dont l'unité indivisible se manifeste avec évidence comme en fait foi l'exemple : « Étant donné cette connexion d'idées (*consequentia*) : 2 et 2 font la même chose que 3 et 1, il faut que l'intuition porte non seulement sur ceci que 2 et 2 font 4 et que 3 et 1 font également 4, mais sur ceci, en outre, que de ces deux propositions la troisième se conclut nécessairement » (*ibid.*, p. 369).

L'intuition déborde sur le domaine de la déduction ou, plus exactement, la déduction ne fait qu'expliciter l'intuition. Il n'y aurait donc pas lieu de les distinguer l'une de l'autre, en tout cas de ré-

---

[1] Lettre de Monsieur Bergson à Monsieur Höffding, apud *La philosophie de Bergson, exposé et critique*, trad. DE COUSSANGE, 1906, p. 161. Cf. Albert THIBAUDET, *Le bergsonisme*, 1923, t. I, p. 24.
[2] *Reg.*, III ; éd. Adam-Tannery (désignée par A. T.), X, 369.

server dans la méthode une place spéciale au processus déductif, s'il n'arrivait pas qu'une chaîne déductive, quelque étroites qu'en soient les articulations, ne fût exposée par le seul fait de son allongement à se laisser éparpiller à travers le temps. On sera contraint de faire appel à la mémoire qui, elle, ne possède aucun caractère intrinsèque de sa vérité ; et cela donne à craindre que l'erreur se glisse dans les interstices du raisonnement. Le drame du mysticisme est lié au conflit qui s'élève entre la mémoire et l'intuition, à l'impossibilité pour la conscience de se déclarer effectivement contemporaine, par suite sincèrement témoin et garant, de l'état privilégié auquel il s'agit de se référer pour en prolonger ou tout au moins pour en exploiter le bénéfice au delà de l'instant de durée où il se serait produit. C'est l'écho de ce drame que Descartes recueille et transporte dans la vie spéculative. Mais ici l'homogénéité des termes en présence va permettre d'apaiser le scrupule. Il faudra seulement demander à la déduction de tendre en quelque sorte vers l'intuition, en se resserrant et en se concentrant, de manière à constituer *un mouvement continu et nulle part interrompu de l'esprit* [1], dont la « vraie mathématique », arithmétique et algèbre, apporte l'expérience intime.

De ce dynamisme de l'intuition, comment Descartes a-t-il fait le motif conducteur de sa physique et de sa métaphysique ? Sur le premier point, nous n'aurons qu'à reprendre, une fois de plus, le passage capital des *Regulae* sur la généralisation de la notion de *dimension*. Le même élan de pensée qui porte Descartes à faire de l'algèbre une science entièrement autonome, en brisant le parallélisme considéré jusque-là comme nécessaire *a priori* entre les dimensions de l'espace et les degrés de l'équation, l'amène à regarder la longueur, la largeur, la profondeur comme étant simplement les premières applications d'une fonction de pensée, qui s'exercera sur tout facteur du réel pourvu qu'on découvre le biais sous lequel il se laissera diviser. « Tout mode de division en parties égales, qu'il soit effectif ou intellectuel, constitue une dimension suivant laquelle s'opère le calcul. » Ce qui permet à Descartes d'écrire : « Non seulement la longueur, la largeur, la profondeur sont des dimensions ; mais, en outre, le poids est la dimension selon laquelle les choses

---

[1] A. T., X, 369, cf. *Reg.*, VII ; X, 387.

sont pesées, la vitesse est une dimension du mouvement, et ainsi pour une infinité de cas semblables » (*Reg.*, XIV, A. T., X, 447). Indication précieuse autant qu'elle est précise puisqu'elle contient, par-delà le système du monde que Descartes a élaboré, l'idée claire et distincte d'une physique spécifiquement analytique, telle qu'elle devait entrer décidément dans la science avec Joseph Fourier et qu'Einstein l'a fait triompher sur les ruines du mécanisme figuratif.

En ce qui concerne l'inspiration de sa métaphysique, Descartes n'est pas moins explicite. De même que la considération des dimensions spatiales ne correspond qu'à des exemples particuliers d'une résolution intellectuelle des constituants de l'univers, de même l'intuition du *Cogito*, sous son aspect statique et passif, en tant qu'elle serait bornée à mon existence d'individu, est seulement la forme dérivée d'une intuition qui, étant inséparable de la nature de la raison, ne peut pas ne pas nous en attester l'infinité. Autrement dit, *avant d'être l'intuition du moi elle est l'intuition de Dieu*. Et les plus récents commentateurs de Descartes se sont accordés pour souligner la portée décisive de déclarations qui nous donnent accès à la racine même de la pensée cartésienne. Telles ces lignes écrites à propos de la IVe Partie du *Discours de la méthode* : « En s'arrêtant assez longtemps sur cette méditation, on acquiert peu à peu une connaissance très claire et, si j'ose ainsi parler, intuitive, de la nature intellectuelle en général, l'idée de laquelle, étant considérée sans limitation, est celle qui nous représente Dieu et, limitée, est celle d'un ange ou d'une âme humaine [1]. »

Par là se comprend le texte de la IIIe Méditation dans lequel se concentre toute la doctrine. J'ai en quelque façon premièrement en moi la notion de l'infini que du fini, c'est-à-dire de Dieu que de moi-même (A. T., IX [1], 36).

Sans doute, puisque « l'intuition est cette fois-ci une intuition intellectuelle et non une intuition mystique » [2], elle n'exclut pas la démonstration. Sur la demande des auteurs des *Secondes Objections*, Descartes consentira même à la mettre en forme de déduction syllogistique. Mais à ses yeux cette transposition n'a qu'un intérêt

---

[1] Lettre de fin mai 1637, A. T., I, 353, et *Correspondance*, éd. Adam et Gérard Milhaud (que nous désignons par A. M.), t. I, 1936, p. 354.
[2] Koyré, Essai sur l'idée de Dieu et les preuves de son existence chez Descartes, 1922, p. 183.

subjectif. Elle est seulement faite pour « ceux qui n'entendent les choses qu'au moyen d'un long discours et raisonnement », tandis que l'existence de Dieu peut être « connue sans preuves par ceux qui sont libres de tous préjugés » (A. T., IX [1], 127 et 129).

Du fait qu'il subordonne ainsi le processus déductif à l'intuition intellectuelle, Descartes retrouve l'inspiration authentique du platonisme, mise définitivement à l'abri des deux dangers qui avaient pu motiver la réaction péripatéticienne : mirage de la dialectique supramathématique, recours aux mythes qui trahit l'idée sous prétexte de la symboliser. Il n'y a rien à souhaiter dans l'ordre de l'intelligible par-delà l'évidence de l'équation ; et, grâce au principe d'inertie, il est possible de rendre compte de tous les mouvements de la nature physique et biologique par des systèmes d'égalité stricte entre composantes et résultante. L'âme est rendue à sa fonction de pensée, en dehors de tout contact avec la matière, comme Dieu à sa divinité, hors, non seulement de tout anthropomorphisme, mais de tout anthropocentrisme. « Pour les prérogatives que la religion attribue à l'homme et qui semblent difficiles à croire si l'étendue de l'univers est supposée indéfinie, elles méritent quelque explication ; car, bien que nous puissions dire que toutes les choses créées sont faites pour nous en tant que nous en pouvons tirer quelque usage, je ne sache point néanmoins que nous soyons obligés de croire que l'homme soit la fin de la création. Mais il est dit que *omnia propter ipsum (Deum) facta sunt*, que c'est Dieu seul qui est la cause finale aussi bien que la cause efficiente de l'univers [1]. »

II. — L'Intuition en échec

Le primat de l'intuition, que Descartes a ainsi proclamé dans l'ordre de la mathématique, de la physique, de la métaphysique, Malebranche et Spinoza le professeront à leur tour. L'événement qui domine leur vie spéculative, c'est d'avoir aperçu que la raison ne se laissait pas confondre avec la faculté, qui ressortit à l'imagination, des idées générales et des principes abstraits. Le propre de l'intelligence est de saisir dans un acte concret des réalités concrètes : *pensée*, *étendue*, *Dieu*. Seulement leur méditation les a conduits tous deux à des doctrines originales, et par ailleurs antagonistes entre elles, du fait qu'ils ont été d'accord en ceci du moins

---
[1] Lettre à Chanut, du 6 juin 1647, A. T., V, 53-54.

que le cartésianisme, dans l'état où Descartes l'avait laissé, demeurait incapable de satisfaire, sur des points essentiels, aux exigences de la méthode cartésienne, que l'intuition primordiale y était tenue en échec, condamnée à se désavouer elle-même, de telle sorte qu'il serait loisible de dire qu'ils ont été Cartésiens autrement que Descartes et, à leurs yeux, plus Cartésiens que lui.

Certes Descartes a eu le sentiment que l'univers des nombres et des équations s'étendait à l'infini, et il ne se laisse pas arrêter par les arguties de Zénon d'Élée. Mais, s'il montre qu'il sait à l'occasion manier les procédés d'intégration, il n'ose pas les expliciter, et c'est pourquoi il ne réussit pas à formuler la loi de la chute des corps [1]. Par là même il ne donnera des lois du choc que des formules dont lui-même est tout prêt de reconnaître qu'elles demeurent schématiques au risque d'être inexactes [2] ; et, cependant, c'est la seule partie des *Principes* où sa physique soit mathématique autrement que d'intention, où un effort apparaisse pour appliquer le calcul à l'expérience. Partout ailleurs, depuis la théorie de la matière subtile et des tourbillons jusqu'à l'explication du sel ou de l'aimant, c'est l'imagination spatiale qui tient lieu d'intuition, imagination qui se diversifie et se renouvelle par les ressources du génie, mais qui, néanmoins, usera et abusera de l'analogie à l'exemple des primitifs et des Scolastiques. Aussi bien lorsque le P. Noël, dont Descartes avait été l'élève à La Flèche, essaie de trouver dans la physique nouvelle de quoi consolider les dogmes péripatéticiens, le jeune Pascal se fera un jeu de railler. « Le flux de la mer et l'attraction de l'aimant deviendront aisés à comprendre s'il est permis de faire des matières et des qualités exprès [3]. »

Cette apparence de fantaisie et d'arbitraire devait choquer particulièrement chez un philosophe qui se faisait fort de réfuter pour faux tout ce qui n'était que vraisemblable [4]. Or, Descartes la porte

---

[1] Dans une note sur la lettre à Mersenne du 13 novembre 1629, Paul Tannery remarque qu'en cherchant la loi sur la chute des graves dans le vide, Descartes « procède comme paraît l'avoir fait aussi Galilée..., en employant un procédé tout à fait analogue à celui de la méthode des indivisibles (ainsi bien avant Cavaliéri) ». (A. T., I, 75).

[2] « Il faut pourtant ici que je vous avoue (écrit-il à Clerselier le 17 février 1645) que ces règles ne sont pas sans difficulté. » (A T., IV, 187.)

[3] *Œuvres*, éd. des Grands Écrivains de la France, t. II, p. 96.

[4] Cf. Lettre de Chapelain à Balzac, du 29 décembre 1637 : « Sa *Dioptrique* et sa *Géométrie* sont deux chefs-d'œuvre au jugement des maîtres. Ses *Météores* sont arbi-

à son comble lorsqu'il propose de placer dans la glande pinéale le siège des rapports entre l'âme et le corps. Il aura beau réduire au minimum la surface de contact entre deux substances hétérogènes, il sera trop évident, et Gassendi ne manquera pas d'y insister, qu'il viole directement la règle qu'il s'était prescrite en imposant un lieu à une réalité essentiellement inétendue.

Il est vrai qu'il lui arrivera, dans la lettre fameuse à la princesse Élisabeth, de ranger l'« union de l'âme et du corps », à la suite et à l'exemple de l'« extension » et de la « pensée », parmi les notions primitives « qui sont comme des originaux sur le patron desquels nous formons toutes les autres connaissances ». Par là Descartes semble autoriser ses commentateurs à parler d'*intuition* [1]. Mais ne serait-ce pas alors une intuition qu'il faudrait appeler *anticartésienne*, plus proche, en effet, de l'instinct animal que de la lumière intellectuelle ? « Pour moi, écrit Descartes, je distingue deux sortes d'instincts ; l'un est en nous en tant qu'hommes et est purement intellectuel ; c'est la lumière naturelle ou *intuitus mentis*, auquel seul je tiens qu'on se doit fier ; l'autre est en nous en tant qu'animaux, et est une certaine impulsion de la nature à la conservation de notre corps, à la jouissance des voluptés corporelles, etc., lequel ne doit pas toujours être suivi [2]. »

On mesure ainsi la difficulté que Descartes va s'opposer à lui-même, et qui se retrouvera tout le long des *Méditations*. Elles ont commencé par évoquer le *malin Génie*, de qui assurément Dieu triomphera, mais en tant seulement qu'il demeure le Dieu purement spirituel, objet d'une intelligence purement intuitive, qui refuse de se laisser dégrader et corrompre par les concessions aux préjugés de sens commun. Et précisément la question se pose de savoir si Descartes a su éviter le piège perpétuel que lui tendait le langage de la logique, tel que le parlaient ses maîtres et qui était encore celui de ses lecteurs, si les nécessités de l'argumentation qu'il leur destinait ne l'ont pas obligé de briser l'intuition première et totale dont la doctrine procède. Chaque moment de la dialectique n'arrête-t-il pas, ne stérilise-t-il pas sur place, ce *mouvement continu et ininterrompu* qui seul assure la rationalité de la méthode ?

---

traires et problématiques, mais admirables pourtant. » (*Lettres de Jean Chapelain*, t. I, 1880, p. 189, *apud* A. T., I, 485-486.)
[1] Lettre du 21 mai 1643, A. T., III, 665.
[2] Lettre du 11 octobre 1639, A. T., II, 599.

Et c'est ce qui, en effet, se produit dès la *Seconde Méditation*, où le *Cogito* ne permet d'affirmer immédiatement que l'existence du *moi*. La conscience que la pensée prend d'elle-même apparaît ainsi limitée à la subjectivité de l'individu, de telle sorte que, pour rentrer en possession de l'intuition originelle, qui est celle de l'infini divin, Descartes devra mettre en jeu un appareil de preuves. Inévitablement cet appareil impliquera la pétition des principes abstraits de substance et de causalité qui ne sauraient se légitimer dans leur usage métaphysique que par l'appel à la véracité divine. D'autre part, leur application transcendante suppose que le contenu de la pensée déborde la conscience où elle se produit, se constitue comme *chose en soi*, ou *nature simple*, objet d'une intuition redevenue statique et passive. Bref, du plan de l'immanence spirituelle le cartésianisme retombe au plan du réalisme spatial.

A la rigueur, on pourrait ne voir là que des maladresses d'exécution. Mais, dans le cours des *Méditations*, le système souffre d'embarras plus graves, qui offriront au *malin Génie* de tout autres occasions de revanche : Descartes va se proposer, non point assurément de réhabiliter le sensible, mais tout au moins de le rattraper à titre d'apparence, afin d'innocenter Dieu en tant qu'auteur de cette apparence. Or, l'impulsion naturelle qui fait ajouter foi à la réalité des qualités sensibles ne s'apparente-t-elle pas à l'instinct animal ? Le Dieu proprement cartésien, le Dieu des idées claires et distinctes, s'humanise donc et s'infléchit, dégénérant en une sorte de *bon Diable* qui veille au bien du corps et suscite en nous des sentiments utiles pour le maintien de la santé. L'imagination de finalité avait été strictement exclue de la science ; la voici réintégrée comme un pièce qui apparaît nécessaire à l'achèvement de la philosophie nouvelle, mais qui risque de compromettre l'homogénéité de sa structure.

L'inquiétude devait s'accroître enfin par la publication de la *Correspondance* où l'on voit Descartes porter lui-même le coup de grâce à sa métaphysique, en renonçant expressément à la rationalité de Dieu, sur laquelle les *Méditations* et les *Principes* avaient appuyé toute assurance humaine en la raison. « Les vérités mathématiques, lesquelles vous nommez éternelles, ont été établies de Dieu, et en dépendent entièrement, aussi bien que tout le reste des créatures. C'est, en effet, parler de Dieu comme d'un Jupiter, ou

Saturne et l'assujettir au Styx et aux Destinées, que de dire que ces vérités sont indépendantes de lui. Ne craignez point, je vous prie (insiste-t-il auprès de Mersenne), d'assurer et de publier partout que c'est Dieu qui a établi ses lois dans la nature ainsi qu'un Roi établit des lois en son royaume [1]. »

Malebranche et Spinoza

Des brèves observations qui précèdent, il résulte que, pour les successeurs immédiats de Descartes, tout se passe comme s'ils étaient en présence de deux cartésianismes : *un cartésianisme de droit*, qui se concentre dans le mouvement spirituel de l'intuition ; *un cartésianisme de fait* qui, loin d'éliminer la donnée sensible, se heurte perpétuellement à l'échec de son rêve, à la résistance invincible que rencontre l'unité de l'univers et même de Dieu. Dès lors, la question capitale sera de décider si ce double aspect, contradictoire en apparence, est simplement *accidentel*, s'il s'explique par un développement encore imparfait du spiritualisme cartésien, ou si, au contraire, il est *essentiel*, s'il convient de lui reconnaître un fondement irréductible dans la réalité des choses, qui impose irrésistiblement le dualisme. Là-dessus, Malebranche et Spinoza s'interrogent indépendamment l'un de l'autre pour aboutir à des conclusions opposées, ce qui nous donnera l'occasion d'étudier sur des cas exemplaires le passage de la phase proprement *créatrice* où l'intuition surgit comme un invention à la phase où elle se reçoit déjà *créée*, à titre d'objet de réflexion.

Malebranche et Spinoza, également formés par la pratique approfondie de la géométrie cartésienne, vont être amenés à en tirer des conséquences inverses pour ce qui concerne les rapports de la mathématique et de la physique. En outre, tandis que le christianisme que professait Descartes demeurait en marge de sa philosophie, la préoccupation religieuse apparaît centrale pour Malebranche comme pour Spinoza. Leur interprétation de la physique mathématique sera solidaire de la conception qu'avant même de connaître Descartes ils avaient été amenés à se faire de la Bible et de l'Évangile. De l'un et de l'autre il sera permis de dire qu'ils se

---

[1] Lettre du 15 avril 1630 *apud* CLERSELIER, *Lettres de Monsieur Descartes*, t. II, 1659, p. 478 (A. T., I, 145, et A. M., I, 135).

sont réjouis de la vérité de leur système dans le sentiment d'une coïncidence exacte entre les termes du *problème*, tel qu'il était posé par le cartésianisme, et les termes de la *solution* que le christianisme leur fournissait.

I. — Le dualisme radical

La notion dominante dans l'œuvre de Malebranche est la notion d'*ordre*. La scolastique issue d'Aristote commettait cette faute mortelle de modeler l'ordre chrétien sur un ordre païen, constitué par la hiérarchie des formes substantielles. Il appartenait à la méthode cartésienne de faire comprendre que l'ordre véritable est un ordre *intrinsèque*, qui procède, non de la nature, mais de l'esprit, qui consiste dans les rapports de grandeur que l'arithmétique et la géométrie dégagent en leur évidence intuitive. Or, en se pénétrant de cette évidence, le mathématicien ne peut pas ne pas se convaincre qu'elle ne dépend ni des choses ni de nous. Elle porte en soi un caractère d'universalité, d'infinité, d'immutabilité, qui contraste avec tout ce que les sens ou la conscience nous permettent d'appréhender. Par la suite, elle relève d'un autre monde que celui où nous retiennent les nécessités du corps.

La découverte de l'analyse cartésienne prend une signification décisive pour le renouvellement de la vie religieuse, telle que l'Oratoire l'avait entrepris et dont ses fondateurs avaient comme la divination que le cartésianisme pourrait être l'instrument. De la *Géométrie* de 1637 il résulte, en effet, que la science de l'étendue se détache de l'imagination de l'espace ; elle se constitue *a priori* par l'établissement de relations purement intelligibles ; son objet est entièrement immatériel, une réalité de pensée, une *idée*.

Ainsi la voie de spiritualité qui conduit à Dieu ne passe plus par l'âme, comme le voulait encore Descartes. Tandis que nous n'avons de nous-même qu'un sentiment confus, que nous ne nous saisissons qu'à titre de « modalité ténébreuse », l'idée de l'étendue infinie, universelle, immuable, est le témoignage irrécusable qu'il y a, chez l'homme qui découvre la vérité des rapports arithmétiques et géométriques, une présence dont l'homme ne suffit pas à rendre compte, la présence de Dieu même en tant qu'il nous est donné d'y accéder. De l'application des sciences universelles, comme la métaphysique et la mathématique pure, « j'oserais presque dire » (écrit Malebranche, au Vᵉ Livre de la *Recherche de la Vérité*, chap. V) « qu'elle est l'application de l'esprit à Dieu, la plus pure et la plus parfaite dont on soit naturellement capable ».

Ce caractère passif et transcendant de l'intuition, conforme, d'ailleurs, à l'interprétation légendaire du platonisme, est un des aspects essentiels de la tradition augustinienne, à laquelle Malebranche était attaché dès son initiation à la pensée chrétienne ; il se trouvait souligné par Descartes dans une lettre que Clerselier a publiée au troisième volume de la *Correspondance* [1]. « La connaissance intuitive est une illustration de l'esprit, par laquelle il voit en la lumière de Dieu les choses qu'il lui plaît lui découvrir par une impression directe de la clarté divine sur notre entendement, qui en cela n'est point considéré comme agent, mais seulement comme recevant les rayons de la Divinité. »

L'intuition de l'idée en tant qu'être objectif entraîne cette conséquence de rendre difficile, sinon impossible, le passage *direct* du monde intelligible à l'univers sensible. Plus exactement, elle oblige à poser en termes nouveaux le problème que soulève la constitution d'une physique mathématique. Réfléchissant sur les lois du choc, qui se présentent chez Descartes comme déduites des seuls principes de la raison, Malebranche formule, avec une finesse et une précision irréprochables, la critique de la causalité, qui devait plus tard faire la célébrité de Hume. L'intervention du mathématique dans le physique demeure donc toute formelle. Elle permet de généraliser les rapports de mouvement à mouvement, mais sans parvenir à en justifier ou même à en expliquer la nature intrinsèque.

Autrement dit, le Dieu des idées claires et distinctes, que nous saisissons dans l'évidence d'une intuition indivisiblement mathématique et métaphysique par la participation de l'étendue intelligible à la substance même de l'Être infiniment parfait, ce Dieu nous abandonne dès le seuil de la mécanique. En nous détachant du sensible pour nous tourner vers les vérités de l'intelligence, la science cartésienne nous a mis en face de ce paradoxe, que nous sommes entièrement assurés de la réalité du monde mathématique, tandis que l'existence des objets que vulgairement on s'imagine voir et toucher nous demeure douteuse. L'embarras de la raison, livrée à

---

[1] 1667, p. 638, Lettre au marquis de Newcastle de mars ou avril 1648, A. T., V, 136.

ses ressources naturelles, sera donc inextricable. Le dualisme, c'est pour elle l'échec. Mais voici que la résistance à l'élan qui semblait la porter vers l'unité, se confirme, se transfigure, se consacre, une fois considérée à la lumière de la notion spécifiquement chrétienne de la divinité.

Il suffit d'invoquer, comme Malebranche ne cesse de le faire au cours de ses spéculations métaphysiques, la distinction entre la *puissance* du Père et la *sagesse* du Fils, qui se composent afin de porter au maximum de beauté intelligible l'architecture de l'Univers : toutes les conséquences qui apparaissaient fâcheuses ou même scandaleuses pour l'égoïsme des intérêts particuliers sont éclairées et justifiées. *La religion, c'est la vraie philosophie* [1].

Le service que la philosophie constituée sur la double base de la mathématique et de la mécanique cartésiennes, a reçu de la religion, elle le lui rend à son tour en nous permettant de définir les conditions dans lesquelles se dénouera le mystère du mal, envisagé, non plus dans la nature, mais dans l'homme. « Je suis persuadé, dit Malebranche, qu'il faut être bon philosophe pour entrer dans l'intelligence des vérités de la foi [2]. »

En effet, nous ne comprendrons exactement notre relation à Dieu dans la perspective de la vie proprement chrétienne, que si nous avons commencé par l'apercevoir du point de vue universel où nous place la considération de l'étendue intelligible. Il y a, correspondant à l'ordre défini par les rapports de grandeur, un ordre qui règle les rapports de perfection et auquel la volonté de l'homme ne peut pas manquer d'aspirer idéalement. Cette aspiration au bien « en général », qui est l'intuition morale par excellence, constitue le fond même de notre nature spirituelle, et nul ne peut s'en dépouiller. Si donc elle demeure impuissante à saisir son objet, c'est qu'un obstacle se dresse devant la libre et infinie expansion de la volonté rationnelle. Le désordre auquel on se heurte ici, ce n'est plus le désordre apparent des choses, c'est le désordre réel de l'âme, c'est l'évidence « expérimentale » du péché.

Entre le bien que nous voulons et le mal que nous faisons l'opposition apparaît totale, aussi bien qu'entre les idées archétypes du monde intelligible et les images fantômes du monde sensible.

---
1 Traité de morale, I, II, 11.
2 Entretiens sur la métaphysique et sur la religion, VI, 2.

De même que nous ne saurions nous expliquer ces images, encore moins nous assurer de l'existence de leur objet, si le Médiateur ne nous illuminait de son Verbe, de même nous demeurerions incapables de nous délivrer de notre misère et de notre égarement, hors d'état de retrouver notre route, si ce même Médiateur ne venait pas au-devant de nous, cette fois sous des espèces humaines qui parlent immédiatement aux âmes déviées par la faute du premier homme, s'il ne nous donnait la force de nous relever, et de marcher à nouveau vers la lumière de la raison.

Malebranche pourrait reprendre à son compte le mot de Pascal au lendemain du miracle de la Sainte Épine : *Scio cui credidi*. Seulement l'intuition pascalienne, c'est une apparition physiquement lumineuse, le « feu » du 23 novembre 1654, l'« éclair » qui jaillit au Port-Royal de Paris pour venger de leurs blasphémateurs les défenseurs de la vérité, comme la flamme était descendue sur l'autel pour juger entre Élie et les faux prêtres de Baal. Le cours imprévisible et inexplicable de la volonté céleste s'y dévoile par un événement décisif qui renverse l'ordre de la nature avec la force contraignante d'un fait matériel, de même que la prophétie contredit à l'ordre de l'histoire. Rien de tel chez Malebranche : ce qu'il demande au cartésianisme, c'est le moyen d'exprimer en termes de métaphysique intérieure la foi qu'il professait avant d'avoir connu Descartes. A travers toute son œuvre, le Dieu des savants et des philosophes conduit vers le Dieu de Jésus-Christ. L'économie de son système ne repose-t-elle pas sur la symétrie, faite de similitudes et de contrastes, entre le règne de la nature où « les païens, les démons mêmes », participent à l'évidence des rapports de grandeur, et le règne de la grâce où le privilège de la révélation, le bienfait de la rédemption, restaurent l'ordre des rapports de perfection ? L'opposition profonde du jansénisme et du malebranchisme laisse pressentir la lutte inexpiable que se livreront, dans la France catholique du XVIIe siècle, ceux-là mêmes qu'une commune vénération pour saint Augustin, qu'une commune adhésion aux théories cartésiennes, avaient commencé par rapprocher.

II. — L'Unité radicale

Comme Malebranche, Spinoza prélude à l'étude du cartésianisme par la pratique des Écritures ; mais son expérience religieuse est tout autre. A ses yeux, le message de l'Évangile consiste essentiellement dans l'impossibilité de servir deux maîtres à la fois. Une seule chose donc sera nécessaire : le courage de choisir, sans équivoque et sans arrière-pensée, entre la lettre et l'esprit, entre le symbole et la vérité, « en laissant les morts ensevelir les morts ». Tandis que l'Ancien Testament s'adresse à l'imagination des peuples et modèle la discipline de l'Église sur le gouvernement des sociétés politiques, le christianisme veut être la religion universelle et éternelle ; et, ainsi interprété, il concorde d'une façon frappante avec la révolution cartésienne, parce qu'il y trouve sa racine spéculative.

Spinoza, lui aussi, fera fond sur l'intuition intellectuelle de l'étendue pour s'ouvrir la voie de la spiritualité véritable. Mais, à la différence de Malebranche, plus que Descartes lui-même, dont il paraît avoir lu les *Regulae*, il aura le souci que l'intuition, transportée dans le domaine de l'intelligence, ne conserve plus trace du sens passif qu'elle pouvait avoir à l'origine.

Si la vérité se définit par l'*adéquation*, cette adéquation ne se concevra pas comme appréhension d'objets antérieurement donnés, fût-ce de ces « natures simples » qui, chez Descartes encore, apparaissent trop souvent affectées d'un caractère réaliste et statique. L'intuition spinoziste est entièrement liée à la puissance créatrice de la pensée, qui, sans doute, trouvera dans le développement de la géométrie son illustration la plus manifeste, mais qui, considérée dans son essence et dans sa source, dépasse la sphère de la géométrie vulgaire. L'*Éthique*, écrite en style euclidien, n'est cependant pas de pensée euclidienne. En fait, Spinoza ne manque jamais, en illustrant par l'exemple des proportionnelles la hiérarchie des genres de connaissance, de noter que la démonstration des *Éléments* appartient au stade inférieur où l'esprit traite des « notions communes », sans arriver à l'adéquate proportionnalité, compréhension directe des rapports entre les nombres qui permet d'apercevoir la façon dont ils se constituent du dedans.

Le progrès de pensée se poursuit au delà des *Éléments*, de par l'élan que lui imprime la *Géométrie* cartésienne. L'espace dont les parties sont extérieures les unes aux autres est simplement un produit de l'imagination, appelé à se résoudre entièrement dans l'unité intime du tout. Au terme de cette résolution l'étendue apparaît comme un attribut du Dieu intelligible, mais qui ne se laissera plus isoler de la réalité à quoi l'intuition s'applique. L'étendue spinoziste se produit d'elle-même en tant que mouvement, sans qu'il y ait à en appeler au mystère d'une intervention transcendante.

La manière dont l'*Éthique*, dans la théorie de la science, surmonte le dualisme du mathématique et du physique explique comment la théorie de l'âme s'y présente sous un jour tout opposé, à la perspective de la *Recherche de la vérité*. Chez Malebranche, l'idée est quelque chose qui est donné à l'âme attentive comme l'exaucement de sa prière, non comme l'effet de son opération. En réfléchissant sur soi dans la conscience de l'effort, l'âme ne peut apercevoir que son impuissance à combler d'elle-même l'intervalle qui la sépare de son objet. Plus elle s'attache à l'idée, plus elle s'éloigne du soi, de telle sorte que l'intuition qui lui est accordée de l'archétype-étendue et par quoi il est permis de dire que le siège de sa vision est en Dieu, cette intuition lui échappe quant à ce qui la concerne elle-même. Que je sois entièrement inintelligible, perpétuellement inaccessible à moi-même, c'est un paradoxe, sans doute, mais un paradoxe chrétien [1] : *Qui veut sauver son âme la perdra*. En passant de Malebranche à Spinoza, la conscience de l'effort sera marquée d'un signe, non plus *négatif*, mais *positif*. Elle atteste une activité dont la notion s'éclaircit et s'approfondit par le progrès qui s'accomplit de la perception sensible à l'intuition rationnelle.

Que l'on se place dans l'ordre de la pensée ou de l'étendue, la *natura naturans* qui est le fond indivisible de l'être apparaît numériquement identique à la *natura naturata* qui s'étale devant l'imagination. Autrement dit, et c'est ce qui rend évidente la position du parallélisme spinoziste, pas plus qu'il n'y a de distance à franchir pour aller de l'étendue au mouvement, pas davantage le jugement n'est transcendant à l'idée, qui d'elle-même implique l'affirmation de soi. Entendement et volonté sont identiques. L'âme sera entraî-

---

1 On sait que KANT arrive à la même conclusion agnostique, sans que chez lui non plus la possibilité d'atteindre la substance psychique affaiblisse, ou menace de compromettre, la foi en l'immortalité. D'ailleurs, MALEBRANCHE se réfère, comme le fera KANT, à la psychologie paulinienne. « Il est certain que l'homme le plus éclairé ne connaît point avec évidence s'il est digne d'amour ou de haine comme parle le Sage. (*Eccl.*, IX, 1.) Le sentiment intérieur qu'on a de soi-même ne peut rien assurer en cela. Saint Paul dit bien que sa conscience ne lui reproche rien ; mais il n'assure pas pour cela qu'il soit justifié. Il assure, au contraire, que cela ne le justifie pas, et qu'il n'ose pas se juger lui-même, parce que celui qui le juge, c'est le Seigneur. » (*XIe Éclaircissement à la recherche de la vérité.*)

née tout entière par l'expansion illimitée de l'intelligence jusqu'à la jouissance intime de la vie unitive, sans que jamais s'interposent, pour briser l'élan de la raison, le préjugé réaliste d'une substance particulière, le fantôme contradictoire d'une immortalité temporelle.

A quoi il convient cependant d'ajouter que cette intuition de l'unité intime et totale, Spinoza la traduit dans le langage qui lui est le plus contraire, transposant la *cause de soi* qui définit Dieu en une *substance*, rapportant à cette substance une infinité d'attributs qui, sauf deux, nous sont inconnus, supposant entre elles et l'homme une hiérarchie de modes infinis. Pour qui ne chercherait qu'à réfuter Spinoza, il suffirait de s'en tenir là. Si nous essayons de le comprendre, il en est autrement ; et nous pouvons rappeler une fois de plus la remarque profonde d'Arthur Hannequin : « C'est peut-être le seul exemple d'une doctrine religieuse que n'ébranle en rien la ruine de toute la construction métaphysique qui l'enveloppe [1]. »

Ruine ou, si l'on préfère, *évanouissement*. Nous ne trouvons pas chez Spinoza ce qu'il y a chez Malebranche, un système tellement articulé que nous n'en pourrions pas supprimer un membre sans que l'ensemble s'écroule. Et le contraste des doctrines est d'autant plus frappant qu'elles ont à leur base la même intuition de l'infini intelligible : « Avez-vous bien contemplé, demande Malebranche, la notion de l'infini, de l'Être sans restriction, de l'Être infiniment parfait ; et pouvez-vous maintenant l'envisager toute pure sans la revêtir des idées des créatures, sans l'incarner, pour ainsi dire, sans la limiter, sans la corrompre, pour l'accommoder à la faiblesse de l'esprit humain ? (*Entretiens*, IX, 1.) Seulement, pour Malebranche, la situation de l'homme vis-à-vis de la nature et vis-à-vis de sa conscience demeure déterminée et fixée par notre incapacité à *intérioriser* cette intuition qui est essentiellement transcendante à notre âme propre ; au contraire, Spinoza lorsqu'il formule l'intuition de l'être infiniment infini, d'un Dieu vu par les yeux non de la chair mais de l'esprit, n'y ajoute rien, n'y oppose réellement rien non plus. L'évocation des attributs divins, des modes infinis, ne lui servira donc qu'à interdire toute représentation de la divinité qui garderait la moindre trace d'anthropomorphisme, qui interpose-

---

[1] Lettre à M. l'abbé Grosjean, Études d'histoire des sciences et d'histoire de la philosophie, t. I, 1908, p. 33.

rait entre nous et Dieu la finalité d'une psychologie. Et de là surgit l'assurance suprême de la religion ; *l'homme n'est pas pour Dieu un ennemi ou même un étranger*. Il nous arrivera sans doute de nous croire un autre que Dieu ; mais Dieu, comment connaîtrait-il ce qui n'existe pas, quelque chose de radicalement autre que lui ?

La pensée du XVIIe siècle découvre ainsi son unité. L'univers de la *Genèse* et de Ptolémée, c'était l'univers de l'homme en tant qu'homme, qui, naïvement, ne pouvait pas ne pas s'installer, lui et sa planète, au centre du monde ; Copernic et Galilée lui ont substitué l'univers de l'esprit en tant qu'esprit. De même, et dans la mesure où l'analyse exégétique du Nouveau Testament a permis à Spinoza d'en retrancher tout ce qui est survivance populaire de l'Ancien, le *vieil homme* est désormais dépouillé, qui ne s'intéressait à Dieu que dans la mesure où il imaginait que Dieu s'intéresse à lui ; le renversement est opéré, dont les mystiques de toutes les sectes et de tous les temps ont eu le pressentiment sans cependant être parvenus à la certitude pleine et constante d'y avoir effectivement réussi. Comme Platon en avait le premier fait la démonstration dans le *Banquet*, l'enthousiasme mystique se condamne à errer, flottant en quelque sorte à mi-hauteur entre la richesse et la pauvreté, entre le jour et la nuit. A l'intellectualisme issu de la méthode cartésienne il était réservé de rendre lumineux le progrès intérieur qui, dans l'*Éthique*, donne leur entière signification de conscience au désintéressement joyeux de l'amour divin, au sentiment bienheureux de l'éternité. Quand la réflexion critique aura détaché le spinozisme de son enveloppe d'ontologie, il apparaîtra qu'une philosophie de la raison pure, mettant à l'abri de toute contamination l'immanence de la spiritualité, apporte une solution définitive à ce qui, dans l'histoire du mysticisme, ne faisait que poser l'énigme et provoquer l'angoisse d'un problème.

Ainsi, en suivant la courbe de son histoire, la pensée cartésienne s'achève par deux doctrines qui ont les mêmes éléments constitutifs, qui sont parfaitement congruentes à elles-mêmes, mais qui polarisent cependant en sens inverse l'une de l'autre. Tandis que le spinozisme, qui réduit les symboles littéraux à l'ordre propre de l'esprit et de la vérité, exprime, en son plus haut point de perfection, un *christianisme de philosophe*, dépouillé par conséquent du mythe christologique, le malebranchisme, où les difficultés de la métaphysique sont résolues par l'appel aux données de la révélation, est le type excellent d'une *philosophie chrétienne*.

De cette divergence irréductible qui met en jeu l'économie, ici dualiste, et là moniste, de leur métaphysique, l'origine est marquée d'une main sûre dès la première lettre de Malebranche à Dortous de Mairan : c'est l'interprétation de la physique mathématique [1]. L'identification numérique de l'étendue matérielle et de l'étendue intelligible rend inutile l'acte créateur, bloque en quelque sorte Dieu dans l'absolu de son être et de son unité, sans laisser de place à la médiation de la Sagesse incréée, encore moins du Verbe incarné.

Cette contradiction entre Malebranche et Spinoza devait, par une sorte de choc en retour, réagir sur notre idée de Descartes qui demeure si secret, si difficile à percer dans son intimité. Avec M. Maurice Blondel il sera légitime de parler de l'*anticartésianisme* de Malebranche, en admettant, comme le voulait déjà Leibniz, que le spinozisme est l'aboutissant naturel du cartésianisme. D'autre part, quand nous nous référons aux professions évidemment sincères que fait Descartes de son zèle pour l'Église catholique, prenant un Oratorien pour directeur de conscience, il ne nous est pas interdit de présumer que la *Recherche de la vérité* a été écrite selon son cœur, et de considérer que Spinoza a simplement utilisé les ressources techniques de la *Géométrie* et des *Méditations* pour une conception du *moi*, de l'univers et de Dieu, que Descartes n'aurait ni reconnue ni avouée.

Le même problème pourra être généralisé, posé, non plus par rapport à Descartes, mais par rapport au christianisme. Que signifie l'entreprise poursuivie à travers le *Traité théologico-politique* et l'*Éthique* pour libérer l'enseignement évangélique de l'attache au temps et de l'orthodoxie littérale, pour suivre jusqu'au bout la lumière naturelle éclairant tout homme venant en ce monde ? Convient-il de dire qu'elle *abolit* le christianisme en tant que culte particulier tourné vers son passé, ou qu'elle l'*accomplit* en tant qu'élan vers l'universalité de la religion véritable ? *Abolir, accomplir*, n'est-ce pas l'opposition de termes par laquelle le Nouveau Testament a défini sa propre position relativement à la loi de l'An-

---

[1] Cf. Spinoza et ses contemporains 1923, p. 350.

cien ?

Le sentiment d'une alternative aussi fondamentale donne sa couleur et son acuité particulières à la *Crise de la conscience européenne*, telle que M. Paul Hazard l'a étudiée dans l'œuvre magistrale qu'il a consacrée à la période qui suit immédiatement la publication de la *Recherche de la vérité* et de l'*Éthique*. Le primat de l'intuition claire et distincte y rend malaisée, presque insoutenable, la juxtaposition de formules incompatibles où se plaisait l'éclectisme enflammé d'un saint Augustin et qui depuis des siècles se couvrait de son autorité. Par là s'explique, si elle ne se justifie, la défiance croissante de l'Église à l'égard du cartésianisme. Fénelon, qui abhorre le jansénisme, qui jusqu'à son dernier souffle exercera contre lui le zèle d'un *persécuté* devenu *persécuteur*, se montre aussi dur pour Malebranche qu'Arnauld ou Bossuet.

Ainsi finira par s'évanouir l'espoir, entretenu pendant deux générations, d'une alliance féconde et durable entre cartésianisme et christianisme. De la « philosophie nouvelle » le XVIIIe siècle ne recevra l'héritage qu'à travers Leibniz et Fontenelle. Le premier la trahit, demandant au perfectionnement de l'analyse et de la mécanique cartésiennes un moyen de ressusciter et de réhabiliter la métaphysique des concepts ; le second la mutile, sacrifiant, avec la préoccupation illusoire des principes de l'être, la considération essentielle des principes du connaître. Tous deux laissent échapper ce fond radical de pensée intuitive grâce auquel la raison se manifeste puissance créatrice de vérité.

NOTE SUR L'ÉPISTÉMOLOGIE CARTÉSIENNE [1]

I

C'est un problème débattu depuis le XVIIe siècle de savoir si les cinq propositions qui ont fait condamner le jansénisme en Cour de Rome se trouvent ou non dans Jansenius. En fait, il est assez curieux d'avoir à relever que les adversaires de Port-Royal mettent en avant, pour justifier l'affirmative, la première et la cinquième des propositions, tandis que ses partisans invoquent de préfé-

---

[1] A paru dans la *Revue philosophique*, mai-août 1937, 62e année, n°s 5, 6, 7, 8, pp. [30]-38.

rence les trois autres [1]. Une remarque analogue vaudrait pour les quatre « préceptes » que Descartes énonce à la deuxième partie du *Discours de la méthode*. Quand on cherche à en démontrer l'originalité et la fécondité, on insiste sur le double mouvement réciproque qui est décrit dans les règles de l'analyse et de la synthèse. Quand on signale, au contraire, le double danger de « prévention » et de « précipitation » auquel l'esprit y demeure encore exposé, on se réfère à la première et à la quatrième des règles, au dogmatisme d'une évidence absolue et d'une énumération complète.

N'est-ce pas là le signe que l'homogénéité parfaite, l'achèvement systématique, qui sont généralement attribués à cette méthode, pourraient être une apparence trompeuse ? A cet égard, le style même de la rédaction cartésienne offre déjà, sinon un aveu involontaire, du moins un témoignage flagrant. Là où l'on se serait attendu à un exposé péremptoire, apodictique et positif, on rencontre des formules conditionnelles, expression d'un relativisme sur lequel reposent en effet la profondeur et la solidité de l'épistémologie cartésienne.

La deuxième règle, règle de l'analyse, traduit un progrès de pensée qui est assurément orienté vers la recherche du *simple*, mais qui n'est nullement certain d'y arriver pleinement. Comme dans les *Regulae*, où il est parlé du *maxime absolutum*, il ne s'agit que d'un superlatif relatif : *diviser chacune des difficultés que j'examinerais en autant de parcelles qu'il se pourrait et qu'il serait requis pour les mieux résoudre*. Et Descartes observera la même prudence grammaticale dans l'énoncé de la troisième règle ; il ne manque pas de mettre en relief l'aspect d'hypothèse que revêt l'ordre de la synthèse intellectuelle. *Conduire par ordre mes pensées en commençant par les objets les plus simples et les plus aisés à connaître pour monter peu à peu comme par degrés jusques à la connaissance des plus composés ; et supposant même de l'ordre entre ceux qui ne se précèdent point naturellement les uns les autres.*

Il reste que la première règle, règle de l'évidence, implique dans la pensée de Descartes l'absolu d'un élément simple qui marquera le terme de l'analyse et le départ de la synthèse. Toutefois, si on cherche le critère de la simplicité, qui lui-même aurait dû être

---

[1] *Œuvres de Blaise Pascal*, éd. des. « Grands Écrivains de la France », t. IV, 1908, p. XXVII.

simple pour donner entière satisfaction à l'exigence de la méthode, on se trouve en présence de formules qui s'achèvent par une négation : *ne recevoir jamais aucune chose pour vraie que je ne la connusse évidemment être telle ; c'est-à-dire éviter soigneusement la précipitation et la prévention, et ne comprendre rien de plus dans mes jugements que ce qui se présenterait si clairement et si distinctement à mon esprit que je n'eusse aucune occasion de le mettre en doute.* L'évidence, c'est l'absence de doute, le repos après l'inquiétude, mais effet de fatigue autant peut-être que signe d'apaisement. Alléguer la prétendue évidence des idées, n'est-ce pas (demandera Leibniz), « le moyen de couvrir toutes sortes de visions et de préjugés » [1] ? Même rythme de pensée, enfin, dans l'expression de la quatrième règle : *faire partout des dénombrements si entiers et des revues si générales que je fusse assuré de ne rien omettre.* Qui nous garantira contre le péché d'omission alors que, précisément, avant d'être en droit de dire que nous n'oublions rien, il nous faudrait tout savoir déjà, et savoir ce qui est tout ? Encore ici l'affirmation de certitude apparaît comme un acte de la volonté qui prend sur elle de clore l'enquête en passant outre aux scrupules de l'intelligence.

Les règles dogmatiques d'évidence première et de dénombrement exhaustif ont une forme négative, tandis que les règles d'analyse et de synthèse doivent leur caractère positif à leur relativité. Le texte du *Discours* est en retrait manifeste sur l'interprétation courante de la méthode, et c'est ce qui explique l'aspect sous lequel va se poser à nous le problème de l'épistémologie cartésienne.

II

Dans le domaine des mathématiques pures les règles semblent s'appliquer d'elles-mêmes. En effet, les « difficultés » sont dénombrées à l'avance puisque l'homme invente d'abord le problème dont il se propose de chercher la solution. D'autre part, il n'est pas ici en face d'une nature qui impose, ou tout au moins qui implique, un ordre à elle. Quand il constitue l'« ordre » correspondant au processus de composition synthétique, le mathématicien ne détruit rien que d'artificiel. Enfin, les « longues chaînes de raisons » qui constituent l'arithmétique et l'algèbre sont suspendues à l'aperception de *rapports* et de *proportions*, lesquels jouissent d'une évi-

---

[1] Ed. Gerhardt des *Œuvres philosophiques*, t. VII, p. 165.

dence de simplicité absolue. Ici donc le système des règles semble se fermer sur soi. Si un défaut se révèle à l'application, c'est l'indétermination des termes du problème qui en portera la responsabilité, non l'impuissance de la méthode. Un privilège que Descartes réclamera pour elle sera précisément de décider si tel ou tel problème est *trouvable* [1] ; et, du moment qu'il l'est, cela suffira pour que la solution soit en effet trouvée.

C'est en quoi, il est vrai, Descartes s'est trompé, « mesurant, comme Leibniz le lui reprochera, les forces de toute la postérité par les siennes » [2]. Et cela n'est même pas assez dire. En s'obligeant à expliciter sous une forme qui lui semble entièrement claire et distincte les éléments de son calcul, Descartes s'est condamné à laisser échapper quelques-unes des ressources que son génie avait pu lui procurer. Par un passage d'une lettre à Mersenne sur la loi de la chute des graves dans le vide, on voit que Descartes « procède, comme paraît l'avoir fait aussi Galilée..., en employant un procédé tout à fait analogue à celui de la méthode des indivisibles, (ainsi bien avant Cavalieri) » [3]. Mais de là il ne tire rien pour sa doctrine de la mathématique et de la physique. Et en tout cas le développement de l'analyse au XVIIe siècle nous montrera comment l'épistémologie des *Regulae*, où l'intuition porte sur un jugement et même sur une liaison de jugements, donnant l'élan au *mouvement continu et nulle part interrompu de l'esprit*, a été tenue en échec par le préjugé d'une simplicité immédiate, d'une nature élémentaire.

Sur ce point, nous sommes redevables à Leibniz d'une démonstration que nous avons eu jadis l'occasion de rappeler, pour le jour saisissant qu'elle jette sur la différence du mathématisme de Leibniz et du mathématisme de Descartes : il s'agit de calculer l'intérêt (le taux étant   ) à défalquer dans le cas de remboursement anticipé

d'une somme qui était due à une certaine échéance. Il y a deux manières de mettre le problème en équation : l'une qui conduit à la série infinie

---

[1] Lettre à Mersenne, janvier 1638, éd. Adam-Tannery, que nous désignerons par A. T., t. I. p. 493.
[2] Lettre à Philippi, janv. 1680, éd. Gerhardt des *Œuvres philosophiques*, t. IV, P. 286.
[3] Paul TANNERY, *apud Œuvres de Descartes*, A. T. t. I p. 75.

, etc.

dont la somme est :

tandis qu'on arrive au même résultat par le raccourci de l'algèbre en posant directement l'équation

Or, écrit Leibniz, « quoique dans ce cas la seconde méthode soit plus facile que la première, j'estime cependant que la première a une plus grande portée ; car elle fournit l'exemple d'une analyse remarquable et différant de l'algèbre en cela que l'algèbre considère comme connue la quantité inconnue et part de là pour l'égaler avec les connues, et en chercher la valeur ; au contraire, l'analyse qui procède uniquement à l'aide de quantités connues obtient directement l'inconnue. Et cela est d'un grand usage : lorsqu'il est impossible d'obtenir par l'algèbre la valeur rationnelle de l'inconnue, on peut néanmoins y arriver grâce à cette méthode par l'intervention d'une série infinie ». D'où nous tirions cette conséquence d'une portée générale : « La meilleure méthode pour l'intelligence mathématique de l'univers n'est nullement celle qui, dans certains cas élémentaires, présente l'application la plus facile ; car cette facilité même, de nature à séduire le philosophe, paralyse le savant en présence des problèmes complexes que la réalité ne peut manquer de poser. C'est elle qui dans l'apparence du simple sait déjà discerner la complexité, l'*immense subtilité*, caractéristiques du réel ; les principes n'y sont plus des formes déterminées et closes, destinées à opérer la cristallisation du système scientifique, ce sont des ressorts d'action, des armes pour l'extension illimitée du savoir positif » [1].

Par rapport à l'algèbre cartésienne, le calcul infinitésimal se pré-

[1] Les étapes de la philosophie mathématique, pp. 206-208, avec référence à Meditatio juridico-mathematica de interusurio simplice, 1683, éd. Gerhardt des Œuvres mathématiques, t. VII, p. 129.

senterait donc comme une analyse *non cartésienne*, dans le sens où l'on peut parler de *géométrie non euclidienne* suivant un rapprochement que nous empruntons à M. Bachelard qui a donné ce titre : *L'épistémologie non cartésienne* au dernier chapitre de son admirable étude sur le *Nouvel esprit scientifique*.

Nous voudrions seulement préciser une distinction. Qui dit *Géométrie non euclidienne* ne dit pas pour cela *Épistémologie non euclidienne* [1]. Au contraire la géométrie non euclidienne est issue directement du scrupule avec lequel Euclide a procédé dans sa mise en forme axiomatique et déductive de la géométrie et qui l'avait amené à isoler certaines propositions fondamentales, également réfractaires à l'évidence immédiate et à la démonstration régulière. En les introduisant à titre hypothétique comme *postulat*, il faisait implicitement place à d'autres types de métrique spatiale que celui qu'elles déterminent. En ce sens, il n'est pas paradoxal de soutenir que la découverte des géométries non euclidiennes est le triomphe de l'épistémologie euclidienne. Et ce qui est vrai de Lobatschewski ou de Riemann par rapport à Euclide pourrait être dit de Leibniz par rapport à Descartes, témoin ce passage d'une lettre à Christian Huygens : « Ce que j'aime le plus dans ce calcul (*le calcul infinitésimal*), c'est qu'il nous donne les mêmes avantages sur les anciens dans la géométrie d'Archimède que Viète et Descartes nous ont donnés dans la géométrie d'Euclide ou d'Apollonius en nous dispensant de travailler avec l'imagination [2] ».

III

L'exemple de la mathématique incite donc à nous demander si, dans le domaine de la physique, l'épistémologie cartésienne se trouve effectivement compromise par l'échec du mécanisme cartésien. Que les deux choses ne soient nullement solidaires, c'est ce qui ressort à nos yeux du texte classique des *Regulae* : « Non seulement la longueur, la largeur et la profondeur sont des dimensions, mais, en outre, la pesanteur est la dimension suivant laquelle les

---

[1] « Bien entendu (écrit M. Bachelard), le non-cartésianisme de l'épistémologie contemporaine ne saurait nous faire méconnaître l'importance de la pensée cartésienne, pas plus que le non-euclidisme ne peut nous faire méconnaître l'organisation de la pensée euclidienne. » (*Le nouvel esprit scientifique*, p. 144.)

[2] Lettre du 29 septembre 1691, *Briefwechsel mit Mathematikern*, éd. Gerhardt, 1899, t. I, p. 683.

choses sont pesées ; la vitesse est la dimension du mouvement, et ainsi pour une infinité de cas semblables. Tout mode de division en parties égales, qu'il soit effectif ou intellectuel, constitue une dimension suivant laquelle nous opérons la numération » (*Reg.*, XIV, A. T., X, 447-448). C'est-à-dire que l'intuition des trois dimensions de l'étendue ne s'impose pas plus à la physique qu'il ne limitait l'horizon du mathématicien. Si tel est le principe général de l'épistémologie cartésienne, n'est-il pas permis de soutenir qu'il est, non démenti, mais confirmé, par la marche des sciences de la nature ? Loin de demeurer astreintes à l'horizon étroit du réalisme géométrique, la physique et la mécanique avec Lagrange et Joseph Fourier, avec Einstein et Louis de Broglie, se sont affranchies progressivement de l'imagination spatiale pour ne plus parler que le langage de l'analyse qui, aussi bien, doit à Descartes son autonomie.

Ce qui est étrange, ce serait plutôt que la physique, telle que Descartes l'a constituée, semble tourner le dos à ce qui apparaissait comme l'idée maîtresse de son épistémologie, exprimée avec tant de précision et de profondeur dans les *Regulae*. Dès qu'il s'agit d'analyser la vitesse, Descartes se sent mal à l'aise. Parlant à Constantin Huygens du petit traité qu'il avait rédigé pour lui : *Explication des engins par l'aide desquels on peut avec une petite force lever un fardeau fort pesant*, Descartes écrit : « J'ai omis le plus beau de mon sujet, comme en autres la considération de la vitesse [1]. »

Dans son application, la méthode cartésienne se montre *réductive* au lieu d'être *inductive*, suivant l'excellente formule de M. Bachelard (*op. cit.*, p. 138). Le même parti pris de simplification, qui fait que Descartes substitue dans la théorie de la lumière autant qu'il lui est possible l'instantané au successif, impose aux chocs d'être discontinus ; ce qui explique l'insuffisance dont lui-même fait l'aveu [2]. En allant à la limite, Descartes serait tenté de faire rentrer en quelque sorte le mouvement dans l'étendue, qui paraît tout près de suffire à

---

[1] Lettre du 4 décembre 1637, éd. Roth, Oxford, 1926, p. 62. Cf. A. T., I, 506. Voir aussi Lettre à de Beaune du 30 avril 1639 : « Vous pouvez voir qu'il y a beaucoup de choses à considérer avant qu'on puisse rien déterminer touchant la vitesse, et c'est ce qui m'en a toujours détourné. » (A. T., II, 544.)
[2] « Les règles du choc ne sont pas sans difficulté. » Lettre du 17 février 1645, A. T., IV, 187.

constituer la réalité, par ce seul fait que c'est ce que l'esprit retient des choses comme tout à fait clair et distinct. M.Bachelard peut reprendre, comme type d'explication absolue dans l'épistémologie cartésienne, l'exemple du morceau de cire, et en opposer la simplicité idéologique à la multiplicité et à la subtilité des précautions techniques que le savant moderne est tenu de prendre avant d'être autorisé à déclarer : Voilà de la cire qui n'est que cire (*op. cit.*, p. 167).

Cependant, lorsque le lecteur passe des *Méditations métaphysiques* aux *Principes de la philosophie*, les perspectives changent, et la question se pose à nouveau sous un jour inattendu. Est-ce que Descartes, par la force de son génie, malgré lui si l'on veut, n'est pas ramené à ce qu'il y a de positif dans sa méthode, reléguant dans l'ombre « la doctrine des natures simples et absolues », se rapprochant par là, plus que l'on ne le croirait au premier abord, du *Nouvel esprit scientifique*, expliqué par M. Bachelard d'une façon si profonde et si originale ? « Avec le nouvel esprit scientifique, c'est tout le problème de l'intuition qui se trouve bouleversé. En effet, cette intuition ne saurait désormais être positive, elle est précédée par une étude discursive qui réalise une sorte de dualité fondamentale. Toutes les notions de base peuvent en quelque manière être dédoublées ; elles peuvent être bordées par des notions complémentaires. Désormais, toute intuition procédera d'un choix ; il y aura donc une sorte d'ambiguïté essentielle à la base de la description scientifique, et le caractère immédiat de l'évidence cartésienne sera troublé » (*op. cit.*, p. 141).

Assurément, la doctrine de Descartes, *telle qu'elle devrait être à ses propres yeux*, semble tout entière inspirée par un idéal d'unité. En est-il de même si nous la prenons telle qu'elle est ? Déjà sa philosophie, considérée en général, présente le spectacle assez déconcertant d'un *dimorphisme* perpétuel : dédoublement de l'idée adventice et de l'idée innée, de la mémoire organique et de la mémoire intellectuelle, de l'instinct animal et de la lumière intuitive, de la joie comme de l'amour, tantôt passion du corps et tantôt action de l'âme. Et, dans la physique, si nous consentons à regarder l'ambiguïté, sinon comme désirable, du moins comme inévitable, quelle revanche inattendue pour le tourbillon, que le XVIIe siècle s'était vainement efforcé de ramener à la simplicité d'une notion claire et distincte ! Du fait qu'il tend à réaliser une philosophie corpusculaire dans l'hypothèse du plein, ne participe-t-il pas à deux rythmes de pensée, à deux visions du monde qui apparaissent orientées en sens inverse ?

Certes, il ne s'agit pas d'insinuer que Descartes est devenu le précurseur de la microphysique contemporaine par le seul fait qu'il a échoué à remplir son programme. Il s'en faut du tout au tout. On ne saurait perdre de vue qu'il manque au système cartésien du monde l'introduction du calcul, c'est-à-dire ce qui donne précisément à la physique mathématique sa dignité de science positive, ce qui a permis à M. Louis de Broglie d'associer victorieusement *ondes* et *corpuscules*. S'il y avait à plaider pour Descartes, nous plaiderions coupable, non sans nous réjouir pourtant de la « faute heureuse » grâce à laquelle il a échappé aux conséquences de sa « prévention » en faveur de l'évidence.

Ajoutons que le spectacle est analogue, quand on se transporte aux derniers articles des *Principes*. Descartes se flatte qu'« il n'y a aucun phénomène en la nature dont l'explication ait été omise en ce traité. Car il n'y a rien qu'on puisse mettre au nombre de ces phénomènes sinon ce que nous pouvons apercevoir par l'entremise des sens ; mais, excepté le mouvement, la grandeur, la figure, ou situation des parties de chaque corps, qui sont des choses que j'ai ici expliquées le plus exactement qu'il m'a été possible, nous n'apercevons rien hors de nous par le moyen de nos sens que la lumière, les couleurs, les odeurs, les goûts, les sons et les qualités de l'attouchement » (art. 199). La démonstration est donc fondée sur une assurance de dénombrement complet. Or il est aisé de se rendre compte qu'une telle conclusion est cependant « précipitée ». Descartes lui-même la dément immédiatement par la place considérable que dans cette IVe Partie des *Principes* il réserve à la théorie de l'aimant, en vue d'interpréter les expériences qui se multipliaient à son époque, et qui ne correspondent à aucune donnée spécifique d'un ordre déterminé de sensation.

Ainsi la physique de Descartes, à la prendre dans le détail effectif de son exécution, proteste contre le dogmatisme apparent qui faisait de sa méthode un système fermé sur soi, fermé aussi sur les progrès ultérieurs des combinaisons mathématiques ou du savoir expérimental. A travers les équivoques inhérentes à la rédaction de la première et de la quatrième règle, il ne semble donc pas impossible de dégager, comme l'essentiel de son épistémologie, une conscience claire et distincte de la fécondité illimitée qui appartient au double processus de décomposition analytique et de reconstruction intellectuelle.

PLATON ET DESCARTES [1]

Le sujet que je me propose de traiter ne correspond pas à un problème historique dans le sens strict du mot. Nulle part on ne voit que Platon ait directement exercé quelque influence sur Descartes. Aucun penseur peut-être, au même degré que Descartes, ne s'est cru affranchi de la considération de l'histoire, ne s'est flatté d'avoir opéré une rupture aussi radicale avec le passé. Seulement en même temps il disait que sa philosophie, loin d'être nouvelle, était « la plus ancienne et même la plus vulgaire », car il ne doutait pas qu'elle fût vraie, par suite elle avait toujours été dans la nature des choses.

A travers les vingt siècles qui séparent Platon de Descartes, nous nous retrouverions ainsi en face d'une même vérité, traduite seulement par des langues différentes, appropriées à la différence des civilisations ; résultat d'autant plus frappant, d'autant plus instructif, qu'en l'absence de toute filiation directe, nous sommes invités à remonter plus haut que les circonstances individuelles, pour atteindre, semble-t-il, la structure profonde et permanente de l'esprit humain.

Mais une telle vue est encore trop générale. Il ne saurait s'agir ici d'un éclectisme qui retrouverait tout dans tout, à la condition de confondre tout avec tout. Lorsque Descartes annonce le règne des idées claires et distinctes, c'est pour mettre fin à l'abus des exercices logiques. L'art de la scolastique, qui lui avait été enseigné par les Jésuites de La Flèche, apprend à disserter de tout sans rien savoir. Il relève à ses yeux de la rhétorique et non de la philosophie.

Pour mettre en évidence la relation fondamentale de Platon et Descartes, il conviendra donc de préciser le type d'intelligence et de vérité qui leur est commun, par opposition à une autre façon de

---

[1] A paru dans *Tijdschrift voor Wijsbegeerte*, Haarlem, 1929, pp. [113]-126.

concevoir intelligence et vérité. Cette opposition, dont le créateur de la mathématique universelle a eu pleine conscience, témoin l'argumentation du doute méthodique destinée à ébranler dans sa racine l'édifice dogmatique du Moyen âge, elle apparaît en ce qui concerne l'Antiquité, marquée de la manière la plus explicite, par la controverse de l'Académie et du Lycée, conservée en particulier à travers les Livres M et N de la *Métaphysique* d'Aristote. Nous ne pourrions rien souhaiter de plus net, sinon pour le détail même de la polémique, du moins pour les grandes lignes du débat.

Je n'aurai donc pas à proposer une interprétation du platonisme, heureusement pour moi, heureusement aussi pour ma thèse, car il est manifeste que l'interprétation que j'aurais eu à mettre en avant dans le dessein de justifier le rapprochement avec Descartes, je serais suspect de l'avoir arbitrairement choisie parmi les innombrables exégèses qui ont été données du platonisme, afin d'en déduire précisément la conclusion à laquelle je tendais. Au contraire, je puis espérer d'éviter l'apparence de cercle vicieux si je me transporte dans l'Athènes d'autrefois, et si, à la lumière des textes les plus simples qui nous ont été transmis, je rappelle les griefs effectivement formulés par Aristote et ses partisans du Lycée contre Platon et les premiers scholarques de l'*Académie*.

* * *

1. — Dès le Ier Livre de la *Métaphysique* (992 *a* 32), voici une constatation qui témoigne d'un chagrin amer : pour ceux d'aujourd'hui les mathématiques c'est toute la philosophie : γέγνε τὰ μαθήματα τοῖς νῦν ἡ φιλοσοφία « Ceux d'aujourd'hui » ce sont les Platoniciens. Or, selon l'école péripatéticienne, la quantité est une catégorie de l'être, non l'être lui-même ; de telle sorte qu'en faisant de la mathématique la voie d'accès vers la réalité suprême, les Platoniciens allaient, volontairement pour ainsi dire, au-devant d'un double embarras, condamnés qu'ils se sont, d'une part, à chercher l'explication des nombres dans les idées, d'autre part, à imaginer les idées sur les modèles des nombres.

L'enseignement formel de Platon, dans le Livre VII de la *République*, qui exprime sa doctrine sous la forme à la fois la plus technique et la plus intérieure, c'est que les mathématiques ne se suffisent pas à elles-mêmes. Toute démonstration est relative à des hypothèses dont il faut chercher le fondement par-delà le discours du mathématicien. A la dialectique est réservé le privilège de parvenir à l'intelligence de l'inconditionnel. Mais, loin de justifier le privilège auquel elle prétendait d'une lumière comparable dans l'ordre spirituel à l'éclat du soleil dans le plan du sensible, la dialectique platonicienne se perd dans le vague d'une généralité croissante ; le contenu s'en dérobe aux prises de l'homme, si bien que le traité *De l'âme* pourra juxtaposer, comme si l'association allait de soi, les expressions de *dialectique* et de *creux* (I, 403 *a* 2 : διαλεκτικῶς καὶ κενῶς).

A vouloir construire en quelque sorte de haut en bas, le platonisme court donc le risque de laisser tout le système suspendu dans le vide, destiné finalement à s'effondrer. De là les deux autres griefs qu'Aristote soulignera d'un trait impitoyable : impuissance de la physique, inanité de la morale.

II. — Au cours du *Timée*, en faisant appel à la géométrie des triangles pour construire les solides élémentaires, Platon dessine les cadres de ce qui sera plus tard la physique mathématique ; mais ce ne sont que des cadres, d'où il demeure impossible de tirer ce qui devrait les remplir, la réalité du devenir. Nulle part, Platon n'a indiqué comment ce monde schématique et figuré pourrait se mettre en marche. En fait, selon la formule de la *Métaphysique*, on peut dire des idées qu'elles sont bien plutôt cause d'inertie au sens purement statique, de non-mouvement : ἀκινησίας αἴτια μᾶλλον τοῦ ἐν ἠρεμίᾳ εἶναί φασιν (A, 7 ; 988 *b* 3). De quoi Platon a eu conscience lorsqu'il a fait intervenir la finalité, en « racontant » l'action de l'artisan divin qui devint le principe de l'organisation cosmique. Mais le récit démiurgique est un mythe. Aristote veut une physique qui puisse être prise au sérieux par son auteur.

III. — Non moins péremptoire est l'arrêt que prononce l'*Éthique à Nicomaque* : exiger que l'idée, essence générale et séparée, subsiste par soi dans la transcendance du monde intelligible, c'est inévitablement manquer la réalité morale. Le Bien, ou encore le Beau que Diotime présente dans le *Banquet* au terme de l'initiation mystérieuse par l'amour, réduits en quelque sorte à l'affirmation de leur éternelle identité avec soi, indépendamment de toute relation à l'homme, ne peuvent entrer dans le domaine de la pratique ou de la possession ; ils ne sont donc jamais l'objet d'une recherche véritable (*Éth. Nicom.*, I, 4 ; 1096 *b* 32). Socrate n'avait-il pas dit (si l'on en juge du moins par ce que Xénophon rapporte de son entretien avec Aristippe), qu'il n'y avait pas à se soucier de connaître un bien qui ne serait pas le bien de quelque chose ou de quelqu'un ? Ainsi, en refusant de faire dépendre son éthique d'une spéculation sur la nature des idées prises en soi, en restreignant le problème à l'horizon de l'action purement humaine, Aristote opère un « retour à Socrate ».

* * *

Nous venons de passer en revue les thèses que le disciple assidu de Platon dégage comme traits caractéristiques du platonisme, et pour les récuser l'une après l'autre :
1° *La primauté de la mathématique en tant que type du savoir positif et cherchant son appui dans la dialectique ;*
2° *L'impossibilité d'atteindre le devenir du monde sensible autrement que par l'appel au mythe ;*
3° *La nature tout abstraite, transcendante par rapport à l'homme, d'idées comme le Bien ou le Beau.*

Mais il convient d'ajouter immédiatement qu'Aristote est, en même temps que le contradicteur, le continuateur de Platon. C'est aux *Dialogues* qu'il emprunte les éléments fondamentaux de sa réplique à Platon : 1° La tentative pour faire de la logique conceptuelle l'organe universel de la pensée consiste à perfectionner le processus de division en genres et en espèces sur lequel le *Sophiste* avait insisté ; 2° En réhabilitant la finalité de manière à revêtir d'une forme distincte et en apparence scientifique les diverses causes qui se manifestent dans le récit du *Timée*, Aristote croit remplir le programme que la lecture d'Anaxagore avait suggéré au Socrate du *Phédon* ; 3° Enfin les considérations d'accommodement et de juste milieu, destinées à soutenir l'équilibre de la vie et de la vie sociale selon Aristote, sont aussi celles qui expriment l'originalité du *Philèbe* et du *Politique* dans l'œuvre platonicienne.

Mais ces éléments qui ne figuraient dans le platonisme qu'à titre subalterne, le *Lycée* les retiendra pour les élever à la dignité de caractères dominateurs. Surtout ce qu'il reprochera à l'*Académie*, c'est de n'avoir pas su prendre parti entre les deux types hétérogènes d'intelligence et de vérité, entre l'idéalisme de la mathématique et le réalisme de la logique. Il a suivi à la fois les deux pistes des « concepts généraux » et des « sciences » : αἴτιον δὲ τῆς συμβαινούσης ἁμαρτίας ὅτι ἅμα ἐκ τῶν ματημάτων ἐτήρευον καὶ ἐκ λόγων τῶν κατόλου (M, 8 ; 1084 *b* 23).

La netteté décisive d'une telle formule, ne met pas seulement hors de conteste l'objectivité historique du débat qui s'est produit au IVe siècle avant notre ère entre les écoles rivales de l'*Académie* et du *Lycée* ; elle éclaire, dans ses dernières profondeurs, les perspectives de notre histoire occidentale. La dégénérescence de l'*Académie*, qui tombe dans les banalités stériles du scepticisme ou dans les fantaisies décevantes de la théosophie, laisse le champ libre à la métaphysique de structure péripatéticienne, jusqu'à ce jour de 1637 où parurent à Leyde les trois *Essais, Dioptique, Météores, Géométrie*, précédés d'un *Discours sur la méthode*. De ce jour date la civilisation moderne.

En effet voici ce que Descartes est venu dire à ses contemporains : les « docteurs graves » de la scolastique abusent de leur autorité pour couvrir, sous l'appareil pédantesque et rébarbatif du syllogisme, une perpétuelle pétition de principe. Ce qu'ils enseignent relève tout à la fois, pour employer les expressions contemporaines, qui traduisent la pensée cartésienne, de la « mentalité primitive » et de la « mentalité puérile »[1]. Une seule attitude est virile ; faire table rase de tout ce que l'enfant a pu croire sur le témoignage des sens ou sur la foi d'autrui, résister aux complaisances du discours conceptuel, pour ne chercher l'assurance du vrai que dans la clarté et dans la distinction de l'intelligence. Or, la vérité, qui se communique à l'aide du discours, se conquiert seulement par le moyen de la science ; car l'intelligence est d'ordre mathématique, non d'ordre logique.

La négation de l'antithèse aristotélicienne est en un sens le retour

---

1 Voici le début de l'Abrégé des méditations : ... de rebus omnibus, proesertim materialibus, possumus dubitare ; quamdiu scilicet non habemus alia scientiarum fundamenta quam ea quae antehac habuimus. Et voici le premier article des Principes de la Philosophie : Quoniam infantes nati sumus, et varia de rebus sensibitibus judicia prius tulimus quant integrum nostrae rationis usum haberemus, multis, praejudiciis a veri cognitione avertimur.

à la thèse platonicienne, mais en un sens seulement. En effet, une semblable vue d'ensemble ne comporte d'exactitude que dans la mesure de sa précision. La philosophie, telle que je l'envisage ici, n'est pas séparable de la science ; quand on se borne à comparer Platon et Aristote, saint Thomas et Descartes en tant que métaphysiciens, il est toujours à craindre qu'on laisse échapper ce qu'il y a d'essentiel dans l'histoire de la pensée. La victoire d'Aristote sur Platon, la renaissance de l'idéalisme mathématique à la sortie du Moyen âge que le XVIe siècle est loin d'avoir encore répudié, apparaissant, pour qui demeure dans le domaine des généralités, dites philosophiques, comme des épisodes d'une vicissitude sans fin à laquelle la petitesse de la raison humaine ne permet pas de nous soustraire, tandis qu'envisagées d'un point de vue positif, technique, elles sont susceptibles d'une explication naturelle. Quoi de plus naturel, en effet, lorsqu'un moyen de transport à qui l'avenir est pourtant réservé, n'offre pas encore des garanties suffisantes de sécurité, de voir préférer pratiquement le mode ancien ? Il y a une époque où le chemin de fer semblait plus dangereux que la diligence, comme aujourd'hui, pour la traversée de l'Amérique, on court sans doute plus de risque en dirigeable qu'en paquebot.

Le rythme des conquêtes spirituelles est à certains égards analogue. L'anticipation géniale de Platon relativement aux conditions du savoir véritable n'empêche donc pas que son idéalisme mathématique n'est pas au point. Non seulement faute d'une terminologie appropriée à leur pure intellectualité, la théorie des Idées n'est pas défendue contre les grossières interprétations, sinon contre les grossiers contre-sens de ceux qui, avec Aristote, se les représentent à l'image des substances, c'est-à-dire des corps. Mais la mathématique elle-même dans sa contexture interne, et, à plus forte raison la physique mathématique, pour remplir leur propre tâche, pour satisfaire à un programme qu'elles se sont tracé, réclament inventions et découvertes, précisément celles-là qui éclateront avec la révolution cartésienne, et dans la *Géométrie* de 1637 et dans les *Principes de la philosophie* de 1644, où est exposé le système du monde dont la condamnation de Galilée avait découragé la publication quelques années plus tôt.

Il est donc vrai que Descartes philosophe, après une éclipse des valeurs spirituelles qui fut à peu près totale pendant vingt siècles, reprend la succession de Platon philosophe ; mais ce qui rend possible cette reprise triomphale, c'est que Descartes mathématicien et physicien a su résoudre, par le progrès d'un savoir positif, les problèmes que Platon n'avait fait encore que poser, dans la *République* et dans le *Timée*, auxquels ses Péripatéticiens avaient apporté des réponses toutes verbales et toutes illusoires.

* * *

I. — La *Géométrie* de 1637 rompt avec la synthèse euclidienne aussi bien qu'avec la déduction syllogistique : la méthode est l'analyse, qui se dégage dans sa pureté aux premières pages du III e Livre, avec la théorie des équations. Je citerai seulement ces lignes, qui ont déconcerté, par leur simplicité autant que par leur hardiesse, les rivaux de Descartes, sans la méditation desquelles le développement du rationalisme depuis trois siècles demeure lettre close aux historiens en apparence les plus documentés des idées occidentales : « Si on suppose x égale à 2, ou bien $x - 2$ égale à rien, et derechef $x = 3$, ou bien $x - 3 = 0$, en multipliant ces deux équations, $x - 2 = 0$ et $x - 3 = 0$, l'une par l'autre, on aura $x^2 - 5x + 6 = 0$ ou bien $x^2 = 5x - 6$, qui est une équation en laquelle la quantité x vaut 2, et tout ensemble vaut 3. »

La *déduction* qui était regardée jusque-là comme la condition de tout raisonnement valable *a priori* allait de principes *majeurs* à des conséquences *mineures*, c'était, comme le fond même du mot l'indique, un processus de *décadence* et tout l'effort du dogmatisme médiéval consistait à voiler, par des artifices de langage, l'implacable nécessité de cette décadence. L'analyse cartésienne est au contraire un processus de *composition* qui va du simple au complexe : elle réalise ainsi ce qui avait été, avant même son invention, le programme de la méthode idéale que Descartes avait esquissée dans les *Regulae ad directionem ingenii*. Il s'agit d'augmenter le savoir par degrés : *gradatim semper augendo scientiam*. Or, comment concevoir une relation plus simple que l'égalité à zéro de l'expression $x - 2$ ou $x - 3$? Comment concevoir une opération plus simple que leur multiplication, qui donne l'équation $x^2 - 5x = - 6$, et qui, du même coup, nous fournit la double racine 2 et 3 ? L'évidence pleine et entière, dont une philosophie véritable apporte avec soi l'exigence, est là, dans la pure conscience d'une intelligence perpétuellement en acte. Et elle s'étend d'elle-même sur les « longues chaînes de raisons » qui, à partir de là, constituent le corps de l'algèbre cartésienne, sans aucune référence à l'imagination spatiale, sans aucune pétition de ces principes généraux que les logiciens étaient réduits à solliciter de la bienveillance d'un lecteur charitable.

Platon avait dit que la mathématique demeure dans une sorte de rêve tant qu'elle n'a point trouvé dans la dialectique des Idées l'appui nécessaire pour passer au plan de la réalité. Mais cette dialectique elle-même, dans l'œuvre platonicienne telle qu'elle nous est transmise, n'est guère plus qu'un rêve. Et, précisément, Descartes, en dehors de toute discussion métaphysique, par la révolution d'ordre technique qui est à l'origine de l'essor merveilleux de la science, prouvera que cette exigence d'une dialectique supérieure au savoir positif, d'une métamathématique comme nous dirions aujourd'hui, est tout à fait superflue : la philosophie de la science est immanente à la science même qui, grâce à la découverte de l'analyse pure, porte à la pleine lumière de l'évidence la perfection comme la fécondité de sa méthode.

Il est inutile de rappeler comment l'algorithme différentiel de Leibniz est né, dans un éclair d'intelligence, de l'application de la méthode cartésienne aux problèmes de géométrie infinitésimale qu'avait résolus le génie intuitif de Blaise Pascal. Mais, en même temps, Leibniz a eu la faiblesse de prêter à une réaction scolastique, dont le triomphe du wolffianisme a été la conséquence. En apprenant les mathématiques dans le Manuel de Wolff, qui méconnaît systématiquement la portée de la révolution cartésienne, Kant a laissé sa propre doctrine des jugements synthétiques *a priori* engagée dans les cadres surannés et décevants de la logique aristotélicienne tandis que la matière sur laquelle s'exerce la réflexion de l'*Esthétique transcendantale*, réduite à l'arithmétique de Pythagore et à la géométrie d'Euclide, est en retard de vingt siècles sur l'état de la science à l'époque d'un Malebranche et d'un Spinoza.

II. — Également décisive est la méditation du renversement de pensée grâce auquel la physique mathématique se substitue à la physique métaphysique, qui n'était au fond qu'une branche de la logique. Aristote définissait le phénomène du changement par le passage qui s'opère de l'être en puissance à l'être en acte ; l'antécédent de ce qui se voit serait alors ce qui ne se voit pas, et qui n'est, à dire vrai, que le reflet conceptuel de la chose telle qu'elle est perçue, sans qu'il y ait rien par là de réellement connu ou même d'effectivement pensé. L'addition de la puissance à l'acte, et par suite aussi l'invention du rapport, qu'il soit imaginé comme transcendant ou comme immanent, entre l'acte et la puissance sont, alors, de simples artifices du discours, de purs effets de style.

La première condition d'intelligence et de vérité pour la connaissance de la nature, c'est de mettre fin à la « logomachie » de la puissance, de considérer uniquement le « mouvement local » tel qu'il est donné dans l'espace depuis son point de départ jusqu'à son point d'arrivée. Science et mécanisme sont termes identiques. Mais la proclamation de cette identité n'a encore qu'une portée générale et négative ; elle est sans effet sur la constitution de la science elle-même, tant que la découverte n'a pas été faite de la notion fondamentale grâce à laquelle la considération du mouvement pourra se suffire à elle-même, les différents moments du temps étant reliés les uns aux autres par une relation claire et distincte d'égalité, sans rien réclamer qui ne soit de l'ordre de la matière visible et tangible. Cette découverte, suggérée à Descartes par Isaac Beeckman, c'est celle de l'inertie entendue comme une loi fondamentale de l'univers, selon une formule que l'on rencontre déjà dans une lettre de 1629 : « Je suppose que le mouvement qui est une fois imprimé en quelque corps y demeure perpétuellement s'il n'en est ôté par quelque autre cause : *quod in vacuo semel incepit moveri, semper et aequali celeritate movetur.* »

Il suffit de comprendre ces lignes pour apercevoir l'exacte démarcation entre la philosophie ancienne et la philosophie moderne. En dépit de ses intentions profondes, l'influence de Platon s'était exercée, non par le modèle mathématique qui était esquissé dans le *Timée* pour une explication rationnelle du monde, mais par sa forme mythologique dont on empruntera l'autorité pour appuyer le récit cosmogonique de la Bible. Avec Descartes, le retournement de sens est complet. Le problème de la mécanique est, déjà, placé sur le terrain véritable de la pure cinématique où, après trois siècles de vicissitudes, le retrouvera la théorie einsteinienne de la gravitation.

Mais ce n'est pas tout. L'âme d'Aristote était à la fois le siège de la pensée et le principe du mouvement ; les scolastiques demeurent matérialistes malgré eux, témoin cette étrange théorie du *mixte* où l'âme inévitablement apparaît spatialisée au contact du corps.

Or, du fait que le principe d'inertie donne le moyen de calculer et de prévoir les phénomènes du mouvement sur le seul plan de la matière, l'âme est rendue à sa fonction propre de pensée. Par là cesse l'échange de services entre physique et physiologie, dans cette équivoque et dans cette confusion, « d'où vient, comme disait Pascal, que presque tous les philosophes confondent les idées des choses, et parlent des choses corporelles spirituellement et des spirituelles corporellement ». Par là est désormais possible le retour au spiritualisme pur, dont Descartes a rendu évidente la nécessité, sans cependant l'accomplir pour son propre compte : il n'est, ici, que le précurseur de Spinoza. Du moins n'est-il pas permis à quiconque est philosophe de revenir en arrière.

III. — La démonstration peut enfin se compléter par un troisième point. Si l'on considère les articulations du discours de *Diotime* dans le *Banquet*, on voit bien que pour Platon, l'enthousiasme de l'amour n'est encore qu'une voie d'accès à la lumière de la raison telle qu'elle éclate dans la pureté de l'Idée. Mais cette Idée, prise en soi demeure insaisissable. Plus les interlocuteurs du dialogue la célèbrent, plus l'encens qu'ils répandent autour d'elle en obscurcira l'intellection. L'impuissance de la dialectique à se constituer dans le plan d'évidence que la mathématique nous a appris à requérir, rejette Platon vers la démarche la plus contraire à l'esprit de son idéalisme ; de fait, sous son langage mystique, Diotime ne fera que déguiser une hiérarchie de concepts de plus en plus généraux, c'est-à-dire de plus en plus dépourvus de compréhension : l'Idée du Beau et l'Idée du Bien, détachés de tout ce qui pourrait être saisi comme beau ou comme bien, finissent par se résoudre dans le néant d'une ontologie formelle.

Par contre, le rationalisme de Descartes, radicalement nominaliste en ce qui concerne les concepts d'espèces ou de genres, rigoureusement constructif dans le domaine des relations proprement intellectuelles, c'est-à-dire singulières et concrètes comme les équations de l'algèbre, rétablit le parallélisme de la méthode dans la vie spéculative et dans la vie pratique. Nous constituons le tout de l'humanité par le même progrès de pensée qui constitue le tout de la nature. C'est cela que consacre la définition de l'amour dans le *Traité des passions de l'âme* : « Consentement par lequel on se considère dès à présent joint avec ce qu'on aime ; en sorte qu'on imagine un tout, duquel on pense seulement être une partie et que la chose aimée en est une autre. »

Ce mouvement ne peut s'arrêter qu'après avoir atteint le principe de la communion universelle, qui est Dieu. De nouveau, avec Descartes, la philosophie religieuse passera du réalisme à l'idéalisme. La physique et la théologie du Moyen âge se soutenaient l'une l'autre par un recours perpétuel à des analogies nécessairement anthropomorphiques. Mais c'est de l'intérieur que Dieu est atteint désormais par la présence de l'infini en nous. Tel est le sens de la preuve ontologique. Sans doute, Kant a cru la réfuter ; mais il n'en à connu et il n'en a critiqué qu'une malencontreuse déformation par le réalisme logique de l'école leibnizo-wolffienne. Pour Descartes, Dieu est donné, du dedans, sans démonstration discursive, dans une intuition qui apporte avec elle l'évidence immédiate de sa vérité. Si la spiritualité de l'immanence, en opposition à l'imagination de la transcendance toujours extérieure et par suite matérialiste à quelque degré, n'a pas encore, chez Descartes, développé toutes ses conséquences, il reste qu'elle dominera désormais le cours de la réflexion philosophique.

* * *

Le rapprochement de Platon et de Descartes a donc une grande importance dans l'histoire pour définir la façon dont nous posons actuellement les problèmes de la science et de la religion. Cependant, et il convient d'y insister en terminant, ce rapprochement n'est pas lui-même un fait historique. Descartes n'a jamais songé à se réclamer de l'œuvre platonicienne. Entre elle et l'effort de pensée qui devait aboutir à la découverte de l'analyse, la tradition du Moyen âge et de la Renaissance interposait, sous le nom de platonisme, des systèmes de métaphysique où la métaphore d'un monde intelligible ne servait qu'à couvrir d'un prestige illusoire les fantaisies orientales et les mystères de la théosophie. C'est en suivant librement l'élan de son génie en constituant une mathématique indépendante de toute relation à l'espace, en soumettant l'univers à la formule conservative du mouvement, que Descartes fait passer sur le plan de la réalité l'idéalisme mathématique qui ne pouvait être encore à l'époque de Platon qu'une espérance dialectique, qu'il a fait de la science et de la philosophie les deux aspects étroitement unis d'une même discipline, la discipline de la vérité.

DESCARTES ET PASCAL [1]

Entre Descartes et Pascal, il ne s'agit pas d'établir un parallèle dans l'abstrait. Nous sommes en présence de deux personnalités qui se sont rencontrées réellement, et heurtées.

Descartes est né en 1596, Pascal en 1623 ; l'intervalle d'une génération les sépare, mais la prodigieuse précocité de Blaise Pascal a rapproché les distances. Lorsque les premières œuvres de Descartes, les *Essais*, qui comprenaient le *Discours de la méthode* et la *Géométrie*, parvinrent à Paris, vers la fin de 1637, déjà le jeune Pascal « se trouvait régulièrement aux conférences qui se faisaient toutes les semaines, où tous les habiles gens de Paris s'assemblaient pour porter leurs ouvrages ». Et comme le dit Mme Perier, « il y tenait fort bien son rang, tant pour l'examen que pour la production ». Il fut un témoin actif des polémiques acariâtres où Roberval et Étienne Pascal, où Fermat se mesurèrent avec Descartes.

En septembre 1647, Descartes, de séjour à Paris, alla rendre visite à Pascal ; il le trouva occupé des recherches physiques auxquelles l'expérience de Torricelli avait servi de base. On y parla, peut-être sur l'initiative de Descartes, d'une expérience à faire au sommet d'une haute montagne pour mettre en évidence les effets de la pesanteur de l'air ; d'autre part, on y reprit la querelle métaphysique du plein et du vide, qu'avait ravivée l'observation de la chambre barométrique d'où l'air est exclu, querelle qui impliquait la recherche de la méthode convenable à l'étude de la nature.

En 1650, Descartes meurt. Dans l'hiver de 1654, Pascal prononce les paroles de « renonciation totale et douce ». Nous savons, par sa sœur Jacqueline, qu'il partit « le lendemain de la fête des Rois avec M. de Luynes pour aller en l'une de ses maisons où il a été quelque temps ». Cette maison, le château de Vaumurier près de Port-Royal des Champs, était devenue un foyer de cartésianisme.

---

[1] A paru dans *Nature et liberté*, Paris, Flammarion, 1921, Ire Partie, pp. [13]-35

Non seulement le duc de Luynes avait, pour son usage personnel, fait une traduction française des *Méditations métaphysiques*, qui fut communiquée à Descartes et que Descartes compléta et fit publier. Mais encore Arnauld voyait comme un décret providentiel dans le succès d'une philosophie qui, acceptant la bataille sur le terrain du doute sceptique, de la démonstration rationnelle, où les libertins prétendaient la livrer, aboutissait à l'existence de Dieu et à la conception théologique de l'Univers.

« Combien, écrit Fontaine dans ses *Mémoires pour servir à l'histoire de Port-Royal*, s'éleva-t-il de petites agitations dans ce désert, touchant les sciences humaines de la philosophie et les nouvelles opinions de M. Descartes ! Comme M. Arnauld, dans ses heures de relâche, s'en entretenait avec ses amis plus particuliers, insensiblement cela se répandit partout ; et cette solitude, dans les heures d'entretien, ne retentissait plus que de ces discours. Il n'y avait guère de solitaire qui ne parlât d'*automate*. On ne se faisait plus une affaire de battre un chien. On lui donnait fort indifféremment des coups de bâton, et on se moquait de ceux qui plaignaient ces bêtes comme si elles eussent senti de la douleur. On disait que c'étaient des horloges, que ces cris qu'elles faisaient quand on les frappait n'étaient que le bruit d'un petit ressort qui avait été remué, mais que tout cela était sans sentiment. On clouait de pauvres animaux sur des ais, par les quatre pattes, pour les ouvrir tout en vie, et voir la circulation du sang, qui était une grande matière d'entretien. »

Ainsi, ce n'est pas uniquement au cours de sa carrière scientifique que la considération de l'esprit cartésien s'impose à Pascal ; c'est encore dans la dernière période de sa vie, lorsqu'il s'est retiré dans le cercle étroit des « vrais disciples » de Jésus-Christ. Les notes manuscrites qui nous ont été conservées, portent la marque de ses réflexions sur la circulation du sang comme sur l'automate. La seconde thèse surtout est importante pour la théologie : en ramenant toutes les manifestations de l'activité chez les « bêtes » à de simples fonctions de la matière, Descartes dissipe l'analogie apparente de la vie animale et de la vie humaine ; par là, il écarte les difficultés que l'on opposait au dogme de l'immortalité de l'âme. La portée de la théorie est accentuée par l'exaltation de la pensée, qui est à la base du système cartésien. Et, sans doute, n'y a-t-il pas une façon plus sensible et plus éclatante de célébrer Descartes que de le mettre en cette occasion au dessus de saint Augustin lui-même. A propos du rapprochement qu'Arnauld avait signalé entre le *je pense, donc je suis*, et un passage des *Dialogues* sur le *Libre-Arbitre*, Pascal remarque : « Je sais combien il y a une différence entre écrire un mot à l'aventure, sans y faire une réflexion plus longue et plus étendue, et apercevoir dans ce mot une suite admirable de conséquences, qui prouvent la distinction des natures matérielle et spirituelle, et en faire un principe ferme et soutenu d'une physique entière, comme Descartes a prétendu faire. »

Pascal a vu combien Descartes était grand. Plus significative et plus profonde est la sentence de condamnation qui est contenue dans les notes du manuscrit pascalien : « Écrire contre ceux qui approfondissent trop les sciences. *Descartes.* » L'Apologie projetée devait renfermer une *Lettre de la folie de la science humaine et de la philosophie*, et il devait y être traité de l'incertitude et de l'inutilité du Cartésianisme.

Cette sentence peut être interprétée de diverses manières : on y a vu un retour de Pascal sur son propre passé, dont il aurait eu peine à se déprendre complètement, le désaveu des recherches profanes provoquées par cette fantaisie de vouloir exceller en tout, par cette curiosité de savoir, qui est la forme la plus séduisante, la plus dangereuse, de la concupiscence. Mais, si on examine de plus près le génie de Pascal, si on remarque combien, sur le terrain de la mathématique et de la physique, où il aurait pu se rencontrer avec Descartes, Pascal en réalité demeure éloigné de lui, on arrive a une conclusion différente, et on voit surgir un problème nouveau.

La science de Descartes se prolonge en religion, comme la religion de Pascal a ses racines dans la science. Si, au lendemain de la Renaissance et de la Réforme, l'idée de la science et l'idée de la religion se reconstituent toutes deux, la réorganisation se fait dans une direction qui n'est pas la même pour Descartes et pour Pascal. Ce sont deux esprits qui, à travers la science comme à travers la religion, s'affrontent et s'opposent.

La notion que Descartes avait de la science apparaît dans le titre auquel il avait d'abord songé pour l'écrit qui est devenu le *Discours de la méthode* : « Projet d'une science universelle qui puisse élever notre nature à son plus haut degré de perfection. » L'universalité de la science repose sur l'unité de l'intelligence. Avant que le savant soit descendu sur le terrain de la réalité, il sait qu'il possède en soi la source d'où dérive toute connaissance. « Toutes les sciences réunies ne sont rien autre chose que l'intelligence humaine, qui reste toujours la même, si variés que soient les sujets auxquels elle s'applique, et qui n'en reçoit pas plus de changement que n'en apporte à la lumière du soleil la variété des objets qu'elle éclaire. »

La démarche essentielle de l'intelligence, c'est l'intuition, c'est-à-dire la conception d'un esprit sain et attentif, si facile et si distincte qu'aucun doute ne reste sur ce que nous comprenons. A l'intuition va se suspendre une chaîne d'idées qui, une fois mises en ordre, s'appliquent à tout ce qui est susceptible de mesure.

Dès lors, en constituant *a priori* la science de l'ordre et de la mesure, l'intelligence fournit le modèle auquel elle devra plier l'univers. Le progrès de la méthode cartésienne consiste dans une « heureuse assimilation » des choses à l'intelligence. Ainsi la géométrie des Anciens portait directement sur la figure soumise à l'imagination, tandis que la géométrie de Descartes transpose les relations proprement spatiales en équations, qui sont tout intellectuelles puisqu'elles ne sont que des combinaisons de signes. La physique d'Aristote se contentait de la description et de la classification des qualités sensibles ; la physique de Descartes ramène les manifestations qualitatives de l'ordre sensible à de simples déplacements dans l'espace qui ressortissent à la géométrie. Au début de ce *Traité de la lumière* qu'il laissa inachevé quand il apprit la condamnation de Galilée, Descartes « tâche d'expliquer ce qu'il remarque touchant la flamme. Lorsqu'elle brûle du bois ou quelque autre semblable matière, nous pouvons voir à l'œil qu'elle remue les petites parties de ce bois, et les sépare l'une de l'autre, transformant ainsi les plus subtiles en feu, en air, et en fumée et laissant les plus grossières pour les cendres. Qu'un autre donc imagine, s'il veut, en ce bois, la Forme du feu, la Qualité de la chaleur et l'Action qui le brûle, comme des choses toutes diverses ; pour moi, qui crains de me tromper si j'y suppose quelque chose de plus que ce que je vois nécessairement y devoir être, je me contente d'y concevoir le mouvement de ses parties ». De même, pour découvrir la loi de la transmission de la lumière, il convient de ne retenir que la marche des rayons lumineux, en assimilant la nature de ces rayons, et la transmission qui est supposée s'en faire instantanément, au bâton de l'aveugle par lequel chacun des accidents du sol se traduit immédiatement en sensation.

Enfin, pour saisir les secrets des réactions qui constituent la vie des animaux, et en une grande partie même la vie des hommes, il faut considérer les *machines* importées d'Italie et qui faisaient alors l'admiration des visiteurs de Fontainebleau et de Saint-Germain-en-Laye. Les objets extérieurs sont comme des étrangers qui, « entrant dans quelqu'une des grottes de ces fontaines, causent eux-mêmes sans y penser les mouvements qui s'y font en leur présence ; car ils n'y peuvent entrer qu'en marchant sur certains carreaux tellement disposés que, par exemple, s'ils s'approchent d'une Diane qui se baigne, ils la feront cacher dans des roseaux, et s'ils passent plus outre pour la poursuivre, ils feront venir vers eux un Neptune qui les menacera de son trident ; ou, s'ils vont de quelque autre côté, ils en feront sortir un monstre marin qui leur vomira de l'eau contre la face ; ou choses semblables, selon le caprice des Ingénieurs qui les ont faites. Et, enfin, quand l'âme raisonnable sera en cette machine, elle y aura son siège principal dans le cerveau, et sera là comme le fontainier qui doit être dans les regards où vont se rendre tous les tuyaux de ces machines quand il veut exciter ou empêcher ou changer en quelque façon leurs mouvements ».

Par ces citations, je ne dis pas que l'on connaisse la science de Descartes ; du moins on saisit pourquoi Pascal physicien s'oppose à Descartes physicien.

La physique de Descartes avait pu avoir dans l'expérience son occasion initiale et sa confirmation ; elle n'en reste pas moins supérieure à l'expérience. Si je fais, dit Descartes, « une brève description des principaux phénomènes dont je prétends rechercher les causes », ce n'est pas « afin d'en tirer des raisons qui servent à prouver ce que j'ai à dire ci-après ; car j'ai dessein d'expliquer les effets par leurs causes, et non les causes par leurs effets ». Or, de la part d'un homme fini, placé devant la double infinité de grandeur et de petitesse, n'est-ce pas une prétention exorbitante de vouloir ainsi prendre immédiatement possession des causes ? et le titre de l'ouvrage cartésien, *Les principes de la philosophie*, n'est-il pas « aussi fastueux en effet (quoique moins en apparence) que cet autre qui crève les yeux *De omni scibili* » ? Pour Pascal, il y a dans la méthode cartésienne une erreur fondamentale, car « les expériences... sont les seuls principes de la physique » ; et, dès lors, l'universalité est un préjugé : comment pourrions-nous savoir à l'avance que les principes vont se réduire à l'unité ?

En 1629, Descartes écrivait : « Au lieu d'expliquer un phénomène seulement, je me suis résolu d'expliquer tous les phénomènes de la nature, c'est-à-dire toute la physique. » Et, plus tard, quand il lut les *Dialogues de la science nouvelle*, il fit grief à Galilée de ce que, « sans avoir considéré les premières causes de la nature, il a seulement cherché les raisons de quelques effets particuliers, et ainsi il a bâti sans fondement ». Or, Pascal appartient à l'école expérimentale de Galilée ; il demande de quel droit on pose a priori l'homogénéité des phénomènes universels afin de satisfaire à l'unité de la science physique. L'ampleur de la science cartésienne a pour rançon l'incertitude. « *Descartes*. Il faut dire en gros : cela se fait par figure et mouvement, car cela est vrai, mais de dire quels, et composer la machine, cela est ridicule ; car cela est inutile, et incertain, et pénible. »

Par la généralité de la méthode, dont il était si fier, Descartes devient aux yeux de Pascal le type du métaphysicien chimérique et obstiné. Écoutez de quel ton Jacqueline raconte un des entretiens de septembre 1647 : « M. Descartes, avec un grand sérieux, comme on lui contait une expérience et qu'on lui demandait ce qui fut entré dans la seringue, dit que c'était de la matière subtile, sur quoi mon frère lui répondit ce qu'il put. » Quand on vint à parler d'une expérience, analogue à celle que Perier devait réaliser l'année suivante au sommet du Puy-de-Dôme, Roberval affirmant que cela ne servirait de rien, Descartes prédit le succès ; mais cette assurance même devait mettre Pascal en défiance. Le dogmatisme de Descartes et le dogmatisme de Roberval lui apparaissent également surannés. Il a l'ambition de mettre fin aux querelles dogmatiques auxquelles s'est complue l'ancienne génération, et cela par un recours décisif à l'expérience.

Cette défiance à l'égard de Descartes physicien, Pascal l'éprouve également à l'égard de Descartes mathématicien. Là encore, Descartes enferme *a priori* la science dans les limites de sa méthode. Par exemple, il dit de Desargues, le maître de Pascal : « Je ne saurais guère m'imaginer ce qu'il peut avoir écrit touchant les *Coniques*, car, bien qu'il soit aisé de les expliquer plus clairement qu'Apollonius, ni aucun autre, il est toutefois, ce me semble, fort difficile d'en rien dire sans l'algèbre, qui ne se puisse rendre beaucoup plus aisé par l'algèbre. » Or, justement les procédés de Desargues échappent à la compétence de l'algèbre cartésienne ; car ils dépassent les bornes de l'intuition géométrique, en considérant des droites parallèles comme un faisceau de lignes dont le point de concours serait reculé à l'infini. De même, les procédés de la géométrie des indivisibles, familiers à Pascal, comme ils l'étaient à Torricelli ou à Roberval (on conjecture même que Descartes devait les employer, mais qu'il les a passés sous silence parce qu'il ne savait comment les ramener à des idées claires et distinctes), sont des conquêtes de l'esprit sur l'infini, parce que ce sont des démentis hardis à l'intuition immédiate. Comme celle de la géométrie projective, la fécondité du calcul intégral, tel qu'il est conçu à l'époque de Pascal, paraît tenir à ce qu'il brise les cadres des méthodes purement intellectuelles.

En résumé, suivant Descartes, la raison dicte ses lois à la nature, elle construit *a priori* le schème de la science ; l'intelligence définit la vérité. Pour Pascal, l'homme se heurte à la réalité ; le savant doit se soumettre à la nature ; il se dépouille de tout parti pris pour écouter la réponse de l'expérience ; il n'avancera qu'en adaptant au caractère spécifique de questions particulières des procédés de recherches injustifiables parfois devant la logique.

II

L'attitude scientifique de Descartes et l'attitude scientifique de Pascal sont donc nettement en antagonisme l'une avec l'autre. Or, leur attitude scientifique commande en partie, ou, si l'on veut, commence à dessiner déjà, leur attitude religieuse.

La conception cartésienne de la science implique, en effet, un postulat : c'est que l'intelligence humaine est faite pour prendre possession de l'univers, que les notions les plus claires, les plus favorables à l'intérêt de l'entendement, sont en même temps celles qui expriment la réalité dans son essence et dans sa vérité. Or, ce postulat, l'homme ne peut pas le justifier à lui tout seul ; car il est partie au débat, il est d'un certain côté de la barrière. Une connaissance intégrale peut, sans doute, se constituer à l'aide de la méthode cartésienne ; mais elle demeure une hypothèse, une pure possibilité ; elle n'est pas la science vraie, tant que l'auteur commun de l'intelligence et de la nature n'a pas garanti, par l'unité de sa sagesse et de sa puissance, l'harmonie du sujet connaissant et de l'objet connu. Bref, tant que Dieu n'est pas découvert, le *Moi* cartésien, demeurant en face de lui-même, ne peut savoir si le système de ses connaissances n'est pas un rêve envoyé par un malin génie qui lui imposerait une illusion perpétuelle. La connaissance de l'athée n'est pas une véritable science.

Pour atteindre Dieu, Descartes ne fait appel qu'à la démonstration rationnelle. Il s'agit, placé sur le terrain étroit où nous avait mis le *cogito*, ne possédant que la liaison de la pensée et de l'existence à l'intérieur de la conscience individuelle, d'en faire sortir l'être nécessaire et universel. L'argumentation cartésienne est bien connue : parmi les éléments qui composent la pensée de l'homme, se trouve l'idée de l'infini, ou du parfait, idée simple qui ne peut pas ne pas être vraie, c'est-à-dire qui ne peut pas ne pas impliquer la représentation d'un objet qui existe. Or l'homme, étant fini et imparfait, ne possède pas la réalité requise pour rendre compte de l'infini et du parfait ; il faut donc affirmer qu'il existe, en dehors de lui, un être infini et parfait. Ou, si l'on veut encore, considérons que l'homme existe : cette existence est un fait dont il y a lieu de chercher la cause. Mais, si je me tiens dans l'ordre des phénomènes, si je remonte à mes parents, à mes ancêtres, etc., je saisis bien la cause de telle ou telle détermination de l'existence, non la raison de l'existence elle-même, le passage de l'essence à l'existence. Un tel passage est un absolu que seule peut accomplir la puissance absolue. Si l'homme avait disposé d'une telle puissance, s'il s'était créé lui-même, il se serait rendu parfait ; son imperfection même apparaît liée à la réalité de l'être par qui s'est opéré le passage de l'essence à l'existence.

Le mécanisme de ces preuves est très remarquable : Descartes va de la finité de l'homme à l'infinité de Dieu, de la causalité seconde à la cause première. Il prend pour base la faiblesse de notre être, et il croit atteindre l'être de Dieu. Seulement ce passage s'opère dans la pensée humaine à l'aide des ressources de cette pensée. Il y a plus ; et, dans la troisième preuve, appelée depuis preuve ontologique, il n'est plus question du fait que nous pensons ou que nous existons ; le passage s'opère de l'idée de la perfection à l'existence de l'Être parfait comme d'une notion géométrique à l'une de ses propriétés. L'essence absolue se pose elle-même comme existence, de telle sorte que l'aveu par l'homme de sa faiblesse n'a servi qu'à souligner la disproportion de son être à la pensée qui est en lui, et qui pourtant le dépasse : cette pensée qui ne permet sans doute pas d'embrasser et d'épuiser l'infinité de Dieu, elle donne du moins le moyen d'y atteindre, d'y toucher.

Descartes croit avoir retrouvé ainsi le Dieu traditionnel de la religion ; et nul ne doit douter de sa sincérité, de son respect pour le dogme qui déborde le domaine de la raison. Mais la juxtaposition du mystère et de la lumière est elle-même sans mystère. « Pour le mystère de la sainte Trinité, je juge, avec saint Thomas, qu'il est purement de la foi, et ne se peut connaître par la lumière naturelle. Mais je ne nie point qu'il y ait des choses en Dieu que nous n'entendons pas, ainsi qu'il y a même en un triangle plusieurs propriétés que jamais aucun mathématicien ne connaîtra, bien que tous ne laissent pas pour cela de savoir ce que c'est qu'un triangle. »

Descartes ne méconnaît pas la part de la tradition ; il se pique d'être « fidèle à la religion de sa nourrice ». Il n'en est pas moins vrai qu'ayant démontré l'existence de Dieu par la lumière naturelle, il se tient à la partie claire et pour lui lumineuse de l'idée divine. A la fin d'une lettre à Constantin Huygens, il parle en ces termes de l'immortalité personnelle : « Quoique la religion nous enseigne beaucoup de choses sur ce sujet, j'avoue néanmoins en moi une infirmité qui m'est, ce me semble, commune avec la plupart des hommes, à savoir que, nonobstant que nous veuillions croire et même que nous pensions croire très fermement tout ce qui nous est enseigné par la Religion, nous n'avons pas néanmoins si coutume d'être si touchés des choses que la seule foi nous enseigne et où notre raison ne peut atteindre, que de celles qui nous sont avec cela persuadées par des raisons naturelles fort évidentes. »

Ainsi la direction religieuse de l'esprit cartésien est bien marquée. Sans doute Descartes pense en toute bonne foi que ses preuves vont rejoindre le Dieu de la tradition chrétienne. Il insiste sur la puissance mystérieuse qui est, dans sa profondeur dernière, l'être de l'absolu, sur la liberté radicale de la volonté divine qui aurait pu faire que les contradictoires fussent possibles, que *deux* et *deux* fissent *cinq*. Mais, par la définition même de cette puissance, l'exploration positive nous en demeure interdite. Nous ignorons tout des fins de Dieu ; les possibilités, dont nous réservons théoriquement la place, nous échappent pratiquement. Nous ne commençons notre enquête qu'au point où la communication s'est établie entre Dieu et l'homme ; et, dans ce domaine, l'intermédiaire entre Dieu et l'homme, c'est la raison.

Dire que Dieu n'est pas trompeur, c'est dire qu'il a donné à l'homme, usant comme il convient de son intelligence, le pouvoir d'atteindre la vérité, c'est dire qu'il sert de caution à la science rationnelle. La liberté radicale de Dieu fait que les vérités éternelles sont des créations contingentes. Mais ces vérités, que Dieu n'a pas voulues nécessairement, sont devenues nécessaires pour l'homme. Ainsi, c'est une affirmation de la théologie que Dieu a créé le monde, et Descartes l'accepte pleinement. Il va même plus loin : à chaque instant, pour assurer la subsistance du monde, Dieu renouvelle l'acte de la Création ; mais Dieu n'est pas changeant, de telle sorte que cette *création continuée*, effet de la puissance transcendante de Dieu, porte la marque de l'immutabilité rationnelle. Elle fournit une garantie aux lois *a priori* de la mécanique comme, par exemple, la loi de la conservation du mouvement, prototype de la conservation de l'énergie, et que Descartes appuie sur la perfection infinie de Dieu.

Spéculativement le tout de l'univers est donné à la pensée de l'homme comme un champ naturel d'exploration ; dans la pratique l'effort de l'homme est de s'égaler au tout de l'univers, car il lui appartient de mettre au service de l'intelligence l'infini de liberté, par lequel il participe à la puissance divine.

La vertu propre de l'homme « est la générosité qui fait qu'un homme s'estime au plus haut point qu'il se peut légitimement estimer ». Elle suppose non seulement le sentiment de la liberté, mais aussi la résolution d'en bien user ; et par là, elle apparaît comme d'essence intellectuelle. « Pour avoir un contentement qui soit solide, il est besoin de suivre la vertu, c'est-à-dire d'avoir une volonté ferme et constante d'exécuter tout ce que nous jugerons être le meilleur, et d'employer toutes les forces de notre entendement à en bien juger. » Le sage trouvera donc un point d'appui pratique dans le déterminisme de la science, qui revêt l'aspect de la Providence.

« Tout est conduit par la Providence divine, dont le décret éternel est tellement infaillible et immuable, qu'excepté les choses que ce même décret a voulu dépendre de notre libre arbitre, nous devons penser qu'à notre regard il n'arrive rien qui ne soit nécessaire et comme fatal ; en sorte que nous ne pouvons sans erreur désirer qu'il arrive d'autre façon. » L'acceptation stoïque de l'univers n'est que la préparation au degré supérieur de la moralité, à la vie de l'amour. L'amour est « le consentement par lequel on se considère dès à présent comme joint avec ce qu'on aime ; en sorte qu'on imagine un tout duquel on pense être seulement une partie et que la chose aimée en est une autre ». Or, l'amour s'ennoblit à mesure que s'ennoblit l'objet auquel nous sommes joint. « Tout de même, quand un particulier se joint de volonté à son prince ou à son pays, si son amour est parfait il ne se doit estimer que comme une fort petite partie du tout qu'il compose avec eux, et ainsi ne craindra pas plus d'aller à une mort assurée pour leur service, qu'on craint de tirer un peu de sang de son bras pour faire que le reste du corps se porte mieux. Et on voit tous les jours des exemples de cet amour, même en des personnes de basse condition, qui donnent leur vie de bon cœur pour le bien de leur pays ou pour la défense d'un grand qu'ils affectionnent. Ensuite de quoi il est évident que notre amour envers Dieu doit être sans comparaison le plus grand, le plus parfait de tous. » Ainsi, notre générosité va rejoindre la générosité de Dieu ; l'unité définitive s'accomplit dans l'amour et dans l'harmonie : *Una est in rebus activa vis, amor, charitas, harmonia.*

Ces citations caractéristiques (je les ai multipliées à dessein, car on n'a rien fait en pareille matière tant qu'on n'a pas reproduit l'accent des hommes et des âmes), laissent apercevoir le rythme de l'esprit cartésien ; rythme que l'on retrouverait chez Spinoza et même chez Malebranche. Le rythme de l'esprit pascalien est inverse. Tout y est différent : la route, la vérité, la vie.

Dès le point de départ, dès les preuves de l'existence de Dieu, les heurts se produisent. En effet, il y a un contraste remarquable entre les prémisses et les conclusions du raisonnement cartésien. L'argumentation y est fondée sur la faiblesse de l'homme ; mais alors il faut savoir maintenir cette attitude initiale. Si l'homme est incapable de saisir les objets réels, même de raisonner sans se tromper, comment atteindrait-il Dieu par les seules ressources de sa nature ? Le scepticisme, que Descartes a employé pour faire table rase de toutes les philosophies hors la sienne, se redresse contre lui pour faire table rase de toutes les philosophies, même de la sienne. Ce n'est plus à la raison qu'il est donné d'établir la vérité ; l'évidence même dont on a voulu revêtir cette vérité, suffirait à la rendre suspecte. Devant l'infini, la seule attitude à prendre est celle de la soumission. Descartes l'avait bien reconnu : « Je n'ai jamais traité de l'Infini que pour me soumettre à lui, et non point pour déterminer ce qu'il est ou ce qu'il n'est pas. » Mais il n'a pas su rester fidèle à cette parole. La science pascalienne nous apprendra l'attitude véritable de la soumission. Les paradoxes sur l'infini qui déconcertent notre logique, sont pour la science nouvelle des *effets de nature* qui tracent la voie à l'intelligence véritable de la religion. « L'unité jointe à l'infini ne l'augmente de rien, non plus qu'un pied à une mesure infinie. Le fini s'anéantit en présence de l'infini, et devient un pur néant. Ainsi notre esprit devant Dieu, ainsi notre justice devant la justice de Dieu. Il n'y a pas si grande disproportion entre la justice et celle de Dieu, qu'entre l'unité et l'infini. »

En faisant de notre raison la mesure du vrai et du juste, Descartes se perdait dans la diversité, dans la contradiction des systèmes de philosophie et de politique. Non seulement il ne possédait pas les moyens d'atteindre le but, mais il l'avait perdu de vue. Eût-il, le premier et le seul d'entre les penseurs, assuré le triomphe de la raison, qu'il aurait encore manqué Dieu ; il aurait proclamé le *Dieu des savants et des philosophes* ; le Dieu de Pascal n'est pas celui-là.

Pascal écarte les arguments métaphysiques : « Ces sortes de preuves, disait-il, au rapport de Mme Perier, ne nous peuvent conduire qu'à une connaissance spéculative de Dieu ; et... connaître Dieu de cette sorte était ne le pas connaître... Le Dieu des chrétiens ne consiste pas en un Dieu simplement auteur des vérités géométriques et de l'ordre des éléments ; c'est la part des païens et des épicuriens. » On peut se servir de « Platon pour disposer au christianisme » ; et c'est un grand spectacle de voir un ancien, privé de la lumière de la révélation, dépourvu de la grâce céleste, aller au-devant du Dieu inconnu. Mais on ne pourrait au même titre faire fonds sur Descartes. Car « il y a la foi reçue dans le baptême aux chrétiens de plus qu'aux païens ». Descartes a été introduit dans la foi catholique ; il est de ceux pour qui Jésus est mort, il n'a pas le droit de s'en tenir au Dieu abstrait de la raison, de se vanter que sa philosophie puisse être reçue même par les Turcs. On ne se convertira pas pour avoir lu Descartes ; ou, si l'on se convertissait, ce serait au « déisme que la religion abhorre presque à l'égal de l'athéisme ». Dans le christianisme, tel que l'entend Pascal, « la conversion véritable consiste à s'anéantir devant cet être universel qu'on a irrité tant de fois, et qui peut vous perdre légitimement à toute heure, à reconnaître qu'on ne veut vivre sans lui et qu'on n'a mérité rien de lui que sa disgrâce. Elle consiste à connaître qu'il y a une opposition invincible entre Dieu et nous, et que, sans un médiateur, il ne peut y avoir de commerce ».

La vérité sera donc puisée à une source de connaissance, que Descartes a dédaignée. Elle est dans l'histoire, dans l'histoire d'Adam et dans l'histoire de Jésus. Encore ne verra-t-on pas là une histoire d'ordre naturel où l'observation se suffirait à elle-même. Le fait n'est rien s'il n'est recueilli et interprété par le sentiment intérieur, par cette *inclination du cœur* qui est un don divin.

Entre Descartes et Pascal, le désaccord porte non pas sur telle ou telle vérité, mais sur le sens profond de la vérité, sur l'attitude que l'homme doit garder à son égard.

Descartes, se souvenant qu'il avait porté l'épée, disait : « C'est véritablement donner des batailles que de tâcher à vaincre toutes les difficultés et erreurs qui nous empêchent de parvenir à la connaissance de la vérité. » Pour Pascal, c'est un péché de croire qu'on possède la vérité, qu'on l'a emportée de haute lutte, et qu'on peut la traiter en ville conquise ; car c'est revendiquer pour soi un mérite qui n'appartient qu'à Dieu seul. « Mais quoi, écrit-il dans les dernières années de sa vie, on agit comme si on avait mission pour faire triompher la vérité, au lieu que nous n'avons mission que pour combattre pour elle. » Et, se faisant scrupule de cette vivacité, il ajoute : « Je n'ai pu m'en empêcher tant je suis en colère contre ceux qui veulent absolument que l'on croie la vérité lorsqu'ils la démontrent, ce que Jésus-Christ n'a pas fait dans son humanité créée. » Le manuscrit des *Pensées* porte ces mots : « On se fait une idole de la vérité même ; car la vérité hors la charité n'est pas Dieu, et est son image, et une idole, qu'il ne faut point aimer, ni adorer. »

A la création continuée, Descartes demandait la sécurité de la science, appuyant l'uniformité du cours de l'univers sur l'immutabilité de la volonté divine. Pascal parle d'un « flux continuel de grâce, que l'Écriture compare à un fleuve, et à la lumière que le soleil envoie incessamment hors de soi, et qui est toujours nouvelle, en sorte que s'il cessait un instant d'en envoyer, toute celle qu'on aurait reçue disparaîtrait, et on resterait dans l'obscurité ». Mais nous ne possédons ici rien que nous ayons effectivement conquis. Nous recueillons le bénéfice d'une donation gracieuse et toujours révocable. Saint Pierre lui-même a péché ; celui qui travaille à la conversion du pécheur doit s'humilier en songeant que ce pécheur sera peut-être demain revêtu d'une grâce qui lui sera refusée à lui-même. Le chrétien vit dans l'inquiétude et dans le tremblement, en face de cette causalité mystérieuse qui entre en lui pour prendre sa propre place.

Rien ne vaut qui vient de nous ; rien ne vaut qui va vers nous. Pascal professe qu'il faut nous déprendre des autres comme de nous, qu'il faut contraindre les autres à se déprendre de nous, au risque de les contrister par la froideur que nous nous imposons de leur témoigner. « Il est injuste qu'on s'attache à moi quoi qu'on le fasse avec plaisir et volontairement. » Le bien lui-même cesse d'être le bien, dès que l'homme tente de se l'approprier : « Nos prières et vertus sont abominables devant Dieu si elles ne sont les prières et vertus de Jésus-Christ. Et nos péchés ne seront jamais l'objet de la miséricorde mais de la justice de Dieu, s'ils ne sont ceux de Jésus-Christ. Il a adopté nos péchés, et nous a admis à son alliance ; car les vertus lui sont propres, et les péchés étrangers, et les vertus nous sont étrangères, et nos péchés nous sont propres. »

A la charité de Jésus qui a dépouillé sa divinité pour porter le poids de la misère et du péché des hommes, correspond un mystère plus grand encore : l'homme dépouillant son humanité pour qu'un Dieu se substitue à lui. Le dernier mot de l'amour, ce n'est pas l'exaltation du *moi*, devenant capable de comprendre l'univers et Dieu même ; c'est la substitution des *moi*. Tandis que Descartes écrivait : « La conservation de la santé a été de tout temps le principal but de mes études », Pascal rédige une *Prière pour le bon usage des maladies* : « Vous êtes le souverain maître ; faites ce que vous voudrez. Donnez-moi, ôtez-moi ; mais conformez ma volonté à la vôtre et que, dans une soumission humble et parfaite, et, dans une sainte confiance, je me dispose à recevoir les ordres de votre Providence éternelle, et que j'adore également tout ce qui me vient de vous... Entrez dans mon cœur et dans mon âme, afin qu'étant plein de vous, ce ne soit plus moi qui vive et qui souffre, mais que ce soit vous qui viviez et qui souffriez en moi, ô mon Sauveur. »

* * *

Ainsi, entre Descartes et Pascal, l'opposition est intégrale. Autres sont les interprétations de la science, autres les interprétations de la religion, autres aussi les théories qui mettent en connexion la science et la religion.

Cette remarque contribue à faire disparaître les malentendus qui ont fait rage et ravage dans plus d'une polémique contemporaine. On voudrait fonder le triomphe de la religion sur la faillite de la science, on voudrait appuyer au triomphe de la science la faillite de la religion. Mais ce n'est que du dehors pour le vulgaire ou pour le profane, que la mathématique et la physique, que le christianisme, et le catholicisme même, apparaissent comme enfermés dans des conclusions uniformes, dans des formules homogènes et stables. La science et la religion, étant choses spirituelles, résistent aux tentatives de simplification et de vulgarisation. Le bénéfice à tirer de notre étude, ce serait de nous montrer la profondeur et la difficulté des problèmes que trop souvent on ramène à leurs termes les plus extérieurs et les plus superficiels, et de provoquer de la part de celui qui veut les résoudre pour son compte, en esprit et en vérité, un redoublement d'attention et d'intelligence.

En fait, Pascal croit à la science, autant que Descartes croit à la religion. S'il y a antagonisme entre l'esprit cartésien et l'esprit pascalien, ce n'est pas parce qu'il y aurait conflit entre l'esprit de la science et l'esprit de la religion ; c'est que Pascal et Descartes, ne se contentant pas d'être des savants et des catholiques, ont créé, ou recréé, leurs idées de la science et leurs idées de la religion, que, par un secret qui exprime leur génie, ces idées se sont rapprochées et fondues dans l'harmonie et dans l'unité d'un système.

Or, ces systèmes s'opposent. Quelle est l'attitude de l'homme vis-à-vis de la nature ? Est-ce à la raison qu'il appartient de faire surgir la science en prêtant à l'univers un ordre qu'il ne décelait pas de lui-même, en le forçant à révéler ses secrets ? — ou, au contraire, l'expérience ne vient-elle pas confondre les préoccupations de la raison, et assurer le triomphe du fait brut sur l'audace de la pensée spéculative ? Quand l'homme parle de Dieu, entrevoit-il un idéal dont il pourra s'approcher de plus en plus, qui sanctifie notre effort pour élever, pour purifier notre vie, pour réaliser notre rêve de paix et d'harmonie — ou au contraire, n'est-ce pas Dieu qui a condamné l'homme dans son développement naturel, dans son plaisir, dans la règle qu'il s'est faite de la justice et de la vérité, qui a voué toutes ses luttes et tous ses sacrifices même à dérision et à néant ? Enfin la connaissance qui marque le plus haut degré de lumière, l'intuition, apparaît-elle comme la concentration de l'intelligence, d'où dérive tout ce qui marque la trace de l'esprit dans l'organisation de l'univers et dans l'organisation de la société — ou comme une faculté mystérieuse, renversant les démarches spontanées de la pensée, se refusant à tout procédé de vérification positive, de justification effective ? Voilà, en fin de compte, le problème que pose la méditation simultanée de Descartes et de Pascal et qui demeure, au début du XXe siècle, aussi actuel et aussi aigu qu'il pouvait l'être dans la première moitié du XVIIe.

Notes bibliographiques

Mathématique et métaphysique chez Descartes

Sur les origines du *Commentaire du Discours de la méthode* par M. E. GILSON, cf. la communication de M. Gilson à la Société française de Philosophie, dans *Bulletin de la Société française de Philosophie*, décembre 1924, 24e année, n° 5, pp. [135]-138, et 150.

Pour la première partie de l'article, cf. *Les étapes de la philosophie mathématique*, éd. 1912, liv. II, ch. VII, section B, pp. 105-113 et surtout section C, pp. 113-123. Cf. aussi *Descartes*, Paris, Rieder, 1937, pp. 25 sqq.

Pour la causalité cartésienne, cf. *L'expérience humaine et la causalité physique*, éd. 1949, liv. VIII, ch. XX, pp. 175-186.

Sur le rôle de l'intuition, cf. ci-dessus, La pensée intuitive chez Descartes et chez les cartésiens.

Sur l'idée de parfait, le rôle de l'intuition dans la preuve de l'existence de Dieu et sur l'argument ontologique, cf. *Descartes*, Paris, Rieder, 1937, pp. 38 sqq. — *Le progrès de la conscience*, éd. 1927, t. I, liv. III, ch. 6, § 78-79, pp. 145-149. — Cf. aussi *Spinoza et ses contemporains*, 3ᵉ éd., 1923, IIᵉ Partie, ch. IX, pp. 286 sqq.

La pensée intuitive chez Descartes et chez les cartésiens

Sur le rôle de l'intuition en mathématique et en métaphysique, cf. outre l'article ci-dessus, *Le progrès de la conscience*, éd. 1927, t. I, liv. III, ch. 6, § 78-79, pp. 145-149.

Sur les difficultés cartésiennes de la théorie de la substance, cf. *Spinoza et ses contemporains*, IIᵉ Partie, ch. IX, pp. 249 sqq.

Sur les orientations différentes du cartésianisme chez Malebranche et chez Spinoza, cf. *Spinoza et ses contemporains, loc. cit.*, pp. 299 sqq.

Sur Malebranche, son cartésianisme et son dualisme, cf. *Spinoza et ses contemporains*, IIᵉ Partie, ch. XI, pp. [336]-357 ; aussi *Les étapes de la philosophie mathématique*, éd. 1912, liv. II, ch. VIII, section B, en particulier § 87, le dualisme de Malebranche.

Note sur l'épistémologie cartésienne

Sur la physique cartésienne et plus spécialement sur l'élargissement de la notion de dimension, cf. *Les étapes de la philosophie mathématique*, éd. 1912, liv. II, ch. VII, section B, § 67-70, pp. 107-113.

Platon et Descartes

On trouvera des textes complémentaires dans *Le progrès de la conscience*, éd. 1927, liv. III, ch. VI, section I, § 76, t. I, pp. 141-143.

Sur les critiques de Platon par Aristote, cf. *Les étapes de la philosophie mathématique*, éd. 1912, liv. II, ch. IV, section C, pp. 61 sqq., et ch. V, pp. [71] sqq. ; — *Les âges de l'intelligence*, ch. III, pp. 58-60.

Descartes et Pascal

Sur la rencontre Descartes-Pascal, cf. *Pascal*, Rieder, 1932, pp. 21-32 ; — Pascal savant, dans la *Revue philosophique*, janvier 1924, t. 49, pp. [5]-27, reproduit dans *Le génie de Pascal*, ch. 1, pp. [1]-42.

Sur les rapports de la religion et de la philosophie chez Descartes, cf. *Le progrès de la conscience*, éd. 1927, t. I, liv. III, ch. 6, section 1, § 79 sqq., pp. 147 sqq. ; — *La raison et la religion*, ch. V, § 25, pp. 126-129.

Sur la réaction de Pascal en face de Descartes : cf. *Le progrès de la conscience*, éd. 1927, t. I, liv. III, ch. 7, section I, pp. [162]-168 ; voir aussi *Descartes et Pascal lecteurs de Montaigne*, ch. 3, Blaise Pascal.

Pour la religion de Pascal, cf. les deux derniers chapitres du *Génie de Pascal* : « L'expérience religieuse de Pascal », ch. IV, pp. [133]-168 et « La solitude de Pascal », ch. V, pp. [169]-198 (ce dernier article est la reproduction d'une communication à l'Académie des Sciences morales et politiques, *Travaux de l'Acad.*, 1923, t. II, p. 212, publiée la même année dans la *Revue de métaphysique et de morale*, pp. [165]-180) ; cf. aussi *Spinoza et ses contemporains*, ch. X, Pascal, pp. [306]-335.

SPINOZA

SPINOZA

ARTICLE DE LA « *GRANDE ENCYCLOPÉDIE* » [1]

Spinoza (Baruch), célèbre philosophe, né à Amsterdam le 24 novembre 1632, mort à La Haye le 23 février 1677. Appartenant à une famille juive d'origine méridionale, il fut élevé par les rabbins dans l'étude de l'Ancien Testament et du Talmud. D'assez bonne heure son esprit secoua le joug de la scolastique juive, et, pour avoir émis des doutes sur l'authenticité des textes consacrés, il fut solennellement excommunié de la synagogue. Il avait 24 ans, il était initié à la civilisation de son temps, en particulier à la philosophie de Descartes ; il se retira pour méditer, d'abord aux environs de La Haye (Rhinsburg, de 1656 à 1663 ; Voorburg, de 1663 à 1669), puis à La Haye, gagnant le peu qui lui suffisait à vivre en préparant des verres pour les microscopes ; il y mourut phtisique. Il avait écrit un *Court traité de Dieu, de l'homme et de sa béatitude,* première esquisse de sa « philosophie », qu'il rédigea plus tard sous forme géométrique et à laquelle il donna le nom définitif de morale : *Ethica* ; ces deux ouvrages furent communiqués en manuscrit à de rares initiés qui formèrent autour de Spinoza un collège de disciples fidèles. Spinoza ne publia lui-même que deux ouvrages : 1° Un écrit de circonstance, composé en quinze jours pour l'éducation d'un jeune homme *(Les deux premières parties des Principes de Descartes démontrées géométriquement),* paru en 1663, par les soins de Louis Meyer, qui fit à Spinoza une solide réputation dans le monde des philosophes, et lui valut en 1673 l'offre d'une chaire à l'Université de Heidelberg, qu'il déclina pour ne pas compromettre la tranquillité de sa vie et le progrès de sa méditation solitaire ; 2° En 1670, le *Traité de théologie et de politique,* où il expose les principes du christianisme rationnel et du libéralisme politique, qui suscita dans les diverses Églises chrétiennes des attaques de la dernière violence et lui fit ajourner la publication de l'*Éthique.* Au moment de sa mort, il travaillait à une traduction hollandaise

---

[1] Art. de la *Grande Encyclopédie,* [1901], t. 30, pp. 391-399. On n'a pas reproduit la bibliographie qui fait suite à l'article.

de l'Ancien Testament, à une *Grammaire hébreue*, à un *Traité politique*, à un écrit sur la *Réforme de l'entendement* ; il songeait à un ouvrage sur le mouvement qui devait contenir une réfutation de la physique cartésienne. Sa vie fut celle d'un philosophe : il l'a définie lui-même dans une lettre de 1665 sur la guerre d'Angleterre : « Si le célèbre railleur (Démocrite) vivait de notre temps, il en mourrait de rire. Moi, pourtant, ces troubles ne me poussent ni à rire ni à pleurer, mais à philosopher et à mieux observer la nature humaine. Que ceux qui le veulent meurent pour leur bien, pourvu qu'il me soit permis de vivre pour la vérité. » Une seule fois, on le vit se départir de ce calme ; le massacre des Witt le fit pleurer, et il racontait plus tard à Leibniz « qu'il avait été porté de sortir la nuit et d'afficher quelque part proche du lieu (des massacres) un papier où il y aurait : *ultimi barbarorum* ! Mais son hôte lui avait fermé la porte pour l'empêcher de sortir, car il se serait exposé à être déchiré ». Quant à l'impression produite par Spinoza sur ses contemporains, elle est notée avec exactitude par Saint-Évremond : « Il avait, dit-il à des Maizeaux, la taille médiocre et la physionomie agréable. Son savoir, sa modestie et son désintéressement le faisaient estimer et rechercher de toutes les personnes d'esprit qui se trouvaient à La Haye. Il ne paraissait point dans ses conversations qu'il eût les sentiments qu'on a ensuite trouvés dans ses *Œuvres* posthumes. Il admettait un être distinct de la matière qui avait opéré les miracles par des voies naturelles, et qui avait ordonné la Religion pour faire observer la justice et la charité, et pour exiger l'obéissance. »

Les origines du spinozisme

Il n'est pas douteux que la pensée de Spinoza ait été formée par les philosophes juifs du Moyen âge, les Moïse Maïmonide et les Chesdaï Crescas ; lui-même rappelle ce qu'il doit « aux anciens Hébreux » : le sentiment que Dieu enferme en lui l'immensité et la totalité de l'être, qu'il est à une distance infinie de l'homme, incomparable et ineffable, le sentiment surtout que la vie véritable de l'homme est en Dieu, que sa raison d'être est le lien d'amour qui le fait participer à la perfection divine. A quoi il convient d'ajouter que les philosophes juifs n'ont pas agi seulement par leur doctrine particulière, ils ont été les premiers éducateurs de Spinoza, ils l'ont initié à la spéculation de l'antiquité, et c'est par eux que Spinoza se rattache à la tradition de la métaphysique panthéiste, en particulier à l'alexandrinisme ; il connut par eux le but suprême de sa philosophie, qui est de poser l'unité absolue. Lorsqu'il s'est affranchi d'une discipline surannée, l'inspiration religieuse demeure profondément en lui. Le cartésianisme lui offre une méthode nouvelle, la vraie méthode puisqu'elle est fondée sur le libre développement de l'activité spirituelle et qu'elle aboutit à la connaissance exacte des lois de la nature. Il demande à la méthode cartésienne si elle permet de retrouver cette unité absolue qui est l'idée essentielle et comme le ressort de sa pensée et de sa vie, et il l'accepte parce qu'en écartant de la pensée divine toute obscurité, tout mystère, tout obstacle spirituel, elle fournit une base solide à la restauration religieuse.

Le mécanisme cartésien établit la continuité dans l'univers : il n'y a pas de vide, tout mouvement qui se produit dans un corps déterminé est lié au mouvement des autres corps, et la répercussion en est instantanée ; au fond il n'y a qu'un mouvement pour l'univers, et chaque mouvement particulier est un fragment de ce mouvement total. Mais cette solidarité dont Descartes a montré la nécessité dans l'espace, il la nie dans le temps ; les moments du temps sont discontinus, à chaque instant le monde est menacé de périr, il n'est conservé que par la volonté libre, essentiellement indifférente, d'un Dieu extérieur au monde. Cette étrange qualité correspond à une conception partielle et mutilée du mouvement. Le mouvement n'est pas seulement le passage d'un endroit à un autre, il est aussi le passage d'un moment à un autre ; il est indivisiblement ces deux passages et il est impossible qu'il y ait là nécessité et contingence ici. La continuité, qui existe entre les différentes parties de l'espace, existe aussi entre les différentes parties du temps. Dès lors, l'univers trouve en soi la raison de son développement, sans avoir jamais à requérir l'intervention, ou le concours continué, d'un être étranger. La pensée semble éliminée de l'univers, mais c'est en tant qu'elle serait extérieure à l'univers ; suivant le mécanisme cartésien, l'enchaînement des mouvements reproduit l'enchaînement des idées ; c'est la nécessité de l'évidence qui nous explique la nécessité de la nature. La géométrie et la physique se constituent par un système d'équations, c'est-à-dire de rapports intelligibles. Ces rapports forment donc, comme les objets auxquels ils s'appliquent, un monde ; ils sont solidaires les uns des autres, de sorte que par la seule vertu du développement logique on peut passer de l'un à l'autre. Une idée partielle est quelque chose de fragmentaire qui réclame la totalité de l'esprit en qui elle se complète et par qui elle se comprend : il y a dans l'ordre de la pensée un mécanisme et un automatisme spirituels. En déroulant ainsi toutes les conséquences de la science cartésienne, Spinoza conçoit l'univers de l'étendue et l'univers de la pensée comme des systèmes également autonomes. Chacun d'eux existe indépendamment de l'autre, et forme par lui-même une unité. Or, l'unité de la pensée et l'unité de la nature ne peuvent être qu'une seule et même unité, puisque la pensée est la vérité de la nature. La légitimité de la science repose en définitive sur l'unité absolue que Spinoza cherchait de toute son âme comme la condition de la vie religieuse ; le spinozisme est conçu.

Rarement la formation d'une doctrine se présente dans l'histoire avec une telle netteté. Enfant, Spinoza fut soumis à la discipline de la tradition juive ; homme, il n'a eu qu'un maître, Descartes. Ce qu'il a voulu, c'est purifier Descartes, et purifier la religion. Purifier Descartes, c'est-à-dire écarter du cartésianisme l'élément irrationnel, « extra-méthodique » : la séparation de l'intelligence et de la volonté, l'union mystérieuse de l'âme et du corps, l'opposition de la liberté intellectuelle en l'homme et de la liberté d'indifférence en Dieu, la distinction de la religion naturelle et de la religion révélée, étendre au monde de la pensée et au problème de la destinée humaine la souveraineté de l'évidence et de la raison ; purifier la religion, c'est-à-dire en écarter tout ce qui nuit à l'élévation de l'esprit, la tradition qui déprime l'intelligence et la haine qui déprave la volonté, l'Église constituée avec tout l'attirail de paganisme et de matérialisme qu'elle traîne après elle, temples, costumes, rites incompréhensibles, etc. , se rapprocher, en un mot, du Christ qui est venu pour mettre fin à tous les cultes, parce qu'il conçoit la religion uniquement et absolument spirituelle. Comprendre à la fois dans l'unité de l'esprit le Descartes vrai et le Christ vrai, voilà exactement ce que voulut Spinoza.

Méthode

Le trait le plus apparent de la méthode spinoziste, celui par lequel on la caractérise en général, c'est qu'elle reproduit fidèlement, jusque dans l'aspect extérieur de l'exposition, l'ordre de la déduction géométrique. Or il convient de remarquer que l'emploi de la méthode géométrique remonte à Descartes qui ne s'en est servi lui-même qu'à la suggestion de quelques savants contemporains (*Secondes Objections aux Méditations*). Le spinozisme existerait donc sans elle, et de fait il est tout entier dans le *Court traité*. Il reste pourtant que la démonstration géométrique est particulièrement appropriée à la conception spinoziste de la vérité. La vérité est un caractère intrinsèque de l'idée ; l'idée est vraie, non parce qu'elle correspond à un objet qui lui est extérieur, mais parce qu'elle est adéquate, c'est-à-dire parce qu'elle est un acte intégral de l'esprit. L'idée ne tient pas sa valeur du nombre des objets auxquels elle s'étend ; la généralité, dont la scolastique faisait le signe de l'intelligibilité, est liée à la pauvreté du contenu ; mais l'idée est une synthèse intellectuelle, qui se traduit par une définition ; les conséquences, impliquées dans la synthèse initiale, permettent d'en tirer une série de jugements en compréhension, de poser ainsi les lois abstraites relatives à l'essence. Toute science se constitue sur le modèle de la géométrie, grâce au progrès de l'esprit se plaçant en face de lui-même et déployant en vertu de sa seule fécondité la chaîne des vérités rationnelles. Mais la forme déductive du système ne doit pas dissimuler l'importance de l'œuvre préparatoire, de l'ascension dialectique qui conduit aux définitions fondamentales, et sans laquelle la déduction serait arbitraire et illusoire. Pour Spinoza, cette dialectique a son point de départ dans l'expérience, qui sollicite l'attention de l'esprit et fournit à la pensée son contenu. Seulement de l'expérience vague et confuse il faut savoir s'élever à l'essence qui en est la loi, et pour cela il faut connaître la vraie méthode, qui repose, dit Spinoza, sur la distinction de l'imagination et de l'intelligence. L'imagination, c'est la liaison factice qui s'établit entre les idées, sans que l'esprit y ait une part active ; les images recueillies par les sens sont isolées, détachées de leurs causes réelles, et, d'autre part, la mémoire les réveille en nous, comme au hasard, suivant les affections du corps, de sorte que nous composons des ensembles incohérents, et ajoutant à ces fictions l'idée abstraite de l'existence nous tombons dans l'erreur. Mais si l'intelligence exerce son activité synthétique sur l'idée fictive ou fausse, elle finit, en suivant aussi loin que possible les conséquences de l'erreur initiale, par rencontrer la contradiction qui la dénonce, et par y substituer l'enchaînement rationnel des idées. C'est donc l'intelligence qui nous guérit de l'imagination : la vérité n'a d'autre critérium qu'elle-même, l'homme trouve la sécurité de la certitude dans la conscience de son activité intellectuelle. Tandis que l'imagination est partielle, et qu'elle se condamne par ce qu'elle exclut, l'intelligence conduit à l'affirmation totale. Pour chaque objet, elle conçoit la notion qui enveloppe en elle toutes les propriétés différentes et explique toutes les transformations successives, l'essence éternelle. Encore les essences éternelles ne se conçoivent-elles pas les unes à part des autres, car dans l'éternel il est impossible de déterminer un ordre de priorité. La dialectique doit accomplir un nouveau progrès, relier les essences éternelles les unes aux autres, s'élever à l'unité totale qui est leur raison commune, et elle atteint ainsi la notion suprême qui est le point de départ de la science absolue et qui permet de développer la philosophie sous forme de déduction géométrique.

Métaphysique

1° La substance

La métaphysique de Spinoza est tout entière, dit-on communément, dans trois définitions : « Par substance, j'entends ce qui est en soi et se conçoit par soi, c'est-à-dire ce dont le concept ne requiert pas, pour être formé, le concept d'une autre chose. Par attribut, j'entends ce que l'intelligence perçoit de la substance comme constituant son essence. Par modes, j'entends les affections de la substance, c'est-à-dire des choses qui sont dans d'autres choses par lesquelles elles sont aussi conçues. » Mais il faut ajouter que ces trois définitions sont précédées d'une définition première qui, elle, est vraiment fondamentale : « J'entends par cause de soi ce dont l'essence enveloppe l'existence, c'est-à-dire ce dont la nature ne peut être conçue autrement qu'existante. » La notion de substance est subordonnée à la notion de cause de soi, et cette subordination suffit pour distinguer la métaphysique spinoziste des doctrines antérieures dont elle semble emprunter le langage. Suivant Aristote et la scolastique, de toute chose existante nous concevons uniquement des propriétés essentielles ou accidentelles, et pour la poser comme réalité il faut dépasser la sphère de l'esprit, ajouter à ce qui est idéal ou à l'essence quelque chose d'inaccessible en soi, l'être en tant qu'être ou la substance, addition purement extérieure, puisque rien dans l'essence ne permet de conclure à l'existence ; la substance est alors, comme le veut la définition, une *supposition* d'existence. Chez Spinoza, la substance est une *source* d'existence ; au lieu d'être ajoutée du dehors à l'essence, l'existence est la conséquence directe et interne, de l'essence ; c'est même là ce qui caractérise la substance que l'essence en implique l'existence. Cette conception a son origine dans Descartes, dans l'argument ontologique et, d'une façon plus précise peut-être, dans la seconde preuve de l'existence de Dieu. Descartes avait fondé cette preuve sur l'axiome suivant : le passage du non-être à l'être est un absolu, impliquant toute perfection et dépassant toute détermination finie. Par conséquent, l'homme étant imparfait, ne s'est pas créé lui-même ; car il aurait disposé d'une puissance infinie et il se serait donné la perfection absolue. Or la preuve cartésienne fournit, suivant Spinoza, plus que l'existence de Dieu, elle fournit la nature même de Dieu. Puisque le passage du non-être à l'être relève de l'absolu et de l'infini, il ne peut se produire qu'une fois ; car deux absolus ne pourraient coexister sans entrer en relation, ni deux infinis sans se limiter, ce qui implique contradiction. Tout ce qui existe, à quelque titre et sous quelque forme que ce soit, participe donc à cette production unique de l'être qui enveloppe la totalité des choses et la ramène à l'unité d'un principe. La raison de la causalité universelle est la causalité de soi, qui est caractéristique de la substance. Il y a donc une substance, et il n'y en a qu'une, substance infinie et éternelle, puisque le passage de l'essence à l'existence s'y accomplit sans aucune restriction de lieu et de durée, et qui est Dieu. En un mot, la philosophie de Spinoza consiste à justifier l'affirmation de l'existence ; ce qui rend cette affirmation intelligible, c'est l'unité absolue de l'essence et de l'existence ; l'intuition absolue de cette unité devient la définition initiale dont le développement suffit à constituer le monisme métaphysique de Spinoza.

2° Les attributs

En un sens cette définition fondamentale ne comporte aucune détermination nouvelle ; toute détermination, ajoutant quelque relation particulière à l'affirmation primitive de l'être, en altère le caractère absolu, et le transforme en une négation partielle. Mais, sans porter atteinte à l'unité de l'acte substantiel qui pose l'existence, on peut concevoir ce qui est posé par cet acte comme existant, et alors s'introduit une détermination d'un certain genre. L'essence est encore infinie et éternelle, puisqu'une limitation est un rapport, et qu'un rapport ne peut se concevoir qu'entre termes hétérogènes ; mais elle est considérée dans un certain ordre d'intelligibilité. Par exemple, l'étendue constitue un ordre d'intelligibilité, parce que les apparences mouvantes et diverses des choses ont pour raison l'unité indivisible de leur nature commune ; de même la pensée — non pas l'intelligence qui pose les idées dans leur rapport avec leurs objets, comme postérieures ou comme simultanées — mais la pensée elle-même en qui ces idées s'enchaînent les unes par rapport aux autres, qui est leur origine commune et leur unité. L'étendue et la pensée sont deux déterminations distinctes auxquelles correspondent deux systèmes différents, deux essences ; mais pour les poser comme existantes, il faut remonter à la substance, en qui s'opère le passage de l'essence à l'existence, et la substance est une. C'est du même coup, en vertu de la même activité substantielle, que l'étendue et la pensée se réalisent ; c'est pourquoi la distinction des essences, qui permet de les définir, est relative à l'unité fondamentale de la substance. Sans influer jamais l'une sur l'autre, parallèlement, l'étendue et la pensée manifestent au même titre l'essence de la substance, ce sont des attributs de la substance. Et ainsi dans la dualité même des attributs apparaît l'unité de Dieu.

Mais pourquoi ces deux attributs seulement, l'étendue et la pensée ? L'homme se pose la question sans pouvoir y répondre directement, car son expérience personnelle ne lui fournit pas de quoi concevoir d'autres attributs. Il constate pourtant qu'il y a disproportion entre l'indétermination de l'affirmation substantielle et la détermination partielle par l'étendue et par la pensée ; pour s'affranchir de la contradiction, il doit conférer à la substance une infinité d'attributs semblables et parallèles à l'étendue et à la pensée. Dès lors, il n'y a plus rien qui soit nié de la substance ; il est de la nature de l'être infiniment infini, qui est Dieu, de s'exprimer par une infinité d'attributs infinis, et de développer ainsi dans tout ordre de détermination son absolue perfection. La doctrine originale des attributs spinozistes pose devant l'esprit une alternative : ces attributs sont-ils autant d'émanations de la substance, constituant autant de réalités distinctes, on ne sont-ils que des conceptions, créées par l'entendement pour comprendre la substance ? Mais l'alternative n'existe que du point de vue de l'entendement humain, nécessairement fini. Séparés de l'infinité qui est leur raison commune, considérés les uns à part des autres, ils semblent n'exister que relativement à l'intelligence qui les a ainsi déterminés isolément. Au contraire, en tant que par leur totalité ils constituent la substance divine dont c'est le caractère que l'infinité s'y ramène à l'unité, ils ont une réalité absolue. L'opposition de l'idéalisme et du réalisme, qui existe pour l'homme, disparaît du point de vue de la substance cause de soi, parce qu'elle est par définition l'unité de l'idée et de l'être, de l'essence et de l'existence.

3° Les modes

L'équivalence de l'unité et de l'infinité qui justifie la conception spinoziste des attributs résout les difficultés que soulève l'existence des modes. Il y a d'abord des modes infinis. Ainsi l'intelligence naît de la pensée et ne se comprend que par la pensée ; mais, procédant de la pensée qui est un attribut éternel et infini, elle participe à cette éternité et à cette infinité, avec toutes les idées qui sont liées directement à l'intelligence infinie, comme l'idée de Dieu. Et de même, le mouvement qui est intelligible par sa relation avec l'étendue, constitue un mode infini, avec toutes les conséquences qui en découlent, telle que l'apparence de l'univers total. Il y a aussi des modes finis : telle ou telle idée particulière, bornée comme l'entendement humain, tel ou tel mouvement particulier, limité comme le corps même qui se meut. Pris en eux-mêmes, en tant que finis, ces modes sont inconcevables ; car le fini, comme catégorie absolue, serait le contraire de l'infini, et l'infini seul existe. Qu'est-ce donc que le fini, sinon une abstraction ? Le fini est un fragment d'être, en rapport avec un autre fragment ; la relation de ces fragments se poursuit à l'infini, et ainsi se reconstitue l'infinité une qui permet de comprendre la dépendance des modes finis à l'égard de l'attribut, et de justifier la réalité des modes finis. L'infinité des modes finis est donc une unité, c'est-à-dire que l'un est inséparable de l'autre, qu'il y a entre eux un lien de rigoureuse nécessité. Ni un corps ni une âme ne contient en soi de quoi se donner l'existence, ou rendre compte de sa détermination. Le corps existe avec des déterminations particulières, grâce à l'existence et aux déterminations d'un autre corps qui lui-même est la résultante nécessaire d'un autre corps, et ainsi à l'infini, suivant la loi éternelle dérivant de la nature de l'attribut étendue. De même, l'âme et les idées sont liées nécessairement à d'autres âmes et, à d'autres idées, suivant la loi éternelle et infinie qui a sa source dans l'attribut pensée.

Une infinité de modes finis, constituant l'infinité des modes infinis, qui existent dans l'infinité des attributs infinis, lesquels expriment l'infinie infinité de la substance unique, voilà donc la nature. Elle peut être considérée dans l'ensemble de ses effets particuliers, en tant qu'ils subissent du dehors, comme une contrainte à laquelle il est impossible de résister, la loi de nécessité, en tant qu'ils sont passifs, et elle est la « nature naturée ». Mais elle peut être aussi considérée dans l'unité originelle qui est la raison de la loi, et alors elle est la substance, c'est-à-dire, pour Spinoza, l'activité radicale, la « nature naturante » ou Dieu. Dieu et la nature sont donc opposés, si par nature on entend la multiplicité indéfinie des choses partielles, l'apparence des corps ou des êtres finis ; mais ils sont identiques si la nature est comprise dans la réalité de son principe un, si on voit en elle l'activité qui lui donne l'existence et qui maintient partout la cohérence et la solidarité. Dieu est cause de tout ce qui existe, cause première des essences et des existences ; en même temps, il est cause immanente, il agit à l'intérieur du monde, et, en vertu de la nécessité qui définit son être, suivant un ordre qui ne peut être autre, il produit éternellement l'infinité des choses.

Tel est le panthéisme de Spinoza : Dieu est l'unité, et il est la totalité ; car il est l'être au delà de toute limite, et exclusif de toute limite, dans l'infinité et dans l'éternité. Il est libre, et il est parfait. La liberté appartient à l'être infini, puisque rien n'est en dehors de l'infini qui puisse exercer sur lui quelque contrainte, mais elle n'est nullement incompatible avec la nécessité qui préside à l'existence de Dieu et au développement de la nature ; au contraire, la contingence est la négation de la liberté divine, car en séparant l'un de l'autre les êtres ou les actes, en supprimant la relation intelligible qui en rétablit l'unité profonde, elle brise l'infinité de Dieu. De même, la perfection est la conséquence de l'infinité qui enlève toute condition ou toute restriction à la réalisation de l'essence ; mais perfection signifie réalité, et non finalité, ou beauté ou bien, ou harmonie, ou providence ; ces notions d'ordre qualitatif supposent qu'en Dieu existent d'un côté des conceptions et des désirs, de l'autre des actes effectifs, une intelligence qui voit tout le possible et une volonté impuissante à l'épuiser, elles établissent au-dessus de lui un idéal qui juge sa conduite et mesure la valeur de son œuvre, elles nient l'unité éternelle et la divinité même de Dieu. Dans le spinozisme, en un mot, la liberté et la perfection sont les caractères essentiels de l'être, et ils sont affirmés de Dieu absolument, c'est-à-dire avec exclusion de tout ce qui peut les restreindre.

Psychologie

1° Le corps el l'âme

La psychologie — ou mieux l'anthropologie, car c'est de l'homme tout entier qu'il s'agit — a son point de départ dans l'expérience ; seule l'expérience nous permet de constater l'existence de l'homme, c'est-à-dire de certains modes étendus et de certains modes pensants. Mais c'est à la métaphysique de nous faire comprendre l'essence de l'homme, car l'unité de l'homme est en Dieu. La puissance qui fait passer à l'existence les modes constitutifs du corps et les modes constitutifs de l'âme, est la substance ; et, parce que la substance est une, c'est la même puissance qui fait la réalité du corps et la réalité de l'âme. Le corps l'exprime tout entière, et l'âme l'exprime tout entière, de telle sorte que l'homme étant tout à la fois âme et corps, est cependant corps par tout son être, âme par tout son être. De là cette conséquence que l'homme peut être étudié aussi bien comme corps que comme âme. Aucune de ces études n'empiète l'une sur l'autre, le corps n'a de rapport qu'avec d'autres corps, l'âme n'a de rapport qu'avec d'autres âmes, il n'y a aucune communication entre ce qui procède de l'attribut étendue et ce qui procède de l'attribut pensée. Mais chacune de ces études est intégrale.

Qui connaît le corps, connaît l'homme tout entier. Qu'est-ce que le corps ? C'est un individu, ou plutôt un agrégat d'individus, un ensemble de parties qui sont liées par un rapport constant. Les éléments mêmes se modifient ; l'individu subsiste tant que le rapport subsiste. Mais c'est par abstraction que l'individu est isolé et semble former un tout ; il est en échange de parties et en communication de mouvements avec les autres individus, de façon à constituer le système total de la nature. Ce qui est réel, c'est la loi qui régit le système total, et qui explique la forme et la détermination d'un système individuel par sa relation avec l'ensemble de l'univers. Cette loi elle-même n'est pas le principe ultime, elle a sa source dans l'attribut étendu. En fin de compte, le corps humain s'explique parce que l'attribut divin comporte l'essence du corps humain. Cette essence se rattache directement à l'attribut éternel, est en Dieu une vérité éternelle. Dès lors, elle est indépendante de sa réalisation, laquelle est liée au cours universel de la nature ; les événements font apparaître ou disparaître un corps, mais l'essence en est la même avant ou après son existence, de même que les segments des sécantes perpendiculaires dans un cercle ont entre eux un rapport défini, et ce rapport existe de la même façon, que les sécantes soient effectivement tracées ou simplement conçues. En dehors de l'actualité qui dépend de déterminations extérieures, en dehors du corps sensible qui est une réalité individuelle, il y a un corps intelligible qui est une essence éternelle. L'aspect du corps, l'individualité apparente peut varier indéfiniment ; mais ces désagrégations et ces transformations successives n'atteignent que l'individu qui est dans le temps ; le corps est éternel en tant qu'il a son fondement dans l'un des attributs de Dieu.

Qu'est-ce que l'âme ? Une idée, correspondant dans l'ordre de la pensée à ce qu'est le corps dans l'ordre de l'étendue ; ou plutôt elle est, comme le corps, un agrégat, un système d'éléments qui peuvent se renouveler, mais qui forment toujours une proportion définie, un rapport constant. Ce rapport ne constitue un individu que parce qu'il est isolé par abstraction ; il est en réalité la partie d'un tout. L'unité de la substance implique que l'ordre et la connexion des idées sont identiques à l'ordre et à la connexion des choses ; l'ordre universel de la nature est donc conçu dans une intelligence totale. L'âme humaine se définit une synthèse partielle, fragment d'une synthèse infinie, comme le corps est une partie finie de la nature organisée à l'infini. L'unité de l'intelligence totale se trouvant dans l'attribut pensée, et la pensée divine comprenant les essences en même temps que les existences, il y a place en elle pour l'essence de l'âme, qui est éternelle. Rien de ce qui appartient au temps et constitue l'aspect extérieur de l'individu ne pénètre dans cette essence éternelle. Spinoza éclaire cette distinction en citant un exemple de ce que nous appelons maladies de la personnalité : un poète espagnol avait perdu le souvenir des pièces qu'il avait écrites ; son individualité apparente s'était complètement transformée pour lui, comme dans la dissolution de la mort. Mais l'essence éternelle n'en subsiste pas moins. En un mot, la science de l'âme est strictement parallèle à la science du corps ; elle consiste à prendre le mode particulier pour point de départ, à le considérer comme un auxiliaire, afin de le rattacher à ce qui en fait la réalité, à l'attribut, et par l'attribut à la substance. L'homme est une partie de Dieu et il participe également au Dieu étendue par son corps, au Dieu pensée par son âme, à la substance une de Dieu par l'identité radicale de son âme et de son corps.

Ce parallélisme absolu n'épuise pourtant pas la notion de l'humanité. L'âme est l'idée du corps ; mais il est de la nature de l'idée d'avoir conscience d'elle-même, de telle sorte que, sans franchir les limites de la pensée, l'âme s'accompagne de la conscience de l'âme, et cette conscience est l'objet d'une réflexion nouvelle, et ainsi de suite à l'infini. Dès lors, indépendamment de l'ascension dialectique qui va du mode fini à l'unité substantielle et à Dieu, il y a lieu de considérer le mouvement qui s'accomplit dans une autre direction, du mode fini à l'infinité de ses représentations successives. Or ce mouvement fait de l'âme un centre, en ce sens qu'elle s'affirme elle-même d'une façon consciente et qu'elle acquiert ainsi l'apparence de l'existence pour soi, de l'autonomie. Tandis que du point de vue de l'absolu il n'existe que la substance infinie, il se forme un point de vue de l'homme, comme si l'homme devenait effectivement ce qu'il croit qu'il est. Quand il s'isole de tout ce qui l'entoure et le conditionne et qu'il se pose comme un tout, à cette conception qui en soi est une illusion, correspond une façon réelle de comprendre et d'agir, un genre d'existence. Les degrés dialectiques, au lieu d'être des moments provisoires de la science, sont parcourus en fait ; ils expliquent la formation et le développement de l'âme humaine, qui est la matière de la psychologie.

2° Théorie de la connaissance

La première forme de connaissance est l'imagination ; c'est la représentation de la nature universelle, concentrée dans les limites de l'âme individuelle. Cette connaissance est partielle, parce qu'elle ne se produit qu'à l'occasion de certains changements survenus dans nos relations avec les êtres extérieurs, et elle est confuse parce qu'elle exprime tout à la fois les êtres qui provoquent ces changements et le sujet qui les subit ; elle est encore troublée par la mémoire qui rappelle à l'esprit les perceptions antérieures, suivant l'ordre des affections corporelles, nullement suivant l'ordre des rapports intrinsèques. Or ces idées qui constituent l'âme sont des êtres participant à l'activité radicale de la substance, elles s'affirment elles-mêmes et deviennent des jugements. Nécessairement ces jugements sont incomplets, puisque ce sont des conséquences sans prémisses. L'imagination devient le domaine de l'erreur, non qu'elle soit fausse en elle-même, mais parce qu'elle est exclusive. Les idées de l'imagination sont inadéquates, c'est-à-dire qu'elles contiennent une partie seulement du concept qu'elles prétendent affirmer. L'idée inadéquate ne fournit naturellement qu'une conscience inadéquate ; les images qui surgissent en nous, au hasard des affections corporelles, nous représentent les choses comme contingentes et susceptibles de se corrompre avec le temps ; elles les font flotter incohérentes et contradictoires devant l'esprit qui ne peut trouver en elles l'assurance et la stabilité ; l'imagination conduit au doute.

La seconde forme de connaissance est la raison. Au lieu de s'égarer dans les images des mouvements extérieurs, nous pouvons revenir à l'idée du mouvement, refaire la synthèse intégrale qui la rend intelligible, et alors nous sommes à la source de la loi qui régit à la fois notre être et les êtres qui l'entourent. Notre âme a en elle de quoi nous fournir les idées adéquates qui rendent compte de la nature universelle, puisqu'elle est l'idée du corps qui participe à l'essence de l'étendue, comme elle-même participe à l'essence de la pensée. L'idée adéquate implique, elle, la conscience adéquate, c'est-à-dire la certitude. L'homme ne demande pas un autre gage de la vérité que d'avoir compris ; son intelligence s'affirme vis-à-vis d'elle-même comme réalité indépendante, et elle se satisfait dans la conscience de son propre développement. Par là même qu'elle s'est développée, elle a établi entre ses diverses conceptions un lien d'unité rationnelle ; elle a compris en elle la totalité des choses ; l'incohérence qui les faisait apparaître contingentes a disparu, elles ne dépendent plus du temps ; mais elles sont vues sous leur vrai jour, sous l'aspect de la nécessité et de l'éternité. Nécessité et éternité sont les formes de l'être. La science diffère de l'imagination, comme l'être diffère du non-être et comme le tout diffère de la partie.

La troisième forme de connaissance est l'intuition intellectuelle. La science demeure encore abstraite, puisqu'elle a pour contenu les lois qui sont communes à tous les modes de l'étendue ou de la pensée ; or, il y a autre chose d'éternel que la loi, c'est l'essence de chaque être, non pas en tant qu'elle est liée à l'existence individuelle et qu'elle est soumise ainsi à toutes les déterminations que le cours des événements lui impose, mais en tant qu'elle est comprise dans la pensée de Dieu et qu'indépendamment de son actualité, de sa relation avec la durée, elle est une réalité intelligible. En s'élevant de l'infinité des modes finis à l'unité de l'attribut, et de la dualité des attributs à l'unité de Dieu, la raison se rend capable de saisir chaque chose dans son essence interne et profonde ; c'est une intuition directe, qui est inséparable de l'intuition de Dieu. On ne saurait se faire une idée adéquate d'une réalité individuelle, quelle qu'elle soit, sans y retrouver Dieu, sans comprendre Dieu, source de toute essence et de toute existence. La connaissance du troisième genre est celle qui connaît Dieu dans son infinité et dans son éternité, qui rattache toute vérité à la vérité unique et absolue. L'homme acquiert alors la conscience intégrale de son être et par là même, dans la mesure où son être participe à l'être de Dieu, il a conscience de Dieu.

Ainsi se superposent les trois genres de connaissance ; ils ne correspondent point à trois classes distinctes d'objets ; ils constituent trois affirmations du même objet qui est, à vrai dire, la nature infinie. L'âme humaine a pour fonction d'affirmer la nature. Or la nature est, d'abord, pour l'imagination, un ensemble de parties isolées qui, chacune, se considère comme indépendante ; elle est, pour la science, un système d'êtres déterminés par la nécessité de leurs relations mutuelles ; elle est enfin pour l'intuition, l'infinité des essences éternelles qui expriment l'infinité de la substance divine. L'idée qui est le fondement de l'âme humaine est donc l'idée d'un tout qui se pose comme un empire dans un empire, avec la conscience illusoire de son libre arbitre, ou bien elle est l'idée d'une partie qui se conçoit dans un enchaînement nécessaire avec la nature infinie, ou bien elle est l'idée d'une essence qui se détache de toute influence extérieure et temporelle pour se comprendre dans le principe de son éternité. Par la transformation de cette idée fondamentale, c'est l'âme elle-même qui se transforme en même temps que sa conscience d'elle-même et que le degré de sa participation à Dieu.

3° Théorie des émotions

La psychologie des facultés théoriques a pour corollaire la psychologie des facultés pratiques. Intelligence et volonté ne sont que deux aspects de l'âme humaine. Les idées sont quelque chose de Dieu, puisque Dieu est un être pensant ; elles tiennent de Dieu l'efficacité. Suivant le panthéisme de Spinoza, il n'y a rien dans la nature qui ne soit animé et agissant. L'âme humaine est donc un centre d'action, une cause ; toute la causalité en réside dans les idées qui sont les éléments constitutifs de l'âme, et par suite le caractère de la causalité est lié au caractère des idées. Les idées inadéquates dont le complément et la raison se trouvent dans d'autres âmes que la nôtre font de notre âme une cause inadéquate ; au contraire, quand elle a formé des idées adéquates, notre âme se pose elle-même comme une cause adéquate. La puissance d'agir n'est donc pas une faculté absolue, qui s'adjoindrait du dehors à l'homme et que chacun posséderait au même titre ; elle est l'être même de l'homme en tant qu'il tend indéfiniment à persévérer dans l'être. La conscience de cette tendance donne naissance à l'affection fondamentale, au désir, et le désir doit son intensité à la quantité d'être qui s'affirme en lui pour la continuation de sa durée. Or, au cours de cette durée, la quantité d'être varie ; elle augmente ou elle diminue, et la conscience de ces variations donne lieu à deux affections nouvelles, la joie et la tristesse. Toute la nature morale de l'homme s'explique par ces trois affections fondamentales, et, pour en comprendre le détail, il suffit de rattacher ces affections aux différents genres de connaissance : tel est le principe de la célèbre déduction géométrique, dont Spinoza oppose l'impartialité scientifique aux déclamations et aux anathèmes des moralistes ou des théologiens contemporains.

L'imagination représente à l'homme tous les êtres de la nature comme des agents libres qui lui apparaissent naturellement comme les causes de ses affections, et elle fait naître ainsi l'amour et la haine ; la fluctuation du jugement, livré, à l'incohérence des perceptions sensibles, troublé par la mémoire et incertain de l'avenir, nous fait passer perpétuellement de l'espérance à la crainte, au désespoir, à la consternation ; elle redouble nos propres agitations par celles dont nous sommes témoins et qui viennent se répercuter en nous, notre sympathie nous fait participer à la joie et à la tristesse des autres par une nécessité de notre nature qui mêle la pitié à la haine, à la cruauté même et qui glisse la contradiction dans les émotions de l'envieux. L'imagination nous amène à nous considérer nous-même comme cause de joie et de tristesse ; elle accroît le délire de l'orgueil, ou elle nous déprime jusqu'à l'abjection.

La raison n'apporte pas à l'homme une âme nouvelle, et en un sens l'homme ne lui doit pas de nouvelles affections ; mais elle change la nature de celle qu'il éprouvait. Le désir ou la joie, qui naissaient des idées inadéquates, étaient étrangers à notre être, c'étaient de pures passions qu'il subissait par contrainte ; mais, du moment qu'ils ont leur source dans les idées adéquates, ce sont des actions. Dès lors ils marquent en nous l'accroissement de l'être, l'exaltation de l'intelligence ; ils ne peuvent que causer des joies nouvelles. La tristesse est liée à l'idée du mal, et le mal ne peut être pensé qu'incomplètement : dès que la raison s'applique à ce qui paraissait mauvais, elle le rattache à ce qui en est la cause, elle comprend le lien nécessaire des êtres et des événements d'où dérive l'apparence mauvaise, et elle y retrouve la conséquence de la perfection divine ; la tristesse initiale se transforme et devient la joie de contempler cette nécessité et cette perfection. La haine, la pitié, l'humilité disparaissent comme l'erreur devant la vérité, comme les ténèbres devant la lumière. La raison, accroissant en nous la puissance de vivre, y développe la puissance de joie et d'amour, y produit la tranquillité de l'esprit, le sentiment profond de quiétude, de repos en soi.

Enfin la raison s'achève dans la pensée de Dieu, où nous prenons conscience de notre éternité. Alors tout mouvement de l'âme, quel qu'il soit, devient une occasion nouvelle de se sentir dans l'intimité de son essence uni à l'attribut éternel et infini, à l'essence de Dieu. Les émotions, qui semblaient s'affaiblir à mesure qu'elles se répartissaient sur l'infinité des choses nécessairement liées les unes aux autres, se concentrent sur l'être qui est la source de cette infinité. La joie du progrès intérieur s'accompagne de l'idée de Dieu, qui en est la cause ; elle devient l'amour intellectuel de Dieu, amour éternel et infini comme l'idée qui lui a donné naissance.

Morale

Ç'a été longtemps un lieu commun de soutenir que le spinozisme ne comportait pas de morale, puisqu'il niait la distinction du bien et du mal, d'une part, la liberté de l'autre. D'une part, le bien et le mal ne sont que des qualités de nos actions, relatives à des notions subjectives ou à des fins sociales, dépourvues de toute valeur intrinsèque ; nous croyons désirer ce qui est bon, mais en réalité c'est notre désir qui nous fait apparaître les choses comme bonnes. D'autre part, l'existence du libre arbitre brise l'unité de la nature et l'infinité de Dieu ; elle est contradictoire avec les conditions de toute intelligibilité. Cette réfutation générale ne suffit pas à Spinoza : il veut encore chasser le libre arbitre de tous les asiles que lui avait ouverts l'ingéniosité de Descartes. Le libre arbitre ne consiste pas dans le pouvoir de l'âme sur le corps ; car il est impossible de comprendre le rapport de ce qui est étendu avec ce qui ne l'est pas : l'union de l'âme et du corps serait plus obscure encore que toutes les qualités occultes de la scolastique. Il n'est pas dans la distance qui séparerait la volonté infinie de l'intelligence finie, car la volonté infinie n'est que l'abstraction d'une faculté, considérée indépendamment de ses actes particuliers ; l'entendement est une somme d'idées, et ces idées, adéquates ou inadéquates, sont des actes synthétiques, non des images muettes sur un tableau, c'est-à-dire qu'elles sont des tendances à l'affirmation de soi, les éléments même dont la somme constitue la volonté. Enfin le libre arbitre ne saurait se définir par le pouvoir de l'âme sur les passions ; la séparation qu'on voudrait établir entre la puissance nue de l'âme et le contenu de ses affections est une pure fiction, à moins qu'on ne ramène les passions à des mouvements corporels et qu'on ne s'engage à nouveau dans l'insoluble difficulté des rapports directs entre l'âme et le corps. En un mot, il y a, suivant Spinoza, identité de l'âme et du corps, de l'intelligence et de la volonté, des idées et des passions ; l'homme est un système à l'intérieur duquel règne un déterminisme rigoureux, et qui est une partie du déterminisme universel.

Pourtant Spinoza donne le nom de *Morale* à l'ouvrage où il traite de Dieu et de l'esprit humain, et il déclare expressément qu'il ramène toutes les sciences à un seul but : l'accroissement de la perfection humaine. Que penser de cette contradiction apparente, sinon que la morale spinoziste diffère profondément de la morale commune ? Elle n'est pas un idéal abstrait, s'adressant du dehors à l'individu pour lui dicter des règles de conduite, elle est un principe de progrès interne suivant lequel se transforme la totalité de l'être. Aussi les notions de bien et de liberté ne sont-elles écartées par Spinoza que dans l'interprétation arbitraire qu'on en donne communément. Le bien n'est pas une catégorie de l'être, parce qu'il est l'être même ; le mal n'existe pas parce qu'il est le non-être. La liberté, de même, n'est pas une faculté abstraite et ambiguë ; elle est une forme et comme un degré supérieur de l'être. L'homme libre n'est pas celui qui se place indifférent devant le bien et devant le mal ; c'est celui qui comprend le bien et ne peut manquer de le faire par la vertu même de son intelligence. En définitive, la morale de Spinoza est, absolument parlant, une morale du bien et de la liberté ; seulement ces notions, au lieu de n'être que les conditions du problème moral, en fournissent la solution ; connaître le bien et la liberté, c'est être bon et libre, c'est avoir toute la plénitude de réalité, c'est-à-dire de perfection, que l'on peut concevoir pour l'homme. La morale de Spinoza est donc tout entière contenue dans la métaphysique et dans la psychologie ; le progrès moral est parallèle à la dialectique de la connaissance et de l'émotion.

Au premier degré, son âme étant faite d'imagination et de passion, l'homme est nécessairement esclave. Il est un individu, et il tend à affirmer son individualité ; mais, en tant qu'individu, il trouve en face de lui la force de la nature infinie. Entre la loi de sa passion qui ramène tous les événements à un mode fini comme centre et la loi de la nature qui découle de l'attribut divin, le temps finira fatalement par amener un antagonisme, et fatalement l'individu sera écrasé par une puissance qui est incomparablement supérieure à la sienne. Mais ce n'est rien encore que cet asservissement à la fatalité extérieure : l'individu croit lutter avec ses propres forces et en vertu de sa liberté ; or cette croyance est la marque d'un nouvel et plus profond esclavage ; les idées qui suscitent en lui les passions et le sollicitent à la lutte ont leur origine au dehors ; leur apparition et leur disparition sont des phénomènes étrangers dont l'ordre lui échappe : joie et tristesse, amour et haine, espoir et crainte, ambition et jalousie, orgueil et mépris, rien en lui ne vient de lui, et les mouvements infinis de la nature universelle se reflètent dans les variations brusques de ses sentiments et de ses désirs, dans les perpétuelles agitations de son âme.

Au second degré, l'homme agit par raison ; il est libre. L'affranchissement n'est pas dû à l'intervention d'une faculté nouvelle, comme la conscience morale. La conscience nous donne les idées du bien et du mal ; mais les idées n'agissent que dans la mesure où elles deviennent des tendances à l'action, et il ne peut y avoir de tendances réelles vers des concepts abstraits. L'homme devient libre par le progrès intellectuel qui l'affranchit de son individualité, en étendant à la nature la relation de nécessité. La loi de la nature lui apparaît alors comme la loi de son activité propre ; la liberté, c'est la conformité à la nature. En apparence, cette conformité est une cause de restriction pour l'existence humaine — le sage renonce à tous les désirs dont la nature ne garantit pas la satisfaction, et il se prive de toutes les jouissances qui l'exposent à être le jouet de la fortune ; il fuit la société des ignorants qui sont dangereux, malgré eux, par l'incohérence de l'imagination et de la passion — mais ce n'est là qu'une apparence : en suivant la loi de la nature, le sage trouve son utilité vraie, qui est de comprendre ; il se met en harmonie avec la plus grande partie de l'univers, il étend l'horizon de sa pensée, il en fait une source constante de joies plus variées ; la pensée du sage est la méditation et l'accroissement de la vie, elle se détourne uniquement de ce qui en est la mort ou une menace de mort partielle. Et de même, si le sage refuse de partager les erreurs et les agitations des ignorants, il ne se détache pas de l'humanité, car il n'y a pas de plus grand bien pour l'individu que l'aide de ses semblables ; vis-à-vis de l'humanité, il est incapable d'autres affections que l'amour et la générosité. Parce que la joie est l'être et la tristesse le non-être, il appartient à l'amour et à la générosité de vaincre la haine et l'envie ; un tel combat prépare la société des hommes libres qui retrouvent dans l'âme des autres les idées adéquates qui sont dans leur âme et s'unissent pas l'identité de leur être intérieur.

Il y a enfin un troisième degré. Puisque le développement de l'esprit humain rattache les lois de la nature à l'essence de Dieu, l'homme est capable d'asseoir sa liberté sur la liberté même de Dieu. La liberté n'est plus la conformité de l'activité individuelle à l'ordre universel des choses ; elle est la conscience même de cette activité, dans son origine radicale, dans sa divinité primitive, la conscience de l'éternité. Toute représentation déterminée, toute affection particulière n'est plus qu'une occasion nouvelle de retrouver en soi l'idée de Dieu et d'accroître l'amour intellectuel pour Dieu. La pensée est alors détachée de l'individualité apparente, et de toutes les relations qu'elle soutient dans le temps et dans l'espace ; mais l'homme, au delà de cette individualité, retrouve en lui l'être concret dans son rapport direct avec l'attribut pensée : il devient un mode directement dépendant de l'essence divine, il se sent réalité éternelle. L'immortalité telle que la conçoit le vulgaire est la projection de l'individu hors des bornes que la nature impose à l'individualité ; elle introduit la mémoire dans ce qui exclut toute détermination temporelle, elle est un fantôme dû à l'imagination. La véritable éternité commence dès cette vie ; elle appartient à l'esprit, lorsqu'il a su s'ouvrir aux idées éternelles et leur donner la prédominance. Alors il n'a plus à chercher pour lui de récompense extérieure ou ultérieure ; il ne s'est point sacrifié dans ce monde pour avoir le droit de survivre, cherchant dans la crainte des châtiments une apparence illusoire de vertu ; il est heureux de sa liberté et de son éternité, et la béatitude est, non point le prix de la vertu, mais la vertu elle-même.

Politique

La politique de Spinoza est réaliste : elle ne suppose pas une humanité idéale pour une organisation idéale. Si tous les hommes étaient capables de vivre suivant la raison, ils formeraient spontanément, par le seul jeu de leurs libertés, une association profonde et stable ; mais, parce que la plupart sont soumis à la passion, une organisation politique est nécessaire, et elle a pour but de créer, par l'équilibre des passions, un État qui permette à chacun de se développer avec sécurité. Le but, c'est la paix ; le moyen, c'est la puissance, et la puissance est le droit. Dans l'état de nature, chacun dispose de sa force à son gré ; mais par là même tous les individus se heurtent les uns aux autres, et de là une menace constante qui les amène à se priver de leurs droits individuels pour les transférer à l'État qui leur garantit la paix et qui crée l'ordre social. Par sa puissance l'État impose à tous l'obéissance, et son droit subsiste tant que subsiste l'autorité de ses récompenses et de ses châtiments. La seule morale pour l'État, c'est de subsister ; c'est de ce point de vue que Spinoza étudie les différentes formes de gouvernement, conservateur en principe, puisque l'État a pour fonction de préserver de la guerre civile ou étrangère et que le meilleur régime est pour chaque peuple celui qui a le plus de chances de durer sans crise et sans catastrophe, manifestant néanmoins ses préférences de rationaliste pour la démocratie. Or, pour obéir au devoir de se conserver lui-même, l'État doit respecter les limites de sa puissance ; il a toute juridiction sur les actes extérieurs ; mais il s'arrête au seuil de la pensée, car il ne peut empêcher l'homme d'avoir un esprit, de concevoir la vérité et d'y adhérer. Toute tentative d'empiéter sur le domaine de la pensée libre va contre la fin de l'État qui est d'assurer à tous le développement le plus complet de l'humanité. Aussi la confusion du pouvoir civil et du pouvoir ecclésiastique doit-elle être proscrite absolument, comme dangereuse pour l'État dont la sécurité est ébranlée par les guerres d'opinion, et pour la religion qui relève de la conscience individuelle et qui ne peut avoir rien de commun avec les pratiques extérieures ou une loi politique. Spinoza n'accepte les principes politiques de Hobbes que pour en tirer, suivant une déduction plus rigoureuse, des conclusions tout opposées ; le despotisme est lié au matérialisme ; mais si l'homme ne se réduit pas à un ensemble de fonctions organiques, s'il y a en lui une raison autonome, il suffit de définir avec exactitude le fondement et la limite du droit naturel et du pouvoir social pour comprendre la nécessité du libéralisme.

Religion

La religion est positive comme sa politique ; elle comprend toutes les formes de religion que l'homme a connues, et elle les justifie par une interprétation exempte de préjugés, en les mettant chacune à son véritable rang. Tout d'abord, pour la plupart des hommes, la religion a sa source dans la révélation, et la révélation est consignée dans les livres saints ; il s'agit de les lire avec la même liberté et la même intégrité d'esprit que s'il s'agissait des épopées ou des tragédies de l'Antiquité, et pour faciliter cette étude, Spinoza travaillait à une grammaire hébreue et à une traduction hollandaise de l'Écriture. Il ne doutait pas que les esprits sincères n'aboutissent à la même conclusion que lui : l'Ancien Testament, écrit dans la langue de l'imagination, s'adresse à l'imagination. Il y est parlé de Dieu comme d'un homme dont on verrait le corps ou dont on redouterait la colère, et pour justifier l'autorité des prophéties, il y est fait appel, non à des démonstrations rationnelles, mais à des signes extérieurs, aux miracles qui seraient, s'ils étaient authentiques, des échecs à la nécessité des lois naturelles, c'est-à-dire à l'unité de Dieu. Par l'imagination, l'Écriture agit sur les passions des hommes, elle les détourne de l'égoïsme et de l'envie par la crainte de Dieu, et elle leur commande la justice et la charité ; c'est par là qu'elle fait œuvre religieuse et qu'elle est sacrée. Elle donne une certitude morale — le mot est de Spinoza même — qui peut devenir le substitut pratique de la conviction rationnelle et qui est pour la foule des ignorants l'unique voie du salut. Seulement l'Ancien Testament ne satisfait pas la raison ; il ne démontre aucun des attributs de Dieu, il ne tranche aucune question d'ordre spéculatif. La révélation historique, qui est pour un peuple et pour un temps, est subordonnée à la raison qui est la révélation permanente et profonde de l'essence divine. C'est là ce que nous enseigne le Nouveau Testament : la loi n'y est plus le commandement d'un roi à ses sujets, elle est la vérité universelle. Moïse avait connu Dieu face à face ; mais le Christ l'a connu esprit à esprit. Le Christ n'est pas un prophète qui fait imaginer Dieu ; c'est l'esprit même de Dieu, et la parole de vérité qui s'exprimait par lui revit dans toute raison humaine qui s'élève à l'infinité et à l'unité de Dieu : « Nous connaissons, aimait à répéter Spinoza, que nous demeurons en Dieu et que Dieu demeure en nous, par ce qu'il nous a donné de son esprit. » Le christianisme de Spinoza devait être contesté au nom des préjugés traditionnels que sa doctrine s'efforçait d'exclure, et lui-même a laissé voir son éloignement pour les différentes églises, où il ne retrouvait ni désintéressement moral ni pureté spirituelle et qui lui paraissaient avoir renié le Christ ; mais il est vrai, comme le manifeste la préface mise à ses *Œuvres posthumes,* qu'il se rattachait, par Jarigh Jelles, à un groupe de protestants, les Mennonites, et il a, en plus d'un endroit de ses écrits, témoigné de son amour pour le Christ qui lui avait donné l'exemple de briser le cadre du judaïsme, de rejeter tout culte matériel et particulier, pour vivre la vie divine en esprit et en vérité.

Nous avons déjà décrit cette vie divine, telle que Spinoza la célèbre dans la Ve Partie de l'*Éthique*. L'homme n'est qu'un mode fini, perdu en apparence dans l'infini de Dieu ; mais, puisque son être a sa racine en Dieu, il lui est possible d'exprimer adéquatement par le développement de son essence propre l'essence divine. Quelle que soit la cause particulière de nos idées ou de nos actions, quel que soit le tissu d'événements où notre existence individuelle est engagée, partout se retrouvent un seul être, une seule loi ; de tous les points de l'univers, de tous les moments du temps se forme en nous l'idée de Dieu ; elle remplit notre âme, et la forme sur son modèle, comme une unité totale. En elle, nous nous sentons vivre de la vie éternelle, et nous sommes détachés de ce que nous étions dans le temps. Nous ne pouvons à la fois concevoir l'essence de Dieu, et faire retour sur notre individualité, comme si elle était distincte de Dieu. Nous ne pouvons renoncer à notre ascension perpétuelle vers Dieu, pour nous interroger sur les sentiments de Dieu à notre égard. Toute cause d'inquiétude, de tristesse, est bannie. L'idée de Dieu est devenue l'amour intellectuel de Dieu. L'identité peut même aller plus loin ; ce n'est plus nous qui aimons Dieu, c'est Dieu qui s'aime en nous d'un amour éternel ; le développement infini de l'être, qui se présente pour la déduction métaphysique comme une nécessité d'ordre géométrique, est devenu, dans la conscience du sage, une source perpétuelle de joie et de béatitude ; nous devenons, à la lettre, la gloire de Dieu. La doctrine religieuse de Spinoza est le mysticisme, mais exempt de toute pratique matérialiste, le quiétisme, mais sans les allures de roman sentimental qu'on lui a données souvent.

Influence du spinozisme

Le retentissement du spinozisme fut considérable, et on peut dire que depuis la publication du *Traité de théologie et de politique* la pensée spinoziste est agrégée à la pensée de l'humanité. Ce qui est plus difficile, c'est de déterminer l'influence directe du spinozisme. Il n'y eut pas d'école spinoziste, en dehors du petit groupe qui retrouvait dans l'*Éthique* l'interprétation spiritualiste et libérale du christianisme. Leibniz, qui dès son voyage à Paris avait tenté d'être initié à la doctrine de Spinoza et qui lui avait rendu visite avant de retourner en Allemagne, se disculpe avec autant d'énergie que Malebranche ou Fénelon du crime imaginaire de spinozisme ; pourtant quelques historiens se sont demandé si, à travers la transposition finaliste, l'essentiel du panthéisme spinoziste ne reparaissait avec l'unité et l'harmonie des monades en Dieu, avec le déterminisme universel ; nul doute, en tout cas, que Leibniz n'ait emprunté directement à Spinoza quelques-unes de ses thèses caractéristiques : l'organisation de la nature à l'infini, l'existence spirituelle de tout ce qui se présente comme matière, la théorie des idées inadéquates dont il a fait les petites perceptions. C'est par l'intermédiaire de Leibniz que s'exerce de la façon la plus efficace l'influence spinoziste. Avec le *Dictionnaire* de Bayle, Spinoza devient l'athée de système ; durant tout le XVIIIe siècle, il est célébré par les uns, injurié par les autres, toujours d'après les notes du fameux *Dictionnaire*. Lessing résiste le premier. « Si je dois me nommer d'après quelqu'un, je ne reconnais que Spinoza. » Grâce à Lessing, l'Allemagne connut Spinoza. Gœthe lui doit quelques-unes de ses plus profondes émotions. Kant marque avec netteté la thèse par laquelle la critique s'oppose au spinozisme, la thèse de l'*Esthétique transcendantale*. Cette thèse écartée par ses successeurs, la pensée spinoziste revit au cœur même de leur pensée ; mais, tout au moins dans leur interprétation historique, ils méconnaissent le vrai caractère de la substance qu'ils représentent comme une chose inerte et morte, ils laissent échapper la vie universelle, l'activité contenue et infinie du monde spinoziste. Il en est à peu près de même au XIXe siècle de ceux qui se sont réclamés des formules spinozistes, pour rattacher l'homme à la nature, tels que Taine, par exemple ; comme ils n'ont guère distingué l'ordre des causes physiologiques et l'ordre des causes morales, comme ils ne se sont pas souciés d'établir entre ces différentes fonctions une hiérarchie rationnelle et de relier le déterminisme à l'unité spirituelle de la nature, on ne peut pas dire qu'ils aient été fidèles au spinozisme, dans ce qu'il a d'original et de caractéristique.

C'est que le spinozisme, qui semble être le type de la philosophie simple, puisqu'il repose sur la notion de l'unité absolue, est au fond une des philosophies les plus complexes. Le monisme intégral enveloppe en lui une série de doctrines qui sont susceptibles d'une interprétation négative, et il les dépasse pour en manifester ce qu'elles ont de positif. Le spinozisme a été qualifié de naturalisme ; tout être fini s'explique par sa solidarité avec le reste de l'univers ; mais Spinoza repousse expressément la doctrine qui conçoit la nature comme une masse étendue, regarde comme un principe l'éternité de la matière, sans faire dériver l'étendue et la matière de l'unité divine qu'elles expriment. Le spinozisme a été qualifié de rationalisme ; la raison étant la faculté de l'unité totale, il n'y a en dehors d'elle que fiction, incohérence, délire volontaire ; mais la raison n'exclut ni la foi ni le sentiment, elle justifie la foi, du moment qu'elle est sincère et qu'elle s'interdit la spéculation métaphysique pour se contenter de l'obéissance, elle éclaire le sentiment, elle lui communique l'infinité et l'éternité dont elle est capable, et par elle l'homme emplit son âme de l'amour éternel et infini, de l'amour intellectuel. Le spinozisme a été qualifié d'idéalisme ; l'idée y est un être, doué d'activité, capable de s'affirmer, et il n'y a d'autre fondement à la vérité que cette affirmation de l'idée par elle-même ; mais cet idéalisme, loin d'être la négation de la réalité, pose l'objet de l'idée comme existant au même titre que l'idée, comme formant parallèlement à elle un aspect de l'essence divine. Le spinozisme a été qualifié de panthéisme, parce qu'il considère tout être vivant comme participant du dedans à l'activité radicale, à la causalité de soi qui est Dieu ; mais ce panthéisme ne transfère pas pour cela la divinité du parfait à l'imparfait ; loin d'éparpiller la divinité sur la multitude des êtres finis, il la conçoit comme unité, comme supérieure à l'unité même, en tant qu'exclusive de toute catégorie numérique. L'affirmation spinoziste comprend en elle le naturalisme, le rationalisme, l'idéalisme, le panthéisme ; elle est l'identité de ces quatre doctrines, comme elle est aussi le déterminisme et la liberté, l'utilitarisme et le mysticisme.

Ce contraste entre la simplicité apparente du système et la complexité des thèses qu'il renferme soulève une dernière question. On pourrait se demander si la critique n'a pas fait son œuvre, si en approfondissant chacune des idées réunies dans la synthèse spinoziste elle n'en a pas démontré l'incompatibilité. Pour nous borner à une seule indication, le monisme intégral de Spinoza suppose l'identification perpétuelle de l'infinité et de l'unité. Or la critique a séparé infinité et unité : Kant, en particulier, a dénoncé l'antinomie des deux catégories. L'esprit ne peut comprendre comme unité achevée que le fini ; ce qui ne veut point dire que la philosophie contraire du spinozisme soit vraie, que la catégorie du fini soit la condition de toute affirmation de la réalité, car l'unité du fini est nécessairement relative et provisoire. Par delà le fini, qui a été affirmé comme tout, se renouvelle l'œuvre d'unification ; ainsi l'infinité et l'unité se rejoignent, non plus dans un tout qui serait la réalité absolue et qu'on pourrait appeler la substance, mais dans une activité qui a en elle son principe, et qui serait notre esprit. Cette dialectique, qui résume l'œuvre de la critique, a changé le terrain sur lequel se plaçait le rationalisme de Spinoza, elle en a modifié l'exposition doctrinale ; mais elle n'en a altéré ni l'inspiration morale, ni l'efficacité pratique. Dépasser la sphère de l'individualité pour devenir un centre d'unification totale, pour comprendre dans sa pensée la communauté des êtres pensants et s'associer par son progrès au progrès universel, tel est l'enseignement de l'*Éthique* ; et il n'y a pas de maître dont l'enseignement soit plus vivant ou plus élevé, et nul ne conçut l'idéalisme religieux avec plus de pureté et plus de sincérité, et nul ne sut se détacher plus complètement des préjugés un moment ou des intérêts d'ordre inférieur, pour donner son âme et sa vie à la vérité.

SUR L'INTERPRÉTATION DU SPINOZISME [1]

La diversité des interprétations qui, sont données à une même doctrine a toujours été un sujet d'étonnement et d'inquiétude.

[1] A paru dans *Chronicon Spinozanum,* Hagae Comitis, 1921, t. I, pp. 58-62.

Étonnement et inquiétude redoublent quand il s'agit d'un ouvrage comme l'*Éthique*, auquel l'auteur avait pris soin d'assurer la forme de la discipline qui est univoque par excellence : la géométrie d'Euclide. Le pis est que les progrès de l'érudition, tout en augmentant de la façon la plus précieuse la connaissance du détail, embarrassent par tant de considérations extrinsèques l'intelligence du spinozisme que l'unité risque de s'effacer du système qui a voulu cependant conduire à l'affirmation de l'Être total en tant qu'un.

Que l'on me permette de rechercher brièvement si certaines réflexions, inspirées de Spinoza lui-même, ne pourraient servir, sinon pour résoudre, du moins pour atténuer, le paradoxe né de controverses séculaires et de malentendus en apparence insurmontables.

Le *Tractatus theologico-politicus* fournit à cet égard un premier enseignement. Toute parole, énoncée par des hommes et pour des hommes, ne saurait constituer par elle-même un absolu. La supposition d'un texte sacré en soi est une contradiction dans les termes puisqu'on voudrait rapporter à Dieu les formules qui, n'ayant de signification que dans l'intérieur des consciences humaines, ne peuvent plus être jugées par Dieu et ne relèvent pas directement de lui. Aussi bien n'est-ce pas le grand scandale de l'histoire que la destinée religieuse de l'humanité dans notre Occident ait paru suspendue à l'exégèse de tel livre mosaïque ou évangélique, que des conflits philosophiques aillent se dénouant, suivant *l'ultima ratio, regum,* par des guerres et des massacres ? Pour rétablir l'équilibre de la société, la paix des esprits, il faut avoir la sagesse de raisonner sur un livre, de quelque légende et de quelque auréole qu'il soit entouré, avec le même sang-froid que sur un phénomène quelconque de la nature ; et l'on se convainc alors que la valeur attribuée à un texte est relative au plan de connaissance où se place l'interprète, depuis le degré le plus bas qui est le témoignage indirect : *fides ex auditu,* jusqu'au sommet qui est l'intuition intellectuelle : *scientia intuitiva.*

Appliquons cet enseignement au Spinozisme. Nous aurons pour premier devoir de recueillir tous les renseignements d'ordre divers que l'histoire de la pensée pourra fournir, de ne négliger aucune confrontation de formules, de ne dédaigner aucune source, si faible ou si lointaine qu'elle paraisse. En relevant l'usage antérieur des mots, leurs associations habituelles, les réminiscences littéraires et les allusions philosophiques, on prévient des confusions qui autrement seraient inévitables, on distribue à travers l'œuvre la lumière de la vérité, on crée en quelque sorte l'atmosphère propice pour une lecture en harmonie avec l'esprit de l'écrivain. Seulement aurons-nous achevé notre tâche, une fois que nous nous serons acquittés de ce travail, que nous aurons mis à leur place, chacun avec son apport défini, les précurseurs ou les inspirateurs présumés de Spinoza ? Si c'est oui, nous aurons résolu le spinozisme dans la juxtaposition des matériaux que l'érudit accumule comme dans un sous-sol et sans avoir en quelque sorte à tenir compte de l'édifice lui-même. Si c'est non, la recherche historique, en restituant leur part aux traditions du passé, aux influences du dehors, aura pour effet de concentrer l'attention sur ce qui échappe à toute réduction d'ordre subalterne et qui constituera, par suite, l'essence même de la pensée spinoziste.

Cette alternative, dont dépend la destinée philosophique de Spinoza, l'*Éthique* en donne la raison explicative lorsqu'elle distingue deux conceptions du vrai. L'une conforme à la formule vulgaire, et telle qu'on la retrouve, suivant la remarque de Freudenthal, chez saint Thomas et chez les jeunes scolastiques, fait consister le vrai dans la *convenance externe* de l'idée avec l'idéat, tandis que selon l'autre le vrai a pour fondement l'*adéquation interne* qui appartient à la nature de l'idée considérée en soi.

Convenance externe ou adéquation interne, l'interprète de Spinoza doit avoir pris parti sur le rapport de ces deux conceptions ; car de la valeur respective qu'il leur attribue, résultera le genre de satisfaction qu'il poursuit. Les méthodes historiques, qui procèdent du dehors au dedans, qui rattacheront la terminologie de l'*Éthique* en formules alors en vogue et en situeront le système entre le Cartésianisme et le Leibnizianisme, paraîtront exhaustives pour autant que le spinozisme est supposé semblable à un réalisme du donné où le plan de l'expérience (que cette expérience soit l'intuition sensible, l'introspection ou la révélation) est le plan unique et une fois pour toutes déterminé. Mais elles seront inadéquates par définition, pour autant que le spinozisme a pour caractère propre de s'opposer au réalisme du donné pur, d'être un progrès ininterrompu, illimité, à partir de l'apparence et de l'extériorité vers la profondeur de l'intériorité.

En ce sens donc il ne faut pas désespérer que Spinoza lui-même puisse être invoqué comme un arbitre pour tracer entre ses commentateurs une ligne de partage objective. Les uns suivent le précepte scolastique de tout ramener à des concepts et des genres. Ils définissent le parallélisme en une fois et en gros : il y a égalité de niveau entre le point de vue des choses et le point de vue des idées ; il sera donc légitime de ramener analytiquement les textes spinozistes à des textes antérieurement publiés, ou de rendre compte synthétiquement du spinozisme, en partant des doctrines qui l'ont précédé. Ainsi du moins s'explique l'article fameux du *Dictionnaire* de Bayle, qui, pour l'histoire extérieure du spinozisme, a une importance presque égale à l'*Éthique* elle-même. On sait quel profit Bayle avait tiré du *Tractatus theologico-politicus* ; il lui avait littéralement emprunté la thèse du primat de la conscience morale sur le contenu du dogme révélé ; de telle sorte que, par l'intermédiaire de Bayle, la pensée spinoziste se trouve avoir inspiré, dans l'une de leurs parties des plus profondes, la philosophie pratique de Jean-Jacques Rousseau et celle d'Emmanuel Kant. Mais, dès qu'il doit pénétrer dans l'*Éthique,* on dirait que Bayle perd pied. A la définition de la substance qu'il pouvait lire chez Spinoza, il substitue la définition du vocabulaire scolastique, qui convient au réalisme de la transcendance, qui exclut la spiritualité de l'immanence ; puis il fait ressortir aux dépens de l'original les difformités de la caricature qu'il s'est amusé à tracer.

Au contraire, du moment que l'on a su s'affranchir des habitudes scolastiques (et peut-être sont-elles de nos jours aussi tyranniques et aussi subversives que jamais), il n'y a plus de place pour une représentation générale du parallélisme ; car toute généralité, suivant Spinoza, est une fiction imaginative. On ne comprendra rien au parallélisme si l'on ne commence par mettre en évidence et la spécificité des divers plans à travers lesquels il se déploie et le renversement d'ordre auquel conduit cette diversité — renversement que Spinoza souligne avec tant de netteté dès le début de la Ve Partie de l'*Éthique.* Les circonstances de temps et de lieu cessent d'expliquer, comme si véritablement elles le commandaient du dehors, l'ordre des relations entre les idées ; c'est l'enchaînement intelligible qui va désormais, avec l'avènement de la science intuitive, rendre raison des affections corporelles. Il implique, il retrouve, au plus profond de l'être, l'infini intensif, l'unité originelle que ne saurait contenir aucune détermination de temps ou de lieu, qui est spiritualité pure et pure intériorité.

Une seule chose est nécessaire : Voir *avec les yeux de l'âme qui sont les démonstrations,* et, suivant jusqu'au bout la dialectique de Spinoza, créer au dedans de soi cette puissance de concentration et de réflexion qui est indivisiblement, selon la formule suprême de l'*Éthique, conscience de soi et des choses et de Dieu.* A cette condition, l'on s'apercevra que les rapprochements extérieurs avec des textes déjà publiés par d'autres penseurs ne conduiraient, pour l'interprétation du spinozisme, qu'à des contre-sens en quelque sorte systématiques, puisqu'ils auraient pour résultat inévitable de faire redescendre dans le domaine des relations externes, en fonction de l'espace et du temps, l'intuition qui est parvenue à s'en détacher pour jouir de l'expérience intime de l'éternité, pour découvrir à son origine l'unité totale de l'être spirituel.

A quoi on peut ajouter la remarque suivante. Puisque la dialectique spinoziste aboutit à un renversement d'ordre entre le point de vue de l'extériorité et le point de vue de l'intériorité, il est à présumer que la trace en quelque sorte matérielle de ce renversement se retrouvera dans le texte de Spinoza lui-même, de façon à donner pleine satisfaction aux exigences légitimes de l'historien — et cela d'autant plus que l'*Éthique* est un ouvrage auquel l'auteur n'a pu mettre tout à fait la dernière main. Parmi les Scolies qui presque à chaque pas s'intercalent dans le tissu des théorèmes, la plupart sont destinés à illustrer par des exemples, ou à résumer dans des formules d'ensemble, les résultats de la déduction géométrique. Mais il y en a aussi qui sont des réflexions d'un écrivain soucieux de commenter sa propre terminologie, de mettre le lecteur en garde contre les équivoques liées à l'identité apparente d'un langage appliqué tour à tour aux objets de l'imagination et aux idées de l'entendement. Que l'on se réfère, de ce point de vue, soit au scolie de la proposition XXXVII de la Ve Partie, soit surtout à celui de la proposition XXIX où Spinoza souligne les deux significations de l'actualité : l'une relative à des déterminations de temps et de lieu, l'autre contenue en Dieu et conséquence de la nécessité inhérente à la nature divine. On verra quel fondement objectif a dans le Spinozisme l'antithèse des deux conceptions qui marquent les limites extrêmes entre lesquelles se répartissent les interprétations de l'*Éthique*. Suivant la première, l'actualité de Spinoza se situe et s'épuise dans l'intervalle qui sépare Amsterdam de La Haye, à partir de l'année 1632 jusqu'à l'année 1677 de l'ère chrétienne. La seconde, ayant traversé le plan de l'individualité temporelle et spatiale (qu'il faut en effet avoir traversé), fait en dégager l'essence idéale qui, consciente de son identité radicale avec l'infinité de l'être éternel, peut par là et sans restriction d'étendue ou de durée, se poser elle-même dans la plénitude de sa vérité intrinsèque.

LE PLATONISME DE SPINOZA [1]

Leibniz s'est plu à ramasser dans son œuvre les plus belles pensées des siècles antérieurs, heureux d'utiliser pour le bien commun, et de rendre à la circulation, les semences fécondes qu'il avait recueillies dans ses innombrables lectures. Par contre, Spinoza, lorsqu'il présente l'*Éthique* sous la forme tout impersonnelle, et qu'il espère irrécusable, d'un traité de géométrie, travaille à projeter sa pensée dans un plan d'universalité et d'éternité, qui exclut toute référence aux philosophes qui ont pu la préparer. Le contraste des attitudes correspond à une opposition fondamentale. Selon Leibniz, la vérité s'atteindrait par la convergence des perspectives infiniment variées sur le monde et sur Dieu, qui sont constitutives de chaque monade individuelle, tandis que l'esprit de Spinoza est tourné vers l'unité pure de l'unique *géométral*.

Il n'en reste pas moins que l'intelligence spinoziste s'infère dans la série des générations humaines, faisant servir les représentations passées à un effort nouveau de concentration, qui lui-même provoquera un progrès ultérieur de réflexion. Mais autant il importe de mettre le spinozisme en rapport avec le courant général de l'histoire, autant il est utile d'apercevoir directement la difficulté du problème. L'interprétation du système, pris immédiatement en soi, ne demandait, pour ainsi dire, que la solution d'une équation à une inconnue ; et déjà cependant elle a donné lieu à des interprétations passablement nombreuses et passablement divergentes, pour le détail aussi bien que pour l'ensemble. Nous allons main-

---

1 A paru dans *Chronicon Spinozanum*, Hagae Comitis, 1923, t. III, pp. 253-268.

tenant avoir affaire à des équations à plusieurs inconnues. Et ce n'est pas tout : la façon dont le problème est abordé implique une illusion presque inévitable. Prenons comme exemple la question qui fera l'objet de la présente étude : si l'on s'adresse au platonisme en vue d'éclairer la doctrine de l'*Éthique,* on est naturellement enclin à supposer ce qui doit servir à expliquer plus simple et mieux déterminé que ce que l'on s'efforce d'expliquer ; voulant rectifier par une critique nouvelle la signification du spinozisme, on fera fond sur une conception du platonisme que l'on imaginera donnée d'une façon commune et incontestable, alors qu'elle réclamerait, pour qui veut éviter tout arbitraire, un examen d'une nature particulièrement délicate et complexe.

I

C'est avec justice sans doute que l'on parle du platonisme de Spinoza. Qu'est-ce donc que le platonisme ? M. Émile Bréhier écrivait récemment, dans un important compte rendu consacré à l'ouvrage magistral de M. von Wilamowitz-Mœllendorf sur Platon : *La destinée de Platon est singulière : c'est un des philosophes le plus lu et en même temps le plus mal connu qui soit. La raison en remonte très haut ; lorsque, vers le Ier siècle après J.-C., on voulut utiliser Platon dans l'enseignement des écoles, on chercha avant tout à tirer de ses œuvres un système philosophique qui pût être exposé d'une manière cohérente et suivie, à la façon des cours d'Aristote : Platon est alors devenu le théologien qui a systématisé nos connaissances sur le monde intelligible, comme Aristote a systématisé la connaissance du monde sensible ; l'exposé d'ensemble de Gaïus de Pergame, dont nous retrouvons bien des fragments chez Albinus et chez Apulée, a créé le platonisme, en se désintéressant de Platon lui-même* [1].

Le platonisme de Platon, distingué du platonisme vulgaire, que fera-t-il à son tour ? Nous ne répondrions pas à la question si nous considérions, tels quels, les *Dialogues* dans leur ensemble ; car nous savons que les *Dialogues* relèvent d'un genre littéraire qui est bien défini ; ce sont des écrits pédagogiques, *psychagogiques,* qui entraînent vers une philosophie dont l'exposé direct constituait ce qu'Aristote appelle les ἄγραφα δόγματα. Faute d'information substantielle sur cet enseignement ésotérique, nous devons nous

---
[1] *Revue de métaphysique et de morale*, octobre-décembre 1923, p. 563.

rabattre sur l'anecdote transmise par Aristoxène de Tarente, dans ses *Éléments harmoniques* (II, I). Platon annonce qu'il parlera du bien : un nombreux auditoire se précipite, que le maître déconcerte par des paradoxes ; ce n'est d'aucun des biens humains qu'il est question, c'est des sciences : *arithmétique, géométrie, astronomie*, avec cette conclusion que le bien, c'est l'*Un*. L'indication est curieuse, et, si brève qu'elle soit, elle a l'avantage de nous renvoyer à une suite de pensées qui se trouve expressément marquée par Platon lui-même dans la *République*. Au VIIe Livre, arithmétique, géométrie, astronomie, sont présentées comme possédant une vertu de purification spirituelle, et cette valeur ascétique leur vient de ce qu'elles donnent à l'âme qui les cultive la force de se détacher de tout objet extérieur, aussi bien de celui que le vulgaire a en vue lorsqu'il demande au calcul des applications utilitaires que de celui auquel les savants s'attachent lorsqu'ils s'imaginent étudier les dimensions de la terre ou les propriétés des astres, non les rapports intrinsèques, transparents pour l'intelligence, entre les grandeurs ou entre les mouvements, Ainsi, dans la mesure où les savants eux-mêmes seront capables de se convertir à la vérité de leur propre savoir, les diverses disciplines mathématiques serviront d'initiation et d'introduction à la dialectique qui porte à son sommet l'Idée du Bien. Là sans doute Platon dérobe aux lecteurs de la *République* le secret qu'il avait réservé pour les auditeurs de l'*Académie*. Il nous avertit du moins qu'une telle Idée ne se remontrera pas dans l'ordre de l'être ; il veut qu'elle soit d'une *antiquité,* d'une *puissance* supérieure à l'être, puisque de sa présence dérivera, non seulement l'être de l'existence, mais la vérité de la connaissance. La participation à l'Idée du Bien signifie le développement d'une capacité interne (τὴν ἐνοῦσαν ἑκάστου δύναμιν ἐν τῇ ψυχῇ, 518 *c*) à transformer l'âme tout entière en intelligence.

Que cet élan spirituel, dont Platon a si nettement marqué l'origine dans le désintéressement de la discipline mathématique, s'accompagne d'une démarche inverse qui retournera des principes inconditionnels aux hypothèses des sciences et aux éléments du devenir, les *Dialogues* nous en apportent la certitude. En revanche, et pour citer ici le témoignage de l'historien même qui, chez nous, a le plus insisté sur l'importance que la dialectique descendante devait avoir aux yeux de Platon, il ne reste aucune trace dans des écrits d'une tentative pour construire le monde intelligible ¹. Quant à la dialectique du sensible, telle que le *Timée* la présente, il est clair, ajoute Rodier, qu'elle n'est point une construction rationnelle ; et lui-même dit très nettement pourquoi : *D'une part, Platon est persuadé qu'une explication véritable doit être une construction allant du simple au complexe ; d'autre part, il aperçoit que, pour exclure la contingence qui résulte de la pluralité des déterminations possibles, il faut faire intervenir la finalité. Or, qu'est la finalité, sinon l'explication du simple par le complexe ? Ces deux thèses antinomiques, Platon n'est point parvenu à les concilier, et peut-être s'est-il rendu compte de l'inanité de ses efforts* (ibid.). Il est certain que si la synthèse du monde intelligible nous demeure mystérieuse, la synthèse du monde sensible nous est présentée comme un jeu de fantaisie mythique. Et là encore, sans avoir à nous engager dans une longue discussion de textes, il suffira de rappeler comme Brochard, qui nous a peint le Platon le plus complaisant à sa propre mythologie, a pris soin pourtant de nous mettre en garde contre une interprétation littérale du *Timée* : *quand Platon parle de la coupe ou du cratère dans lequel Dieu a mêlé les éléments constituants de l'âme, on ne doit pas s'imaginer qu'il s'agisse d'un élément corporel et d'un mélange comme celui que faisaient les alchimistes* ². Et ailleurs Brochard nous rend le service d'expliquer la répugnance persistante à reconnaître que Platon présente comme une fiction anthropomorphique l'invention de ce *démiurge*, sur lequel devait être modelé le *Deus fabricator cœli et terræ* : *Façonnés par vingt siècles de Christianisme, nos esprits modernes hésitent devant une conception qui pourrait sembler impie et presque choquante* (ibid., p. 98).

Ce qui caractérise le platonisme de Platon, en dehors des points qui pourront demeurer litigieux, c'est donc une dualité de rythme : d'une part, une ascension vers la lumière de la pensée pure, appuyée à l'intériorité, à la spiritualité, de l'intelligence mathématique ; de l'autre, marquée par le retour à la finalité de la vie et à la mythologie, une descente dans l'ombre croissante de l'imagination et de la foi. Qu'avec le déclin de la civilisation proprement hellénique, proprement occidentale, il se soit produit, dans la perspective du système platonicien, une interversion de voleurs qui a été

---
1 RODIER, Sur l'évolution de la dialectique de Platon, *Année philosophique*, 1905, p. 72. (a) *Études de philosophie grecque*, Vrin. 1926, pp. 72-73.
2 *Études de philosophie ancienne et de philosophie moderne*, 1912, p. 56.

s'accentuant au cours des siècles, c'est ce qu'a mis en un relief saisissant un écrivain dont l'influence a compté pour beaucoup dans la destinée du catholicisme contemporain, Joseph de Maistre : *Lisez Platon ; vous ferez à chaque page une distinction bien frappante. Toutes les fois qu'il est Grec, il ennuie, et souvent il impatiente. Il n'est grand, sublime, pénétrant, que lorsqu'il énonce des dogmes positifs et éternels, séparés de toute chicane, et qui portent si clairement le cachet oriental, que, pour le méconnaître, il faut n'avoir jamais entrevu l'Asie. Platon avait beaucoup lu et beaucoup voyagé : il y a dans ses écrits mille preuves qu'il s'était adressé aux véritables sources des véritables traditions. Il y avait en lui un sophiste et un théologien, ou, si l'on veut, un Grec et un Chaldéen. On n'entend pas ce philosophe si on ne le lit pas avec cette idée toujours présente à l'esprit* (Du Pape, IV, 7). Et déjà Pascal lui-même, au temps de Spinoza, s'était exprimé dans un sens analogue : *Platon pour disposer au christianisme* [1].

Dans ce mouvement d'évolution, ou d'*involution,* qui a pour effet de substituer, dans la pensée moderne, une sorte de cliché négatif à l'idée originelle du platonisme, une part prépondérante doit revenir à la philosophie plotinienne, située tout à la fois aux confins de l'Orient et de l'Occident, du monde antique et du monde nouveau, et autour de laquelle il semble que pivote l'histoire de l'humanité. Le premier trait, qui caractérise Plotin, c'est que lui-même il se présente comme un *exégète* de Platon. Prenant son appui dans l'érudition plutôt que dans la science, le plotinisme relève de ce mode en quelque sorte indirect de spéculation qui, jusqu'au XVIIe siècle, sera le succédané de la philosophie proprement dite et qui explique sous quelle forme transposée, à travers des sous-produits d'élaboration juive ou chrétienne, la tradition platonicienne devait s'offrir à la méditation de Spinoza. Et en effet, du moment que Plotin se désintéresse des procédés de démonstration, pour lesquels Platon se référait à la méthodologie des géomètres et la faisait servir au progrès d'une dialectique régulière, il ne retiendra plus les thèses platoniciennes qu'isolées dans la formule de leur expression dogmatique ; il les opposera, ou plus exactement sans doute il les superposera, aux thèses aristotéliciennes ou stoïciennes, qu'il aura commencé par rappeler en vue d'une confrontation qui est l'un des objets principaux des *Ennéades.*

---

[1] *Pensées,* f° 73 du manuscrit, éd. Hachette, Sect. III, n° 219.

Si Plotin assure la victoire de Platon, c'est donc sur le terrain où ses successeurs s'étaient installés. Ce point est d'importance capitale. Car il arrive bien qu'Aristote voit un manque de sérieux dans la tendance de son maître à remplacer la physique par la mythologie ; mais il ne s'ensuit nullement qu'il ait réussi, pour son compte, à dépasser le niveau du mythe platonicien. La physique aristotélicienne revient à traduire dans un langage abstrait, par des artifices philologiques sans rapport aucun avec le savoir positif ou avec la réflexion philosophique, la finalité anthropomorphique qui, du moins, s'avouait franchement à travers le récit du *Timée*. Que le contenu du mythe prétende au sérieux de la science, je crains que ce soit tout le contraire d'un progrès ; et l'on s'en rendra nettement compte en comparant dans la *République* et dans la *Métaphysique* la conception de l'astronomie. Là, nous l'avons vu, la connaissance de l'objet sensible est seulement un moyen pour dégager les relations intelligibles sur lesquelles les mouvements sont fondés, pour saisir une vérité dont Platon dira dans le *Phèdre* qu'elle doit être *hypercéleste* pour être *véritablement vraie*. Ici, les astres sont des vivants, situés hiérarchiquement au-dessus des êtres humains ; car la pérennité du mouvement circulaire témoigne d'une vie supérieure à notre vie psychologique, soumise, comme toute existence sublunaire, à l'alternative inévitable de la γένεσις et de la φτορά. La biologie astrale d'Aristote (comme plus tard l'angélologie du Moyen âge qui l'a prise pour modèle) est donc destinée à rétablir les intermédiaires zoologiques entre l'homme et Dieu. Selon Platon, la vérité qui relève de l'intelligence pure, l'éternité de l'idée, n'a rien de commun avec le rythme de la vie qui, même lorsqu'il échappe à toute menace de dissolution par le prolongement indéfini de son devenir, par l'immortalité, demeure l'imitation et l'ombre de l'οὐσία, participant par suite à l'incertitude, à l'instabilité intrinsèque, de la δόξα. La transcendance de l'unité plotinienne est transcendance, non par rapport à la vie, mais de la vie elle-même : *Quel est donc le mode de production du premier principe ? L'idée ou plutôt l'image dominante est tirée de la fécondité des êtres vivants ; l'être vivant, arrivé à l'état adulte, produit un être semblable à lui, et sans qu'il y ait en lui aucune modification ; il reste après la production ce qu'il était avant. De plus, cette production ne dépend pas d'une volonté conduite par des idées ; c'est comme un résultat invo-*

lontaire, spontané, naturel, nécessaire de sa propre perfection. Tous les êtres, une fois arrivés à l'état adulte, engendrent. *Comment n'en serait-il pas ainsi* a fortiori *du principe suprême, qui est, éternellement, à son plus haut degré de perfection* [1] ?

A la lumière de leur parenté divine se dessinera, chez Plotin, la destinée des âmes. Les imaginations mythiques du *Phèdre* et du *Banquet*, la perte des ailes que suivent la chute et l'incarnation, la *rapatriation* par l'amour, deviennent des vérités littérales. L'idéalisme pratique qui portait l'âme, par la vertu purificatrice de la science, à *envoyer promener* les illusions et les désirs du sensible, à se convertir en idée, cède la place à un réalisme psychique grâce auquel, en dépit de sa dispersion dans le lieu et dans le temps, l'énergie de l'âme, suivant une expression de Plotin, curieusement antagoniste de l'ἐᾶν χαίρειν platonicien, se laissera subsister à son origine intelligible : προϊοῦσα μέντοι ἐᾷ τὸ πρότερον τὸ ἑαυτῆς πρόσθεν μέρος, οὗ καταλέλοιπε μένειν (III, VIII, 5). Tandis que Platon s'était référé à la norme de l'identité pour caractériser les Idées dans leur essence inaltérable et les préserver de tout contact avec les contradictions incessantes du devenir, il semble que chez Plotin l'immutabilité des divisions ne concerne que le corps, et qu'il appartienne à l'âme de passer par-dessus l'opposition des catégories, d'être à la fois tout. L'âme plotinienne est *amphibie* (IV, VIII, 4), vivant simultanément au-dessous et au-dessus d'elle-même, dans le particulier et dans l'universel, dans le temps et dans l'éternité, dans le multiple et dans l'Un, sans qu'il y ait à définir et à suivre un processus régulier d'*universalisation*, d'*intemporalisation*, d'*unification*, mais par un privilège ontologique qui est inhérent à sa nature d'âme. La conversion plotinienne aura beau invoquer le souvenir de l'appel socratique à la conscience de soi ou la terminologie de l'intellectualisme platonicien ; son levier se trouve ailleurs, dans une psychologie transcendante aux données de la conscience, c'est-à-dire, en réalité, dans une *hyperbiologie*, où l'*humanité* de la pensée réfléchie est subordonnée à l'*animalité* du monde sublunaire et surtout du monde astral. C'est pourquoi elle s'achève, dans le ravissement hors de soi, par l'*extase*. Et, si par là Plotin ne fait que revenir à l'*Un* qui n'est qu'*Un*, du moins la voie

---
[1] Émile Bréhier, Le néo-platonisme, apud *La tradition philosophique et la pensée française*, 1922, pp. 41-42.

qui l'y ramène ne s'expliquerait pas sans un contact prolongé avec le réalisme des Aristotéliciens et des Stoïciens, comme avec les cultes de mystères et d'initiations, peut-être sans un souffle venu de l'Inde. De là entre le néoplatonisme de Plotin et le platonisme de Platon, une différence de structure, que M. Émile Bréhier a précisée dans la conclusion de l'étude déjà citée plus haut : *Platon avait avec soin séparé les mythes, qui racontent la vie de l'âme, de la dialectique qui procède scientifiquement à la détermination des concepts. On doit reconnaître chez Plotin une adaptation réciproque du mythe et de la dialectique. Le mythe se fait plus rigide et plus dogmatique ; la vie de l'âme, au lieu d'être dépeinte avec la fantaisie imaginative qu'y met Platon dans le* Phédon *ou dans la* République, *est conçue comme résultant des lois de la réalité, la loi de procession et la loi de conversion ; l'âme est engagée dans le processus universel. Inversement, la dialectique s'assouplit ; elle se fait moins mathématique et plus pénétrée de vie ; la dialectique progressive devient la procession, la nécessité pour l'être de répandre au dehors la surabondance de sa vie ; la dialectique régressive devient la conversion, le désir intime de l'être de se rattacher à la source de sa vie. Cette double transformation, commandée par l'idée que Plotin se faisait de l'idée religieuse, aboutit à une sorte de mythologie métaphysique qui fera, pendant des siècles, le schème de toutes les représentations de l'univers* (ibid., p. 47).

II

Si sommaires qu'ils soient, les éclaircissements qui précèdent pourront nous aider à pénétrer la psychologie des interprètes qui ont recherché les rapports du platonisme et du spinozisme. Ils avaient deux modèles à leur disposition : le modèle proprement platonicien d'une dialectique mathématique, le modèle plotinien d'une mythologie métaphysique. Duquel devra-t-on dire qu'il convient de rapprocher l'*Éthique* ? Philologiquement, et si l'on s'attache uniquement à des formules extraites des systèmes et que l'on travaille à recouvrir les unes par les autres, il n'y a pas de doute ; il faut faire appel au modèle plotinien. Mais en sera-t-il de même du point de vue philosophique où l'on refuse, conformément à l'exigence fondamentale du spinozisme, de séparer le système de la méthode, les thèses de leurs démonstrations ?

Dans le *De Intellectus emendatione*, la connaissance *ex auditu* reprend la place que la πίστις, la foi, occupait dans la *République*, au plus bas degré de la hiérarchie dialectique. De la théologie judéo-chrétienne, qui a été pour lui le *véhicule* du platonisme, Spinoza effacera donc tout ce qui pourrait être lié à l'autorité d'un récit historique ou à la physique prétendue des miracles, tout ce qui ne procède pas d'une acceptation profonde et rigoureuse des exigences de la méthode mathématique. Car la vérité, comme il est dit dans l'*Appendice* au *De Deo*, aurait été dérobée éternellement aux hommes si leur savoir était demeuré sur le plan de la finalité, si une autre norme ne leur avait été offerte par la science qui traite des essences et des propriétés des figures.

Quelle est donc, aux yeux de Spinoza, la portée de cette science, initiatrice de la vérité ? Vue du dehors, la mathématique spinoziste consisterait dans un double mécanisme : mécanisme matériel qui fera rentrer chaque mouvement particulier, suivant la doctrine des *Principes* cartésiens, dans l'immutabilité d'une équation conservatrice ; mécanisme formel qui érigera l'appareil de la géométrie euclidienne en instrument universel de la démonstration, dans le domaine métaphysique, moral, religieux, comme dans le domaine de la cosmologie. Mais ce ne sont encore là que les enveloppes d'un progrès dynamique, dont Spinoza nous a prescrit, dans la lettre à Louis Meyer, du 20 avril 1663, d'avoir à parcourir les degrés. L'application du nombre, prise en soi, ne correspond qu'à une façon tout imaginative de diviser l'espace et le temps en parties séparées. De là, l'intelligence s'élève à la loi qui rétablit la solidarité de l'étendue infinie, la continuité intime de la durée. Les caractères spécifiques de l'étendue et de la durée, que Spinoza oppose expressément à l'espace et au temps, ne se comprennent à leur tour que par la substantialité de leur principe qui est tout indivisibilité, tout éternité. Ainsi la nécessité externe, qui est l'apparence initiale du mécanisme spinoziste, finit par *s'intérioriser* en un attribut divin, dans une essence indivisible. L'indivisibilité de l'étendue constitue assurément un paradoxe. Leibniz refusait d'en admettre la signification ; et l'on sait, particulièrement par sa correspondance avec Huygens, comme il critiquait l'interprétation purement algébrique de la géométrie. Mais cela même souligne ce que nous voulons établir ici, que la conception de la mathématique chez Spinoza ne doit nullement se confondre, avec l'idée banale et générale que l'on se fait communément des mathématiques. Elle demande à être élaborée et méditée en connexion avec une base technique, c'est-à-dire avec la révolution accomplie par Descartes, lorsqu'il avait affranchi les relations géométriques de leur subordination à la représentation imaginative pour tendre à y voir des rapports immanents à la pensée, des produits d'une activité spirituelle. Par cette spiritualisation s'expliquera la promotion de l'étendue à la dignité d'attribut divin, l'identification de la nature et de Dieu, la nature étant, Spinoza y a insisté d'ailleurs, entièrement distinguée de la masse matérielle.

Ainsi le spinozisme de Spinoza, comme le platonisme de Platon, se détache de son image vulgaire, dès que l'on cesse de négliger, pour la seule littérature d'érudition, l'intelligence de la pensée mathématique dans les phases diverses et complexes de son évolution. Et le rôle de Descartes se présente sous un jour inattendu : à l'insu même de Spinoza, il l'a ramené, du néoplatonisme que lui avait inculqué son éducation première, au platonisme original, de la mythologie métaphysique à la dialectique mathématique. C'est ici, en effet, le lieu de rappeler l'observation précieuse et profonde, due à Peipers et recueillie par Gomperz, que la géométrie analytique de Descartes réalisait justement cette idée de la science à laquelle aspirait la philosophie de Platon. Parce qu'elle faisait défaut à la civilisation hellénique, on s'explique rétrospectivement l'embarras des premiers scholarques de l'Académie, hésitant devant l'héritage que le maître leur avait transmis, allant tantôt réduire les nombres à de simples objets du calcul ordinaire, et tantôt les séparer de la science pour les projeter dans le plan *mystique* des correspondances pythagoriciennes. Et surtout on s'explique l'embarras de Platon lui-même à l'heure de composer son monde intelligible et de le mettre en marche : il lui était également impossible, et de ne pas y introduire des principes tels que l'*Autre*, la *Dyade*, la χώρα, et de ne pas considérer pourtant l'*altérité*, la *dualité*, la *spatialité*, comme des étrangères, des intruses, qui devront s'imposer à l'esprit par la violence, puisque, dans la formule de leur définition, elles ne peuvent rien être sinon la contradiction directe, la négation radicale, de ce qui fait les Idées intrinsèquement et proprement intelligibles.

Pour la spiritualisation de l'âme, qui marque dans l'*Éthique* une nouvelle voie de retour vers l'inspiration authentique de Platon, le cartésianisme sera un point d'appui, un *véhicule*, comme pour la spiritualisation de l'étendue. Plus exactement, les deux processus se rejoignent et se confondent dans le parallélisme. L'âme est l'idée du corps ; ce qui veut dire, non pas du tout que Spinoza ait ainsi *une* idée de l'âme, mais qu'il en a *trois*, exprimant les trois idées du corps qui se succèdent à travers le développement du savoir rationnel. Du point de vue phénoméniste, l'âme sera l'image matérielle d'un corps lui-même matérialisé par la discontinuité, l'incohérence, des données sensibles. Cette âme, numériquement identique à elle-même, deviendra cependant, par la seule vertu que comporte le déploiement de l'idéalité mathématique, l'intelligence d'une essence liée au système du déterminisme universel et enfin l'intuition éternelle d'un corps éternel, uni en son principe au principe de toute réalité. Le mode cesse d'être *autre* que la substance, dès qu'il cesse de se représenter comme *autre,* quand il se fait *un* dans l'Unité absolument une.

Si l'on négligeait d'aller chercher la clé du spinozisme dans cette conception originale du dynamisme immanent à la science, si on se contentait de procédés *doxographiques,* comme ceux auxquels la misère de nos informations nous condamne pour tant d'écrivains de l'Antiquité, la superposition des idées de l'âme apparaîtrait comme un renversement paradoxal de perspective : *Il y a sans doute,* dit Brochard, *bien de l'obscurité dans la seconde moitié de la Ve Partie de l'Éthique, et on peut regretter que Spinoza ne se soit pas expliqué plus complètement sur cette vie en Dieu, par où s'achève toute sa doctrine. En entrant dans cette partie de l'ouvrage, on est un peu déconcerté, el plus d'un lecteur n'a pu se défendre d'un certain étonnement ou même de quelque défiance. Manifestement, nous sommes ici en présence d'une philosophie toute nouvelle, d'une manière de penser très différente de celle qui a inspiré les premières parties de l'Éthique. L'auteur a beau rester fidèle à sa méthode el continuer la série de ses propositions, de ses corollaires el de ses scholies, nous sommes bien loin des idées claires et distinctes du début, et, par exemple, de la conception toute mécaniste de la IIe Partie de l'Éthique* [1]. Et alors on comprend quelle tentation offre, pour sor-

---

1 *Études citées*, pp. 367-368.

tir d'embarras, la philosophie matérialiste de l'histoire. Il suffit de savoir que Spinoza était né juif ; et il n'y aura plus à s'inquiéter de rien. Ce sont les influences de race, secrètes, refoulées, mais d'autant plus tenaces, d'autant plus agissantes, qui ont contrarié le cours de l'*Éthique*, en lui imposant la conclusion de ce mysticisme oriental, incarné, à travers le Moyen âge, dans la tradition de la théologie plotinienne.

La théorie qui vise à rejeter Spinoza de l'autre côté de la pensée moderne est depuis longtemps répandue en France ; car elle y servait l'intérêt politique des Éclectiques qui craignaient que l'impopularité de l'*Éthique* aux yeux d'une orthodoxie tracassière allât rejaillir sur Descartes, et compromettre par là leur propre crédit. Mais le Descartes dont ils dressaient l'image en face du spinozisme, était lui-même un Descartes appauvri, rétréci, mutilé, qui aurait fait reposer sa métaphysique sur une psychologie, réduite elle-même à une interprétation superficielle et presque empiriste du *Cogito*. Or, ce que Descartes trouvait en soi, par la réflexion du *Cogito*, c'est une activité indéfinie qui se déroule en *longues chaînes de raisons,* qui constitue l'univers intelligible de la science positive ; c'est, dans sa vérité intime et dans son application certaine au réel, la *cogitatio universa*. En prenant conscience de cette *cogitatio universa,* l'homme s'affirme sujet pensant ; il réfléchit sur son autonomie spirituelle ; il découvre, dans sa propre intimité, la présence de la *cogitatio divina*.

La continuité de rythme qui fait passer un même courant de démonstration à travers l'*Éthique,* du mécanisme initial à la vie unitive dont elle détermine avec précision, dont elle remplit avec efficacité, les conditions, exigera donc de l'interprète de Spinoza qu'il médite, qu'il élabore à nouveau, la notion de conscience rationnelle, ainsi qu'il a dû le faire déjà pour la notion de science mathématique. Sans doute, du point de vue phénoméniste, la conscience ne dépasse pas le niveau des données matériellement représentées ; ce qui explique qu'un historien comme Hamelin n'ait trouvé chez Spinoza *nul sentiment de ce que c'est que d'être pour soi. L'idée, doublure de la chose, se redouble indéfiniment en une idée de l'idée, et voilà la conscience* [1]. Telle sera, en effet, la conscience

---

[1] Essai sur les éléments principaux de la représentation, 1907, p. 334. (a) ou 1925, p. 364.

dans l'*Éthique*, si on en limite l'étude à la considération du premier genre, c'est-à-dire du plus bas degré, de connaissance. Là, il n'y a de place que pour les apparences sensibles ; d'où naîtront, avec le réalisme de la chose, les croyances à la véracité de l'image solaire ou à la réalité du libre arbitre. Mais alors ce n'est point du tout la conscience en général que l'on saisit et définit, c'est seulement la conscience *inadéquate*, laquelle est, proprement et littéralement, l'inconscient. Autrement dit, le préjugé du phénoménisme psychologique, la cristallisation d'une conscience qui, prisonnière de sa formule initiale, demeurera fixée au seuil de la représentation immédiate, ne nous met pas en état de suivre, de la IIe à la Ve Partie de l'*Éthique*, le progrès, nettement indiqué dans le *Scholie* final, grâce auquel l'homme, d'abord ignorant et de soi et des choses et de Dieu, parvient à cette plénitude, à cette *adéquation*, où le sujet implique dans]'unité indivisible de sa conscience et soi et les choses et Dieu. Mais ce progrès lui-même, que l'on imaginait si obscur et si mystérieux tant qu'on lui substituait mentalement la mystérieuse obscurité de la dialectique plotinienne, il a, selon la réalité du Spinozisme, toute la clarté, toute la distinction, que Descartes avait conférées à la méthode. Car la définition de la conscience : *idée de l'idée du corps*, est calquée sur la définition de la méthode dans le *De Intellectus emendatione* ; c'est-à-dire *connaissance réflexive, idée de l'idée*. Le développement de la conscience spinoziste sera développement régulier et continu d'une méthode. Les trois formes, à travers les degrés de la connaissance, s'en succéderont parallèlement aux trois notions du corps. En d'autres termes, le même dynamisme d'intelligence qui a détaché l'étendue de son apparence externe, détachera la conscience de la représentation immédiate. La spiritualité d'un savoir, entièrement transparent pour l'âme et capable par suite de s'exprimer intégralement à la lumière de la réflexion, engendre la puissance de comprendre en soi et l'infinité de l'univers et l'éternité de Dieu, sans jamais rompre le contact avec la norme du vrai, sans jamais cesser d'y être astreint exactement : ce serait s'éblouir systématiquement, vouloir s'aveugler, que de fermer les *yeux de l'âme*, qui sont les *démonstrations* (V, XXIII, *Scholie*).

La dialectique plotinienne manquait à ses promesses de lumière et de certitude, en laissant la vie unitive, préparée par une ascèse extra-intellectuelle, se perdre dans l'ineffabilité de l'extase. Elle s'achevait hors de la conscience parce qu'elle avait cherché sa racine hors de la science. Et ainsi la voie était ouverte à la floraison d'une *littérature mystique,* qui n'est en effet que littérature parce que l'aspiration à la spiritualité y est perpétuellement, tragiquement, contrariée par le sentiment de l'inquiétude et du découragement, sous l'obsession ruineuse de la *matérialité* des pratiques occultes ou de la *littéralité* des révélations scripturaires. Mais le but véritable que Plotin assignait à l'effort du mysticisme, exclusion de tout intermédiaire entre l'homme et l'*Un,* capacité d'assurer le repos en soi et la béatitude, il est atteint dans l'*Éthique,* sans aucun soupçon de fantaisie ou de délire, avec le témoignage, fondé dans la science et garanti par la conscience, d'une *adéquation* accomplie. Étranger à la crainte ou même à la représentation de la mort, parce qu'il se saisit dans l'ordre de l'esprit, lequel est irréductible à la poussée de la vie organique et ne saurait être emporté dans le flux mouvant de ses formes, dans l'alternative inévitable de son rythme, Spinoza se sent et s'éprouve éternel. Aussi écrira-t-il, en réponse aux objurgations d'Albert Burgh : *Je n'ai nullement cette présomption d'avoir inventé la philosophie la meilleure ; mais celle qui est vraie, je sais que je la comprends.*

Par là se trouve effacée la mythologie métaphysique qui était, nous l'avons vu, l'addition plotinienne au platonisme de Platon. Et par là même va être dévoilé ce qui avait jadis provoqué cette addition malheureuse : l'insuffisance de l'idéalisme platonicien à prolonger la mathématique en dialectique. Faute d'avoir pu faire fond sur la réflexion du sujet pensant, sur le jugement primitif du *Cogito,* le maître n'avait point réussi à constituer, d'une façon claire et distincte, l'état civil des Idées. Il les a exposées à la méprise d'un disciple infidèle, qui les a imaginées comme des objets d'une intuition modelée sur la passivité de l'intuition sensible, et qui a ensuite exploité sa propre méprise pour leur reprocher de ne pas savoir rendre compte du mouvement et du changement dans l'univers physique. Un brouillard a pesé dès lors sur l'humanité, qui ne s'est dissipé que dans la première moitié du XVIIe siècle. Alors seulement, et avec Descartes, la découverte du principe d'inertie qui dote de son autonomie scientifique la connaissance de la nature, dégage l'âme de toute relation à la finalité cosmique, de toute subordination aux concepts équivoques, à demi matérialistes, de force vitale ou de souffle psychique ; elle permet de la rendre à sa fonction spécifique de pensée, de la fonder dans la conscience de sa spiritualité. Désormais le domaine religieux est, pour le philosophe du moins, et comme le domaine scientifique, purgé de toutes les puérilités magiques ou mystiques auxquelles les esprits les plus hardis de la génération immédiatement précédente, les Bacon et les Campanella, demeuraient encore asservis.

Loin d'avoir à opposer, dans le spinozisme, l'inspiration de Descartes et l'inspiration de Platon, nous comprenons maintenant que Spinoza n'a été authentiquement platonicien que pour avoir été résolument et systématiquement cartésien, reléguant dans le plan inférieur de l'imagination tous les éléments mythologiques, toutes les croyances traditionnelles, retenant, sur le faite même de l'unité spirituelle, cela seulement qui satisfera aux scrupules de méthode rigoureuse, aux exigences d'entière clarté, par lesquels se caractérise la conscience occidentale.

Pour avoir le droit de considérer comme pleinement établies les conclusions de cette étude, il faudrait procéder à une contre-épreuve. Il s'agirait de montrer comment Leibniz, résistant à l'influence impérieuse de Descartes pour restaurer des unités psychiques qui soient centres de force et de vie, substituant de nouveau l'immortalité de l'âme à l'éternité, platonicienne ou spinoziste, de l'idée, appuyant enfin une conception esthétique et finaliste de la création sur le double anthropomorphisme d'un *Dieu architecte* et d'un *Dieu législateur,* devait retomber de Platon en Plotin. Or ce travail, nous avons la bonne fortune de le posséder, fait de main de maître, et d'autant plus démonstratif pour notre objet que l'auteur n'y a aucune préoccupation de Spinoza. Dans la *Revue de métaphysique et de morale* [1], Rodier a publié un article intitulé : Sur une des origines de la philosophie de Leibniz, dont le contenu, suivant son expression même, n'est, en grande partie, qu'un *centon* de la *Monadologie*, mais où chacune des citations qui le composent est, d'une manière ingénieuse et péremptoire, rapprochée d'un texte des *Ennéades* dont on la dirait traduite ou imitée [2]. Il nous suffira donc de nous référer à cet article, et d'y renvoyer les lecteurs du

---

[1] Septembre 1902, pp. 552 et suiv. (*a*) ou *Études de philosophie grecque,* pp. 338-351.
[2] Dans une note de l'*Évolution créatrice (p.* 382), M. BERGSON rappelle qu'il a consacré un de ses cours du Collège de France en 1897-1898, à dégager les ressemblances entre Plotin et Leibniz.

Chronicon.

SOMMES-NOUS SPINOZISTES ? [1]

Il paraît difficile de réfléchir sur *l'actualité* du spinozisme sans évoquer le souvenir d'un maître de la pensée française, trop tôt disparu, Arthur Hannequin. A un de ses élèves qui lui demandait quels étaient les derniers bons livres sur Dieu, Hannequin répondait en souriant : *Je crois que c'est encore Spinoza et Kant... Peut-être Spinoza* (écrivait-il encore), *a-t-il trouvé le vrai fond de ce qu'il y a de religieux dans notre âme, en y trouvant la présence de ce qu'il appelait la substance de Dieu. C'est peut-être le seul exemple d'une doctrine religieuse que n'ébranle en rien la ruine de toute la construction métaphysique qui l'enveloppe. Et il est saisissant d'apercevoir tout ce qui lui est commun avec Kant, qui certainement, sous le nom de Raison, reconnaît une présence semblable mais ne consent jamais à spéculer sur le même sujet.*

Nul, moins qu'Hannequin, ne négligeait *l'enveloppe métaphysique* du spinozisme. Dans l'épreuve que la maladie lui imposait, ça été un de ses regrets de ne pas avoir donné au public les Cours sur Spinoza, qu'il avait professés à l'Université de Lyon. Selon le témoignage de son excellent biographe, M. J. Grosjean, *il n'aurait pas voulu partir sans avoir dit tout haut quelque chose de ce que Spinoza lui avait fourni pour sa vie à lui et pour sa pensée, et de ce qu'il fournira longtemps à ceux qui seront capables de l'entendre.* Et l'on est assuré que ce n'est pas *entendre* Spinoza que de laisser tomber la structure de l'œuvre pour retenir seulement, et commenter, dans le vague éclectisme d'une *exposition populaire,* les notions d'âme ou de liberté, d'infini ou de béatitude. C'est à la considération de sa structure technique, au contraire, qu'Hannequin eût demandé d'expliquer le caractère *unique* du spinozisme, la continuité de rythme rationnel qui surmonte l'inquiétude et l'instabilité dont s'accompagnent, chez les mystiques, les alternatives du sentiment ou les désordres de l'imagination, qui établit entre les hommes et Dieu une adéquation d'intimité spirituelle que n'altèrent aucun reste de tradition puérile, aucune formule d'orthodoxie littérale.

---

1 A paru dans *Chronicon Spinozanum*, Hagae Comitis, 1927, t. V, pp. 53-64.

Or, si à cette vérité suprême nous accédons grâce à l'enchaînement des théorèmes sur la *natura naturans* et sur la *natura naturata*, il reste (et telle nous paraît être le pensée d'Hannequin, à laquelle nous nous attachons ici), que cette vérité ne saurait, en elle-même, demeurer prisonnière des moyens de fortune qu'un écrivain de génie est contraint d'utiliser pour essayer de se communiquer au dehors. Lorsque Freudenthal eut démontré, dans un travail mémorable sur le vocabulaire de Spinoza, qu'il avait mis à contribution la terminologie de la scolastique (et il eût été surprenant qu'il eût employé un autre vocabulaire que celui qui avait été enseigné à ses lecteurs), on en a conclu qu'il fallait renoncer au portrait classique du disciple enthousiaste de Descartes, *occidental* et *moderne* par excellence ; et cela jusqu'au jour où l'on s'est avisé de procéder à une enquête analogue en ce qui concerne Descartes : alors on n'a pas eu de peine à montrer (M. Gilson, en particulier, l'a fait, à diverses reprises, de la façon la plus brillante), que la révolution cartésienne s'est opérée en respectant les cadres linguistiques de la tradition péripatéticienne.

L'apparence de *construction,* que l'on prête au spinozisme, tient à *l'enveloppe scolastique* dont on l'entoure lorsqu'on se représente l'âme et le corps comme formant, au contact l'une de l'autre, les deux moitiés d'une *substance complète,* et lorsque, envisageant chacune de ces *substances complètes* comme *un empire dans un empire,* on les juxtapose dans cette sorte d'espace métaphysique qui est le *lieu intelligible* de l'ancien dogmatisme. Mais il n'y a pas de place, même pour une apparence de construction, dans une doctrine d'immanence rationnelle, qui commence par nier le réalisme spatial d'où procède la supposition de la pluralité des substances. Et s'il est vrai qu'un tel réalisme est apparenté, dans sa genèse historique et dans sa constitution logique, au type euclidien de déduction, qui sert de modèle aux démonstrations de l'*Éthique,* il est vrai aussi que la déduction euclidienne se réfère à l'intuition d'un espace donné *partes extra partes*. Or, pour que, chez Spinoza, l'étendue ait, comme la pensée, la *puissance* et la *dignité* d'un attribut, il faut bien que l'intuition d'un espace ainsi donné apparaisse encore comme une abstraction qui correspond à un stade *auxiliaire* du travail de l'imagination ; il faut que l'*Éthique* lui oppose l'intuition, purement intellectuelle, d'une étendue qui est unité infinie et indivisible. Et cette opposition ne prend de sens qu'à la condition qu'on l'éclaire en remontant à son principe, à l'antithèse entre la géométrie d'Euclide qui *astreint* ses raisonnements à la considération des *figures* et la géométrie de Descartes qui s'en dégage entièrement, qui est *analyse pure*. Enfin, pour bien comprendre qu'il ne s'agit pas ici d'une interprétation introduite, après coup et artificiellement, dans la pensée du XVIIe siècle, il convient de nous reporter aux pages les plus décisives peut-être que nous présente l'histoire de la philosophie moderne, celles où Descartes avertit expressément les auteurs des *Secondes Objections* aux *Méditations métaphysiques,* qu'il est dangereux de traduire, dans l'ordre de la synthèse qui est l'ordre traditionnel de l'exposition, une philosophie toute nouvelle, caractérisée par le primat de lucidité rationnelle et de fécondité inventive qu'elle reconnaît à l'analyse.

* * *

Un premier point nous semble acquis : il n'est nullement nécessaire, pour être spinoziste, que nous nous asservissions au langage du réalisme substantialiste ou à l'appareil de la démonstration euclidienne. Peut-être serons-nous d'autant plus près de Spinoza que nous aurons su mieux éviter les équivoques séculaires que l'un et l'autre entraînent avec soi. Le problème que nous rencontrons ainsi est analogue à celui que s'étaient posé les premiers qui se sont appelés eux-mêmes philosophes, les pythagoriciens. Il leur est arrivé de se demander ce que c'était que d'être pythagoricien ; et ils se sont aperçus qu'ils faisaient à la question deux réponses contradictoires. Pour les uns, ceux que les doxographes désignent sous le nom significatif d'*acousmatiques,* être pythagoricien, c'est répéter, telles que l'oreille les a recueillies, les paroles du Maître, leur accorder le prestige d'un charme magique qui devra être, coûte que coûte, préservé de tout contact profane : le secret de l'*initiation mystérieuse* est, à lui seul, promesse d'élection et de salut. Pour les autres, pour les *mathématiciens*, il n'y a de salut que par la sagesse véritable, c'est-à-dire par la science, *initiation lumineuse,* dont aucune intelligence humaine n'est exclue. La constitution de la méthodologie mathématique apporte avec elle une norme d'infaillibilité, dont, nécessairement, la vertu se prolongera, de découverte en découverte, de génération en génération. Mais dans l'histoire, les *acousmatiques* l'emportèrent sur les mathématiciens ; et leur victoire fut mortelle pour la civilisation de l'Antiquité : l'avènement, éphémère, avec Pythagore, de l'*homo sapiens, y a* servi, en définitive, à ressusciter, par la théosophie du néo-pythagorisme l'*homo credulus* du Moyen âge homérique.

Or, s'il est un philosophe qui ait pris soin de prévenir, à son propos, tout conflit entre *acousmatiques* et *mathématiciens*, nous pouvons dire que c'est Spinoza. Les premières pages du De Intellectus emendatione relèguent expressément la connaissance *ex auditu*, la foi, au plus bas degré de la vie spirituelle, tandis que l'*Appendice* au *De Deo* rattache la destinée de l'humanité à la constitution de la *mathesis*, qui a remplacé l'anthropomorphisme de la finalité transcendante par la vérité des raisonnements sur les essences des figures et sur leurs propriétés. Avec Descartes, grâce à l'établissement du principe d'inertie, cette même *mathesis* qui, au temps de Platon, n'apparaissait dans sa pureté qu'à la condition *d'envoyer promener les phénomènes,* a pris possession du monde physique, du monde biologique et, partiellement, du monde psychologique. Spinoza lève les dernières restrictions que Descartes apportait encore à l'application de sa propre méthode, demeurant, comme il aimait à dire, *fidèle à la religion de sa nourrice et mettant à part les vérités de la foi*. Le Tractatus theologico-politicus élimine tout préjugé de sacré : *ex quo sequitur nihil extra mentem absolute, sed tantum respective ad ipsam sacrum aut profanum aut impurum esse*.

Cette relativité du sacré, qui nous conduit à mettre sur le même plan de synthèse et de subjectivité tous les mythes et tous les dogmes, le développement des études sociologiques au XXe siècle l'a confirmée. *Mentalité primitive et mentalité puérile* vont de pair ; et c'est ce que Descartes indique déjà, lorsqu'il propose, comme justification du doute méthodique, tantôt l'inconsistance de la physique scolastique, tantôt l'arbitraire des jugements enfantins. Il écrit dans l'*Abrégé* qu'il a donné des *Méditations* : *De rebus omnibus, proesertim materialibus, possumus dubitare, quamdiu scilicet non habemus alia scientiarum fundamenta quam ea quae antehac habuimus*. Et les premières lignes des *Principes de la philosophie* sont celles-ci : *Quoniam infantes nati sumus, et varia de rebus sensibilibus judicia prius tulimus quam integrum nostrae rationis usum haberemus, multis praejudiciis a veri cognitione avertimur*. C'est en suivant jusqu'au bout l'élan de la critique cartésienne que

Spinoza, plus franchement et plus radicalement que l'avaient fait un Montaigne et un Hobbes, a explicité le mécanisme biologique et social dont procèdent les valeurs qui ont séduit l'imagination des peuples enfants et par lesquelles ils ont eu l'illusion de participer à une vie supérieure : *faculté de libre arbitre appelée à s'exercer sur une alternative de bien et de mal qui aurait été imposée à leur conscience par la volonté d'en haut, et qui trouvait sa sanction dans une existence d'outre-tombe.* Mais il est clair que, si toute imagination transcendante est un rêve illusoire, le spinozisme va poser un nouveau problème, et cette fois contre lui-même. Il semble, en effet, que la restauration des valeurs religieuses, dans la dernière partie de l'*Éthique,* ne s'explique plus : la liberté de l'âme et son éternité, Dieu et la béatitude perdent toute signification véritable.

* * *

Ce nouveau problème rejoint celui que l'*Éthique* avait posé dès son apparition. Sans parler de Malebranche et de Fénelon, qui se croyaient dispensés de toute générosité, de toute charité, à l'égard de Spinoza, l'auteur du *Dictionnaire historique et critique* et l'auteur de la *Théodicée,* qui figurent les deux extrémités de la pensée dans les dernières années du XVIIe siècle, s'accordent à le considérer comme un *athée de système.* Tout ce que peut dire un homme qui refuse de croire au Dieu de la dévotion vulgaire, *Deus qualis apud pios habetur,* ne saurait être, aux yeux de Leibniz, que *colifichets pour le peuple : ad populum phaleras.* Et si pour nous il n'y a plus sans doute de scandale, l'étonnement subsiste. Le rationalisme positif du *Tractatus theologico-politicus* a devancé les résultats les plus précieux de la critique contemporaine ; il a fait justice de cette *philosophie secrète* dont parle Kant, grâce à laquelle le dogmatisme de l'École s'adaptait rétrospectivement à la cosmogonie de la Bible ou à la mythologie du *Timée,* comme l'ontologie wolffienne s'animait par la vision swedenborgienne du *mundus intelligibilis.* Comment la ruine de cette *philosophie secrète* n'entraînerait-elle pas, à son tour, dans le néant la métaphysique religieuse de l'*Éthique,* où la critique historique du XXe siècle tend à déceler une survivance de la théologie médiévale qui avait imprégné l'enfance de Spinoza ? Que l'on fasse donc grief à Spinoza, ou d'avoir commencé comme Hobbes, ou de ne pas oser finir comme lui, la prétention apparaît également contradictoire de revenir à une doctrine de l'*homo duplex,* alors que l'on fait fond sur la rigueur et sur l'universalité du mécanisme pour professer une psychologie et une morale strictement naturalistes. Et n'est-ce pas le sentiment de cette contradiction qui explique la tactique paradoxale des philosophes romantiques par lesquels a revécu l'inspiration du spinozisme ? Ils ont récusé la substructure mathématique de l'*Éthique* ; ils ont réhabilité cet *hylozoïsme* de la Renaissance, où Kant voyait la mort de toute science véritable, mais dont la métaphysique tire ses facilités pour osciller entre le plan de l'immanence et le plan de la transcendance.

C'est précisément l'éclaircissement de ce paradoxe qui va nous conduire à la solution que nous cherchons. Il y a un néo-spinozisme, chez Schelling et chez Schopenhauer, mais qui tourne le dos au spinozisme, comme le néo-platonisme de Plotin ou de Proclus tournait le dos au platonisme. Ici et là, en effet, il s'en faut de ce que Platon et Spinoza ont considéré comme caractéristique et constitutif de leur propre doctrine, de ce qui, à leurs yeux comme aux nôtres, y introduit une qualité propre de vérité, à savoir l'armature scientifique. De cela les romantiques n'ont rien soupçonné ; à aucun moment ils ne se sont doutés qu'il y avait *géométrie* et *géométrie,* et que si, pour ressaisir la pensée vivante de Spinoza, il était nécessaire de percer la *carapace* de la déduction euclidienne, *qui l'enveloppe,* il était souverainement imprudent d'éliminer en même temps l'*ossature* de l'analyse cartésienne, *qui la soutient.* Leur excuse, dans l'histoire, c'est qu'ils n'ont aperçu la raison et la science qu'à travers Kant ; et Kant n'a eu de Descartes qu'une connaissance tout à fait superficielle et vague ; notamment, la Géométrie, qui contient la clé de la méthode, paraît lui avoir été si complètement étrangère que, dans la *Préface* de la *première édition* de la *Critique de la raison pure,* avec une ingénuité qui déconcerte, il date de Locke la théorie moderne de la connaissance. Or l'ignorance au sujet de Descartes ne devait pas seulement interdire à Kant l'intelligence du spiritualisme spinoziste ; il importe de remarquer qu'elle a encore eu cette conséquence, particulièrement fâcheuse, de le condamner à ne retrouver qu'à tâtons, engagée dans des confusions inextricables, cette même doctrine des *jugements synthétiques a priori,* que l'analyse cartésienne enfermait et dont le *Tractatus de intellectus emendatione* avait déjà porté l'expression à son plus haut degré de lumière et de pureté. Nous le comprenons nettement, maintenant que les philosophes ont repris contact avec l'évolution de la pensée mathématique : c'était méconnaître la synthèse, en tant qu'acte original de l'esprit, que d'aller la chercher dans les cadres de la logique aristotélicienne où tout jugement est arbitrairement supposé du type prédicatif ; c'était altérer d'avance la notion de l'*a priori* que de la subordonner à la distinction surannée de la forme et de la matière ; d'où il résultait, en effet, que l'*a priori* se ramenait à un système factice de purs concepts, de catégories abstraites, que Kant ne s'est donné l'illusion d'avoir déduit qu'en imaginant une conscience *originaire*, tellement éloignée de notre conscience réelle que l'accès nous en était refusé. L'*homo nooumenon* demeure mystérieux pour l'*homo phænomenon*. Cette inadéquation essentielle, cette inconscience radicale, de ce qui aurait dû être, de ce qui est effectivement chez Spinoza, la *conscience adéquate*, a empêché Kant de recueillir le bénéfice de sa propre révolution critique. La critique était faite pour affranchir définitivement le rationalisme de toute référence à une imagination supra-humaine. Et cependant Kant s'obstinera dans l'ambition chimérique de transcender le *Cogito* : il poursuivra, tout comme Wolff et comme Mendelssohn, l'ombre d'une substance psychique : de telle sorte que la psychologie transcendantale, dénaturée ainsi à plaisir, finira par lui apparaître aussi sophistique que la théologie pseudo-rationnelle de l'ontologie classique.

Entre Spinoza et nous, cessons maintenant de laisser s'interposer cette tentative malheureuse pour associer des types de pensée incompatibles : réflexion critique de la logique transcendantale et tradition dogmatique de la logique scolastique. Remontons même au delà de l'éclectisme leibnizien. L'analyse cartésienne va nous apporter l'intelligence d'une doctrine des *jugements synthétiques a priori* qui sera entièrement affranchie du préjugé aristotélicien des concepts et des catégories. Le propre de l'analyse mathématique est de créer progressivement l'algèbre, la géométrie, la mécanique, à partir du jugement simple, de la relation d'évidence, qu'exprime l'équation de type élémentaire. Encore convient-il de remarquer que Spinoza entreprend le *De Intellectus emendatione*, dans le dessein de redresser Descartes sur un point où il rencontrait la tradition de l'*Organon* péripatéticien : à savoir le primat de la méthode, qui implique la supposition d'une forme universelle préexistant à ses diverses applications. Selon Spinoza, la science se constitue, et elle constitue la réalité, par le développement d'une activité qui est inhérente à l'idée conçue comme affirmation de soi et qui, spontanément de synthèse en synthèse, s'étend jusqu'au système total de la nature. La méthode accompagne la science, mais à titre de connaissance réflexive, en tant qu'*idée d'idée*, c'est-à-dire en tant que conscience. Ce que le *Tractatus de intellectus emendatione* appelait *méthode*, c'est identiquement ce que l'*Éthique* appelle *conscience* ; et, pour nous, tout le spinozisme est là, dans cette identité de la méthode rationnelle et de la conscience adéquate, grâce à laquelle sont surmontées les difficultés du problème que la pensée moderne a posé avec le *Cogito* cartésien.

Au point de départ du *Cogito*, il y a l'*Ego* : l'*être,* uniquement replié sur soi, semble se séparer de tout contenu spirituel, comme il est arrivé peut-être pour Montaigne, comme il arrive pour le *Narcisse* de M. Paul Valéry. Mais, au terme, n'y aura-t-il pas la *Cogitatio*, c'est-à-dire, selon l'expression suggérée à M. Valéry par la méditation de Léonard de Vinci, *cette conscience accomplie qui se contraint à se définir par le total des choses* ? Or, l'*Éthique* opère *le passage de la solitude du moi à la conscience de soi et des choses et de Dieu*, qui est le privilège du sage. Pour cela elle ne fait appel à rien d'autre qu'à une présence ; et la seule présence qui soit à la fois réelle et toute spirituelle, c'est la *mathesis*. Découvrant la nécessité de l'enchaînement universel, la *mathesis* intègre nécessairement à la conscience l'intelligence de cette nécessité. On est spinoziste quand on comprend qu'il ne saurait y avoir là deux nécessités, pas plus qu'il n'y a deux maladies, l'une dont souffre le malade, l'autre que le médecin guérit. Encore le domaine moral, où s'exerce la *médecine de l'âme*, a-t-il pour caractère que le malade et le médecin sont un seul et même homme. Cet homme ne peut pas ne pas être malade, tant qu'il se fait du monde une représentation lacunaire et discontinue, que l'imagination qualifie et passionne. Cet homme ne peut pas ne pas être guéri, lorsque l'univers s'est *totalisé* en lui par le progrès de la connaissance : combler lacunes et discontinuités, c'est du même coup avoir fait disparaître la maladie imaginaire qui était née de la détermination, c'est-à-dire de la négation individualiste. Nous sommes libre, non parce que nous avons affirmé, dans l'abstrait, la volonté de nous libérer, non parce que nous avons été délivré par une faveur du dehors et d'en haut, mais parce que la science concrète de la nature a enrichi notre être, parce que parvenu à son unité totale, elle nous a rendu Dieu intime. La religion véritable a trouvé dans le naturalisme son point d'appui.

* * *

Assurément, lorsque Spinoza se divertissait au spectacle des guerres civiles entre araignées ou de leurs batailles avec les mouches, c'est aux hommes qu'il songeait : il admirait l'impérialisme congénital à tout être qui fait de sa personne un absolu et qui travaille pour y subordonner le reste de l'univers. Or, nous n'échapperons pas à la fatalité de la nature par l'orgueil de transcender l'humanité : humaine, *trop humaine,* est l'illusion d'une origine céleste, qui prétend arracher notre espèce aux lois de la réalité sublunaire, l'apparenter aux occupants sublimes d'un monde supralunaire. Dès le XVIe siècle, la révolution de Copernic a détruit l'image de ce monde, que les analogies anthropomorphiques avaient peuplé. Puisque la matière du ciel et la matière de la terre sont une seule et même matière, les réalités célestes ne sont plus que des métaphores ruineuses ; les *espaces infinis* entrent dans le *silence éternel* qui glaçait d'effroi Pascal. Mais la *dignité de la pensée* redressera l'homme, qui pouvait paraître d'abord accablé par le succès du savoir rationnel. Le réalisme métaphysique du Moyen âge imaginait un lieu intelligible qui se superposait, verticalement, matériellement à l'espace sensible où nos yeux voient le soleil tourner autour de notre planète ; l'idéalisme de la science moderne substitue, dans notre conscience, à cet espace sensible un espace intellectuel qui lui est numériquement identique, mais qui en est la vérité, l'espace où les *yeux de l'âme,* c'est-à-dire les *démonstrations,* permettent de constituer, hors de toute illusion géocentrique, les mouvements réels qui s'accomplissent effectivement.

Le spinozisme met donc en évidence toute l'exactitude et toute la profondeur de la maxime kantienne : *en ce qui concerne la connaissance de soi-même, la descente aux enfers est la seule voie de l'apothéose.* Il a dû accepter l'apparence du naturalisme, même du matérialisme, pour dissiper le mirage du surnaturel, pour parvenir à l'intelligence de la spiritualité véritable. C'est en niant l'espérance contradictoire d'une vie future, qui prolongerait en quelque sorte le temps hors du temps, que nous nous élevons jusqu'à la conscience de l'éternité qui est immanente au cours de la durée, au sentiment de l'existence radicale. Le paradoxe que présente le rétablissement religieux de l'*Éthique* est donc résolu du moment qu'une ligne de démarcation est tracée entre le surnaturel et le spirituel. La réflexion de Spinoza sur la scolastique juive l'avait averti que la métaphysique d'Aristote se développait sur un plan parallèle à la cosmogonie de Moïse : c'est dans une même vision *anthropocentrique* du monde que prennent place la hiérarchie des créatures angéliques et les âmes bienheureuses des astres. Par contre, l'avènement du cartésianisme explique pourquoi il y a dû y avoir un Nouveau Testament, et quel en a été le bienfait décisif : à la Bible de l'imagination a succédé l'Évangile de la raison. Le *Logos*, conçu désormais *sub specie quadam aeternitatis,* est dégagé de toute subordination aux formes verbales qui paraissent l'incarner en un certain pays et pour un certain temps. L'universalité de la lumière naturelle, par laquelle Dieu se communique à l'homme *d'esprit à esprit,* sans se laisser matérialiser dans aucun symbole extérieur à l'intelligence, ne souffre plus d'être brisée par l'institution contradictoire de *catholicités* restreintes, et divisées contre elles-mêmes. A la science virile correspond la religion virile, celle qui se conforme, avec une entière sincérité, à l'exigence de vérification que Bossuet avait proclamée dans le texte classique : Le *plus grand dérèglement de l'esprit c'est de croire les choses parce qu'on veut qu'elles soient, et non parce qu'on a vu qu'elles sont en effet.*

Qu'un tel enseignement convienne particulièrement à notre époque, il serait superflu d'y insister. Avant William James, qui nous a familiarisés avec les variétés étonnantes de la conscience religieuse, Kant avait eu le souci de rechercher et d'énumérer les sources où le *dérèglement de l'esprit* s'alimente pour la floraison des croyances extra-rationnelles. C'est la *Schwärmerei*, fanatisme qui allègue une prétendue expérience interne des effets de la grâce, c'est l'*Aberglaube*, superstition qui invoque une soi-disant expérience externe du miracle : c'est l'*Illuminatismus*, illusion des adeptes qui s'attachent aux mystères en attribuant à leur entendement des lumières extraordinaires dans l'ordre surnaturel ; c'est la *Thaumaturgie*, tentative téméraire pour exercer une action surnaturelle par les moyens de la grâce. Toutes ces puissances mystiques sont, nous le savons en toute évidence, des *puissances trompeuses* ;

car elles érigent en objet réel la simple représentation de leur objet ; ce qui est proprement, selon Kant, la définition de la folie. De fait, et les analyses de William James en témoignent surabondamment, chaque fois que l'homme s'arroge le privilège de facultés qui auraient dû l'élever au-dessus de l'humanité, ç'a été pour revenir en arrière, pour soustraire à l'examen de la raison ses croyances d'enfant, empruntées elles-mêmes à l'enfance de notre espèce. Mais, du moment que de telles facultés n'existent pas, qu'il n'y a même pas de facultés du tout, que l'imagination correspond seulement à un premier déploiement d'activité intellectuelle, encore partiel et incomplet, alors, de la religion capable de traverser l'épreuve du feu en surmontant les causes de déviation et de corruption que le génie de Kant a signalées, nous ne devrons pas nous contenter de dire qu'elle est une *Religion dans les limites de la simple raison*, qui pourrait encore espérer, du clair-obscur de la tradition ou de l'inconscient, quelque complément et quelque secours. Elle est la religion rationnelle, c'est-à-dire comme le pensait Spinoza, la religion absolument parlant, de même que la physique rationnelle est la physique absolument parlant. C'est pourquoi, dans la mesure où nous saurons nous mouvoir de la science à la religion, comme de la vérité à la vérité, sans rompre l'unité indivisible de l'esprit, sans renoncer à la pleine lumière de la conscience, nous aurons le droit de dire que nous sommes spinozistes.

PRÉFACE A L' « ÉTHIQUE » DE SPINOZA [1]

En 1677, l'année même où mourut Spinoza, ses amis publiaient, en tête de ses *Œuvres posthumes*, un ouvrage élaboré depuis longtemps déjà, et, semble-t-il, à peu près achevé : *L'Éthique démontrée selon la méthode géométrique*. Dans quelle disposition de pensée le lecteur est-il aujourd'hui à l'égard d'un traité rédigé de la sorte, c'est ce qu'indique à merveille une réflexion de M. Paul Valéry, recueillie par M. Frédéric Lefèvre : « Un des moyens les plus simples de retrouver dans les sciences les traces de volonté artistique, c'est d'examiner soigneusement les préambules, les notions fondamentales, les définitions, qui se trouvent en tête des exposés de

---

1 *L'Éthique* de Spinoza, trad. nouv. par A. Guérinot, Paris, éd. E. Pelletan, 1930, t. I, pp. [IX]-XXXII.

la science. Ces données initiales impliquent toujours l'arbitraire de l'homme. » L'impression de volonté artistique, le soupçon d'arbitraire humain, s'accentuent naturellement lorsque l'on passe de la science à la métaphysique, d'Euclide à Spinoza. « Le vulgaire des philosophes, disait l'auteur de l'*Éthique*, part des créatures ; Descartes part de l'esprit ; moi, je pars de Dieu. » Les définitions initiales, *cause de soi, substance, Dieu*, commandent, en effet, les longues chaînes de propositions qui constituent le système : n'est-ce pas l'aveu que, dès ses premières démarches, y est réduite à néant l'ambition de vérité pure, intrinsèquement constituée et impersonnellement exprimée, qui accompagnait au XVIIe siècle l'emploi de la méthode géométrique ?

Une Préface qui veut remplir son office, servir d'introduction à la lecture de l'*Éthique*, doit aborder de front la difficulté, sous réserve de n'en demander la solution qu'à Spinoza lui-même.

Voici, à cet égard, un point qu'il y a lieu de rappeler : avant d'appliquer à sa propre doctrine la forme de l'appareil euclidien, Spinoza s'en était servi pour exposer les deux premières parties de l'ouvrage où Descartes avait condensé sa métaphysique et sa physique : *Les principes de la philosophie*. Le travail de Spinoza parut en 1663. Or, la préface que Louis Meyer écrivit, d'accord avec l'auteur, pour cette publication, rappelle au « lecteur candide » que, selon les expressions de Descartes lui-même, la méthode pratiquée par le commun des géomètres, selon le modèle euclidien, « n'est pas la voie véritable de l'invention mathématique », mais seulement qu'elle doit à sa « longue suite de définitions, de postulats ou d'axiomes, de théorèmes et de problèmes, le pouvoir de forcer l'assentiment, si obstinée, si opiniâtre, que soit la résistance de l'adversaire ». Les Anciens n'ont connu (ou tout au moins n'ont laissé voir qu'ils connaissaient), que la déduction synthétique, bonne, en effet, pour expliquer aux autres ce que l'on sait, tandis que la mathématique moderne est le produit d'une révolution, qui a consisté à découvrir la vertu constructive de l'analyse. Louis Meyer, porte-parole de Spinoza, célèbre en René Descartes « l'astre le plus éclatant de notre siècle : Quand enfin il est venu, tout ce qui en mathématique était demeuré inaccessible aux Anciens, tout ce qu'en outre laissaient à désirer ses contemporains, il l'a, grâce à une méthode nouvelle, fait passer des ténèbres à la lumière ; il a pourvu la philosophie de fondements inébranlables sur lesquels la plupart des vérités peuvent être assises, selon l'ordre et avec la certitude des mathématiques ; lui-même en a fourni la démonstration véritable, et c'est ce qui apparaît, plus clairement que la lumière de midi, tous ceux qui ont étudié sérieusement des écrits qu'il est impossible de louer d'une façon suffisante ».

Il est donc manifeste qu'en transcrivant dans le langage de la géométrie ancienne le contenu de la philosophie et de la science modernes, Spinoza ne prétendait rien ajouter à leur valeur de vérité ; cette transcription était simplement, Louis Meyer y insistait, une œuvre de circonstance, inspirée par un intérêt pédagogique. Or, si c'est rendre un grand service que de mettre à la portée de ceux qui ne sont pas dans le secret de la méthode cartésienne les résultats qui avaient été acquis grâce au maniement de cette méthode, il reste que le défaut de cette transposition synthétique est de dissimuler au lecteur le travail d'invention par lequel la vérité se constitue. « On l'oblige ainsi, comme l'écrivait Descartes, à convenir des conséquences en lui faisant voir qu'elles sont contenues dans les antécédents » ; mais ces antécédents eux-mêmes, on ne dit pas ce qui autorisait à les introduire comme tels, et, en toute évidence, ce qu'on ne dit pas, c'est précisément ce qu'il nous importe le plus de savoir.

Relativement à l'explication de l'*Éthique*, le défaut qu'entraîne l'ordre conforme à l'usage de la géométrie vulgaire est-il irrémédiable ? En fait, la lacune se trouvera comblée par un manuscrit que les éditeurs des *Œuvres posthumes* de Spinoza ont publié en même temps que l'*Éthique* ; c'est le fragment d'un écrit assez ancien dans la carrière de Spinoza, contemporain sans doute, comme le conjecture Freudenthal, de la rédaction euclidienne des *Principes* cartésiens, le *Traité de la réforme de l'entendement*. Or, à quelques pages près, le fragment s'arrête là où l'*Éthique* aura son point de départ, c'est-à-dire à la théorie de la définition, et particulièrement de la définition concernant une chose incréée. Nous possédons ainsi le traité de l'analyse spinoziste (l'analyse étant entendue au sens cartésien) sans lequel la synthèse de l'*Éthique* risquerait de nous apparaître artificielle et arbitraire.

L'analyse spinoziste n'est ni l'analyse atomiste, décomposition en éléments de matière, qui est un simple jeu de l'imagination, ni l'analyse conceptuelle dont Spinoza, comme d'ailleurs les rationalistes du XVIIe siècle, sait qu'elle ne peut conduire qu'à une logomachie « transcendantale ». La science exclut les abstractions et les généralités dont l'ignorant s'enivre, et qui laissent place au mystère de la contingence, à l'illusion du miracle ; elle s'attache à la réalité de l'événement singulier, de l'être individuel. C'est cette réalité qu'elle réussit à fonder, en reliant d'une manière absolument claire et distincte, *par un système d'équations*, toute partie de l'étendue, tout moment de la durée, à l'ensemble solidaire des phénomènes universels. L'analyse sera l'instrument du savoir positif : elle procède d'une relation évidente telle que l'équation élémentaire, autrement dit, de *l'idée simple* qui, à cause de sa simplicité, ne saurait être vraie en partie seulement ; de là elle s'avance, en *pure compréhension*, jusqu'à développer à l'infini le réseau des rapports mathématiques, et elle constitue ainsi la connaissance de la nature entière à titre de parfaite unité intellectuelle. La construction analytique, expliquée par le *Traité sur la réforme de l'entendement*, aboutit donc à ce qui sera dans l'*Éthique* le principe de la déduction synthétique : l'être au sens plein de réalité concrète et d'unité totale, l'être dont la définition, en toute évidence et en toute nécessité, implique l'existence, puisque la raison ne saurait admettre de moyen terme : ou un tel être existe, ou rien n'existe.

Or, une nouvelle question se pose : cet être, que l'on peut sans doute appeler *cause de soi* ou *substance*, de quel droit dire qu'il est Dieu ? comment reconnaître en lui un objet de l'adoration humaine ? A cette question, Spinoza fournit une ample réponse dans l'ouvrage anonyme qu'il publia en 1670 : *Traité de théologie et de politique*. La réforme du judaïsme, qui donna naissance au christianisme, offre le même caractère que la réforme de la géométrie ancienne par Descartes : c'est un même passage des ténèbres à la lumière. Dans le domaine religieux, elle a eu pour effet de substituer au Dieu d'une tradition historique et d'un privilège ethnique, au *Dieu d'Abraham, d'Isaac et de Jacob*, le *Dieu des philosophes et des savants*, qui est en esprit et en vérité. Ici et là, d'ailleurs, la conclusion métaphysique, si lointaine et si féconde qu'en soit la portée, apparaîtra liée à la considération du progrès technique qui est accompli sur le terrain de la connaissance positive. Comme Descartes a fondé l'analyse pure et la physique mathématique, Spinoza est l'initiateur de la méthode à la fois philologique et sociologique qui est à la base de l'exégèse moderne. En étudiant l'Écriture sainte, avec la « liberté d'esprit », avec l'« intégrité morale », que les érudits du XVIe siècle avaient apportées à l'explication des auteurs profanes, il élimine le préjugé puéril, la superstition, du sacré, qui a retenu si longtemps la foi au seuil de l'intelligence. Selon l'interprétation qu'en présente le *Traité de théologie el de politique*, le Nouveau Testament, en tant qu'il annonce l'avènement de l'esprit, exclut le matérialisme du surnaturel, qui inspirait les imaginations de l'Ancien. Désormais, si subtile que soit devenue la métaphysique scolastique de la Trinité, si raffinée que paraisse l'interprétation symbolique de l'Eucharistie, il ne saurait y avoir de compromis, entre l'intériorité d'un *Dieu* qui est *un* sans arrière-pensée, sans équivoque, et la tradition du polythéisme anthropomorphique qui transporte le lien familial dans la représentation de la divinité. Par delà les disciplines orthodoxes et les fantaisies mystiques où se sont épuisées les tentatives contradictoires pour parvenir à la synthèse de la lettre et de l'esprit, de la mythologie et de la philosophie, l'exigence d'une catholicité véritable orientera Spinoza vers celles des communautés chrétiennes, *Collégiants* ou *Mennonites*, qui ont compris que connaître Jésus selon la chair c'est le méconnaître. Nous devons, en effet, avoir dépouillé son idée de toute restriction historique ou géographique pour être capables de l'amener à la pureté du Verbe éternel et infini : *Moïse a cru voir le Seigneur face à face ; c'est du dedans que Dieu s'est révélé au Christ, esprit à esprit.*

En rappelant successivement la *Préface des Principes de la philosophie cartésienne*, le *Traité de la réforme de l'entendement*, le *Traité de théologie et de politique*, nous avons gravi les hauteurs où l'analyse porte l'intuition spinoziste. Loin de marquer l'arbitraire d'un individu, la volonté d'un artiste, cette intuition correspond au point de convergence entre les deux mouvements de spiritualité qu'ont inaugurés tour à tour la révolution religieuse de Jésus, la révolution mathématique de Descartes.

De cette intuition unique et totale découleront les séries de déductions qui se développent à travers les cinq parties de l'*Éthique*. Il importe toutefois de remarquer que l'ensemble de ces séries n'est pas homogène : le rapport de la déduction à l'intuition, le sens du raisonnement déductif par conséquent, diffèrent dans la Première

Partie, *Traité sur Dieu*, et dans les autres parties où Spinoza déclare expressément ne se préoccuper que de conduire à la connaissance de l'esprit humain et de sa béatitude suprême. Le point de rupture est marqué par le caractère nouveau des axiomes énoncés en tête de la IIe Partie. Tandis que les *axiomes* de la Première Partie ont exclusivement trait à des relations entre idées, à des *notions communes* comme on disait alors, les *axiomes* de la seconde partie servent à introduire, dans le tissu de la démonstration géométrique, des données de fait, telles que celle-ci : *l'homme pense* ; et, d'ailleurs, ils se relient, Spinoza l'indique, aux *postulats* qu'il énumère après la proposition XIII de cette partie. Le problème de la méthode sera donc double, selon que l'on considérera le traité *de Dieu* ou les autres parties de l'*Éthique* qui traitent de l'homme.

Une théologie qui se constitue *a priori* semble promettre une déduction de l'univers. Or cette promesse est assurément impossible à tenir si l'on attend qu'elle doive, d'un Dieu qui est à part des choses, mener à des choses qui sont à part Dieu. Rationalisme oblige et spiritualisme oblige. L'absolu de l'affirmation infiniment. infinie ne saurait engendrer, par la force intrinsèque de sa causalité, la détermination d'une existence dans un temps et dans un lieu limités. D'un autre côté, quelle que soit la sympathie indulgente du philosophe pour les fidèles qui pratiquent leur culte avec la simplicité de l'enfant, il ne se résignera pas à regarder comme définitif l'asservissement de l'intelligence à la mythologie de la Genèse, à l'anthropomorphisme de la mentalité primitive : « Les Écritures saintes s'adressent au vulgaire, non pour l'instruire, mais pour le faire obéir ; et c'est pourquoi elles sont adaptées à son niveau. Aussi n'y a-t-il nullement à s'étonner si elles parlent de Dieu d'une manière tellement impropre qu'elles lui attribuent des mains, des pieds, des yeux, des oreilles, une âme, et le mouvement dans l'espace, qu'elles lui prêtent, en outre, des émotions qui le font apparaître jaloux ou pitoyable, etc., qu'enfin elles le dépeignent comme un juge, et siégeant dans les cieux, sur un trône royal, le Christ à sa droite. » Les hypothèses de transcendance théologique et d'action transitive sont entachées d'un matérialisme involontaire, d'un athéisme inconscient ; car elles impliquent l'imagination d'un Créateur situé quelque part hors du monde, avec une frontière tracée ici ou là, dans l'immensité de l'étendue, entre lui et ses créatures.

Dieu se définit en esprit et en vérité par l'éternelle et infinie raison de l'existence ; il est cause de l'être unique qui est soi. Dire que Dieu existe, c'est dire que l'être est, pour lequel il ne saurait y avoir d'extériorité absolue, d'altérité en soi. Le problème, en effet insoluble, qui consisterait à forcer le passage du *même à l'autre*, ne se pose donc pas : déduire, dans la Première Partie de l'*Éthique*, revient à identifier. Dieu est la nature, mais la nature prise à la source de cette éternelle productivité infiniment infinie que la forme active du participe signifie. Dieu est la *nature naturante*, par opposition à la *nature naturée*. Celle-ci est sans doute, en tant qu'existante, la même réalité que celle-là, puisque l'on ne saurait, sans offenser la raison, poser deux jugements d'existence radicalement isolés l'un de l'autre ; mais, du point de vue de la représentation, la *nature naturée* est comme la réfraction de l'unité originelle, qui est objet d'intuition pour l'intelligence, à travers les cadres factices de l'espace et du temps, simples « auxiliaires de l'imagination ».

C'est donc une erreur que de faire appel, pour interpréter l'*Éthique*, aux concepts désignés par les mots de *naturalisme* ou même de *panthéisme* : erreur commune mais qu'aussi bien Spinoza dénonçait par avance lorsqu'il écrivait à Oldenburg, au sujet du *Traité de théologie et de politique* : « On se trompe du tout au tout quand on prétend lui donner pour base l'identification de Dieu à la nature, comprise comme une certaine masse ou matière corporelle. » Ligne décisive pour qui se propose de rendre au spinozisme sa signification authentique et son originalité dans l'histoire.

Quoique nous n'ayons pas à espérer de certitude positive, relativement à la philosophie antésocratique, il est possible que les Éléates aient jadis entendu dans un sens physique et purement matérialiste la thèse de l'*Être un et total*. En revanche, ce que nous savons bien, ce qui devrait être hors de toute contestation, c'est que l'effort de la méditation rationaliste, en commençant par le dialogue du *Parménide*, consiste à réagir contre les formules d'identité statique, d'immobilité stérile, accréditées sous le couvert de l'école éléatique. En demandant leur appui aux résultats acquis dans le maniement des nombres pythagoriciens et des grandeurs « incommensurables », la dialectique platonicienne arrache la notion de *participation* à cette confusion de tout avec tout qui était le caractère des premières spéculations chez les théologiens et chez les physiologues ; elle la discipline en connaissance exacte de rapports précis, qui reçoit de l'astronomie et de la musique une confirmation éclatante et positive. Avec Descartes la raison achève de prendre conscience de soi. Grâce à la spiritualité de l'algèbre (et il n'y est pas indifférent de rappeler qu'au témoignage des éditeurs de ses *Œuvres posthumes*, Spinoza songeait à écrire un traité d'algèbre « selon une méthode plus courte et plus intelligible »), une mathématique se constitue, exclusive de toute représentation spatiale, ne faisant que suivre le progrès continu, ininterrompu, qui est l'être même de l'intelligence ; d'autre part, la physique, devenue à son tour système d'équations algébriques, permettra de poser l'unité indivisible de l'étendue universelle, parallèlement à la totalité indivisible de la pensée universelle. De là résulte immédiatement la thèse fondamentale de la Première Partie de l'*Éthique* : Dieu, vu de Dieu, ne saurait se dégrader dans les choses sensibles, s'incarner dans la nature, telle du moins qu'elle est donnée à la perception immédiate sous les espèces de l'espace et du temps.

S'il est vrai que pour la substance infiniment infinie il n'y a rien d'autre que soi, il est vrai qu'il arrive aux modes finis dans l'espace et dans le temps, à l'homme en particulier, de s'imaginer autres que Dieu. Le réalisme consacre cette apparence : il enferme l'âme dans les limites de l'organisme individuel ; ce qui implique un *matérialisme* du *moi* corollaire du *matérialisme* de *Dieu*. Le *moi* et *Dieu* seraient à jamais définis par leur extériorité réciproque, condamnés à demeurer excentriques l'un par rapport à l'autre.

Cette apparence réaliste d'où découlent toutes les illusions du sens commun, qu'il s'agisse de la grandeur du soleil ou du sentiment du libre arbitre, voilà quel sera le point de départ pour le second mouvement dialectique de Spinoza, celui qui se poursuit de la IIe Partie de l'*Éthique* jusqu'à la Ve. Ce mouvement est entièrement *ascendant* et *constructif*, selon le rythme de l'analyse cartésienne. La succession des genres de connaissance, depuis l'*expérience vague* où les individus semblent donnés en soi jusqu'à l'intuition intellectuelle de l'unité continue et totale, marque les étapes de la vérité, mais d'une vérité qui, à aucun moment, ne s'abstrait de l'âme où elle se produit et qu'elle constitue tout entière. Si l'œuvre considérée dans l'inspiration que le titre exprime, si la *Morale* en tant que telle, est un corollaire de la théorie de la connaissance, c'est que, dans cet unique système de spiritualisme radical qu'est le système de Spinoza, le *moi* n'est pas représenté du dehors comme une substance psychique à qui des facultés seraient rapportées à titre de propriétés définies une fois pour toutes. La Première Partie de l'*Éthique* a démontré que Dieu, par la nécessité de sa nature, est intérieurement et éternellement présent à l'activité qui définit l'essence de toute réalité. Cette activité, par conséquent, est capable d'expansion à l'infini sans que la spontanéité de son élan soit condamnée à se briser jamais devant la barrière que le réalisme du sens commun établit entre l'imagination et l'intelligence, entre l'idée et le jugement ou la volonté. A mesure qu'apparaissent les valeurs de vérité, se transforment les valeurs de l'âme. De la conscience, inadéquate chez l'être qui croit à l'absolu de son individualité, la science fait surgir la communion intime avec la nature, l'expérience directe de l'éternité, la jouissance bienheureuse de l'amour divin.

Ainsi que l'indique si nettement le *Scolie* final de l'*Éthique*, la déduction qui remplit les quatre dernières parties aboutit à une formule d'*antithèse* entre l'ignorance qui est le point de départ, la sagesse qui est le point d'arrivée. Mais l'originalité triomphante de la méthode spinoziste consiste en ceci que l'*antithèse* n'est jamais *alternative*.

Pour le judéo-chrétien, le monde moral est dominé par une dispute incessante de bons anges et de malins génies comme, pour le physicien à la manière péripatéticienne, le monde sublunaire s'expliquait par un antagonisme de forces qui orientent l'âme du *grave* vers le bas, l'âme du *léger* vers le haut. Chez Spinoza, l'intelligence de la nature, le dénouement de notre destinée, ne supposent rien d'autre que le progrès d'une activité autonome. Et de la hauteur où la vérité se manifeste claire et distincte en nous, le brouillard de l'erreur se résout dans son inconsistance intrinsèque, entraînant avec lui les passions qui sont liées aux représentations confuses de l'individu : *tristesse, crainte, haine*. Dieu, *participé* seulement du dehors dans l'inconscience de l'imagination, ne saurait donc se rencontrer avec Dieu auquel l'être *participe* du dedans par l'expression adéquate de l'essence dans l'ordre de l'étendue ou de la pensée. Le *médecin qui se soigne lui-même*, s'il n'est que médecin du corps, demeurera, selon le langage aristotélicien, dissocié en *matière* de *patient* et en *forme d'agent*. Mais le propre de la médecine spirituelle est qu'il suffit à l'homme de comprendre les causes de son esclavage pour en être par là même affranchi. Encore faut-il qu'il sache ce que c'est véritablement que comprendre. Aussi la dernière ligne de l'*Éthique* est-elle consacrée à rappeler qu'il n'y a pas en philosophie de *Voie royale*. Puisque le salut est en nous, c'est une fausse charité, celle dont nous escompterions le secours pour suppléer à la sagesse en nous épargnant l'effort *très ardu* qui, seul, assurera la liberté de la raison et la joie de la vertu.

COMMÉMORATION DU DEUX CENT CINQUANTIÈME ANNIVERSAIRE DE LA MORT DE SPINOZA [1] (a)

Mes amis, M. le Dr Gebhardt et M. le Pr Ravà, vous ont transmis, avec une vigueur et une élévation de pensée, avec une éloquence, que vous avez admirées, l'écho vivant de la semaine que nous venons de vivre à La Haye. Je ne voudrais pas vous rendre trop envieux de notre joie en insistant sur le détail des réunions consacrées à la commémoration du nom et de l'œuvre de Spinoza.

Nous avons répété et célébré ce nom. Nous savons pourtant qu'au moment où il a dû envisager sa fin prochaine, il a voulu que la publication de ses écrits posthumes fût anonyme, comme anonyme avait été la publication du *Tractatus theologico-politicus*. Nous avons évoqué, nous avons commenté son œuvre avec des mots ; et nous savons aussi que ces mots, tournés vers le dehors, trahiraient leur intention s'ils n'étaient capables de provoquer une méditation lente et grave dans le silence intérieur. Spinoza, en effet, de tous les philosophes, est celui qui s'est le plus défié des concepts transmis par le passé, qui a pratiqué avec le plus de sévérité, ou, si l'on préfère, avec le plus de bonheur, le précepte salutaire de ne retenir, à titre d'idée, que ce qui est réellement un acte d'intelligence concrète, que ce qui correspond à un progrès de libération spirituelle.

Au fond, dans leur aspiration commune à la vie de l'âme, à l'in-

---
1 Communication lue à la séance de la Société française de Philosophie le 26 février 1927, publiée dans le *Bulletin de la Soc. franç. de Philo.*, juin 1927, 27ᵉ année, nᵒˢ 2-3, pp. 54-59.

fini et à l'éternité, à l'amour divin et à la béatitude, qu'est-ce qui permet le discernement des philosophes, sinon ceci avant tout ? Les uns attendent qu'une puissance supérieure aux puissances de la terre vienne rompre en leur faveur l'enchaînement des êtres et des événements qui est la trame de notre univers, qu'elle les délivre de leur propre nature et leur ouvre, presque malgré eux, l'accès d'un monde sans rapport intelligible, sans commune mesure, avec celui où notre vie quotidienne est appelée à se dérouler. Les autres, Spinoza sera au premier rang d'entre eux, ne se sentent assurés d'être libres que dans la mesure où ils auront su opérer eux-mêmes la conquête de leur liberté par la conformité de leur pensée aux lois de la raison. Du dedans l'enfant se convertit à l'homme ; du dedans aussi l'homme se convertit à Dieu. Par l'identité de ces deux rythmes de croissance s'expliquera l'unité des deux ouvrages que Spinoza consacra, l'un à l'exégèse, l'autre à la métaphysique. Au Dieu qui nous parlait *face à face*, comme un homme parle à son compagnon, par l'intermédiaire de deux corps, le progrès de la religion a fait succéder un Dieu, dont nous comprenons qu'il communique intérieurement avec nous, *esprit à esprit*. Or, ce progrès décisif est relié, dans l'*Éthique*, au progrès que le XVIIe siècle accomplit lorsqu'il substitue l'intelligence d'une méthode positive à l'imagination d'une finalité transcendante.

Les systèmes inspirés de la tradition aristotélicienne, dans l'Antiquité ou au Moyen âge, n'ont aperçu le monde qu'avec les yeux du corps. Ils lui ont donné pour centre la place que nos yeux occupent ; car, avec l'orgueil ingénu de la jeunesse, l'humanité n'hésitait pas à ordonner par rapport à elle, par rapport à la terre, le cortège du soleil, des planètes, des étoiles, selon le plan dont la révélation lui était apportée par les Théogonies des temps primitifs. Mais, dès le retour de l'Europe à la civilisation, l'idéalisme de la vérité, qui avait été négligé ou subordonné depuis la mort de Platon, reprend toute sa vigueur. Comme l'avait enseigné l'auteur de la *République*, les yeux du corps sont démentis, et heureusement démentis, par les yeux de l'âme, qui sont les démonstrations. Avec Copernic, avec Galilée, l'espace de notre perspective terrestre, l'espace de notre vision animale, l'espace de notre physique enfantine, celui où nos yeux croyaient avoir vu, *ce qui s'appelle vu*, que le soleil tourne autour de la terre, fait place à l'espace de la science exacte, espace idéal qui n'a d'autre siège que l'intelligence de l'astronome, qui n'a d'autre fondement que les équations du mathématicien, où il est vrai, néanmoins, *ce qui s'appelle vrai*, que la terre est simplement un fragment du système héliocentrique, partie lui-même de ce tout dont nul regard humain, nul instrument d'observatoire ne peut épuiser l'immensité.

Un petit fait fournit un moyen aisé de mettre en évidence la portée d'une telle révolution. En 1654, à l'époque où Spinoza méditait les difficultés des livres hébraïques, nos régions furent averties qu'elles auraient prochainement l'occasion de contempler une éclipse de soleil. On présumait que l'Europe était assez civilisée déjà pour qu'elle y vit l'annonce d'un simple phénomène astronomique. Or, il s'en est fallu du tout au tout : la terreur mystique de l'an mil se réveilla dans le Paris du XVIIe siècle. « Et nous (demandera Fontenelle dans les *Entretiens sur la pluralité des mondes*), n'eûmes-nous pas une belle peur, il n'y a que trente-deux ans, à une certaine éclipse de soleil, qui, à la vérité, fut totale ? Une infinité de gens ne se tinrent-ils pas enfermés dans les caves ? Et les philosophes qui écrivirent pour nous rassurer, n'écrivirent-ils pas en vain, ou à peu près ? Ceux qui s'étaient réfugiés dans les caves, en sortirent-ils ? »

Quel spectacle était plus capable de mettre en évidence le contraste de mentalité entre l'élite des philosophes et la masse de leurs contemporains, contraste que nous ont rendu aujourd'hui si familier les recherches et les découvertes, non seulement de l'histoire, mais de la préhistoire et de l'ethnographie ? De fait, l'*Éthique* va dresser, l'une en face de l'autre, deux interprétations opposées de la lumière, une interprétation matérialiste et une interprétation spiritualiste. Si la lumière n'était que pour le, corps, l'homme ne pourrait surmonter l'angoisse qu'entraîne l'alternance sans fin du jour et de la nuit. Mais la lumière, pour l'intelligence, est une lumière dont la pureté demeure éternellement égale à elle-même, car elle rend compte des ténèbres aussi bien que de la clarté, de la crédulité puérile comme de la réflexion virile. La nuit, envisagée dans la succession de ses retours quotidiens ou même dans les conjonctures exceptionnelles d'une éclipse, devient l'objet de calculs heureux qui donnent à la raison le droit de se certifier à soi-même que les savants, désormais, sont aptes à recueillir l'héritage des anciens prophètes, en revêtant le don humain de prédiction d'une vertu d'infaillibilité qui nécessairement échappait aux variétés de l'inspiration purement individuelle.

Or, voici qu'avec la philosophie de la lumière se transforme aussi la philosophie de la vie. Le corps attend la mort comme il attend la nuit, dans la crainte et dans le tremblement. A l'esprit il appartient de dominer l'alternative de la vie et de la mort, en se transportant dans une zone de vérité qui est éternité pure. Le problème que pose Spinoza ne sera plus de savoir ce qui se passe pour l'individu à partir du moment où son cœur cesse de battre, la nature l'en a trop clairement averti ; ce sera de rechercher comment, dès cette vie même, peut naître chez l'individu une conscience qui ne soit plus une conscience exclusivement individuelle, bornée aux limites de notre organisme, constituée par les seules images, par les seules passions, que le temps apporte et remporte dans la stricte nécessité de ses flux et de ses reflux — cette conscience dont le *Scholie* final de l'*Éthique* dira qu'elle est inséparablement *conscience et de soi et des choses et de Dieu*. Et la rigueur du spiritualisme spinoziste fournit la solution exacte du problème. Du moment que l'âme cesse d'être une substance, il n'y aura plus en elle de matière qui soit étrangère et qui la rende réfractaire à l'idée. Transparente à la raison universelle, et consciente de cette transparence, l'âme participera du dedans à l'unité de l'infini divin. Car l'âme de l'être qui comprend est partout où son intelligence a la force d'aller, et partout où va la force de l'intelligence, partout aussi règne la générosité de l'amour.

Tel est, en bref, l'enseignement de l'*Éthique* ; la réflexion, dont la science rationnelle, la *Mathesis*, s'accompagne nécessairement, fait vivre notre conscience d'une vie qui ne peut connaître la mort, en la remplissant d'un amour qui ne peut connaître la haine. Le paradoxe, le scandale, sur lequel la méditation de Spinoza semble s'être exercée avant tout, et à partir duquel sa doctrine nous semble s'expliquer le mieux, c'est qu'à l'amour, principe d'affirmation, il puisse arriver de susciter, par le mécanisme de son développement, sa propre négation, c'est qu'il se produise des drames de jalousie, c'est qu'il y ait eu des guerres de religion. Paradoxe et scandale ont leur racine dans l'impérialisme congénital à tout individu. Le matérialisme de l'instinct nous conduit à délimiter l'étendue de notre propre conscience par les frontières de notre corps ; ce qui est au delà nous paraît étranger, par suite hostile ; et, faisant ainsi de notre personne un absolu, nous nous condamnons à engager contre l'univers tout entier une lutte où nous ne pouvons pas ne pas être vaincu. D'autant plus nous aurons l'illusion de notre indépendance, d'autant plus nous resserrerons autour de nous les liens qui rattachent aux lois inévitables de la nature universelle les vicissitudes inévitables, elles aussi, de nos joies et de nos tristesses, de nos espérances et de nos craintes, de nos amours et de nos haines. Les causes d'impuissance que nous faisons naître de notre isolement imaginaire, nous les multiplions en multipliant autour de nous des centres fantastiques d'égoïsme. Mais, s'il est vrai que celui-là est doublement esclave à qui manque le sentiment de sa servitude, le progrès vers la conscience est progrès vers la liberté. L'intelligence de l'être mesure la conscience d'être ; c'est pourquoi la science, qui fait dériver toute chose particulière, tout événement singulier, de la totalité infinie des choses et des événements, a la capacité de créer en nous la conscience adéquate de l'être total. Tant que nous nous imaginions comme un empire dans un empire, nous ne pouvions échapper aux alternatives de l'orgueil et de l'humilité, de l'ambition et du désespoir. Maintenant que nous nous comprenons comme une partie dans un tout, il n'y aura rien qui soit destiné à nous demeurer proprement extérieur, rien dont nous ne tirions une occasion de développement intellectuel, par suite une source de joie. Nous irons vers les autres hommes, non plus à contre-cœur, pour obtenir, grâce à un effort de sacrifice pénible et d'abnégation, la concession d'une paix précaire, mais avec l'élan d'une âme qui est faite pour la conquête de la vérité universelle, qui jouit d'une exaltation généreuse dans le sentiment de sa pure communion avec des êtres illuminés de la même raison. Et, à mesure que nous aurons intégré le monde à notre science et à notre conscience, approfondissant et intensifiant notre réflexion jusqu'à l'expérience de l'éternité, à mesure nous connaîtrons Dieu. Car, du point de vue tout spirituel qui est celui de Spinoza, Dieu est l'être qui est la racine de l'être en nous et en autrui ; ce n'est pas quelque chose que nous ayons à aimer, dans le sens purement humain du mot, et qui pourrait avoir pour nous l'affection d'une créature pour une créature ; Dieu est ce qui nous rend capable d'aimer, et à quoi nous serons attaché d'autant plus véritablement que nous nous attacherons plus intimement à tout ce qui vit comme nous, à tout ce qui pense avec nous, sans velléité de revenir, pour nous y enfermer, au royaume illusoire de notre propre individualité.

« Wenn ich dich liebe, was geht's dich an ? » *Si je t'aime, que t'importe ?* Le cri de Philine à Wilhelm Meister, dont elle se plaisait à soigner la blessure, c'est Spinoza qui l'a dicté dans les journées mémorables de 1774, où Jacobi commentait à Gœthe la proposition XIX de la Ve Partie de l'*Éthique* : *Qui Deum amat, conari non potest ut Deus ipsum contra amet. — Celui qui aime Dieu ne peut pas s'efforcer que Dieu l'aime à son tour.* Et le théorème se démontre : car, en demandant à l'être infiniment infini, absolument parfait, de fixer sa pensée et son amour sur nous qui sommes un être fini et passager, nous lui demanderions d'abdiquer la perfection qui fait sa divinité, nous commettrions cette absurdité de détruire l'objet de notre attachement, nous ferions succéder la dépression de la tristesse à la joie nécessairement éternelle d'un amour qui est tout intellectualité.

Sans doute Gœthe est un poète, qui ne respirera jamais tout à fait à son aise dans l'édifice trop géométriquement classique de l'*Éthique*. Jacobi est un homme de sentiment et de tradition, qui ne cessera d'éprouver une sorte de terreur sacrée au contact de la philosophie pure. Il n'en est que plus saisissant que, tous deux à l'aurore de leur carrière, soulevés par l'élan de la religion spinoziste, ils aient réussi à vivre, dans le séjour heureux de Pempelfort, un moment d'éternité.

Ce moment d'éternité, qui, à vrai dire, est l'éternité elle-même, nous venons de le vivre, à notre tour, grâce à nos amis hollandais. Au lendemain de la grande tourmente, sur l'initiative du vénéré Dr Meijer, ils ont fondé la *Societas Spinozana*, inspirée par la parole du philosophe : *Ce ne sont pas les armes, c'est l'amour et la générosité, qui triomphent des âmes.* Ils ont obtenu le concours des penseurs de tous les pays, à commencer par les compatriotes de Gœthe et de Jacobi. Autour du Dr Meijer, en même temps que Sir Frederick Pollock et Harald Höffding, un Français était appelé à prendre place aux côtés du Dr Gebhardt. C'est l'un des premiers exemples de la Coopération intellectuelle que, sous sa forme généralisée, Léon Bourgeois et M. Henri Bergson ont proposée à l'humanité d'après-guerre comme sa tâche la plus pressante et comme sa meilleure espérance. Et il m'a semblé que ce fait devait être rappelé, pour donner toute leur signification aux réunions de La Haye, à la cérémonie d'aujourd'hui.

Notes bibliographiques

Les textes relatifs à Spinoza sont fort nombreux dans l'œuvre de Léon Brunschvicg. Les principaux se trouvent naturellement dans *Spinoza et ses contemporains*, 3ᵉ éd., Paris, 1923 (réédité en 1951). Voici cependant quelques références plus précises sur des points particuliers :

Sur l'interprétation du spinozisme et la place de la doctrine dans l'histoire de la philosophie, cf. *Spinoza et ses contemporains*, 3ᵉ éd., ch. XIV, pp. [433]-495 ; *Le progrès de la conscience*, éd. 1927, t. I, liv. III, ch. VII, section 3, § 102, pp. 192-194.

Pour le platonisme de Spinoza, cf. *Spinoza et ses contemporains*, 3ᵉ éd., ch. XIV, pp. 467 sqq., et id., ch. X, pp. 306-312 ; *Le progrès de la conscience*, éd. 1927, t. I, liv. III, ch. VII, section 3, *Spinozisme et Platonisme*, pp. 180-194.

Pour le rôle du mathématisme dans le système spinoziste, cf. *Les étapes de la philosophie mathématique*, éd. 1912, liv. II, ch. 8, section C, § 91-93, pp. 143-148 ; voir aussi Physique et métaphysique, dans *Septimana Spinozana*, La Haye, 1933, pp. 45 sqq.

Pour la « valeur de vie et d'efficacité » du Spinozisme, cf. *Spinoza et ses contemporains*, ch. XIV, pp. 485 sqq., et aussi Allocution à la séance inaugurale du 5 septembre 1932, dans *Septimana Spinozana*, La Haye, 1933, pp. [13]-20.

KANT

LA PHILOSOPHIE PRATIQUE DE KANT [1]

Au cours de sa magistrale étude sur *Le problème moral dans la philosophie de Spinoza et dans l'histoire du spinozisme*, M. Delbos avait déjà rencontré la morale de Kant, mais sous son aspect négatif, dans son opposition à l'unité substantielle de Spinoza, dans son opposition aussi à ces instincts intellectuels qui semblaient prédestiner au spinozisme la pensée de la nation allemande : « On croirait volontiers, écrivait M. Delbos, que Kant a critiqué beaucoup moins la pensée humaine en général que la pensée germanique [2]. » Aujourd'hui c'est à l'ensemble de la philosophie pratique de Kant que M. Delbos consacre un ouvrage, considérable tant par l'étendue et la sûreté de l'information que par la pénétration et l'objectivité de la critique. Nous nous proposons de marquer le progrès décisif que cet ouvrage réalise dans notre connaissance de cette partie du kantisme, en nous excusant si la brièveté de notre analyse compromet inévitablement et en plus d'un endroit la plénitude et la circonspection qui sont le double caractère et le double mérite de l'ouvrage lui-même.

Le problème que M. Delbos s'est donné à tâche de résoudre ne se réduit nullement, en effet, à déterminer les traits essentiels qui expriment l'image populaire ou, si l'on veut, l'efficacité survivante de la morale kantienne. Il consiste à suivre pas à pas, année par année, à travers la carrière du professeur et du penseur, toutes les manifestations qui éclairent les sentiments de Kant sur les questions liées à la philosophie pratique. Cette méthode exhaustive n'est pas seulement une condition nécessaire pour réunir des éléments de vérité que l'historien ne saurait négliger, en tout état de cause [3] ; elle tire une importance singulière du caractère propre à l'esprit de Kant et à la formation de sa doctrine [4]. Kant commence par trans-

---

[1] A paru dans *Revue de métaphysique et de morale*, janvier 1907, 15ᵉ année, n° 1, pp. [66]-93, à l'occasion du livre de V. Delbos, *La Philosophie pratique de Kant*, Paris, Alcan, 1905.
[2] *Op. cit.*, Paris, 1893, p. 242.
[3] Voir *Avant-propos*, p. I.
[4] Voir *Introduction*, ch. III, pp. 54 sqq.

mettre à ses élèves une Encyclopédie du savoir, à peu près telle qu'il l'a reçue de ses maîtres. Pendant plus de vingt ans, son activité philosophique semble se borner à une révision des détails, à l'approfondissement et à la réfection de certaines parties, jusqu'à ce que ce travail infatigablement poursuivi ait fait enfin apparaître la nécessité de reconstruire l'édifice sur un nouveau plan d'ensemble ; mais alors même Kant ne renonce nullement à l'utilisation des matériaux anciens ; surtout il prétend ne rien sacrifier de l'ampleur et de l'harmonie au souci, désormais prédominant, d'assurer la solidité de la construction. De là, dans la critique kantienne, les complications et les surcharges, les symétries artificielles, démenties par de brusques inversions de sens, bref tout un appareil qui déconcerte et qui rebute, tant qu'on n'en a pas été en chercher la clé dans l'histoire continue et dans la psychologie complexe de l'architecte.

Kant appartient à l'école wolffienne, pour qui le rationalisme est l'essence même de la philosophies [1]. La philosophie rationnelle selon Wolff enveloppe dans une même unité le corps des sciences exactes et le système de l'ordre moral et religieux ; elle affirme la réalité ontologique de Dieu, la validité objective des notions de perfection et d'obligation avec la même simplicité et la même sérénité que les principes de la déduction mathématique. Le tout de la vérité, qui est proprement l'*objet* de la raison, se trouve traversé par un même courant d'intelligibilité, parcouru par une même méthode de justification logique, qui est proprement la *méthode* de la raison. Ainsi le « rigorisme logique » de Wolff posera comme axiome moral que « le moyen de décider si notre conscience est droite ou non, c'est la démonstration » [2] ; ainsi le contenu de la révélation divine, et les effets de la volonté divine, les miracles en particulier, seront soumis à la juridiction, et à « une application plus étroite » que chez Leibniz, « des critères du rationalisme » [3].

Or la *Critique de la raison pure*, qui est la réfutation décisive du dogmatisme wolffien, montre pourtant que Kant n'a jamais entendu désavouer ni la méthode ni l'objet de la raison, au sens même où ils viennent d'être définis. Dans l'*Introduction* de la *Dialectique*

---

1 Voir *Introduction*, ch. I, p. 12.
2 Vernünftige Gedanken vor. der Menschen Thun und Lassen, 1720, § 94, p. 56, cité par Delbos, p. 20.
3 Delbos, pp. 15 sqq.

transcendentale, la raison est d'abord définie d'une façon technique, par son « usage logique » : par opposition à l'entendement qui ne peut aller au delà des inférences immédiates, la fonction de la raison est d'introduire un jugement intermédiaire, et de tirer ainsi de la proposition donnée une proposition qui en diffère au moins par l'un de ses termes, qui constitue par conséquent une conclusion nouvelle ; la méthode du syllogisme est la *méthode* proprement rationnelle [1]. Mais cet « usage logique » se double d'un « usage pur » : « Le propre du raisonnement, c'est en effet de faire rentrer de proche en proche les lois les moins générales sous les lois les plus générales, de façon que la majeure initiale offre les caractères d'une complète universalité. Or à cette complète universalité correspond, dans la synthèse des intuitions, la totalité des conditions [2]. » La fonction de la raison est alors déterminée par son *objet* : elle est l'idée de la totalité des conditions d'un conditionné, de l'unité absolue du système de l'univers. Une telle idée, fût-elle destinée à demeurer vide, faute d'intuition intellectuelle à subsumer sous les catégories, ne s'évanouit pas comme une simple illusion. Elle subsiste, au contraire, et du point de vue spéculatif même ; car elle est un « canon » [3] pour l'entendement, un principe de discipline et de progrès. Elle est enfin la « pierre angulaire » [4] de la morale et de la religion ; et il est remarquable qu'une telle expression s'applique suivant Kant, non seulement aux deux thèses des antinomies dynamiques dont l'intérêt pratique est manifeste, mais aux deux thèses mathématiques qui semblent ressortir à la métaphysique purement abstraite et spéculative.

Le progrès de réflexion qui a été accompli par Kant consiste donc, non point à rejeter l'un des éléments constitutifs du rationalisme wolffien, mais à mettre en doute ce qui était le postulat dogmatique de ce rationalisme, à savoir la fusion, ou mieux l'indistinction, de ces éléments, à dissocier enfin avec une probité scrupuleuse la fonction relative à la méthode et la fonction relative à l'objet. Autre chose est d'adopter une méthode qui n'accepte aucune notion sans requérir un procédé de vérification, qui s'engage à ne laisser au-

---

1 Voir cette introduction, II B. *Vom logischen Gebrauche der Vernunft*.
2 DELBOS, p. 202.
3 Dialectique transcendentale, liv. I, section II : *Von den transcendentalen Ideen*.
4 Antinomie de la raison pure, section III : *Von dem Interesse der Vernunft bei diesem ihrem Widerstreite*, et *apud* DELBOS, p. 210.

cune lacune consciente ou volontaire dans le tissu des démonstrations ; autre chose est d'affirmer, en anticipant sur les résultats de la démonstration même, que l'ensemble des produits de la raison formera un monde véritablement intelligible, apportant une satisfaction absolue à l'exigence de l'ordre et de l'harmonie. Dès lors, on pressent quelles formes diverses et complexes devra revêtir l'attachement de Kant au rationalisme philosophique, tandis que se fera jour de plus en plus clairement la disproportion, l'antagonisme même entre la méthode de justification logique et l'intuition de l'objet intelligible. On aperçoit la substance et la portée de l'œuvre que M. Delbos a réalisée : à l'aide des renseignements qu'ajoutent à l'étude des œuvres proprement dites, soit la publication des lettres, des programmes et leçons, des notes et fragments inachevés, soit les commentaires et les controverses des historiens, suivre le jeu d'actions et de réactions qui depuis l'*Histoire universelle de la nature* et *Théorie du ciel* jusqu'à la *Religion dans les limites de la simple raison* s'est établi entre le rationalisme théorique de Kant et son rationalisme pratique.

Dans cette *Théorie du ciel*, par laquelle Kant a conquis une place dans l'histoire de la science positive, la connexité est présentée de la façon la plus simple et par un procédé en quelque sorte unilinéaire. L'extension des principes newtoniens au problème de la formation du système solaire répond à l'élan de l'esprit vers l'infini, au besoin profond de concevoir cet infini sous l'idée du tout ; elle permet d'apercevoir dans l'immensité ordonnée du ciel l'image de la destinée réservée à la créature raisonnable : « La contemplation du ciel étoilé, par une nuit sereine, nous donne une sorte de joie que les nobles âmes sont seules à ressentir. Dans le silence universel de la nature et le repos des sens, la mystérieuse faculté de connaître qui est au fond de l'esprit immortel parle une langue ineffable, et fournit des idées d'un sens enveloppé, qui se laisse bien sentir, mais ne se laisse pas décrire [1]. » Et la suggestion se précise : le spectacle de l'infinité céleste fait pressentir la carrière d'immortalité que l'âme aurait à parcourir, comme si les globes célestes étaient les degrés matériels du progrès à travers l'éternité. C'est là sans doute, et Kant est le premier à le faire remarquer, un divertissement de l'imagi-

---

[1] Traduit *apud* DELBOS, p. 79.

nation sur lequel il y aurait danger à faire reposer l'espérance de la vie future ; il sera d'autant plus significatif de le retrouver — fût-ce à titre de symbole ou de « mythe »[1] — dans l'ouvrage même qui, trente ans plus tard, proclamera le primat de la raison pratique.

Mais aussi, dans l'année 1755 où parut la *Théorie du ciel*, Kant aborde dans sa thèse d'« habilitation » les problèmes techniques de la spéculation wolffienne ; et tout de suite s'y manifestait cette disposition à la critique proprement dite, à l'analyse dissociative, qui fut la marque propre de son génie. Le principe de raison suffisante, par lequel s'opérait le passage du possible logique au réel métaphysique, se décomposait en principe de raison antécédemment déterminante, et en principe de raison conséquemment déterminante ; en vertu de cette distinction fondamentale, Kant était amené à rejeter l'argument ontologique de Descartes[2]. Du premier coup de pioche, et comme avec la sûreté de l'instinct, Kant venait de desceller la pierre angulaire de l'ancien dogmatisme ; mais, avec l'inconscience aussi de l'instinct, il laissait échapper la répercussion profonde que ce premier acte devait avoir. Dans ces pages mêmes qui marquent la ruine de l'ontologie rationaliste, Kant reste fidèle à la conciliation leibnizienne de la nécessité et de la liberté morale ; par une subtilité de métaphysicien, où la *Critique de la raison pratique* ne verra qu'un « misérable subterfuge » et qu'une « pure duperie de mots »[3], il admet que les actions humaines sont *infaillibles* et il conteste qu'elles soient *inévitables*[4]. Il y a plus, et en dépit des réserves que l'étude de Pope l'avait amené à formuler entre 1753 et 1755 sur le système de Leibniz[5], lorsque le tremblement de terre de Lisbonne vint poser au XVIIIe siècle comme un solennel cas de conscience, en le sommant de choisir entre la charité antique qui s'attachait à Dieu et la charité nouvelle qui s'attache aux hommes, il est remarquable que Kant ne trouva pas d'autre parti à prendre que de reproduire les raisonnements abstraits de la *Théodicée* : l'opposition du bien et du mal qui apparaît si nettement

---

1 Cf. DELBOS, p. 138.
2 *Principiorum primorum cognitionis metaphysicæ nova dilucidatio*, sect. II, prop. VII, sch.
3 Part. I, liv. I, ch. III, « Von den Triebfedern ». Cf. DELBOS, p. 84, n. 2.
4 *Nova dilucidatio*, sect. II, p. IX, *Confutatio dubiorum*. — DELBOS, p. 84.
5 Voir en particulier REICKE, *Lose Blätter aus Kants Nachlass*, I, 1889, D. 33, pp. 299 sqq. : *Mängel des Optimismus*. — DELBOS, p. 85, n. 2.

à la personne morale lorsqu'elle veut se prononcer sur la valeur de sa propre destinée, sur le concours que l'univers lui apporte pour la réalisation de cette destinée, est subordonnée à l'harmonie que la raison affirme, dès qu'elle se réfère au Tout, et qu'elle refuse de juger du Tout par rapport à autre chose qu'à lui-même [1].

Pour tirer Kant hors des abstractions logiques où se complaisait la scolastique des professeurs allemands, il ne fallut rien de moins que le mouvement de plus en plus impérieux qui emportait la pensée et la conscience de l'Europe. Kant écrivait en marge de son exemplaire des *Observations sur le beau et le sublime* : « Je suis par goût un chercheur. Je sens la soif de connaître tout entière, le désir inquiet d'étendre mon savoir, ou encore la satisfaction de tout progrès accomplis [2]. » Il complète la *Philosophie pratique générale* et la *Théorie de la vertu* de Baumgarten par les *Essais* de Shaftesbury, d'Hutcheson, de Humes [3]. Il lit Montaigne [4] ; il lit Rousseau. Nous avons quelque peine à bien comprendre l'influence de Rousseau sur Kant, peut-être parce que, connaissant trop bien les particularités de leur caractère et de leur vie, nous ne pouvons pas ne pas opposer aux aventures de l'un et à ses bouillonnements de pensée la régularité, la rigidité formaliste de l'autre. Il est indéniable pourtant que l'*Émile* et le *Contrat social* ont joué un rôle décisif dans l'évolution de la philosophie pratique de Kant, et c'est un des faits les plus importants que l'historien de la pensée moderne ait à enregistrer. Avec Rousseau la voix qui venait de France n'était plus la polémique agressive, l'ironie destructive des « philosophes », mais la promesse d'une rénovation appuyée à la nature et à la conscience. Par Rousseau, Kant et l'Europe virent dans la Révolution française autre chose qu'une rupture violente des pactes anciens ; au fond des actes mêmes qui devaient choquer le plus directement les théoriciens de la forme légale, ils reconnurent l'effort pour assurer la liberté du citoyen et fonder l'ordre du droit. Bref, c'est l'image d'une humanité nouvelle que Rousseau fît apparaître, par delà

---

1 Voir les trois écrits de 1756 sur les Causes et les circonstances les plus remarquables des tremblements de terre, et le programme pour les leçons de l'hiver 1759-1760 ; Versuch einiger Betrachtangen über den Optimismus. — DELBOS, pp. 85-89.
2 Cité par DELBOS, p, 116.
3 Nachricht von der Einrichtung seiner Vorlesungen in dem Winterhalbenjahre von 1765-1766, 1765. — DELBOS, p. 102.
4 REICKE, *Kantiana*, p. 15, p. 49, cité par Delbos, p. 106, n. 1.

l'horizon des écoles et des livres. « Nous pouvons être hommes sans être savants », disait la *Profession de foi du vicaire savoyard* ; sous l'impulsion de cette forte parole, Kant moraliste se réveille du sommeil dogmatique, et devient un homme de son siècle.

Désormais la pensée morale de Kant a une base et un point d'orientation ; elle se sent capable de choisir, parmi les innombrables problèmes que l'imagination fait surgir, ceux qui, rentrant dans les limites fixées par la nature de la raison humaine, répondent à un intérêt véritable pour le progrès de la civilisation : « Lorsque la science a achevé le cours de sa révolution, écrit Kant en 1766, elle arrive naturellement au point d'une modeste défiance, et, irritée contre elle-même, elle dit : *Que de choses cependant que je ne connais pas !* Mais la raison mûrie par l'expérience, et devenue sagesse, dit d'une âme sereine par la bouche de Socrate, au milieu des marchandises d'un jour de foire : *Que de choses cependant dont je n'ai nul besoin* [1] ! » Or la considération du monde intelligible n'est-elle pas précisément pour l'auteur des *Rêves d'un visionnaire* une de ces notions dépourvues à la fois de valeur intrinsèque et d'utilité humaine, qui égarent sans profit la curiosité des honnêtes gens ? Cette question a été très discutée, et la solution peut en sembler indécise tant qu'on se borne à mettre en présence le mysticisme déréglé de Swedenborg et le criticisme naissant de Kant ; c'est qu'il importe, pour saisir dans sa complexité la pensée de Kant, de faire appel à un troisième élément qui est présent, ainsi que l'établit M. Delbos, à travers le livre tout entier et qui en fournit explicitement la conclusion [2] : l'élément pratique.

Kant ne repousse pas l'idée du monde intelligible qu'il présentera dans ses *Leçons sur la métaphysique*, et en en faisant explicitement honneur à Swedenborg, comme une « pensée sublime » et comme une « hypothèse nécessaire de la raison » [3] ; il ne prend pas définitivement parti contre les conclusions de cette « philosophie secrète » qui nous ferait pénétrer dès cette vie dans la communauté des natures spirituelles ; mais une opposition se dessine à ses yeux entre deux méthodes : la méthode spéculative de l'intuition intel-

---

1 *Träume eines Geisterschers erläutert durch Träume der Metaphysik* : section II, ch. III, « Praktischer Schluss aus der ganzen Abhandlung ».
2 Voir cette conclusion traduite en grande partie : Delbos, pp. 130-133.
3 *Psychologie : De l'état de l'âme après la mort*, trad. Tissot, 1843, p. 341. — Delbos, p. 139, n. 3.

lectuelle qui est hors de proportion avec la capacité de l'homme et qui, d'une façon manifeste avec Swedenborg, d'une façon cachée et inconsciente avec Mendelssohn [1], s'appuie sur une exaltation de visionnaire, la méthode pratique de la « foi morale » qui permet d'entrevoir, par delà les mobiles sensibles de notre conduite, « la règle de la volonté universelle » et l'« unité morale du monde des natures pensantes » [2]. Et l'interprétation de cet ouvrage d'apparence presque entièrement sceptique se confirme par l'interprétation de l'ouvrage d'apparence presque entièrement dogmatique qui le suit dans l'ordre des temps : « Dans les *Leçons sur la métaphysique*, Kant incline à faire prévaloir la théologie populaire sur ce qu'il appelle la théologie arrogante : la théologie arrogante, dit-il, se targue de son érudition et de sa science : mais pour mesurer la hauteur d'une étoile, à quoi sert la hauteur d'une tour par rapport à la vallée ? De même la théologie érudite et raisonneuse apporte bien peu pour la connaissance de Dieu en comparaison de la loi morale ; ou plutôt elle est souvent une source de sophismes [3]... La grande affaire, dit encore Kant, c'est toujours la moralité, c'est la chose sainte et inviolable que nous devons préserver, et c'est aussi le principe et la fin de toutes nos spéculations et de toutes nos recherches... Si les idées de Dieu et d'un autre monde n'étaient pas liées à la moralité, elles ne seraient bonnes à rien [4]. »

Quelle que doive être par ailleurs la destinée du dogmatisme spéculatif, les principes de la vie morale demeurent donc immuables et inattaquables ; c'est pour cela même que dans toute la période où s'élabore la *Critique de la raison pure*, ils sont en dehors des préoccupations immédiates de Kant. Pour exposer le résultat des « recherches » qu'en 1772 il estimait « avoir poussées assez loin déjà depuis longtemps dans la distinction du sensible et de l'intellectuel en morale, et dans les principes qui en résultent » [5], Kant n'attendait, semble-t-il, que d'avoir fondé sur une base solide une distinction parallèle dans l'ordre de la science. Dès cette date il

---

1 Cf. Was heisst : sich im Denken orientiren ? 1786, et DELBOS, p. 399.
2 *Träume*, Part. I, ch. II : « Ein Fragment der geheimen Philosophie, die Gemeinschaft mit der Geisterwelt zu eröffnen. » — DELBOS, p. 135.
3 Cité par HEINZE, *Vorlesungen Kants über Metaphysik aus drei Semestern*, 1894, p. 61 (541), i DELBOS, 176-177.
4 *Psychologie, sub fine*, trad. TISSOT, p. 345. — DELBOS, p. 173.
5 Lettre à Marcus Herz du 21 février 1772. — DELBOS, p. 157.

dessine le plan d'un ouvrage qui sous un titre tel que celui-ci : les *Limites de la sensibilité et de la raison* aurait compris, aussi bien que la phénoménologie et la métaphysique, les premiers principes du sentiment, du goût et des désirs sensibles, les premiers principes de la moralité.

Quels obstacles l'investigation kantienne, à mesure qu'elle se fit plus scrupuleuse et plus profonde, rencontra-t-elle, ou, pour mieux dire, fit-elle surgir ? Nous n'avons ici qu'à le rappeler d'un mot. Le progrès critique consiste d'abord à manifester successivement les oppositions de sens et de force dissimulées sous les notions logiques de l'affirmation et de la négation, l'irréductibilité du sensible et de l'intelligible, l'antinomie enfin entre les exigences de la raison métaphysique et les conditions de l'expérience réelle. Au terme de ce progrès apparaît la question décisive : sur quel fondement repose le rapport de ce que l'on nomme en nous représentation à l'objet ? Mais c'est dans des conditions telles que la difficulté semble insurmontable. Pour que le problème pût être immédiatement résolu, il faudrait, en effet, ou que l'homme reçût ses représentations des objets, ou qu'il créât, comme l'entendement divin, des représentations par ses objets. Or la première condition n'est pas réalisée, et la seconde ne l'est pas davantage (« sauf — ajoute ici Kant, et l'addition est capitale — en morale, pour les fins qui sont bonnes »). Ainsi s'explique qu'avant de découvrir dans l'ordre spéculatif la solution originale qui le satisfera, il aurait fallu à Kant presque dix années de méditation. Du moins, la façon dont le problème était posé dès 1772 explique l'attitude prise par la *Critique de la raison pure* à l'égard de la philosophie pratique. Préoccupé du rapport à l'objet, Kant n'invoque la considération du sujet (toujours suspecte à ses yeux, et plus encore aux yeux de ses contemporains, de ramener à l'idéalisme de Berkeley) qu'à titre de moyen et dans la mesure où elle est requise pour résoudre le problème de l'objet. De là le paradoxe de la *Critique de la raison pure* : d'une part, Kant y proclame qu'il est essentiel à la morale et à la religion de pouvoir conclure « que le moi pensant est d'une nature simple et par suite incorruptible, qu'il est en même temps libre dans ses actions volontaires et élevé au-dessus de la contrainte de la nature » ; d'autre part, Kant y approfondit la psychologie de l'activité inconsciente, inaugurée par Spinoza et par Leibniz, jusqu'à retrouver dans la spontanéité synthétique de l'imagination et de l'entendement le principe de l'expérience scientifique, la racine de la législation de l'univers. Seulement ces conclusions ne se rejoignent pas à ces principes : sur le pouvoir législateur de l'esprit ne se fonde pas une psychologie transcendentale, capable d'appuyer directement l'affirmation de la liberté ; le moi transcendental, support de cette unité synthétique d'aperception qui constitue pourtant un moment nécessaire du système, ce *moi* auquel Kant paraissait attribuer un caractère positif dans les *Leçons de métaphysique* [1], est finalement éliminé entre l'empirisme de la psychologie concrète et le paralogisme de la psychologie rationnelle. Au contraire, la notion perpétuellement présente à la pensée de Kant et dominante dans la *Critique de la raison pure*, c'est la notion de l'objet transcendental, du rapport entre les données sensibles et la chose en soi qui, tout inaccessible qu'elle est dans sa réalité intime, est requise par la raison comme leur cause intelligible ; de sorte que la possibilité ou l'impossibilité qu'il existe un être pensant d'une nature simple et incorruptible, auquel la liberté soit attribuée par delà le déterminisme de la nature, est discutée, sur le terrain, non de la psychologie, mais de la cosmologie.

Dès lors, une fois que Kant a résolu la troisième antinomie en maintenant intégralement par l'antithèse les droits de la méthode rationnelle, en réservant par la thèse la possibilité de l'objet rationnel, la question se pose pour l'historien de la philosophie pratique, de savoir quel est le rapport de la causalité intelligible, définie en termes d'objet transcendental et de chose en soi, à la liberté pratique de l'agent moral, à l'action propre de la volonté humaine. A cette question Kant n'apporte dans la *Critique de la raison pure* aucune réponse claire et décisive parce qu'il semble bien qu'il ne l'avait pas résolue pour son propre compte ; c'est ce dont M. Delbos fait la preuve, suivant sa méthode habituelle d'analyse, en montrant la *Critique de la raison pure* chronologiquement encadrée entre deux séries de leçons qui, sur cette question centrale de la philosophie pratique, témoignent d'un même embarras. Si les *Leçons de métaphysique* établissent encore une démonstration de la liberté transcendentale sur l'intuition du moi substantiel, il est d'autant plus significatif que Kant reconnaisse en même temps l'impossibilité

---

[1] *Psychologie rationnelle*, sect. I, trad. Tissot, pp. 281 et 286.

d'en comprendre le mode d'action : « Il faudrait saisir les raisons déterminantes de ce qui, par définition, doit être indépendant de ces raisons [1]. » D'autre part, dans les *Leçons sur la doctrine philosophique de la religion* qui furent professées dans le semestre de l'hiver 1783-1784, Kant part de la liberté pratique qui n'est plus fondée sur l'expérience, qui ne se caractérise que négativement ; et quand il la rapproche de la liberté transcendantale, c'est à l'aide d'une formule bien sommaire : « L'homme agit d'après l'idée d'une liberté, *comme s'il était libre* ; et *eo ipso* il est libre [2]. » En définitive, en 1783, au lendemain de la publication des *Prolégomènes* qui ont marqué d'un trait plus net les arêtes de la doctrine spéculative, la place est réservée dans le système de la philosophie à l'idée d'une réalité intelligible qui est le principe de la vie morale. Mais quel usage effectif est fait de cette idée qui s'annonce comme idée pratique, pour organiser la vie morale autour d'une réalité transcendantale, comment l'impératif de la loi se relie à la causalité libre, c'est ce qu'on ne saurait dire encore. Le mot d'autonomie n'a pas été prononcé, l'idée d'autonomie n'a sans doute pas été complètement formée [3].

Or entre les *Prolégomènes* de 1783 et la *Grundlegung* de 1785 se placent dans le tableau chronologique des écrits de Kant un compte rendu, paru dans le *Raisonnirendes Bücherverzeichniss*, de l'*Essai et introduction à la théorie des mœurs* du prédicateur Schulz — deux articles de la *Berlinische Monatsschrift* : Idée d'une histoire universelle au point de vue cosmopolitique et Réponse à la question : Was ist Aufklärung ? — un article enfin de l'*Allgemeine Litteraturzeitung* d'Iéna consacré aux Idées sur la philosophie de l'histoire de l'humanité, de Herder. Après la phase de 1763-1766 où l'influence des Anglais et celle de Rousseau paraissaient prédominantes, ces écrits marquent comme un second point critique dans l'évolution de la philosophie pratique de Kant. M. Delbos en a déterminé le caractère avec précision et profondeur dans son chapitre sur la *Philosophie de l'histoire* [4], chapitre décisif pour fixer la « physionomie » originale de la morale kantienne.

Dans cette période où Kant de nouveau sort de sa méditation abstraite et systématique pour se mettre plus étroitement en contact

---

1 Delbos, p. 167. Cf. *Psychologie rationnelle*, sect. I, trad. Tissot, pp. 289 sq.
2 Id., p. 263.
3 Delbos, p. 246 et p. 269.
4 Id., pp. 264-298.

avec le mouvement des idées nouvelles, la sollicitation vient de l'*Aufklärung allemande*, du leibnizianisme, si l'on veut, mais dépouillé des préjugés et des formes de la scolastique, rapproché de la nature, inséré dans la trame de l'histoire, appliqué à retrouver dans la suite en apparence incohérente des événements la continuité d'un même progrès, le développement nécessaire de la « culture ». Or cette identification de la nature et de la raison par l'histoire se heurte à l'esprit critique et « antinomique » de Kant, exactement comme avait fait l'identification géométrique de l'entendement et de la sensibilité. Ici encore, Kant se refuse à noyer dans une continuité imaginaire la réalité même qu'il s'agit de considérer : l'opposition du bonheur et de la vertu, l'opposition de l'intérêt de l'individu et de l'intérêt de l'espèce. Ici encore, interrogée avec le seul parti pris de résister à toute illusion systématique, l'expérience ferait désespérer de la raison humaine ; elle entraînerait à cet état de « misologie » qui est comme la tentation perpétuelle du sage, s'il n'était de l'essence de la raison de toujours rétablir son propre équilibre par l'approfondissement du problème, par la transformation des conditions où il se posait. Le progrès de l'homme suivant l'ordre et le mécanisme de la nature ne serait, en effet, que le progrès d'un certain animal. Si l'humanité a un tout autre but à remplir, si elle va, non vers le bonheur de l'individu, mais vers la liberté, et vers la constitution d'un état juridique où s'unissent les libertés, l'antagonisme entre le bonheur de l'individu et le progrès de l'espèce prend un sens : L'avènement définitif de la raison et du droit réclame un support moins fragile et moins restreint que l'individu ; c'est dans l'espèce que peut se réaliser le « caractère intelligible » de l'histoire. Et le moyen de cette réalisation, c'est l'antithèse inhérente à l'existence sociale de l'individu, la contradiction du penchant qui le porte à se réunir à ses semblables, avec le penchant qui le porte à faire valoir sans réserve, à étendre sans limite ses droits individuels, avec cette πλεονεξία dont parlait Hobbes et qui est pour la société une menace perpétuelle de dissolution. Cette « insociable sociabilité » [1] est, par la discipline qu'elle contraint l'humanité de se donner à elle-même, la condition de la culture ; la discorde, qui arrache les citoyens et les peuples à l'apathie et à la médiocrité, prépare la paix finale dans le travail et dans le droit. « Selon le mot

---

1 Delbos, p. 276.

qu'emploiera Hegel, et qui traduit bien la pensée de Kant, il y a une « ruse » de la raison par laquelle ce facteur irrationnel qui est l'homme produit des effets qui aboutissent à s'enchaîner rationnellement [1]. »

La philosophie de l'histoire fait donc voir que, comme le voulait Herder, mais non pas au sens où Herder le disait, le temps est aussi bien ordonné que l'espace. Elle joue dans la constitution définitive de la philosophie pratique un rôle analogue à celui que la philosophie de la géométrie a joué dans la constitution de la philosophie spéculative ; elle fournit, pour reprendre l'expression de M. Delbos, la « notion médiatrice » [2] — non qu'elle marque une orientation imprévue ni même tout à fait nouvelle dans la carrière de Kant, non qu'elle transforme en fait d'expérience ce qui était apparu et qui n'a jamais cessé d'apparaître comme une loi de la raison — mais au contraire parce qu'elle assure un champ réel d'application à une philosophie pratique qui se présente comme étant proprement et rigoureusement une métaphysique, parce qu'elle donne à ce « règne des fins » où l'on n'a voulu apercevoir qu'un décalque abstrait de la cité de Dieu une figure sensible et un but tangible : l'avènement d'une société dont la paix perpétuelle, rêvée par l'abbé de Saint-Pierre et par Rousseau, est dès 1784 indiquée comme la condition matérielle [3], qui en 1793 sera la république morale se réalisant par l'union universelle et libre sous la législation du devoir [4].

Dès lors il est possible de saisir, dans leur signification précise et dans leur connexion réciproque, les deux ouvrages où sont exposés et justifiés les principes de la philosophie pratique. Si les *Fondements de la métaphysique des mœurs* font pendant aux *Premiers principes métaphysiques de la science de la nature*, comme la *Critique de la raison pratique* à la *Critique de la raison pure spéculative*, la symétrie des titres ne fait que rendre plus manifeste l'inversion de l'ordre chronologique et de l'ordre logique. Pourquoi la métaphysique, qui du point de vue spéculatif est postérieure à

---

[1] Id., p. 272.
[2] Id., p. 263.
[3] Delbos, p. 280. Cf. pp. 696 et 720.
[4] Partie III, section IV. Cf. Delbos, p. 643.

la critique, lui devient-elle antérieure si on passe au point de vue pratique ? C'est qu'en réalité Kant désigne sous ce nom de métaphysique deux fonctions différentes de l'esprit, qui satisfont à deux questions inverses l'une de l'autre. Là il appartient à la métaphysique d'organiser la matière de l'expérience dans les cadres des principes que l'*Analytique transcendentale* a déterminés : *axiomes, anticipations, analogies, postulats* ; ici de définir la causalité de la volonté, en dehors de tout appel à l'expérience, et abstraction faite des mobiles qui naissent des affections sensibles. Là il s'agissait d'étendre le newtonianisme, de manière à ce qu'il fût rejoint par le schématisme de l'entendement pur ; ici, au contraire, de transposer dans l'ordre pratique le platonisme que la *Dialectique transcendentale* avait fait évanouir dans l'ordre spéculatif, ou, pour reprendre l'interprétation que donne Kant de Platon, de restituer au platonisme son lieu véritable et son efficacité. « En effet, à l'égard de la nature, c'est l'expérience qui nous fournit la règle et qui est la source de la vérité ; mais à l'égard des lois morales, c'est l'expérience (hélas !) qui est la mère de l'apparence, et c'est une tentative au plus haut point condamnable que de vouloir tirer de ce qui *se fait* les lois de ce que je dois faire, ou de vouloir les y réduire [1]. » Et, résumant cette page si frappante de la *Critique de la raison pure*, M. Delbos ajoute : « La prétendue chimère de la *République* de Platon apparaît comme l'idéal pratique par excellence, dès qu'au lieu de s'imposer en vertu d'intuitions effectivement impossibles, elle exprime selon le sens profond de l'idée, une constitution ayant pour fin la plus grande liberté possible, au moyen des lois qui font que la liberté de chacun s'accorde avec celle de tous les autres, et qui ont de là pour conséquence le plus grand bonheur [2]. »

Voici donc écarté le premier, et le plus grave, des malentendus auxquels la philosophie pratique de Kant a donné lieu. Si cette philosophie restaure l'idée métaphysique, telle que Kant croit l'entrevoir à travers le dogmatisme même de l'Antiquité, c'est en vue de remplir le plan systématique que Kant s'était tracé en pleine période d'élaboration critique, c'est pour réaliser l'intention explicitement formulée dans la *Dialectique transcendentale*.

Il faudrait maintenant descendre dans le détail de l'exposition,

---

[1] *Dialectique transcendentale*, liv. I, section I : Von den Ideen überhaupt.
[2] DELBOS, p. 206.

détacher, à la suite de M. Delbos, chacun des moments de l'argumentation, confronter avec le texte de Kant les interprétations et les critiques dont M. Delbos rappelle la substance, et mesure aussi la portée, avec une impartialité discrète et ferme. Nous ne pouvons ici que rappeler les traits essentiels de la méthode kantienne. Dans les *Fondements de la métaphysique des mœurs*, Kant procède par analyse, et il prend pour point de départ la conscience morale commune ; rien pourtant qui rappelle le recours au sentiment, que Kant avait, sous l'influence des Anglais et de Rousseau, conçu un moment comme la base unique de toute la philosophie pratique [1]. Le sens commun suffit à fonder cette sorte d'universalité qui est réclamée par les jugements esthétiques [2] ; mais il faut s'adresser à l'« entendement naturel sain » [3] pour atteindre une forme qui convienne à l'action de l'être raisonnable en tant que tel. La psychologie empirique et concrète, qui faisait de la moralité une propriété particulière à un caractère déterminé, au caractère sublime [4], ne jouera donc aucun rôle dans l'établissement de la formule morale ; ou, pour transposer une formule de la *Critique de la raison pure*, l'unique texte de la psychologie rationnelle est ici le *ich handle*. L'action, détachée de l'attrait du but extérieur, se définit, pour le sujet lui-même, par la valeur de la volonté qu'elle manifeste ; et la bonne volonté, c'est, philosophiquement parlant, la conformité à la loi par respect pour la loi, l'impératif catégorique.

Or, à ce moment de son analyse deux problèmes se présentent pour Kant : déterminer la portée métaphysique de l'impératif catégorique, et particulièrement en déduire comme de leur principe tous les impératifs du devoir ; d'autre part pousser la régression jusqu'à la notion inconditionnelle qui est impliquée dans l'impératif catégorique. Dans la seconde section des *Fondements* les deux problèmes interfèrent, au risque de compromettre l'homogénéité de l'exposition ; « et c'est sans doute pour ne pas les avoir... distin-

---

1 Cf. Delbos, pp. 101 sqq.
2 Cf. *Critique de la faculté de juger*, Ire Partie, § 20 : Die Bedingung der Nothwendigkeit, die ein Geschmackurtheil vorgiebt, ist die Idee eines Gemeinsinnes. — Delbos, p. 534.
3 Dem natürlichen gesunden Verstande. *Fondements de la métaphysique des mœurs*, Ire partie.
4 Voir les Observations de 1764 sur le sentiment du beau et du sublime. — Delbos, p. 112.

gués que l'on a souvent mal interprété le contenu de la doctrine »[1].

Le premier problème est le problème proprement métaphysique, qui fait des *Fondements* l'introduction à la *Doctrine de la vertu* et à la *Doctrine du droit* : « Est proprement métaphysique la connaissance qui est capable de dépasser à la fois le simple formalisme logique et le simple empirisme, qui peut, en d'autres termes, se constituer à elle-même, par la seule raison, un objet déterminé[2]. » La première section des *Fondements* a dissipé les confusions entraînées par l'amalgame courant des concepts rationnels et des concepts populaires ; la seconde section a pour objet de prévenir la confusion du rationalisme métaphysique et du formalisme logique. Si Kant refuse de subordonner la forme de la loi à la détermination du contenu, il ne s'ensuit pas qu'il se résigne à la séparation définitive de la forme et du contenu. A ses yeux, une doctrine strictement formelle, où toute la valeur morale réside dans l'intention reliant le sujet de la loi à un monde suprasensible dont l'accès lui sera ouvert après la mort et en récompense de son détachement et de son désintéressement provisoires, n'est encore, sous un aspect détourné, qu'une doctrine d'hétéronomie. C'est pourquoi il ne suffit pas à Kant d'établir la nécessité inconditionnelle de l'impératif catégorique : il faut qu'il atteigne la matière propre de la volonté, et il la trouve dans la valeur absolue de la personne. Le rapport de la loi morale à la nature se transforme alors : la règle, d'abord définie par l'absence de contradiction logique, devient le principe d'une législation constitutive, par quoi se réalise dans l'humanité même l'union des bonnes volontés, le règne des fins. « C'est une idée pratiquement nécessaire, écrivait déjà Kant dans la *Critique de la raison pure*, de se regarder comme appartenant au règne de la grâce, où tout bonheur nous attend, à moins que nous ne restreignions nous-mêmes notre part au bonheur en nous rendant indignes d'être heureux[3]. »

Mais, en même temps qu'une introduction à la *Métaphysique des mœurs*, les *Fondements* sont une préparation et déjà une esquisse de la *Critique de la raison pratique* ; ils dégagent la puissance originaire par laquelle l'impératif catégorique est possible, et cette

---

[1] Delbos, p. 348.
[2] Id., p. 302.
[3] Transcendentale Methodenlehre, *Des Kanons der reinen Vernunft zweiter Abschnitt*, tr. Barni, t. II, p. 372.

puissance est la liberté. La possibilité de cette liberté est fondée dans la solution de la troisième antinomie qui avait expressément réservé l'hypothèse du monde intelligible : « Le concept du monde intelligible, répète ici Kant, est un point de vue auquel la raison est obligée de se placer, afin de se concevoir elle-même comme pratique [1]. » Mais il arrive aussi qu'en se concevant effectivement comme pratique, elle ajoute à la notion de liberté une détermination positive dont la *Critique de la raison pure* ne contenait « ni le mot ni explicitement l'idée » [2] : l'autonomie de la volonté. « La volonté autonome, la volonté pure, par son efficacité, tend à refouler davantage les déterminations métaphysiques qu'en vertu de son emploi traditionnel la chose en soi prêtait à la causalité inconditionnée de la raison » [3] ; ou, comme dit encore M. Delbos : « Le sujet raisonnable, qui n'obéit à [*la*] loi [*morale*] que parce qu'il l'institue dans son universalité, devient, plus que l'objet transcendental, l'occupant du monde intelligible [4]. »

Excluant « toute détermination par les causes naturelles dans quelque expérience réelle ou possible », la liberté n'est pas susceptible d'être expliquée, pas plus que ne peut être expliqué — ce qui du reste revient au même — l'intérêt immédiat que nous prenons à la loi morale [5]. Il ne faut donc pas attendre de la *Critique de la raison pratique* qu'elle dépasse la limite atteinte par les *Fondements de la métaphysique des mœurs* ; les mêmes problèmes vont y être repris, mais du point de vue synthétique. Au lieu de supposer la conscience morale commune comme matière d'analyse, la raison elle-même fournira le point de départ.

La critique ne commencera donc pas par soumettre cette raison à son examen ; on ne saurait par la raison prouver qu'il n'y a pas de raison [6]. Aussi bien, à travers l'œuvre entière de Kant, c'est l'usage de la raison, et non son existence qui est l'objet propre, l'objet unique de la critique. Seulement l'application de la raison pure aux problèmes de la dialectique transcendentale était illégitime,

---

1 Troisième section : Uebergang von der Metaphysik der Sitten zur Kritik der reinen praktischen Vernunft. — DELBOS, p. 393.
2 DELBOS, p. 246.
3 ID., p. 394.
4 ID.
5 ID., p. 395.
6 Critique de la raison pratique. Préface, trad. PICAVET, p. 16.

en tant qu'elle conduisait à concevoir la réalité hors de conditions sans lesquelles il n'y avait plus de réalité donnée ; l'application de la raison pure à la loi pratique est légitime, en tant que la loi pratique est simplement l'expression de la faculté de législation *a priori* qui définit la raison. La raison pratique n'est autre que la raison, rappelée en quelque sorte à sa pureté originelle. La conscience du devoir est alors l'effet de la raison ; elle est donnée, pour autant que l'efficacité de la raison est inséparable de son existence même. Autonomie de la volonté ne signifie rien de plus que causalité de la raison : « Le concept de la liberté est le seul qui nous permette de ne pas sortir de nous-mêmes, afin de trouver pour le conditionné et le sensible l'inconditionné et l'intelligible. Car c'est notre raison elle-même qui, par la loi pratique suprême et inconditionnée, se connaît, ainsi que l'être qui a conscience de cette loi (notre propre personne) comme appartenant au monde intelligible pur, et même détermine à vrai dire la façon dont cet être comme tel, peut agir [1]. »

Cependant une telle conclusion n'épuise pas le problème ; des « principes de la raison pure pratique » on ne peut déduire par simple analyse le « concept de l'objet de la raison pure pratique ». Cet objet, en effet, ne se conçoit que sous l'alternative du bien et du mal ; or, si le bien et le mal ne sont pas définis par l'état de la sensibilité, s'ils sont constitués par leur relation à la loi, subsumés en quelque sorte sous les catégories de la liberté, il reste que cette liberté doit être la faculté d'agir non plus seulement en conformité avec la loi morale, mais aussi en sens contraire de cette loi ; elle est, non plus autonomie, mais libre arbitre. Comment cette seconde forme de liberté coexiste-t-elle avec la première ? C'est, semble-t-il, un secret caché dans les profondeurs de l'individualité. Kant évoque à ce sujet la théorie du caractère intelligible, telle que l'avait indiquée la solution de la troisième antinomie. Sans doute il se montre moins disposé maintenant à faire dépendre d'une action unique et intemporelle la réalité substantielle et à jamais fixée de la personne ; il maintient qu'il est légitime de regarder chacun de ses actes comme « l'effet authentique d'une décision libre » [2] ; il n'en faut pas moins reconnaître avec M. Delbos qu'un certain dualisme subsiste au sein même de la raison et de la liberté : « La raison,

---
1 Delbos, p. 450.
2 Id., p. 4. 53.

dans le rapport qu'elle a avec la faculté de désirer, peut ne fournir d'elle qu'une forme capable simplement d'embrasser des objets matériels et d'en faire des principes d'action ; ou bien elle peut fournir en plus un contenu adéquat à cette forme, la représentation d'une loi inconditionnée par elle-même déterminante ; dans les deux cas la volonté est libre ; seulement, dans le premier cas, la volonté ne réalise pas, en quelque sorte la liberté qu'elle possède ; elle se laisse affecter par des lois pathologiques qui lui sont extérieures ; dans le second cas la volonté réalise véritablement sa liberté ; elle exerce son droit d'être pratique par elle seule, de poser d'elle-même la législation morale universelle à laquelle elle obéit [1]. »

En un sens ce dualisme est irréductible, puisque dans le domaine moral la fonction de la sensibilité s'ajoute, mais ne se subordonne pas nécessairement, à la fonction de la raison. Il n'y a pas de « schème » qui soit la condition *a priori* de l'action, pas d'intuition théorique qui permette de se représenter l'application de l'obligation morale à la loi universelle de la nature. Nous pourrons seulement nous faire des « symboles » de cette application, et construire ainsi, à mi-chemin entre l'empirisme et le mysticisme, une « typique du jugement pratique ». Nous pourrons aussi chercher la répercussion que la forme intelligible de la causalité a dans l'ordre de la sensibilité, lorsqu'elle y introduit ce qui la dépasse et même la contredit : le sentiment singulier et complexe du « respect » est « le mobile de la raison pratique ».

Les deux problèmes que la *Critique de la raison pure spéculative* avait compris sous la déduction des jugements synthétiques *a priori* se trouvent ainsi traités. Le premier, qui aurait donné, si Kant l'avait mis en évidence, le moi transcendental, consiste à déduire la catégorie comme catégorie ; et c'est à quoi correspond la justification des principes, fondée sur la corrélation de la liberté et de la loi. Le second, dont le schématisme transcendental est la solution, déduit la catégorie dans son rapport aux phénomènes ; mais la hiérarchie de droit qui s'établit par l'intermédiaire des formes de l'intuition, est remplacée par une coexistence de fait. La raison pure est dans l'ordre pratique inconditionnelle, c'est-à-dire qu'elle doit suffire à déterminer l'activité de l'être raisonnable ; si le péché est le péché, c'est précisément qu'il implique une tendance de la

---

1 Delbos, 457.

volonté à suivre d'autres maximes de conduite que l'obligation de se conformer à la loi.

Comment se fait-il donc, puisque la critique de la moralité paraît ainsi terminée, que la *Critique de la raison pratique* comprenne un deuxième livre où se traitent des problèmes comme l'existence de Dieu ou l'immortalité de l'âme ? La réponse de M. Delbos est dans la méthode qu'il a suivie dans tout son ouvrage, et qui en justifie le titre : la critique de la moralité n'est qu'une partie de la philosophie pratique de Kant ; et cette philosophie pratique doit être conçue de plus en plus « comme capable de fournir, selon les conditions fixées par la critique, l'équivalent positif des anciennes métaphysiques » [1]. L'opposition de la raison et de la sensibilité, du devoir et du bonheur suffit à orienter la conscience et la conduite de l'homme ; elle ne satisfait pas à l'exigence de la raison comme faculté du tout organique et de l'unité. D'une part l'analyse constate une antinomie entre la législation de la liberté et la législation de la nature, entre la dignité du bonheur, par laquelle se définit la vertu, et la réalité même du bonheur, et c'est à cette limite que s'arrête le savoir. D'autre part, la raison réclame que cette antinomie soit résolue, et c'est ici que commence le rôle de la foi. La dialectique de la raison théorique avait, sinon tout à fait dans la pensée de Kant, du moins dans l'expression que donnait de la doctrine la première édition de la *Critique de la raison pure spéculative*, un sens ou négatif ou limitatif. Avec la *Raison pratique*, la dialectique acquiert une portée toute nouvelle ; elle tend à poser des affirmations positives auxquelles il ne saurait être obligatoire de croire, mais qui sont nécessaires par rapport à l'obligation morale [2]. La causalité du bonheur par la vertu, c'est-à-dire le souverain bien, étant « l'objet nécessaire d'une volonté déterminée par la loi morale, est le « postulat » de la raison pratique. Or l'existence du souverain bien suppose que la destinée de la personne morale ne soit pas terminée avec la vie du corps, qu'elle ne rencontre jamais de limite dernière dans la carrière de développement qui lui est ouverte à travers les différents degrés de la moralité, qu'il existe par conséquent un être capable d'imposer à la nature la discipline de la moralité, qu'une cause de la nature, à la fois omnipotente et omnisciente, assure la

---

1 Delbos, p. 411, n. 1.
2 Cf. Delbos, p. 489.

liaison et la proportion entre le mérite et l'obtention.

Tels sont les deux postulats essentiels de la Raison pratique auxquels Kant ajoute, pour parfaire la trinité classique, la croyance tantôt au monde intelligible ou règne de Dieu, tantôt au souverain bien à réaliser par nous, tantôt à la liberté. Les deux premières expressions reproduisent simplement l'idée générale dont l'immortalité de l'âme et l'existence de Dieu sont des déterminations spécifiques ; la troisième est plus embarrassante. En effet, puisque la liberté est la clé de voûte de l'*Analytique de la raison pratique*, il en résulterait, si la notion de liberté avait toujours le même sens, que la vérité de l'*Analytique* serait subordonnée au succès de la *Dialectique*, et la doctrine tout entière serait comme suspendue dans le vide. Mais il paraît bien que la liberté postulée par la loi morale ne saurait se confondre ni avec l'autonomie de la volonté ni avec la spontanéité du libre arbitre ; elle est la capacité effective de l'homme à réaliser ce règne des fins dont la troisième formule de la *Grundlegung* prescrivait de vouloir l'avènement, la confiance d'obtenir « la subvention de Dieu à ce qui [nous] manque [1]. Ce qui est requis pour la représentation de l'ordre total de la moralité, c'est ce que Kant appelle dans l'*Introduction* de la *Doctrine de la vertu* l'autocratie de la raison, c'est-à-dire une conscience de la faculté de pouvoir triompher de nos inclinations contraires à la loi, conscience qui n'est pas sans doute immédiatement perçue, mais qui est justement conclue de l'impératif catégorique moral » [2].

La signification que la *Dialectique* a prise avec la *Critique de la raison pratique* explique à son tour la double dialectique de la *Faculté de juger*. La réflexion, soit sur l'apparence de l'objet qui permet le libre jeu de l'imagination, soit sur le rapport réciproque de moyens et de fin entre les parties et le tout, semble par sa subjectivité même, exclure toute occasion d'antinomie. L'antinomie se produit pourtant, parce qu'une foi secrète pousse l'homme à poser l'universalité ou l'objectivité des jugements par lesquels il dépasse la sensation pure, que l'organisation du sensible évoque irrésistiblement en lui le concept du supra-sensible. Et l'antinomie sera susceptible d'une solution positive, parce que la raison théorique

---

1 1. Delbos, p. 496.
2 Id., p. 497, note. Cf. *Bulletin de la Société française de Philosophie*, 5ᵉ année, n° 1, séance du 27 octobre 1904 : Sur la théorie kantienne de la liberté.

incapable de concevoir le supra-sensible autrement que « comme *substratum* de la nature sans autre détermination » est entraînée par la raison pratique vers « l'idée du suprasensible comme principe des fins de la liberté et de l'accord de ces fins avec la liberté dans le monde moral », et qu'entre ces deux notions il y a place pour une idée intermédiaire : « L'idée du supra-sensible comme principe de la finalité subjective de la nature pour notre faculté de connaître [1]. » Cette idée commande tout le mouvement de pensée qui remplit la *Critique de la faculté de juger*. C'est par elle que Kant passe de la « beauté libre » à la « beauté adhérente », qu'il insiste sur le sublime, qu'il suspend l'intuition esthétique à ce qui est le fondement commun de l'objet et du sujet. Comme on le voit par les notes publiées par Reicke, Kant s'était expressément proposé de faire du jugement de goût la préparation au sentiment moral [2] ; le 15 octobre 1790 il écrit à J. Fr. Reichardt : « Je me suis contenté de montrer que sans sentiment moral il n'y aurait rien pour nous de beau ni de sublime, que c'est sur lui que se fonde, dans tout ce qui mérite de porter ce nom, la prétention en quelque sorte légale à l'assentiment ; et que l'élément subjectif de la moralité dans notre être, cet élément qui sous le nom de sentiment moral est impénétrable, est ce par rapport à quoi s'exerce le jugement dont la faculté est le goût [3]. » C'est sous l'influence de cette même idée du supra-sensible que Kant ne borne pas la critique du jugement téléologique à la distinction et à l'analyse de la finalité externe et de la finalité immanente, qu'après avoir défini les conditions requises pour se représenter l'organisation des êtres vivants, il étend le problème de la finalité au système total de la nature. Comment l'homme peut-il être conçu comme le but final de la nature ? Ce n'est certes pas en tant qu'animal capable de bien-être physique et de jouissance sensible. Le bonheur est une somme d'états fugitifs et divers qui ne peuvent former un tout organique ; c'est pourquoi, à supposer que la vie humaine fût faite d'une étoffe qui se prête au bonheur (ce que Kant conteste avec l'énergie que l'on sait), le bonheur de l'individu ne pourrait être un but reconnu par la raison. La recherche du bonheur n'est qu'un moyen capable d'exciter le développement indéfini de l'énergie : le but est par delà, c'est la culture, c'est-à-dire que s'en-

---

1 Delbos, p. 551.
2 *Lose Blätter*, t. I, D. 22, p. 154, *apud* Delbos, p. 554, 1.
3 *Briefwechsel*, t. II, p. 214, *apud* Delbos, p. 553.

trecroisant par un jeu inévitable d'actions et de réactions les efforts des individus constituent la civilisation de l'espèce et provoquent l'institution d'une société civile, l'établissement d'un ordre légal qui s'étend à l'humanité tout entière. Ce but lui-même n'est encore que l'image du but ultime, l'introduction au souverain bien qui est l'identification de la liberté nouménale à loi inconditionnée de la moralité, le gouvernement absolu de l'homme par la raison. « Sans l'homme toute la création serait une solitudes [1] » ; par l'homme seul, en tant que sujet de la moralité, l'univers se manifeste comme l'œuvre d'une cause unique et qui agit suivant les lois morales. Si l'homme n'est pas capable de comprendre dans un acte d'intuition l'unité du mécanisme et de la finalité, de la nature et de la liberté, du moins la « conception d'ensemble » [2], qui termine la *Critique de la faculté de juger* donne-t-elle de cette intuition intellectuelle une sorte d'image par réfraction, une traduction dans le langage de la foi morale et de la conviction intérieure ; elle soulève un coin du voile qui cache à nos yeux l'idée génératrice de l'univers.

La religion dans les limites de la simple raison apporte comme une consécration à ce clair-obscur où Kant se plaît à maintenir sa doctrine. Ce qui dépasse les impérieuses exigences de la législation morale est du domaine de la croyance, parce que l'état propre du chrétien est un état de grâce, intermédiaire entre la loi judaïque, commandement du maître irrité aux sujets coupables, et la gloire de ceux qui auront dans le ciel l'intuition immédiate de Dieu et la jouissance de la béatitude éternelle. Seulement, le drame de la grâce, où il semble que pour les piétistes encore Dieu était l'unique acteur, devient avec Kant le drame de la liberté humaine. Le péché d'origine « a une origine rationnelle et hors du temps » ; il est le symbole de la chute intemporelle, par laquelle l'homme a introduit l'amour de soi parmi ses maximes d'action [3]. Mais, à côté du mal radical, la raison est dans l'homme, elle est le principe de la rédemption dont Christ fut l'exemple dans l'histoire ; c'est pourquoi, en dépit de « l'immutabilité de la chose en soi » qui paraissait dans

---

1 Delbos, p. 585.
2 Delbos, p. 595. — Cf. Les harmonies de la pensée kantienne d'après la Critique de la faculté de juger, apud *Bulletin de la Société française de Philosophie*, 4ᵉ année, n° 5, mai 1904.
3 Première Partie, Remarque et ch. III. — Cf. Delbos, pp. 615 et 622.

la *Critique de la raison pure* être « la propriété de l'action libre » [1], la rénovation radicale de l'homme demeure toujours possible. Il faut que l'homme vive dans l'espérance de la conversion — non dans la foi dogmatique qui attend la régénération de l'intervention d'une puissance surnaturelle — mais dans la foi ascétique qui, constatant à la surface l'innéité d'un mal indéracinable, tend à faire surgir du plus profond de l'intention la maxime de sainteté [2]. Pour la réalisation de cette espérance, qui est le bien commun de tous les êtres raisonnables, « le devoir de l'homme envers l'homme » se transforme dans « le devoir du genre humain envers lui-même » [3]. Le véritable peuple de Dieu, c'est la société éthico-civile, c'est la république des libertés unies dans la vertu [4], c'est l'Église invisible, modèle des Églises visibles, et qui les entraîne, à travers les incertitudes et des défaillances de leurs histoires, « vers l'avènement de la Religion de l'esprit [5] »

Kant a donc résolu le problème qui lui avait été posé, dès les heures où sa réflexion s'éveillait à l'Université de Kœnigsberg : « Schultz et Knutzen témoignaient de la possibilité d'unir les deux grandes dispositions entre lesquelles s'étaient d'ailleurs de plus en plus partagés les esprits : d'un côté une foi religieuse susceptible de se convertir très directement en foi pratique et de s'exprimer par les actes de moralité les plus purs au regard même du jugement humain ; d'autre part, une acceptation sincère des droits de la raison, appelée en garantie, non seulement des disciplines scientifiques, mais encore, dans une large mesure, de ce qui, dans les vérités révélées, dépasse notre entendement [6]. » Il s'agit pour Kant de donner à ce qui avait été avant lui juxtaposition éclectique la forme de l'organisation intérieure : tâche rendue singulièrement complexe, et singulièrement féconde aussi, par la façon dont Kant comprenait la recherche de la vérité, dont il prétendait à la fois ne rien laisser échapper des recherches positives de la science ou des spéculations des « novateurs », et ne faire usage de ce savoir accu-

---

1 Delbos, p. 625.
2 *Religion*, Ire Partie, ch. V. — Delbos, p. 626.
3 5. Delbos, p. 642.
4 *Religion*, IIIe Partie, ch. IV, — Cf. Delbos, p. 643.
5 Delbos, p. 653.
6 Id., ch. Ier : « Les Antécédents de la philosophie pratique de Kant. Le piétisme et le rationalisme », p. 33.

mulé que pour marquer avec plus de rigueur l'étendue et la limite de chaque domaine, pour mesurer avec plus de défiance la portée de chaque affirmation.

En ce qui concerne la philosophie pratique, cette conception se traduit par une double préoccupation. Kant cherche dans la réalité même de l'expérience un champ d'application pour le progrès de l'humanité : il fait entendre la protestation de la conscience libre contre la tyrannie et la « torture » du serment religieux [1] ; il précise en articles de traité l'idée de la paix perpétuelle [2] ; il annonce que sa doctrine aboutit à la réforme du système d'éducation en usage [3]. Mais il a ce souci constant qu'à travers l'accomplicement du devoir quotidien transparaisse la valeur éternelle de la destinée que l'homme a librement choisie, car c'est cela qui à ses yeux constitue la « réalité spécifique » [4] de la moralité. Or, si l'on se place en dehors du point de vue critique, il semble bien que ces deux préoccupations aillent en sens inverse l'une de l'autre : tandis que par la première la pensée se tourne vers cet avenir de la cité terrestre dont la Révolution française était le plus favorable et le plus éclatant présage, la seconde ramène l'esprit aux problèmes ontologiques où s'attardait la spéculation de l'école leibnizo-wolffienne. Mais c'est le résultat positif de la philosophie critique d'avoir ruiné cette prétendue opposition. La réalité morale, au lieu d'être suspendue à un système de vérités qui sont inscrites à jamais dans l'entendement ou dans la volonté de Dieu, est une œuvre qui est à faire, avec le seul appui que l'homme trouve en se repliant sur sa volonté pure, en tirant des lois de sa conscience l'idéal d'une législation valable pour l'univers tout entier. La causalité intelligible se manifeste par son efficacité ; l'immortalité de l'homme s'incarne en quelque sorte dans le progrès de l'espèce qui, par l'effort de la discipline et de la culture, par la volonté de justice et de sainteté, passe de la sphère de l'animalité à la rationalité. C'est vers la fin de sa vie que Kant écrivait dans ses notes : « L'origine de la philosophie critique est la morale, en considération de l'imputabilité des actions. Là-dessus conflit interminable. Toutes les philosophies ne sont pas diffé-

---

1 *Doctrine du Droit*, § 40 du serment, trad. Tissot, 1853, p. 156,
2 *Essai philosophique : De la paix perpétuelle*, 1795. — Cf. Delbos, p. 696, et apud *Doctrine du Droit*, trad. Tissot, pp. 289 sq.
3 Cf. la longue note de M. Delbos, pp. 737 sq.
4 Cf. Delbos, p. 67.

rentes en substance jusqu'à la philosophie critique [1]. » La doctrine de l'idéalité des choses comme objets de l'intuition dans l'espace et dans le temps, sans laquelle toute philosophie aboutissait logiquement au spinozisme, devient une simple conséquence entraînée par la réalité du concept de liberté.

A dire le vrai, c'est une question de savoir jusqu'à quel point la chose en soi a été intégralement transformée en activité autonome, et il serait difficile d'y répondre par la pure et simple affirmative. L'ouvrage de M. Delbos montre d'une façon péremptoire qu'aucun des grands ouvrages de Kant, à commencer par la *Critique de la raison pure*, n'est parfaitement homogène avec lui-même, à plus forte raison complètement concordant avec les autres. Aucune partie de l'œuvre peut-être n'est entièrement purgée de ce dogmatisme métaphysico-religieux dont la *Dialectique transcendentale* avait pourtant dénoncé le fondement ruineux. C'est un point sur lequel nous insisterions pour notre part, parce que nous serions disposé à y voir l'origine des malentendus auxquels a donné lieu, en France particulièrement, la philosophie pratique de Kant. Amis et adversaires, manifestement plus préoccupés du problème religieux que du problème propre de la moralité, ont été surtout frappés par le « mouvement tournant » qui, après les paralogismes de la *Psychologie rationnelle* et les sophismes de la *Théologie*, ramenait, à titre de postulats d'ordre pratique, l'immortalité de l'âme et l'existence de Dieu. Les uns y ont vu un moyen de restaurer sur la base de la certitude morale les thèses classiques du spiritualisme, de rajeunir même le roman de la genèse ou le rêve de l'eschatologie ; les autres un acte de foi dans une puissance mystérieuse devant laquelle doit s'incliner la faiblesse de la créature, un retour au dieu juif qui a dicté le Décalogue. Il semble, malgré tout, que les uns et les autres méconnaissent l'intention profonde de Kant. D'une part, la méthode critique a trop minutieusement discerné la fonction du savoir et la fonction de la foi, trop exactement délimité leur domaine propre pour admettre que les rôles puissent s'intervertir ; aucune considération tirée de l'obligation morale et de la liberté nouménale ne permet d'introduire dans une conception théorique la notion d'un commencement absolu, ou de justifier dans le détail de ses affirmations un système de spéculations

---

1 Reicke, *Lose Blätter*, t. I, D. 14, p. 224, *apud* Delbos, p. 63.

théologiques. D'autre part, il suffit de méditer la *Religion dans les limites de la simple raison* pour y trouver — réserve faite pour le symbole de la chute originelle — une exclusion rigoureuse de ce qui rappelle la filiation judaïque du christianisme. Que l'on songe à la parole décisive de Pascal : « Nos prières et nos vertus sont abominables devant Dieu si elles ne sont les prières et vertus de Jésus-Christ » ; on appréciera le caractère de la religion qui subordonne au respect de la loi inconditionnée la lettre de l'Écriture, la signification de la prière et du culte, la hiérarchie de l'Église. Jésus-Christ certes exprime l'idée de la pure perfection morale : en lui Dieu a aimé le monde, et c'est en lui seulement, par la conformité de nos intentions aux siennes, que nous pouvons devenir enfants de Dieu ; mais l'Apologétique dogmatique, qui prétend compléter ou appuyer cette foi pratique de la raison dans le fils de Dieu, la trahit effectivement : « Demander des miracles pour compléter cette preuve, ou même pour la fournir, ce serait confesser son incrédulité morale en substituant une foi historique à la foi de la raison [1]. » La *Religion* de Kant doit être à cet égard considérée comme l'antithèse des Pensées de Pascal ; les deux ouvrages sont séparés par la *Profession de foi du vicaire savoyard* qui dénonce l'antinomie de la foi morale et de la religion positive.

La philosophie pratique de Kant se termine en une doctrine de la religion ; mais c'est afin d'affranchir la religion même de la révélation extérieure ou de l'exaltation sentimentale, afin de l'incorporer au rationalisme, et par là de satisfaire à cette exigence du tout systématique, de l'unité organique qui, à travers tant de détours, de progrès et de regrès, s'est manifestée à nous comme le motif conducteur de la spéculation kantienne. Si Kant avait pu jouir sur la terre de ce prolongement indéfini de l'existence spirituelle qu'il postulait pour l'accomplissement de notre destinée morale, c'est dans le sens du rationalisme qu'on imagine le progrès et peut-être l'achèvement de la doctrine. « Par les notes et esquisses fragmentaires qu'il jeta alors [*dans les dernières années de sa vie*] sur le papier en vue d'un grand ouvrage qui devait traiter de Dieu, du Monde et de l'Homme, on saisit bien en effet son intention essentielle, qui était d'exposer le système total de la connaissance synthétique formelle en le rapportant néanmoins à la conscience

---

1 DELBOS, p. 630.

de soi comme à son principe, d'expliquer par là toute la puissance autonome de la raison, débarrassée même pleinement de ce qui, dans la supposition de la chose en soi, en représentait dogmatiquement la réalité, au lieu d'en exprimer seulement la fonction réclamée par la Critique [1]. On trouve en abondance, ajoute M. Delbos, des formules comme celle-ci : « La philosophie transcendantale est autonomie, à savoir une raison mettant sous les yeux d'une façon déterminée ses principes synthétiques, son extension et ses limites dans un système complet [2]. »

Nous n'avons pas à prolonger le sens de ces formules au delà du kantisme lui-même, en essayant de dégager l'idée pratique de toute ontologie et de toute transcendance, pour suivre, dans le progrès historique de l'espèce, dans la formation de la cité de justice, dans l'avènement de la république morale, la réalisation positive de ce que Kant appelait la causalité intelligible et l'immortalité même de l'homme. Il nous suffit d'avoir touché à ces formules, pour que l'on mesure la portée de l'étude de M. Delbos dont seule une analyse, si imparfaite qu'elle soit, pouvait faire connaître et la richesse et la solidité. Il est vrai de dire qu'il a fait entrer définitivement dans l'histoire la connaissance de la morale kantienne. Mais nous n'entendrons point par là qu'il lui ait enlevé la vie interne et l'actualité pour la transporter dans une sorte de musée où elle ne serait plus, comme le disait James [3], « qu'une curiosité ». Précisément au sujet de Kant, M. Couturat écrivit dans l'*Avant-propos* de ses *Principes des mathématiques* : « Exiger qu'on juge toujours un philosophe « de l'intérieur », à son point de vue et à celui de son temps, c'est admettre qu'il n'y a pas de vérité en philosophie, qu'un système philosophique est une œuvre d'art qui ne vaut que par son unité intrinsèque et son harmonie. En philosophie comme ailleurs, le respect superstitieux du fait historique aboutit au dilettantisme et au scepticisme [4]. » Il nous semble que le livre de M. Delbos est là tout exprès pour corriger ce qu'il y a d'excessif et d'injuste même, à notre gré, dans la conception de M. Couturat. L'étude qui nous fait connaître avec exactitude et avec intégrité la philosophie pratique de Kant rendra peut-être plus difficile de prendre parti en-

---

1 DELBOS, p. 748.
2 ID., n. 4.
3 Le pragmatisme, apud *Revue de philosophie*, mai 1906, p. 484.
4 Paris, 1905, p. VII.

tièrement *pour* ou entièrement *contre*. Mais elle est une acquisition positive pour la vérité de la philosophie si, en nous arrachant aux oscillations du jugement subjectif, elle nous permet de tracer le moment de la courbe auquel correspond dans l'évolution de la morale humaine la conception propre de Kant, si elle nous aide à déterminer la direction que la courbe elle-même suit effectivement malgré l'incertitude et la contradiction des apparences, si elle nous fait pressentir ainsi pourquoi et en quoi l'avenir ne ressemblera pas au passé.

L'IDÉE CRITIQUE ET LE SYSTÈME KANTIEN [1]

En France, *pendant cinquante ans*, me disait un jour Jules Lachelier, on a réfuté Kant et on ne le comprenait pas ; *depuis cinquante ans, on l'admire, on ne le comprend pas davantage*. En rééditant d'anciennes leçons sur La philosophie de Kant, Victor Cousin écrivait : « Il faut en convenir, la partie systématique des diverses *Critiques* ne résiste point à un sérieux examen ; elle est avec elle-même en une incroyable et perpétuelle contradiction » (3e éd., 1857, p. III). En 1865, deux études d'Émile Saisset sur Kant étaient réunies à des travaux concernant Ænésidème et Pascal pour former un volume intitulé : *Le scepticisme*. Il est vrai que, dans la seconde partie du XIXe siècle, la philosophie de Renouvier s'est présentée comme étant la *critique* ou le *criticisme* ; Ravaisson pouvait dire dans son *Rapport* : « M. Renouvier s'est proposé de continuer l'entreprise du célèbre auteur de la *Critique de la raison pure* » (2e éd., 1885, p. 110). Mais la question est de savoir s'il n'y avait pas là un germe de confusions nouvelles qui risquaient de fausser, entre les deux doctrines, la perspective des rapports. Un système qui suspend à un acte initial de foi la légitimité de la démonstration rationnelle, qui substitue à l'examen des antinomies comme telles une solution dogmatique en faveur des *thèses*, procède évidemment d'une inspiration antérieure, et d'une inspiration contraire, à la critique kantienne. Celle-ci a été conçue expressément pour répondre à l'empirisme de Hume. Or, voici ce que déclare François Pillon (dans des pages écrites en tête d'une traduction du Ier Livre du *Traité de la*

---

[1] A paru dans *Revue de métaphysique et de morale*, avril-juin 1924, 31e année, n° 2, pp. [133]-203.

nature humaine, revue par lui en collaboration avec Renouvier) : « Hume est vraiment le premier père du criticisme, non seulement parce qu'il a eu le mérite bien connu et souvent rappelé d'*éveiller* Kant de son sommeil dogmatique, mais surtout parce que sa critique de l'entendement, qui a précédé et préparé celle de Kant, est, sur certains points fondamentaux, plus exacte, plus complète et plus profonde que celle de Kant. Le criticisme contemporain, dont M. Renouvier est le fondateur, se rattache à Hume autant qu'à Kant » (1878, p. LXVIII). Cela est juste ; mais cela fait, du même coup, comprendre comment, jusqu'à ce que l'équivoque ait été levée, tant qu'on se faisait illusion sur la consistance et sur l'origine d'un éclectisme aussi paradoxal, les controverses suscitées par les conclusions particulières du criticisme devaient rejaillir sur ce qui paraissait l'inspiration générale de la critique kantienne. Il est curieux de constater que, dans la *Critique des systèmes de morale contemporains*, le chapitre consacré à la morale criticiste est, non pas précédé, mais suivi, par l'examen de la morale kantienne ; et l'écho de la polémique ainsi engagée se reconnaît dans l'article que, plus de vingt ans après, Fouillée écrira, dans la *Revue de métaphysique*, pour le centenaire de la mort de Kant, sous ce titre : Kant a-t-il établi l'existence du devoir ? On retrouve une préoccupation analogue chez Couturat qui, lors de la même circonstance, expédie si allègrement dans l'autre monde *La philosophie des mathématiques de Kant* : il se souvient qu'il a commencé par lutter, avec force, dès le premier numéro de la *Revue* en étudiant l'*Année philosophique* de 1891, puis dans sa thèse *De l'infini mathématique*, afin d'arracher la pensée française à la superstition des prétendus impératifs du nombre pythagoricien ou de la géométrie euclidienne.

En 1924, après le grand bouleversement de l'Europe, comme avec les théories de la relativité qui donnent à la science une physionomie nouvelle, les questions que nous sommes tentés de poser au kantisme sont d'un ordre tout différent. Et, d'autre part, l'apparition, chez nous, du grand ouvrage de Victor Delbos [1], modèle de richesse et de sûreté dans l'érudition, de prudence et de sagacité dans l'interprétation, si parfaitement digne d'être dédié à Émile Boutroux, doit nous interdire les raccourcis conventionnels

---

1 Dans notre compte rendu de la Philosophie pratique de Kant (*Revue de métaphysique*, janvier 1907) nous avons essayé d'indiquer les résultats essentiels, que DELBOS avait obtenus, et sur lesquels nous ne cessons d'appuyer le présent exposé.

qui font la joie des apologistes et des adversaires, en même temps qu'elle peut nous guider à travers la complication d'un style architectural qu'il importe de respecter comme inhérent à la pensée et à la vie même de Kant.

Comment se forment, ou, pour prendre un mot plus brutal qui serait peut-être plus exact, comment se fabriquent les systèmes ? Le problème n'a guère été abordé pour lui-même ; les philosophes ne se sont pas souciés d'élaborer, dans ses lois générales, la technique de leur art, comme ont fait poètes, peintres ou musiciens. Volontiers ils diraient avec M. Bergson — et il ne saurait, en pareille matière, y avoir de meilleur témoignage — que les esprits créateurs obéissent à une inspiration qui leur est vraiment congénitale. Dans l'*Éthique*, l'emploi de la terminologie cartésienne, l'appareil euclidien de démonstration ne représentent que des moyens tout extérieurs, presque fortuits, mis par les circonstances du temps au service d'une intuition originelle qui leur est supérieure et leur demeure indifférente : « Plus nous remontons vers cette intuition originelle, mieux nous comprenons que, si Spinoza avait vécu avant Descartes, il aurait sans doute écrit autre chose que ce qu'il a écrit, mais que, Spinoza vivant et écrivant, nous étions sûrs d'avoir le spinozisme tout de même [1]. » On est tenté d'invoquer le « choix intemporel » par lequel s'exprime le « caractère intelligible » d'un Spinoza.

Or, tout kantien qu'il est, un tel langage conviendra-t-il à Kant lui-même ? La doctrine kantienne exclut le recours à l'intuition originelle. D'autre part, que l'on fasse cette hypothèse : Kant disparaissant à l'âge où moururent, en effet, non seulement Spinoza, mais Descartes, mais Fichte, qu'aurions-nous de lui, sinon des recherches de portée limitée, attestant sans nul doute une curiosité universelle, une pénétration hors de pair, mais qui étaient loin de promettre la constitution d'un système nouveau, dont on aurait dû penser bien plutôt qu'elles y répugnaient, par la divergence des vues qui se faisaient jour de tous côtés sans se rejoindre dans l'unité d'une inspiration dominante ? La philosophie kantienne, en tant du moins qu'elle est essentiellement critique, est une philosophie

---

[1] L'intuition philosophique, *Revue de métaphysique*, 1911, p. 814. (*a*) ou *La Pensée et le Mouvant*, 1939, p. 143.

de la réflexion, du *nachdenken* ; elle ne procède pas d'une virtualité antérieure à sa propre constitution et où seraient déjà inscrits et donnés les traits principaux de la conclusion ; elle cherche laborieusement une synthèse dont elle ne saurait prévoir ni comment, ni même si elle se produira. Dès lors, les moindres démarches de la pensée, les influences qu'elle subit et les réactions qu'elle accomplit, les *umkippungen* dont Kant faisait la confidence à Lambert [1], au lieu de glisser sur la surface du système, lui-même prédéterminé dans son « harmonie préétablie », deviennent parties intégrantes, facteurs constitutifs, de l'événement final qu'elles ont réellement contribué à provoquer et dont elles servent à déterminer la nature véritable.

Ces remarques sont tout à fait fondées ; il ne s'ensuit pourtant pas qu'elles excluent la thèse inverse. Il est loisible de soutenir que la découverte de la critique n'a point effacé, chez Kant, les plus profondes, les plus intimes, de ses convictions initiales. A défaut de démonstration théorique, il se croit capable d'en rejoindre l'objet par une voie nouvelle, mieux adaptée peut être à leur caractère. C'est pourquoi, libre de toute inquiétude pour sa conception fondamentale du monde et de la vie, il remplira sans résistance et sans réserve les exigences d'un génie scrupuleux. L'œuvre kantienne a surgi des difficultés auxquelles donnaient lieu chez un professeur attaché à la métaphysique leibnizienne les tentatives de déduction universelle, ébauchées par le maître, systématisées par Wolff. Les tentatives ont été déjouées, et de telle façon que le dogmatisme traditionnel a été ruiné pour jamais. Cependant l'attachement de Kant à l'inspiration de cette métaphysique n'a pas été totalement rompu, pas plus que n'a été définitivement arrêté l'élan vers les aventures de la spéculation transcendante : après Kant, se réclamant de lui, il s'est révélé plus jeune, plus hardi, plus téméraire que jamais.

I. — Que peut-on savoir ?

Lorsque le tremblement de terre qui détruisit Lisbonne en 1755 provoqua en Europe un examen général de conscience, Kant intervint, non pour produire des thèses originales, mais pour plaider, à l'aide d'arguments appropriés, la cause de l'optimisme leibnizien.

---

[1] Lettre du 31 décembre 1765, traduite par Tissot, apud *Mélanges de Logique d'Emm. Kant*, 1862, p. 286.

La pensée kantienne a l'un de ses points de départ essentiels dans le système théologique auquel Leibniz a fait aboutir son œuvre prodigieuse de mathématicien et de physicien, de logicien et de métaphysicien. Mais le caractère propre de la *Théodicée* permet d'ajouter à cette remarque des considérations d'une importance capitale. L'exposé du système leibnizien s'y présente, en effet, sous la forme d'une réponse en règle aux objections que Bayle avait accumulées contre le fond de l'orthodoxie chrétienne, dans la masse d'écrits de controverse, d'articles du *Dictionnaire*, qui constituaient, à la fin du XVIIᵉ siècle, une véritable *Somme antithéologique*.

Le principe qui anime cette masse pourrait être formulé de la façon suivante : c'est un pléonasme de dire *conscience humaine* quand on invoque les droits de la conscience, et c'est de même, pour qui prétend s'appuyer sur l'autorité de la raison, un pléonasme de dire *raison humaine*.

Qu'un tel principe heurte au vif le dogmatisme de la tradition protestante, on en a la preuve immédiate dans les pages de l'*Institution chrétienne*, où se trouve définie la conscience : « Il nous est besoin de savoir en premier lieu ce que c'est que *Conscience*. Ce qui se peut en partie tirer du mot. Car *Science* est l'appréhension et notice de ce que les hommes connaissent, selon l'esprit qui leur est donné. Quand donc ils ont un sentiment et remords du jugement de Dieu, comme un témoin qui leur est opposé pour ne point souffrir qu'ils cachent leurs péchés, mais les attirer et solliciter au jugement de Dieu, cela est nommé *Conscience*. Car c'est une connaissance moyenne entre Dieu et l'homme [1]. » Selon Calvin, la fonction de la conscience serait d'être médiatrice entre Dieu, d'une part, et, d'autre part, l'homme, qui, par suite, est supposé en état d'atteindre, à l'intérieur de soi, un être qui lui serait extérieur. Toute prétention dogmatique implique un passage du πρὸς ἡμᾶς au τῷ ὄντι : au lieu de s'opérer dans la nature des choses, comme le voulaient Aristote et les scolastiques, ce passage aurait désormais la conscience pour théâtre ; d'où résulte une ontologie de la conscience en soi, sur laquelle se fonde un Jurieu pour rivaliser d'intolérance avec Bossuet lui-même.

C'est ici que Bayle entre en scène, afin de restituer à l'homme la propriété de la conscience. Il proclamera, dans les *Réponses aux*

---

[1] IV, X, 3, éd. Baumgartner, Genève-Paris, 1888, p. 544 ; cf. III, IX, 15, p. 391.

questions d'un provincial, les *droits de la conscience errante*. Une action matériellement bonne, et faite contre la conscience, est un plus grand crime qu'une action matériellement mauvaise, faite selon la conscience. « Un hérétique, effectivement persuadé et agissant selon les instincts de sa conscience », sera moins coupable « que si, malgré les instincts de sa conscience, il prêchait une doctrine orthodoxe qu'il croirait très pernicieuse au salut de ses auditeurs »[1]. Une note du *Dictionnaire*, à l'article sur Pierre d'*Ailli*, met en évidence la portée de la thèse : « Ceux qui ont voulu combattre cette doctrine, écrit Bayle, se sont précipités dans ce sentiment affreux *qu'il ne faut pas toujours agir selon les lumières de sa conscience* ; d'où il s'ensuit qu'on fait quelquefois une bonne action en agissant contre les lumières de sa conscience ; monstre de doctrine qui renverse toute la morale et en comparaison duquel le probabilisme le plus outré est un sentiment innocent[2]. » Le rapprochement est significatif : dans l'évolution des Églises protestantes la polémique acharnée et victorieuse de Bayle devait jouer un rôle comparable à celui des *Provinciales* dans l'histoire du catholicisme. Pascal avait fait de l'honnête homme selon Montaigne et Méré l'arbitre de la querelle que les Jésuites avaient cherchée aux écrivains de Port-Royal : c'est à la conscience morale qu'il appartient de rejeter cette *théologie pratique* qui, par l'abus du formalisme juridique et scolastique, avait laissé le christianisme se corrompre jusque dans sa source. Bayle généralise la solution pour aboutir d'ailleurs aux conclusions les plus éloignées de l'*Apologie* pascalienne. On ne peut pas servir deux maîtres à la fois. Il faudra donc choisir entre la lettre de l'orthodoxie et la règle de l'honnêteté. « Tout dogme particulier, soit qu'on l'avance comme contenu dans l'Écriture, soit qu'on le propose autrement, est faux, lorsqu'il est réfuté par les notions claires et distinctes de la lumière naturelle, principalement à l'égard de la morale[3]. »

Ainsi que M. Delvolvé l'a mis admirablement en lumière, Bayle s'appuie sur la conscience et sur la raison, prises dans leur sens au-

---

[1] *Réponses*, Part. IV, ch. II, *Œuvres diverses*, 1727-1737, t. III, p. 1016 a. Cf. Delvolvé, *Religion, critique et philosophie positive chez Pierre Bayle*, 1906, p. 409.
[2] *Note L*, 3ᵉ éd., t. I, 1720, p. 117 b.
[3] Commentaire philosophique sur ces paroles de l'Évangile selon saint Luc (XIV, 23) : Contrains-les d'entrer, Part. I, ch. I, éd. cit., t. II, p. 370 b.

thentiquement humain. Ce n'est pas au *scepticisme* que viendront chez lui se heurter les mystères de la foi, c'est au *moralisme*. Leibniz ne s'y est pas trompé. Le succès de Bayle devait, au reste, lui paraître d'autant plus grave qu'il retrouvait dans son œuvre l'inspiration maîtresse du *Tractatus theologico-politicus*. Certes, Bayle, qui perd si facilement pied dès qu'il aborde le domaine des idées, n'a rien compris à la spiritualité de l'*Éthique*, et il en a fait cette caricature qui devait suffire à la curiosité amusée d'un Voltaire ou d'un Diderot. Mais ses lettres à Minutoli montrent quelle influence le *Tractatus theologico-politicus* a exercée sur lui. De même que Hume, écartant *a priori* la métaphysique de Malebranche, n'en a été que mieux placé pour vulgariser la critique de la causalité naturelle, de même Bayle fera passer dans le domaine public, exempte de tout soupçon de spinozisme, la thèse, qui a été popularisée en Allemagne par Lessing et qui figurera parmi les inspirations maîtresses de Kant, que la religion ne se définit point par le contenu d'une croyance ethnique ou confessionnelle ; tout au contraire, c'est sur le plan de la moralité, par rapport à la moralité, que telle ou telle croyance devra justifier de sa valeur religieuse.

Presque un demi-siècle après son entrevue avec Spinoza, quelques années après la mort de Bayle, Leibniz publie la *Théodicée*. La controverse de Bayle contre l'orthodoxie protestante semblait avoir tourné au désavantage de la foi et de la piété. Il va donc falloir changer de tactique ; et, dès les premières lignes du *Discours préliminaire*, le changement est manifeste. Bayle avait attaqué sur le terrain de la conscience, Leibniz riposte sur le terrain de la raison. Bayle avait supposé que la conscience humaine et la raison humaine sont la conscience elle-même et la raison elle-même ; Leibniz n'admet pas qu'il en soit ainsi : la conscience apparaît sans doute inséparable de la *subjectivité* ; mais la raison a pour caractéristique l'*objectivité*, « consistant dans l'enchaînement des vérités » (§ 1).

La raison leibnizienne refuse, dès l'abord, de se laisser enfermer dans cette portion de raison dont l'homme se sert pour juger des choses. Et, en effet, ajoute Leibniz, « comme cette portion de raison que nous possédons est un don de Dieu, et consiste dans la lumière naturelle qui nous est restée au milieu de la corruption, cette portion est conforme avec le tout... L'on ne saurait être contraire à une partie sans l'être en cela au tout. Ce qui contredit à une proposition d'Euclide est contraire aux *Éléments* d'Euclide. Ce qui en nous est contraire aux mystères n'est pas la raison, ni la lumière naturelle, l'enchaînement des vérités : c'est corruption, c'est erreur ou préjugé » (*ibid.*, § 61).

Le rapprochement entre la démonstration de la science et les mystères du christianisme risque d'être tout à la fois un scandale au jugement du géomètre, un paradoxe aux yeux du théologien. Mais Leibniz évitera ce double écueil par sa philosophie de la continuité. La raison qui est dans l'homme « ne diffère de celle qui est en Dieu que comme une goutte d'eau de l'Océan, ou plutôt comme le fini de l'infini » (*ibid.*, § 61). Or, la mathématique prend possession de l'infini et y entraîne avec elle la métaphysique : si admirablement subtiles que soient les combinaisons infiniment infinies de l'intelligence divine, l'intelligence d'un Leibniz est capable d'en pénétrer le secret : « Dieu, écrit-il dans la *Théodicée*, fait de la matière la plus belle de toutes les machines possibles ; il fait des esprits le plus beau de tous les gouvernements concevables ; et, par-dessus tout cela, il établit pour leur union la plus parfaite de toutes les harmonies, suivant le système que j'ai proposé » (II, 130). Que Dieu ait adopté, pour la création du monde, la doctrine de l'harmonie préétablie, cela autorise Leibniz à prendre l'offensive contre Bayle et à lui reprocher l'anthropomorphisme de son rationalisme prétendu. Bayle « semble demander que Dieu soit justifié d'une manière pareille à celle dont on se sert ordinairement pour plaider la cause d'un homme accusé devant son juge » (*Disc.*, § 32), tandis que Leibniz place en Dieu la racine de son système : « Un de mes grands principes est que rien ne se fait sans raison. C'est un principe de philosophie. Cependant, dans le fond, ce n'est autre chose que l'aveu de la sagesse divine, quoique je n'en parle pas d'abord [1]. »

Il répugne donc à la raison leibnizienne de s'appuyer sur ce qu'on voit pour présumer ce que l'on ne voit pas, de conjecturer le caractère d'un tout qui, dans son intégrité, demeurera inaccessible, d'après les seules parties qui tombent sous notre observation : « Supposons que le vice surpasse la vertu dans le genre humain, comme l'on suppose que le nombre des réprouvés surpasse celui

---

[1] BODEMANN, *Catalogue des manuscrits de Leibniz à la Bibliothèque de Hanovre*, *Phil.*, I, 39 (s. d.), p. 58.

des élus, il ne s'ensuit nullement que le vice et la misère surpassent la vertu et la félicité dans l'univers ; il faut plutôt juger tout le contraire, parce que la cité de Dieu doit être le plus parfait de tous les États possibles, puisqu'il a été formé et est toujours gouverné par le plus grand et le meilleur de tous les monarques » (*Théodicée*, II, 221).

La conséquence, c'est que la raison peut et doit accepter les mystères du christianisme : non point du tout qu'il y ait là capitulation de sa part, mais parce que la foi sera le chemin qui ramènera du verbe humain au Verbe divin, qui permettra de dépasser les contradictions que notre raison soulève et où elle s'embarrasse, qui élèvera au-dessus de toutes les antithèses la synthèse finale et totale, constitutrice de la raison véritable. Et Leibniz répond à Bayle : « Ce qu'on dit ici pour blâmer la raison est à son avantage. Lorsqu'elle détruit quelque thèse, elle édifie la thèse opposée. Et lorsqu'il semble qu'elle détruit en même temps les deux thèses opposées, c'est alors qu'elle nous promet quelque chose de profond, pourvu que nous la suivions aussi loin qu'elle peut aller, non pas avec un esprit de dispute, mais avec un désir ardent de rechercher et de démêler la vérité, qui sera toujours récompensé par quelque succès considérable [1]. »

On dirait bien que Leibniz tend la main à Hegel par-dessus la tête de Kant. Et pourtant, s'il y a une idée qui ne devait jamais disparaître complètement de la pensée kantienne, c'est l'idée d'une raison dont la synthèse finale et totale serait la fonction propre, raison qui a trouvé dans le syllogisme aristotélicien, dans le *Schluss*, la perfection de son expression technique. Alors même que, s'évanouit ce qui pouvait sembler la raison d'être d'une telle raison : sa capacité d'atteindre à son achèvement par une démonstration régulière, par une connaissance véritable, la foi dans cette raison subsiste ; et, sans doute, avec Delbos, conviendra-t-il d'y chercher le fil invisible qui maintient ensemble les fragments successifs de l'œuvre kantienne, et sans lequel ils s'éparpilleraient en pièces disparates et peut-être contradictoires.

Mais ceci ne correspond encore qu'à l'un des aspects de la *Théodicée*. Si la raison leibnizienne, conservée par Kant, a, dans la

[1] Discours sur la conformité de la foi et de la raison, § 80.

perspective de son système, une place toute différente de celle que Leibniz lui avait donnée dans le sien, la *Théodicée* indiquait et renfermait ce qui a été sans doute le ferment principal de cette transformation : la préoccupation morale, que l'intervention décisive de Bayle ne permettait plus d'éluder, qui inquiète, qui tourmente Leibniz, et l'oblige à multiplier les symptômes d'une « mauvaise conscience ». La manière dont le problème est défini désormais est le plus directement menaçante pour la théologie : « L'on oppose encore (écrit Leibniz dans la IIe Partie de son livre, § 168) des considérations métaphysiques à notre explication de la cause morale du mal moral ; mais elles nous embarrasseront moins, puisque nous avons écarté les objections tirées des raisons morales, qui frappaient davantage. » Et le soupir de soulagement est bien significatif, qu'il laisse échapper au début de la IIIe Partie : « Nous voilà débarrassés enfin de la cause morale du mal moral » (241). Leibniz ne dissimule pas non plus de quel prix il a dû acheter la victoire qu'il s'attribue : il lui a fallu renoncer à ce principe souverain que le bien puise dans l'ordre de la moralité sa valeur véritable, sa valeur d'absolu : « La vertu est la plus noble qualité des choses créées, mais ce n'est pas la seule bonne qualité des créatures, il y en a une infinité d'autres qui attirent l'inclination de Dieu : de toutes ces inclinations résulte le plus de bien qu'il se peut ; et il se trouve que, s'il n'y avait que vertu, s'il n'y avait que créatures raisonnables, il y aurait moins de bien. Midas se trouva moins riche quand il n'eut que de l'or. Outre que la sagesse doit varier... Puisqu'il fallait choisir, de toutes les choses, ce qui faisait le meilleur effet ensemble, et que le vice y est entré par cette porte, Dieu n'aurait pas été parfaitement bon, parfaitement sage, s'il l'avait exclu » (II, 124).

Or, comment juger de « ce meilleur effet », dont le vice est l'une des causes, sinon d'un point de vue esthétique auquel devra être subordonné le discernement du bien moral et du mal moral ? Et ne deviendra-t-il pas plaisant que l'on fasse grief à Bayle de son anthropomorphisme, alors que l'on continue de prêter à Dieu le zèle laborieux et la vanité de l'artiste ? Les déclarations de Leibniz ne permettent aucune équivoque sur l'idée maîtresse de la *Théodicée* : « A la vérité, Dieu... est comme un grand architecte qui se propose pour but la satisfaction ou la gloire d'avoir bâti un beau palais, et qui considère tout ce qui doit entrer dans ce bâtiment : la forme et les matériaux, la place, la situation, les moyens, les ouvriers, la dépense, avant qu'il prenne une entière résolution. Car un sage, en formant ses projets, ne saurait détacher la fin des moyens ; il ne se propose point de fin sans savoir s'il y a des moyens d'y parvenir » (I, 78). Par là Leibniz explique l'inégalité entre les destinées humaines, l'injustice même, par quoi elles sont disproportionnées au mérite intrinsèque des âmes : « Le plan général de l'univers que Dieu a choisi pour des raisons supérieures, faisant que des hommes se trouvent dans de différentes circonstances, ceux qui en rencontrent de plus favorables à leur naturel deviendront plus aisément les moins méchants, les plus vertueux, les plus heureux ; mais toujours par l'assistance des impressions de la grâce interne que Dieu y joint... On peut dire que les hommes sont choisis et rangés, non pas tant suivant leur excellence que suivant la convenance qu'ils ont avec le plan de Dieu ; comme il se peut qu'on emploie une pierre moins bonne dans un bâtiment ou dans un assortiment, parce qu'il se trouve que c'est celle qui remplit un certain vide » (I, 105).

La comparaison de l'homme avec la pierre équivaut, en pareil sujet, à un aveu d'immoralité radicale. Leibniz est loin d'en atténuer la portée lorsqu'il se réclame de saint Thomas d'Aquin, « auteur qui a coutume d'aller au solide » (III, 330), mais qui est devenu étrangement suspect d'avoir laissé la pureté de l'inspiration chrétienne s'altérer au contact du paganisme hellénique ; encore moins lorsqu'il se réfère à l'argumentation de Chrysippe qui apparaît, en effet, dans l'histoire, comme l'inventeur véritable de la *Théodicée* : c'est un bien mauvais signe que d'avoir, en plaidant la cause du Dieu chrétien, à utiliser le dossier préparé pour défendre le Dieu stoïcien. Et à ce signe aussi l'on reconnaîtra que Bayle n'est pas, dans la *Théodicée*, l'avocat d'une thèse qui ne figure que pour être écartée par une réplique péremptoire ; il est un témoin, il est un juge, et dont il n'est pas impossible de présager la revanche posthume, celle que Kant lui assurera lorsqu'en 1791 il publie, dans la *Berlinische Monatsschrift*, un article intitulé : Sur l'échec de toutes les tentatives philosophiques en Théodicée. L'article devait être suivi d'études où il exposerait « sa doctrine philosophique de la Religion », apportant du christianisme l'interprétation la plus capable de satisfaire aux exigences de la conscience morale. Si on se propose de suivre la carrière de Kant dans toute l'étendue de son horizon, c'est donc le leibnizianisme qui fournit la meilleure base de référence, mais le leibnizianisme portant accrochée à son flanc une critique aiguë de l'optimisme métaphysique, à laquelle l'éducation piétiste de Kant ajoutait des harmoniques d'un accent si grave, d'un retentissement si profond.

Là ne s'arrête pas l'enseignement que nous devons tirer de la référence à la *Théodicée*. La forme de controverse et d'antagonisme, sous laquelle le XVIIIe siècle recueille l'héritage du précédent et qui marquera de son empreinte la doctrine des *Antinomies* dans les trois critiques kantiennes, va se retrouver, également inséparable de la tradition leibnizienne, dans les parties élémentaires de la doctrine, dont l'examen a fait l'objet des premiers travaux de Kant. Le dynamisme monadologique, avant même d'être parvenu à éliminer le mécanisme pur des Cartésiens, est menacé par la philosophie expérimentale des Newtoniens, tandis que l'ontologie déductive, développée méthodiquement par Wolff, ne réussit pas à dégager ses principes des objections que Crusius lui avait faites en poussant plus loin la rigueur d'une même logique. Aussi voyons-nous la pensée kantienne commencer par constater l'opposition entre l'exigence de la science positive et les espérances des âmes pieuses, entre l'essence définie *a priori* par le concept et les conditions requises pour la position d'une réalité, entre l'évidence intuitive dont se réclame le géomètre et les lois naturelles que l'expérience manifeste. Puis Kant se préoccupera d'adoucir, par des corrections de détail, chacune des thèses en présence, de façon à permettre des rapprochements dont pourtant il semble avoir le sentiment qu'ils demeurent partiels et provisoires. Enfin, en 1763, le voile se déchire. L'*Essai pour introduire en philosophie la notion des quantités négatives* met en face l'une de l'autre deux conceptions incompatibles du monde et de la vie. La première définit seulement les notions fondamentales qui sont positives : *bien, mouvement, plaisir, vertu*, à partir desquelles elle se fait fort de passer, par simple diminution graduelle, purement quantitative, à ce qui paraît en être le contraire : *mal, repos, douleur, vice*. Suivant la seconde, entre les valeurs positives de la métaphysique ou de la nature, de la psychologie ou de la morale, et les valeurs négatives qui leur correspondent, il y a tout autre chose qu'un rapport logique de symétrie ; il y a une *opposition réelle*, qui implique le déploiement effectif et le conflit de forces antagonistes. La première conception est la conception leibnizienne, que Kant écarte au profit de la seconde.

Sur quoi il y a une remarque à faire. Dans la conclusion de son étude pour le centenaire de la mort de Kant, Couturat disait : « En résumé, les progrès de la Logique et de la Mathématique au XIXe siècle ont infirmé la théorie kantienne et donné raison à Leibniz. Si Kant séparait et opposait entre elles la Logique et la Mathématique, c'est qu'il avait une idée trop étroite de l'une et de l'autre [1]. » Mais, sans avoir à reprendre le problème en soi des rapports entre la Logique et la Mathématique, il suffira de faire observer que, si de ce problème général on revient à la question précise que soulevait au XVIIIe siècle l'état où Leibniz avait laissé la Logique, la situation se retourne en faveur de Kant. Il est même permis d'évoquer à cet égard le témoignage de Couturat. Se demandant, à la fin de son ouvrage si original et si approfondi sur la *Logique de Leibniz* (1901), en quoi elle demeure « insuffisante et incomplète », il écrit : « Faute d'avoir tenu compte de la négation, Leibniz était incapable d'expliquer comment des idées simples, toutes compatibles entre elles, peuvent engendrer par leurs combinaisons des idées complexes contradictoires ou exclusives les unes des autres » (p. 432). Nulle part Kant n'a fourni une plus grande preuve de génie qu'en allant droit au défaut capital de la logique leibnizienne, tel que devait le révéler la *Logistique* de nos contemporains, qu'en insistant, dans cet *Essai* de 1763, sur l'impossibilité, par déduction à partir des seuls concepts positifs, d'opérer le passage à la partie la plus élémentaire des sciences exactes, à l'arithmétique des nombres négatifs, de comprendre comment des lieues marines, parcourues en fait par un navire que le vent contrarie, sont pourtant affectées du signe *moins* dans le calcul de ce qui reste à faire pour atteindre le but du voyage.

On le voit par cet exemple, Kant accentue le contraste entre le maniement logique des concepts et la science effective de la réalité, en substituant implicitement aux *nombres nombrants*, qui semblaient

---

[1] La philosophie des mathématiques de Kant, *Revue de métaphysique*, mai 1904, p. 379.

se référer à une intuition d'ordre intellectuel, les *nombres nombrés*, qui ramènent l'esprit vers le contact de l'intuition sensible. Cette substitution éclaire la période préparatoire à l'avènement de la critique. C'est d'un cœur léger que Kant abandonne à son destin le monde intelligible des métaphysiciens : devançant l'une des thèses fondamentales du positivisme, il le ramène à n'être qu'un reflet abstrait, qu'un résidu conceptuel, de « rêveries » pour lesquelles un Swedenborg a eu du moins le mérite de revendiquer leur caractère originel de vision immédiate. Ce qui préoccupe Kant, en revanche, c'est de fonder cette vérité de la science qui implique la nécessité *a priori* de ses propositions. Pour y parvenir, il commence par rompre l'échange séculaire de services entre la logique et la géométrie, par montrer comment les objets du géomètre, pour parvenir à la plénitude de l'existence intellectuelle, doivent être construits et exhibés *in concreto,* tandis que les essences idéales du logicien se réduisent à la formule de leur explication, c'est-à-dire, pour parler en toute rigueur, de leur éclaircissement verbal. Partant de là, il lui restait à découvrir le point où la mathématique a son attache à la sensibilité. La découverte se fit par le paradoxe des objets symétriques. Kant posait la première pierre de l'édifice critique lorsqu'il publiait, en 1770, la *Dissertation de la forme et des principes du monde sensible et intelligible.*

En considérant le temps et l'espace comme des formes *a priori* de l'intuition sensible, Kant avait bien de quoi résoudre le problème de la possibilité des jugements mathématiques, puisqu'il suffit aux mathématiciens d'avoir devant eux une série d'unités successives ou une juxtaposition de parties étendues. Mais ce qui nous apparaît aujourd'hui, et ce qui, en 1781, devait apparaître à Kant comme une solution, demeurait en 1770 une grande source d'embarras. En reliant les mathématiques au monde sensible, Kant renvoyait au monde intelligible tout savoir qui dépassait le cadre des mathématiques, la science de la nature aussi bien que la science de la morale. Or, si l'on soupçonne le monde intelligible de n'être qu'une création de visionnaire, comment, entre Swedenborg et Euclide, trouver une place pour Newton ?

La difficulté du problème est double. Les propositions physiques impliquent, en effet, une liaison par concepts tels que substance et cause, et une semblable liaison demande que l'on pénètre plus profondément dans la nature du sujet pensant, que l'on remonte des formes de la sensibilité aux principes de l'intellection. D'autre part, le physicien ne se borne pas à déterminer les relations quantitatives des objets ou leur configuration spatiale ; il veut atteindre ce qui est constitutif de leur vérité en tant qu'objets, ce qui fait que l'univers de la science est intrinsèquement plus réel que l'univers de la perception. Au delà donc de cette corrélation de la forme et de la matière, qui est établie par l'*Esthétique transcendantale,* la physique, à la fois plus intellectuelle et plus concrète que la mathématique, réclame de Kant qu'il découvre un nouveau type de connexion entre l'esprit et la nature, un conditionnement différent de la matière par la forme. C'est cette découverte qui est exposée dans la Ire Partie de la *Logique transcendantale,* dans l'*Analytique,* avec la déduction transcendantale des catégories, avec la théorie du schématisme, avec les principes de l'entendement.

Seulement cela ne voudra nullement dire que la dualité de l'*Esthétique transcendantale* et de l'*Analytique transcendantale* implique une dualité de solutions pour la philosophie de la mathématique et pour la philosophie de la physique. Au contraire, l'artifice essentiel sur lequel repose toute la doctrine de la science dans la *Critique de la raison pure,* consiste à déterminer la nécessité de compléter l'*Esthétique* par la *Logique,* dès le moment où il s'agit de rendre un compte exact des propositions mathématiques. A l'intérieur des mathématiques d'abord, va s'effectuer cette liaison entre l'intuition et le jugement, qui est la clé de la *Critique.* L'espace et le temps sont le théâtre d'une construction illimitée de nombres ou de figures, laquelle suppose, de la part du sujet, une spontanéité de production imaginative ; et ainsi se dessinent *a priori* les cadres de la perception. Mais pour qu'une discipline scientifique se constitue, il faut encore que le sujet se montre capable d'opérer sur les résultats de cette construction, pris à leur tour comme matière, une synthèse d'ordre intellectuel, par quoi les produits de l'imagination seront ramenés à l'unité d'un concept dans le jugement.

On mesure le progrès accompli de la *Dissertation* de 1770 à la *Critique* de 1781. Dans l'une, la singularité de l'intuition spatiale et l'universalité du concept logique semblaient, par leur opposition, destinées à séparer deux mondes : *monde sensible* et *monde intelligible* ; dans l'autre, concept et intuition deviennent les collaborateurs d'une même œuvre, l'intuition étant tournée vers le concept par l'*apriorité* de la forme à laquelle elle est soumise, le concept s'orientant vers l'intuition parce qu'au lieu de se poser en soi comme exprimant l'absolu d'une essence, il manifesterait sa fonction essentielle dans l'acte du jugement où il intervient comme correspondant à un certain mode d'unification. Et le temps qui, dans l'*Esthétique transcendantale*, ne figurait que par symétrie avec l'espace, afin de fonder l'arithmétique parallèlement au fondement spatial de la géométrie, occupe dans l'*Analytique* un emploi capital, puisque c'est du temps que procèdent, dans chaque ordre de catégories, les schèmes médiateurs entre les formes a priori de la sensibilité, d'une part, et d'autre part, les concepts purs de l'entendement.

Une fois la théorie entièrement constituée pour les mathématiques, il n'y a plus de difficulté en ce qui concerne la physique. On peut même dire que, dans la *Critique de la raison pure,* et en attendant que le recours à la donnée empirique du mouvement apporte le moyen de déduire une *Métaphysique de la nature*, il n'y a pas de place pour une théorie, indépendante ou distincte, de la physique : les notions de substance, de causalité, de communauté d'action, réunies dans l'ordre de la relation, sont mises à l'alignement des notions qui rentrent dans l'ordre de la quantité ou de la qualité, c'est-à-dire de celles que les mathématiciens considèrent ; et c'est tout.

La conclusion de l'*Analytique transcendantale* envisagée ici tout à fait à part de la *Dialectique transcendantale*, c'est que l'univers de la science est conditionné par des formes, non seulement de sensibilité, mais de rationalité. L'originalité de cette conclusion éclate par référence aux « doutes sceptiques » de Hume, qui l'ont provoquée. D'une part, l'empirisme, pour qui l'avènement d'une science proprement expérimentale est demeuré lettre morte, en est encore à confondre perception et science, ainsi que faisaient la plupart des Anciens. La réalité, pour lui, est qualité, parce que la qualité seule est objet d'intuition directe dans la sensation. D'autre part, la confusion de la science et de la perception a son corollaire dans la limitation de la conscience au niveau de la représentation immédiate. Si Locke distingue de la sensation ce qu'il appelle *ré-*

flexion, c'est uniquement pour faire de la réflexion une faculté de données passives, regardant le monde intérieur comme la sensation regarde le monde extérieur. Cette symétrie factice, dont l'importance est capitale pour l'interprétation du Cogito cartésien, est le thème principal de la réfutation de Locke par Leibniz, développée dans les *Nouveaux essais sur l'entendement humain*, qui, par une heureuse circonstance, furent publiés en 1765. Le Leibniz des *Nouveaux essais*, si différent du Leibniz wolffien, et dont les profondes suggestions sur l'inconscient avaient déjà eu un écho dans la pensée de Kant comme elles en trouvèrent aussi dans l'œuvre psychologique de Meier et de Tetens, exerce une influence décisive sur l'avènement de cette conscience pure de soi, où réside l'« unité synthétique originaire de l'aperception », conscience *a priori*, numériquement distincte de la conscience empirique, et qui est le fondement positif de l'*Analytique transcendantale*.

Il n'est pas indifférent de noter que Leibniz fait ainsi participer Kant à l'héritage de Spinoza : l'*Éthique* n'a-t-elle pas pour but de démontrer que le progrès de l'intelligence s'accompagne d'un progrès de la conscience ? Grâce à la science, maîtresse d'intériorité, l'homme passe de la conscience *inadéquate*, qui est réellement inconscience de soi, à la conscience *adéquate*. Mais, d'autre part, il n'est pas douteux que le dogmatisme leibnizien demeure bien éloigné de l'idéalisme critique. Le développement de la conscience ne peut y jouer que le rôle d'intermédiaire entre les données du monde sensible et l'absolu du monde intelligible. La *représentation*, qui fait l'être de la monade, se définit par son rapport naturel au *représenté*. Kant ouvre de toutes autres perspectives. On ne peut pas dire, certes, qu'il ait éliminé définitivement l'idée, ou même l'être, de la *chose en soi* ; on est certain, du moins, qu'il n'y a pas de place, chez lui, pour la détermination spéculative d'un monde intelligible qui préexisterait à l'activité de la conscience et qui en expliquerait l'orientation. Au lieu que le progrès de la conscience s'appuyait, chez Leibniz, sur une raison qui avait en Dieu son siège et sa source, c'est de la conscience que procédera la raison, s'exerçant pour la science sous sa forme tout humaine, qui est proprement l'entendement, *Verstand* et non *Vernunft*.

Renversement de point de vue qui achève l'œuvre du XVIIIe siècle et en met dans un jour décisif le caractère véritable. On a vu parfois dans une théorie qui lie la valeur de la science à l'autonomie de l'esprit humain une révolte d'orgueil contre l'attitude soumise qui était celle du Moyen âge et dont ne s'était pas départie la tradition classique du XVIIe siècle : selon Descartes, il n'y a pas de certitude pour l'athée, même en matière de raisonnement mathématique ; et Newton, introduisant à la base des *Principes* l'absolu de l'espace et du temps, se réfère à l'intuition d'une « omniprésence » divine. Or, l'exemple de Kant fait comprendre à quel point le détachement complet d'avec le dogmatisme théologique a été l'effort d'une réflexion sincère, patiente et scrupuleuse, pour donner enfin à l'homme l'idée exacte de sa condition.

Nous ne nous contentons pas de ce que les sens font apparaître de l'univers extérieur ; nous substituons à la représentation immédiate du sensible, qui est discontinue et incohérente, un savoir qui, par des liaisons régulières pour l'intelligence, sous le contrôle d'une expérience de plus en plus minutieuse, conquiert avec assurance les horizons de l'espace, anticipe solidement sur le cours du temps. L'homme crée la science ; que signifie, donc, pour l'homme, la nécessité de la création scientifique ? Cette question, le réalisme dogmatisme refuse de l'aborder sous son aspect humain qui est pourtant son aspect effectif. Pour lui, les savants livrent sur terre une bataille qui est déjà gagnée au ciel. Il y a là-haut un fait originel auquel le système de nos démonstrations doit être suspendu : c'est la coïncidence de l'intelligence et de la chose. Cette coïncidence, on a commencé par l'imaginer dans l'absolu ; le problème, ensuite, sera de décider à quel moment, dans quelle mesure, l'homme pourra participer à ce qui semblait d'abord une propriété, un privilège peut-être, de Dieu. On sera ainsi amené à trouver, ou du moins à baptiser, une faculté d'ordre théorique, telle qu'il nous soit permis d'en revendiquer la possession, bien qu'elle demeure transcendante par rapport à l'exercice courant, quotidien, de nos fonctions intellectuelles.

En face de l'ontologie classique, la critique kantienne pratique la modestie. Dans l'illumination individuelle des métaphysiciens, comme dans la révélation tout extérieure des Églises, qui prétendent forcer le secret ou la signature de Dieu, elle dénonce une tentative illusoire pour substituer l'humain au divin. L'intuition des essences, en laquelle viendrait se résoudre la chaîne des raisonnements scientifiques et qui serait la source de l'harmonie préétablie entre l'esprit et la nature, nous ne la rencontrons pas en nous, lorsque nous faisons l'inventaire de nos ressources véritables. Nous ne possédons d'autre intuition immédiate que l'appréhension empirique du particulier et du contingent. Partant de là, notre tâche sera, non pas de nous attribuer une puissance de voir comme nous imaginons que Dieu voit, mais de chercher à comprendre de la façon dont nous avons conscience, effectivement et adéquatement, qu'il est donné à l'homme de comprendre.

Telle est la conclusion de la critique kantienne, et il nous paraît inexact de dire qu'elle implique une moindre estimation de la connaissance scientifique. Au contraire : dans le dogmatisme, fût-il d'inspiration aussi rationnelle que le platonisme, la science a une fonction encore provisoire ; elle sert à relier le plan inférieur des apparences sensibles au plan de l'absolu où la perfection de la réalité s'unit à la perfection de l'intelligibilité. Du point de vue kantien, la constitution d'un univers scientifique est quelque chose de positif qui a par soi-même son prix et sa dignité. Le primat de la conscience transcendantale atteste, chez l'homme, une puissance créatrice de vérité. Il est loisible, assurément, de soutenir que, par rapport à l'idéal que l'on se formerait d'un être raisonnable en général, ce soit une déchéance de ne prendre contact avec le réel qu'à travers les formes de la sensibilité, de n'appliquer les catégories de la pensée que sous la condition du schématisme temporel ; mais il faudrait alors ajouter immédiatement que, du fond de cette déchéance, l'arithmétique de Pythagore, la géométrie d'Euclide, la mécanique de Newton s'élèvent jusqu'à l'effort sublime d'une rédemption.

Supposons donc cette conclusion acquise. Elle va soulever un problème de la dernière gravité. En s'adressant à la conscience rationnelle de l'homme, et non plus à la raison absolue en Dieu, pour lui demander de supporter l'ensemble de la législation scientifique, Kant a fait fond sur l'immutabilité de cette législation, attestée à ses yeux par le caractère *a priori* des synthèses qui sont à la base des mathématiques et de la physique. La *Critique de la raison pure* part de la loi pour aller à la découverte de la conscience. Mais alors, sommes-nous en droit de nous demander aujourd'hui, que restera-t-il de la théorie de la conscience transcendantale, une fois reconnu que l'analyse et la géométrie, que la mécanique et la physique ne se résignent nullement à cette immobilité docile que Kant avait escomptée, que de toutes parts elles ont fait craquer, au cours du XIXe siècle, les cadres dont l'*Esthétique* ou l'*Analytique transcendantale*, dont les *Premiers principes métaphysiques de la science de la nature* leur avaient prescrit de respecter le tracé définitif ? La conscience législatrice n'a-t-elle pas commis l'imprudence d'accepter, *sans* bénéfice d'inventaire, la succession du Dieu législateur ? Elle a lié son sort à la détermination, qui se donne pour exclusives et pour définitives, des formes d'intuition et des catégories de la raison ; inévitablement elle se trouve atteinte par les progrès de la science positive qui ont ruiné la nécessité et l'universalité de ces formes et de ces catégories.

Le problème n'est pas de ceux que l'on pose pour se donner le plaisir de le résoudre aisément. Il est exact que la philosophie kantienne de la géométrie ou de la mécanique ne correspond plus du tout à l'état actuel de ces disciplines ; et l'on ne saurait prétendre que, dans l'esprit de Kant, ce dut être un point secondaire. Ce à quoi il nous paraît bien avoir tenu le plus, c'est aux déductions successives par lesquelles, tour à tour, les principes fondamentaux pour la science de l'espace, du temps, du mouvement, sont inscrits dans les nécessités permanentes de la pensée humaine telles que la logique les avait mises en évidence par la distinction des jugements suivant la quantité, la qualité, la relation, la modalité ; c'est à ce véritable tour de force qui nous montre Aristote et Newton s'unissant à travers les siècles pour définir les bornes à partir desquelles le savoir humain est appelé à se développer sans limites, mais que sa destinée le condamne à ne jamais franchir.

Il est donc permis de discuter la doctrine kantienne de la science dans les termes littéraux où Kant lui-même l'a proposée, dans la voie où l'ont suivi les écoles pour qui la fortune de la *Critique* est solidaire de l'*apriorité* de formes ou catégories définies de façon univoque et de façon exclusive. Tout ce qui est venu déranger la sage ordonnance du savoir classique, depuis la découverte des géométries non euclidiennes jusqu'à l'avènement des théories de la relativité, vise directement, et détruit dans sa racine, l'idée critique de la science. Mais une autre attitude ne nous semble pas moins légitime, c'est de laisser pour compte aux néo-kantiens et à Kant lui-même le postulat de cette solidarité entre l'idée critique et le tableau des formes ou des catégories, dont nous savons aujourd'hui qu'elle exprime l'aspect tout superficiel et tout fragile de la doctrine, d'en faire abstraction afin de parvenir à dégager la pureté de l'idée critique.

La méthode mise en œuvre par la déduction transcendantale est une *analyse réflexive* ; c'est de la science, considérée comme fait, qu'elle part pour remonter aux formes *a priori* de l'intuition, aux concepts purs de l'entendement. D'où Kant redescendra par *synthèse progressive,* c'est-à-dire, cette fois, par le procédé de la déduction ordinaire, en subsumant sous les catégories les schèmes du temps, puis la donnée empirique du mouvement, aux *Premiers principes métaphysiques de la science de la nature* : la Critique de la raison pure, limitée, bien entendu, aux résultats positifs de l'*Esthétique* et de l'*Analytique*, constitue les *Prolégomènes à toute Métaphysique capable de se* présenter comme *Science*. Or, la première démarche, qui aboutit à l'unité de l'aperception transcendantale, à la conscience originaire de soi, relève seule de la réflexion critique. Que la seconde démarche de la pensée kantienne soit décidément caduque, que Kant ait poursuivi un but chimérique en faisant fond sur l'immutabilité de la géométrie ou de la mécanique pour arrêter la « liste officielle » des formes et des catégories, c'est là une imperfection indéniable du système kantien, mais qui ne saurait rejaillir sur les moyens qu'il a employés, ou, plus exactement, qu'il a créés, afin d'atteindre son but. Peut-être même, à travers la « faute heureuse » de cette imperfection, pourrons-nous apercevoir, en ce qu'elle nous offre d'essentiel et de fécond, la vérité de la méthode transcendantale, qui, sur l'idée critique, nous permet de fonder des *Prolégomènes*, non plus, dans un sens unique et exclusif, pour la métaphysique kantienne de la nature, mais, suivant une interprétation beaucoup plus large et plus riche, pour la science des mathématiciens et des physiciens actuels.

Quel est, dans l'*Esthétique transcendantale*, le point de doctrine qui manifeste l'originalité de la critique, et qui, aussi, en remplit l'exigence ? Celui-ci : l'espace et le temps possèdent des caractères singuliers, également impénétrables aux méthodes mises en usage par l'empirisme et par le rationalisme. Ce ne sont ni des choses, en

Dieu ou devant les hommes, ni des images génériques tirées des choses ; mais ce ne sont pas non plus des idées, s'imposant, soit par l'évidence de leur intuition, soit par l'intelligibilité parfaite de rapports qui seraient entièrement constitués par l'esprit et entièrement transparents pour lui. Le philosophe ne les comprendra qu'à la condition d'inventer à leur profit un type inédit d'existence, de concevoir des formes qui s'opposent aux formes de la pensée rationnelle par leur relation aux données sensibles et qui, pourtant, par leur caractère *a priori*, soient indépendantes du contenu particulier de ces données. Kant a ouvert un nouveau registre d'état civil, où il a inscrit l'espace unique et universel, le temps unique et universel ; et, de fait, la science du XVIIIe siècle étant ce qu'elle était, il n'avait rien d'autre à y mettre. Cela ne prouve pas du tout qu'en droit rien d'autre n'y pouvait figurer à titre légitime.

En effet, un espace non euclidien, un temps propre à tel ou tel observateur, ne sont pas des choses d'expérience qui se détachent pour s'imaginer hors de leur corrélation avec les liaisons intellectuelles qui les déterminent ; d'autre part, l'intelligence dont ils procèdent n'est pas l'absolu de la raison, telle qu'on la suppose en Dieu, infaillible et éternelle, ou d'une raison humaine qui participerait à cette immutabilité statique ; c'est une activité d'une souplesse inépuisable qui, sans se départir de sa rigueur, multiplie à l'infini ses ressources pour mettre cette rigueur en harmonie avec les exigences du réel. Les types multiples de métrique spatiale ou temporelle répondent bien au signalement que Kant avait dressé de l'espace euclidien et du temps universel lorsque, tout en continuant de s'opposer au dogmatisme superficiel des empiristes, il avait insisté sur ce qui interdisait désormais de les confondre avec des notions purement rationnelles. L'*insuperposabilité* des trièdres symétriques avait révélé à Kant cet écart entre le spatial et le logique. Du point de vue proprement critique, et quoi qu'il advienne par ailleurs du texte littéral de l'exposition kantienne, nous pouvons dire que l'évolution de la géométrie et de la physique jusqu'à l'époque contemporaine n'a fait qu'agrandir cet écart, confirmant ainsi, dans ce qu'elle avait de nouveau et de fondamental, la thèse de l'*Esthétique transcendantale*. Ni l'espace ni le temps de la tradition classique n'auraient, tant qu'ils étaient encore intégrés au monde intelligible, supporté de ne plus être, chacun pour son compte, unique et universel ; du jour où ils sont des formes de la sensibilité, leur coexistence avec d'autres formes sert à souligner et à vérifier leur relation essentielle au monde sensible.

L'examen de l'*Analytique transcendantale* donne lieu, croyons-nous, à des considérations analogues, mais qui trouvent une preuve presque immédiate dans la manière dont Kant aborde la déduction des catégories. En ce qui concerne les formes de la sensibilité, il avait, au lieu de les envisager en général, traité séparément de l'espace et du temps. Au contraire, dans la Ire Partie de l'*Analytique transcendantale*, Kant, après avoir détermine le tableau spécifique des catégories, se borne à une déduction transcendantale en général qui les fonde, toutes ensemble, sur l'unité originaire de l'aperception. Que, d'ailleurs, en reliant à l'« unité objective de la conscience de soi » la forme logique de tous les jugements, Kant se soit flatté de posséder par là les douze catégories de son tableau, le fait nous paraît certain ; mais il n'exprime que ses intentions initiales, qui sont demeurées à l'arrière-plan de sa pensée, sans parvenir à prendre corps dans l'ouvrage lui-même. Car c'est un fait certain, lui aussi, qu'au cours de la déduction transcendantale il n'est plus question du caractère appartenant à tel ou tel ordre de catégories ; Kant ne considère que la fonction synthétique de l'unification intellectuelle. Si le mécanisme de la démonstration critique, une fois mis en marche, a trompé l'attente systématique de son auteur, cette déception est susceptible d'être interprétée en deux sens différents. Avoir prétendu s'emparer des « catégories » et n'avoir entre les mains que leur « véhicule », être réduit à la conscience *originaire* de soi, au *Cogito* cartésien, au *Ich denke*, ce sera un échec pour Kant en tant qu'il reste obsédé par le dogmatisme traditionnel jusqu'à tenter de renouer, par delà l'effort libérateur du XVIIe siècle, le formalisme scolastique des catégories. Mais cette défaite même offre l'avantage qu'elle fait ressortir, dans tout l'éclat et dans toute la pureté de sa lumière, le dynamisme inhérent à un courant d'intelligence qui ne se laisse épuiser par aucun artifice de canalisation.

La distinction que le texte littéral de la *Critique de la raison pure* opère comme de lui-même entre le résultat apparent et la méthode effective, explique à son tour l'embarras profond que Kant a éprouvé, dont le remaniement élaboré pour la seconde édition montre qu'il a eu le sentiment direct. Les catégories, dont la considération des jugements logiques permet de dresser le tableau, devront être, pour obéir à la volonté de Kant, des fonctions purement intellectuelles, appartenant à l'homme en tant qu'*être raisonnable*, indépendamment de l'usage qu'il est amené à en faire, en tant qu'*être sensible*, lorsqu'il les applique aux formes de l'intuition. Kant, en effet, se réserve de leur demander qu'elles consentent, même en l'absence de tout contenu rationnellement déterminable, à continuer d'encadrer le monde intelligible, menacé d'évanouissement spéculatif, mais destiné à réapparaître comme objet de foi pratique. C'est pourquoi il lui importera de maintenir l'intégrité de leur possibilité conceptuelle. Seulement, ici encore, l'idée critique résiste à la volonté kantienne du système. Tant que les catégories sont envisagées dans le splendide isolement, dans l'immobilité hiératique, auxquels sont condamnés les prétendus concepts de ce monde intelligible, il ne saurait être question d'en démontrer la nécessité par une déduction de caractère transcendantal. La déduction kantienne, dans sa marche effective, porte uniquement sur une fonction de synthèse, désignée, dans la première édition, comme *synthèse de la recognition dans le concept*, fonction supérieure qui s'effectue et se comprend à la condition de supposer avant elle deux formes élémentaires de synthèse : *la synthèse de l'appréhension dans l'intuition, la synthèse de la reproduction dans l'imagination*. Du fait que le passage a été corrigé par Kant, on conclura sans doute qu'il a eu conscience d'être, par ce mode de démonstration, entraîné plus loin qu'il n'aurait voulu. Mais il y a quelque chose, du moins, qui n'a pas varié d'une édition à l'autre, c'est la place occupée par la déduction des catégories. Du moment qu'elles ont à être utilisées aussi bien pour soutenir l'armature de la *Dialectique* de la Raison pure que pour conclure les principes de l'entendement dans l'*Analytique*, il fallait qu'elles fussent déduites dans la *Logique transcendantale*, considérée en général, indépendamment de la séparation ultérieure de l'*Analytique* et de la *Dialectique*, et les commandant toutes deux. Or, Kant ne procède pas ainsi : la déduction des catégories est une partie de l'*Analytique* ; spectacle paradoxal chez un écrivain qui a poussé jusqu'à la manie le souci bureaucratique de l'exactitude dans les divisions de son œuvre comme dans la hiérarchie des facultés ; spectacle qui serait inexplicable s'il n'attestait une exigence critique plus forte que l'intention du système, et qui contraint Kant, pour faire réussir la déduction transcendantale, à ne voir dans les catégories que des fonctions toutes dynamiques, correspondant à un dernier degré de concentration spirituelle dans l'effort d'unification progressive à partir des données sensibles.

Une fois de plus, prenant en flagrant délit la fragilité systématique du kantisme, nous en tirerons argument en faveur de l'idée critique. Cette surprise fâcheuse d'une déduction des catégories, obligée, malgré elle, de se limiter au plan analytique de l'entendement humain, souligne, pour nous, le progrès décisif que l'*idéalisme transcendantal* accomplit en se définissant par opposition à l'idéalisme absolu. Dans celui-ci, en effet, l'univers aurait dû se fermer sur le système des catégories, tandis que l'*idéalisme transcendantal* se caractérise comme corrélatif d'un réalisme empirique. Déjà l'attache « esthétique » des jugements mathématiques tendait à prouver l'existence d'une matière phénoménale, irréductible aux formes de l'entendement, requérant un fondement d'ordre transcendantal, *noumène* ou *chose en soi*, qu'il est impossible d'atteindre, impossible d'éliminer. Mais, dans l'idéalisme kantien, les effets de la relativité à l'expérience ne s'épuisent pas, comme le suggère pourtant la lettre du système, avec l'appel aux formes de la sensibilité ou même avec la médiation des schèmes temporels. Il faudra encore en tenir compte pour la théorie de la causalité qui, pour l'élaboration de la doctrine entière, a une importance primordiale. La *Seconde analogie de l'expérience* attribue au temps un rôle tout nouveau. La succession cesse d'être une simple forme *a priori,* indifférente à la détermination de son contenu, pure abstraction de l'*avant* et de l'*après* ; elle comporte quelque chose d'objectivement donné, une orientation interne d'un caractère imprévisible pour l'entendement. et que l'expérience seule révèle. Un voyageur qui a remonté le cours d'un fleuve peut faire le récit de sa navigation suivant l'ordre subjectif de ses perceptions ; mais, pour le géographe, pour le savant, il y a une direction réelle de l'eau qui coule. Le temps se définira donc, ici, non plus du tout comme forme de succession, mais par le contenu intrinsèque de cette succession.

Il est donc visible que Kant a manqué ce qui avait été le but manifeste de son effort : il n'est point parvenu à faire de la théorie physique un corollaire de la théorie mathématique. La causalité n'est pas à l'alignement des autres principes de l'entendement, ni même des autres analogies de l'expérience. Dans la formule du principe de substance, le temps intervenait à titre de déterminant formel, de même que l'espace dans la géométrie à deux dimensions, c'est-à-dire sans comporter aucune réserve quant à la symétrie ou à la réversibilité. Or, tandis que, dans la considération de la substance, ce qui était *après* se retrouve quantitativement identique à ce qui était *avant,* la causalité implique entre l'antécédent et le conséquent une distinction qui ne saurait procéder d'une détermination formelle, qui, au contraire, doit en être indépendante ; dans cette distinction se manifestera cela même par quoi l'événement ne se réduit pas aux conditions préparées pour le recevoir et pour le comprendre, et qui nous donne enfin le droit de dire : quelque *chose est arrivé.*

L'infraction à la discipline de l'*Analytique transcendantale,* dont le principe de causalité se rend ici coupable, et que Kant cherche, d'ailleurs, à réparer dans les *Premiers principes métaphysiques de la science de la nature* en exprimant la causalité par l'inertie, décèle une fissure dans l'ordonnance du système, un défaut capable d'en compromettre l'équilibre et la solidité. Mais il est aisé d'apercevoir, là aussi, comment, grâce à cet « heureux défaut », par cette fissure apparente, a passé tout le courant de la pensée physique, tel qu'il devait se révéler avec le principe de Carnot et avec les théories contemporaines de la relativité.

En examinant la structure de l'œuvre euclidienne on se convainc que l'Euclidien soi-disant « intégral », qui condamne les géométries non euclidiennes au nom de la rationalité supposée parfaite de la géométrie classique, passe en réalité à côté de ce qui atteste avec le plus d'éclat le génie d'Euclide, le fait d'avoir présenté comme *postulatum* la proposition dont nous savons, depuis Lobatschewski, qu'elle avait le droit de résister à toute tentative de démonstration absolue. De même, il nous semble qu'à vouloir malgré tout défendre un système de notions *a priori* qui serait défini et déduit, à l'écart comme à l'abri, de tout enseignement expérimental, on risque de méconnaître, et de faire méconnaître, ce qui a fait de l'avènement de l'idée critique une date décisive dans l'histoire de l'humanité : la découverte d'une capacité d'invention intellectuelle, de création scientifique, qui, parce qu'elle relève de la conscience suivant l'ordre humain, non de la raison suivant l'ordre divin, ne manifeste jamais mieux son caractère véritable qu'en brisant le moule des formes et la lettre des lois dont on l'avait crue d'abord, dont peut-être elle s'était crue elle-même, prisonnière, afin de s'assurer d'un accord plus précis et plus exact avec la réalité. Le propre d'un pouvoir constituant n'est-il pas de dominer les Codes qu'il a promulgués, de leur survivre pour la révision incessante de la législation ? Par delà, donc, l'édifice euclidien ou newtonien, que Kant a cru à tort être un point d'appui définitif, mais qui lui a servi du moins pour parvenir à la conscience transcendantale, apparaît, comme l'« élément dominant » de l'hérédité kantienne, cette conscience intellectuelle qui est d'autant plus conscience, d'autant plus intelligence, que rien, dans son passé de conquête, n'arrête l'élan de son progrès vers la vérité. Si c'est bien un tel élément qui sert à définir l'idéalisme critique dans ce qu'il a de spécifique et d'original, nous sommes fondés à dire qu'en proposant une solution idéaliste et critique aux problèmes actuels de la philosophie scientifique, nous ne tentons pas un compromis artificiel et désespéré entre ce qui est et ce qui a été. Nous demandons aux faits de mettre en un relief d'évidence cette notion d'une portée capitale, que la connaissance scientifique est quelque chose d'original, de consistant par soi, qu'on ne saurait comprendre en se référant à un modèle extérieur ou antérieur, donnée immédiate de la perception ou intuition d'une réalité transcendante ; que, par suite, l'apport de l'intelligence humaine, en relation continue et indéfinie avec les appels et les résistances, avec les répugnances et les suggestions, de l'expérience, doit être considéré comme constitutif d'une réalité positive. Nous ne plaidons pas pour une philosophie de l'ancien temps en la rattachant, coûte que coûte, aux progrès de la science contemporaine ; nous éclairons ces progrès du dedans par la lumière que, dès la fin du XVIIIe siècle, la philosophie avait préparée pour eux.

II. — Que doit-on faire ?

Nous avons, dans la *Critique de la raison pure*, détaché l'*Esthétique* et l'*Analytique* de la *Dialectique,* afin de considérer, dans son contenu rigoureusement positif, la réponse fournie par Kant à la question qu'il s'est posée : *Que peut-on savoir ? En* quittant la doctrine de la science, ne va-t-il pas nous arriver d'avoir à dépasser le domaine du rationalisme strict, et de nous aventurer dans la région de la foi ? La raison pratique différerait de la raison théorique, elle s'y opposerait même, parce qu'elle implique, à sa racine, un fond de croyance, et que c'est par là qu'elle est capable de rétablir les thèses d'ordre transcendant qui paraissaient ébranlées par les exigences de la méthode transcendantale.

Par rapport, du moins, à l'histoire de la pensée kantienne en France, cette interprétation est loin d'être négligeable. Sans elle nous ne comprendrions, ni le sens des apologies néo-criticistes, ni les réfutations qu'elles ont suscitées, ni le revirement de quelques écrivains qui, après s'être référés à Kant pour professer un fidéisme modelé sur la dialectique du pari pascalien, l'ont rendu ensuite responsable d'avoir manqué aux conditions de la critique rationnelle. Nous nous bornerons à rappeler la page éloquente qui termine le chef-d'œuvre de Brochard, *Les sceptiques grecs* (1887) : « Lorsqu'il s'agit de l'idée de devoir, suivant une profonde remarque de Kant, la question n'est plus de savoir si elle a un objet au sens ordinaire du mot : on ne demande pas si le devoir est toujours accompli sur la terre. L'idée du devoir est un idéal, une règle que l'esprit trouve en lui-même et qu'il s'agit de faire passer dans ses actes. Le fait, ici, ne précède plus l'idée ; il doit se modeler sur elle. Si l'idée du devoir s'offre nécessairement à la raison, elle ne contraint pas la volonté : ici encore, il faut à l'origine de la connaissance un acte de libre initiative. Mais, une fois que l'autorité du devoir a été reconnue (et il importe peu que ce soit par obéissance ou par persuasion), le doute a disparu. L'agent moral n'a plus besoin de jeter les yeux sur le monde pour raffermir ses croyances ; c'est en lui-même qu'il découvre la vérité ; sa volonté se suffit pleinement à elle-même. Nul ne peut faire que l'idée du devoir ne soit absolument certaine pour quiconque s'est décidé à lui obéir. Ni les démentis de l'expérience, ni les cruautés de la vie ne sauraient affaiblir la fermeté du stoïcien : le monde peut s'écrouler sans ébranler sa foi. C'est assurément le type le plus parfait de certitude que nous puissions connaître. Tel est le dogmatisme qu'on peut opposer sans crainte aux critiques du pyrrhonisme » (p. 429).

Le développement de la pensée laisse l'impression que l'inspiration kantienne, sous sa forme la plus précieuse à recueillir, ne consisterait nullement dans la voie nouvelle que l'*Esthétique* et l'*Analytique transcendantales de la raison pure* avaient tracée entre le dogmatisme de Leibniz et l'empirisme de Hume. Bien plutôt, il conviendrait de la demander aux *postulats* de la *Dialectique* pratique, par lesquels est ramené, par lesquels aussi est tranché, le *dilemme* antique du dogmatisme et du scepticisme. Or, par là, il est aisé de prévoir, une fois dissipé le mirage du fidéisme renouviériste, la violence du choc en retour dont la morale kantienne devait être victime, et qui allait la faire paraître éloignée des préoccupations contemporaines jusqu'à rejoindre la « mentalité primitive » de l'Ancien Testament. Il semble incontestable, écrira encore Victor Brochard, mais en 1901, « que le père de la philosophie critique, comme le lui a très justement reproché M. Fouillée, a eu le tort de ne point soumettre à la critique l'idée fondamentale de sa doctrine. Il lui arrive sans doute de concevoir la volonté comme se donnant à elle-même sa loi, et de parler d'une volonté autonome. Mais pourquoi une volonté, en tant que volonté, se donne-t-elle une loi ? Et si elle s'en donne une, ce ne peut être en tant que volonté pure, mais en tant qu'elle est une raison. Or, une raison ne saurait se décider qu'en vue du meilleur. Nous voici donc ramenés au point de vue antique. Fonder le bien sur le devoir, faire précéder l'idée du bien de l'idée d'un commandement absolu et injustifié, dire que l'impératif catégorique est en dernière analyse un *sic volo, sic jubeo*, ou une consigne arbitraire, c'est une gageure que Kant a bien pu tenter, mais qu'il paraît bien difficile de tenir jusqu'au bout. En tout cas, c'est une question de savoir..., si, en posant ainsi le problème, ce grand esprit n'a pas été dupe d'une illusion, et si, voulant constituer une science purement philosophique et rationnelle de la morale, il n'a pas pris pour point de départ une idée toute religieuse que lui suggérait son éducation protestante, et qui ne paraît innée que parce qu'elle est consacrée par un grand nombre de générations. Tel est, d'ailleurs, le reproche que Schopenhauer, dans la critique si profonde qu'il a faite de la morale de Kant, indiquait déjà lorsqu'il considérait l'impératif catégorique comme inspiré par le Décalogue » [1].

1 La morale ancienne et la morale moderne, apud *Études de philosophie ancienne et de philosophie moderne*, 1912, p. 498.

Que ce soit donc pour l'en louer ou pour l'en blâmer, on suppose que la morale kantienne fait reposer la *loi* sur la base de la foi, ce qui impliquerait un antagonisme radical, sinon une contradiction, entre la *Critique* spéculative et la *Critique* pratique. La pierre angulaire de la première, c'est la séparation, à l'intérieur de la *Logique transcendantale,* d'une *Analytique* positive et d'une *Dialectique* illusoire. Dans la seconde, la justification rationnelle de la loi, qui aurait dû être l'objet de l'*Analytique,* serait subordonnée, et sacrifiée, au primat de la foi dans la *Dialectique.* Mais cette interprétation s'oppose à elle-même une grave difficulté ; car elle ne nous permet plus de comprendre comment Kant aurait mérité le reproche d'avoir renversé la perspective morale dont jusqu'à lui la sagesse des anciens et des modernes avait su ne pas se départir, et d'avoir détaché le devoir du bien, puisque le concept qui donne lieu à l'*Antinomie dialectique* dans la *Raison pratique* n'est autre que celui du *souverain bien.* En toute évidence, si la morale kantienne a fondé le bien sur le devoir, c'est que la solidité de la déduction transcendantale dans *l'Analytique* de la loi est tout à fait indépendante du sort que l'issue de la *Dialectique* réserve à la foi dans le souverain bien. De fait, l'idée maîtresse de la *Critique* se retrouve exactement la même qu'il s'agisse de la Raison pure ou de la Raison pratique. Elle consiste à tracer une ligne de démarcation entre les valeurs de la loi et les valeurs de la foi : les premières relevant d'une conscience capable d'assurer à l'homme la démonstration adéquate de leur nécessité et de leur universalité, tandis que les dernières échappent, et doivent par leur caractère même échapper, à nos prises spéculatives. C'est ce que Kant a porté au plus haut degré de clarté lorsqu'il a distingué, dans le chapitre de la *Méthodologie* de la *Critique de la raison pure,* intitulé : « Du souverain Bien », non pas *deux,* mais *trois,* problèmes de la raison : 1° Que puis-je savoir ? (*Was kann ich wissen ?*) ; 2° Que dois-je faire ? (*Was soll ich thun ?*) ; 3° Que m'est-il permis d'espérer ? (*Was darf ich hoffen ?*) A supposer que la solution du troisième reste aléatoire ou indéterminée, cette éventualité n'aurait aucune influence sur la réponse aux deux autres, qui demandent à être traités complètement par des méthodes analytiques.

Une fois écartée l'ingérence des illusions, ou des espérances, *dia-*

lectiques, le centre de l'intérêt se déplace et se porte sur la marche suivie dans les deux *Analytiques* kantiennes.

Ce qui frappe au premier abord, et Kant y a insisté dans la *Préface* de la *Critique de la raison pratique,* c'est qu'en abordant le domaine de l'action, le philosophe est débarrassé des complications qui l'avaient si longtemps arrêté au seuil de la doctrine physique : dualité de l'*Analytique transcendantale* et de l'*Esthétique,* subsomption des formes *a priori* de la sensibilité sous les concepts purs de l'entendement qui ont pour véhicule le *Cogito* de la conscience transcendantale. Le rapport à la sensibilité cesse d'être une condition préalable pour l'application effective de la raison, et l'on pourra même dire que c'est en se libérant de toute attache directe à l'expérience que la raison retrouve l'idée de son caractère véritable ; de telle sorte que, dans le domaine pratique, « la critique proprement dite consiste simplement à lui rendre la conscience qu'elle est raison pure » [1]. Donc, ou il n'y a pas de raison du tout, ou, si la raison existe, la valeur pratique s'en affirme immédiatement *a priori*. Dès lors, et du seul fait qu'il existe des disciplines scientifiques qui ont mis hors de doute la capacité législatrice de la raison, il devient impossible, logiquement, de soulever la moindre contestation en ce qui concerne la loi morale.

Le problème proprement critique qui est relatif à la Raison pratique serait donc tranché ; il n'y aurait pas de difficulté à faire se succéder deux *Analytiques,* parallèles et symétriques, si la conscience transcendantale avait pu, en matière de moralité, trouver devant elle une législation universellement reconnue, et y faire fond comme, dans l'*Analytique* spéculative, elle avait été endroit de s'appuyer sur la géométrie d'Euclide et la mécanique de Newton. Or, ce n'est pas ce qui se produit ; et, par la lettre écrite à Lambert le 2 septembre 1770, pour lui envoyer la *Dissertation sur la forme et les principes du monde sensible et intelligible,* nous savons que Kant, dès ce moment, se préoccupait de rédiger « ses recherches sur la philosophie morale pure », pour en faire « comme une métaphysique des mœurs, travail... tout à fait indispensable, touchant les principes, si mal établis encore aujourd'hui, des sciences pratiques » [2].

---

[1] Delbos, La philosophie pratique de Kant, p. 421.
[2] Delbos, *Phil. prat.,* p. 156. Cf. trad. citée de Tissot, apud *Mélanges de logique,* p. 298.

Dans la *Critique de la raison pure,* Kant partait de la loi pour aller à la découverte de la conscience transcendantale. La *Critique de la raison pratique* n'a pas à remettre en question l'existence de cette conscience, plus directement présente à nous dans l'action que dans la science. Mais ce qui n'est pas donné, ce qui reste à trouver, c'est la loi ; c'est, plus exactement, la suffisance de la loi, en tant que forme législative, à déterminer la valeur morale de notre conduite, c'est l'*autonomie*. Or, suivant l'observation de Delbos, qui fait l'un des points essentiels de son étude sur la *Philosophie pratique de Kant,* ni le mot d'autonomie, ni, probablement, l'idée, ne se rencontrent dans la *Critique de la raison pure*. La découverte ne se manifeste que postérieurement, dans cette *Grundlegung zur Metaphysik der Sitten,* projetée en 1770, mais qui ne vit le jour qu'en 1785, à l'époque où Kant rédigeait les *Premiers principes métaphysiques de la science de la nature*.

Ce n'est donc pas un accident si, dans l'ordre chronologique de leur apparition, ceux-ci suivent la *Critique de la raison pure,* tandis que la *Grundlegung* précède la *Critique de la raison pratique*. A travers cette dissymétrie apparente se retrouve l'influence dominante d'une même idée, qui éclaire toute la pensée kantienne : la démarche décisive pour l'établissement de la vérité philosophique consiste dans un effort d'*analyse réflexive,* conduisant aux principes d'où découle ensuite la *synthèse progressive*. Or, cet effort, qui correspondait dans l'ordre spéculatif à la déduction transcendantale des formes et des catégories, Kant l'accomplira ici en passant, suivant sa propre terminologie, de la « connaissance rationnelle commune » à la « connaissance philosophique », et de la « philosophie morale populaire » à la *Métaphysique des mœurs*. La liaison est alors assurée avec une *Critique de la raison pratique,* dont les propositions fondamentales sont susceptibles d'être exposées, comme celles d'Euclide ou de Newton, suivant le modèle classique dont Spinoza, d'ailleurs, avait déjà fait usage dans son *Éthique,* et Kant lui-même dans sa *Métaphysique de la nature*.

La prétention de constituer une morale qui se démontrerait par voie géométrique, sans recours à aucune donnée extérieure, en ne supposant rien d'autre que la forme *catégorique* ou plutôt *apodictique de* son propre impératif, nous avons vu qu'elle avait été regardée comme un paradoxe sans précédent, dont on avait cherché l'explication dans un retour inconscient au *Décalogue*. La *Critique de la raison pratique* dissimulerait, sous un appareil imposant de logique transcendantale, la réalité d'une *Morale tirée de l'écriture sainte*. Telle était, sans doute, l'opinion de Schopenhauer ; mais, en matière de rationalité, nous serions tentés de récuser le jugement de Schopenhauer par rapport à Kant, comme celui d'Aristote sur Platon, disciples immédiats sans doute, mais tous deux suspects de joindre le démon de la caricature au génie de l'intuition. La formule du *sic volo, sic jubeo*, ne saurait s'entendre sans un complément, mais qui n'est pas nécessairement : *sit pro ratione voluntas*, qui pourrait tout aussi bien être un : *sit ex ratione voluntas*. Elle signifie uniquement, pour qui n'ajouterait rien à la pensée de Kant, la position d'un problème que la réflexion hellénique avait abordé lorsqu'elle s'est interrogée sur la relation du légal et du juste, du νόμιμον et du δίκαιον. Ce problème, il est vrai que les Anciens l'avaient laissé dévier de son centre moral, et que le stoïcisme avait identifié l'éthique et la physique, la politique et la théologie. Mais le christianisme le retrouve, recueilli dans l'héritage du λόγος stoïcien sous les deux aspects de sa médiation : προφορικὸς λόγος, ἐνδιάθετος λόγος. Et, de ce point de vue s'aperçoit l'importance de la controverse retentissante entre Arnauld et Malebranche, qui fait éclater la dualité irréductible, l'antagonisme inextricable, du *Verbum oratio* et du *Verbum ratio*, l'un exprimant une révélation matérielle et littérale que l'homme reçoit du dehors, l'autre, l'intellectualité d'une lumière toute spirituelle à laquelle il participera du dedans. Le même problème, enfin, transporté de la religion dans le domaine de la sociologie positive, réapparaît à travers les aphorismes d'un Montesquieu, mortellement équivoques sous leur apparence lapidaire, où les lois sont assimilées, tantôt aux relations idéales de la géométrie, tantôt aux résultantes nécessaires d'actions mécaniques.

Ce problème séculaire, qu'il pose à nouveau en ses termes originels, par l'alternative de l'hétéronomie et de l'autonomie, Kant le tranche dans le sens de l'autonomie, en faisant dériver de la même conscience transcendantale la législation du savoir et la législation de l'action. Ainsi, l'idée de la loi morale est désormais soustraite à toute arrière-pensée de conformisme confessionnel ou de conservation sociale, ramenée à la pureté d'une forme susceptible d'être *intériorisée* dans l'ordre pratique, comme la forme correspondante dans l'ordre spéculatif, par la vertu d'une justification toute rationnelle. Et, par là encore, l'œuvre de Kant a une portée capitale. Jadis, à Thorn, vers les confins du monde alors civilisé, la rupture s'était accomplie entre l'anthropocentrisme de l'imagination médiévale et l'objectivité du savoir désintéressé. C'est dans une région voisine, à Kœnigsberg, que la conscience moderne, dans sa double fonction de conscience intellectuelle et de conscience morale, a définitivement conquis indépendance et souveraineté.

Pour comprendre le caractère du second événement, aussi décisif que le premier dans la marche de l'histoire, pour le replacer dans son véritable plan de civilisation, nous n'avons que faire du Décalogue, ou même de l'ontologie wolffienne. Kant est apparu à ses contemporains comme l'écrivain le plus ouvert aux idées de son temps. Il promettait d'être le *Shaftesbury allemand*, le *Hume prussien*. De fait, il adoptait, en 1764, la position prise en morale par l'école anglaise, lorsqu'il écrivait : « C'est de nos jours seulement qu'on a commencé à s'apercevoir que la faculté de représenter le *vrai* est la connaissance, qu'au contraire, la faculté d'avoir conscience du bien est le sentiment [1]. » Et la pensée de Kant se trouvait orientée dans la même direction par la grande impression que l'œuvre de Rousseau fit sur lui. Cependant, à méditer simultanément les problèmes de la spéculation et de la pratique dans les termes où les posaient, d'une part, le naturalisme anglais poussé jusqu'à l'empirisme de Hume, d'autre part, la *Profession de foi du vicaire savoyard*, il était inévitable que se révélât l'incertitude, l'instabilité, de la doctrine sentimentale. Rousseau se place « dans l'ordre de la vie », irréductible à l'ordre cartésien de l'intellectualité : « Trop souvent la raison nous trompe ; nous n'avons que trop acquis le droit de la récuser ; mais la conscience ne trompe jamais ; elle est le vrai guide de l'homme ; elle est à l'âme ce que l'instinct est au corps. » Comparaison qui n'est pas une vague analogie, dont la portée précise, technique presque, est soulignée par une note remarquable : « La Philosophie moderne, qui n'admet que ce qu'elle explique, n'a garde d'admettre cette obscure faculté appelée *instinct*,

---

[1] Étude sur l'évidence des principes de la théologie naturelle et de la morale, apud Tissot, *Mélanges de logique, p.* 123.

qui paraît guider, sans aucune connaissance acquise, les animaux vers quelque fin [1]. » La réhabilitation de l'instinct se trouvait chez Hume, où elle faisait le fond de cette théorie de la connaissance sur laquelle s'est exercée si longuement la réflexion kantienne ; mais, loin de se présenter avec l'assurance et la fierté du dogmatisme, elle était destinée à entretenir les « doutes sceptiques » qui ramènent l'homme à une idée plus juste de sa condition, en rapprochant, comme avait déjà fait l'*Apologie de Raymond Sebond,* sa raison de la « raison des animaux ». Au contraire, Rousseau inaugure l'interprétation romantique de la biologie, en faisant remonter brusquement l'instinct du corps à l'âme et de l'humanité à la divinité : la conscience est un *instinct divin.* Parvenu à cette hauteur, il foudroiera de son indignation le « sceptique Montaigne ».

Que cette apothéose de la conscience soit salutaire, par la séparation qu'elle marque entre l'ordre de la nature et l'ordre de la moralité, généralement confondus par les Anciens [2], cela ne paraît pas avoir fait de doute pour Kant ; mais les traits originaux de sa personnalité, l'influence aussi de son éducation piétiste, devaient l'amener à se demander si l'on ne risquait pas d'altérer et de compromettre la conscience morale en lui attribuant la profondeur émouvante, la sécurité infaillible, de l'instinct. La moralité n'est-elle pas inséparable du scrupule qui nous interdit de nous fier à la spontanéité d'un premier mouvement, parce qu'il y découvre la faiblesse d'un cœur complaisant à soi-même, et ses sophismes secrets ? Rousseau, par sa mystique morale, fille de la mystique chrétienne, se met d'emblée au-dessus de la loi : il invoque la divinité <u>de la conscience</u> afin de soustraire la bonté de son être intérieur

[1] *La profession de foi du vicaire savoyard,* éd. critique de Pierre-Maurice Masson, Fribourg-Paris, 1914, p. 233.
[2] Il convient d'enregistrer sur ce point le témoignage de BROCHARD: « En vertu de la disposition si naturelle qui porte tous les historiens à retrouver, chez les Anciens, leurs propres points de vue, à les interpréter d'après leurs doctrines, quand on rencontrait, chez les Stoïciens, par exemple, le mot συνείδεσις, ou, chez les Latins, le mot *conscientia,* on se plaisait naguère à leur donner une signification toute voisine du sens attaché par les modernes au terme conscience. Mais un peu d'attention suffit pour s'apercevoir qu'entre les vocables anciens et les idées qu'on s'efforce d'y retrouver il n'est décidément rien de commun. Ce n'est jamais en regardant en lui-même, par l'étude des faits intérieurs, que le Grec cherche à gouverner sa vie. Ses regards se portent toujours au dehors. C'est dans la nature, c'est dans la conformité à la nature, nullement dans une loi interne et dans la conformité à cette loi que la philosophie grecque cherche le bien. » (*Études* citées, p. 493.)

aux atteintes qui pourraient lui venir, soit de l'opinion d'autrui sur sa conduite, soit du repentir né de sa propre réflexion. Aux yeux de Kant, la sincérité de l'intention n'a pas d'autre *criterium* que la réalité de l'acte : le primat de la conscience détruirait la morale s'il abolissait la loi. C'est pourquoi, après la *Profession de foi du vicaire savoyard*, il reste une étape à franchir, celle qui, de l'exaltation sentimentale de la vertu, mène à la pratique véritable de l'obligation.

Ici se présente à nous un phénomène remarquable, sur lequel Fouillée a insisté dans ses études sur l'*Idée moderne du droit en France, en Angleterre et en Allemagne* [1] : Kant trouve le *terminus ad quem* chez ce même Rousseau qui lui avait déjà fourni le *terminus a quo*. Et, en effet, après s'être affranchi de la loi pour son compte et du point de vue moral, Rousseau la rétablit, du point de vue social et pour les autres. Il suit, d'ailleurs, dans le *Contrat*, la méthode dont il s'était servi dans l'*Émile*. Détachant la nature de ses conditions naturelles, il élève à la dignité et à la pureté d'une essence idéale la volonté de la vie collective, comme il avait divinisé l'instinct de l'individu. C'est ainsi qu'il arrive à mettre en avant, pour soutenir la constitution de l'État, la notion de l'autonomie. Selon Rousseau, c'est de lui-même que l'homme en société tire sa loi, envers lui-même qu'il contracte obligation. Or, cette loi et cette obligation, par cela seul qu'elles se rapportent aux hommes, non pas en tant qu'individus, mais en tant que citoyens, se dégagent de tout intérêt sensible, de toute inclination égoïste. La *volonté générale* qu'elles expriment ne se réduit pas à la somme des volontés particulières alors même qu'elle se formulerait suivant les suffrages de la majorité, il demeure vrai qu'elle réside, prise en soi, sur un plan supérieur à sa formule.

La conscience, guide infaillible de l'individu, l'autonomie, principe adéquat de l'État, apparaissent, dans la doctrine de Rousseau, complètement extérieures l'une à l'autre, sinon incompatibles. Kant les fond l'une avec l'autre dans l'intériorité de la personne morale ; et alors les idées de Rousseau acquièrent une valeur inattendue de positivité et de rationalité. Cette *volonté générale*, qui ne serait que ce qu'elle doit être, tandis que les volontés particulières sont ce qu'elles sont, ne se rencontre sans doute que dans l'imagination d'un rêveur solitaire ». Mais, ramenée du plan social sur le

---

1 1878, p. 187, n. 1. Cf. DELBOS, *op. cit.*, p. 377.

terrain de la conscience où il n'y a plus de place pour le mirage de l'illusion, puisque la conscience de l'individu se caractérise précisément par le témoignage immédiat qu'elle ne cesse de se fournir à soi-même, l'idée d'une volonté pure va reprendre contact avec la réalité. Tout homme la reconnaît en soi, sous la forme la plus simple et la plus « populaire », par laquelle s'exprime le fond du « sens commun moral : il y a une volonté qui est bonne, parce qu'elle est, en effet, la *bonne volonté*, la volonté de ce qui doit être elle se définit et se constitue en opposition aux actes qui sont issus du désir sensible et se jugent par rapport aux fins du désir. De tels actes traduisent la « naturalité » d'un vouloir, avec les avantages qu'il met en jeu : *santé, intelligence, énergie*. La bonne volonté, au contraire, exclut tout *criterium* d'appréciation qui lui serait extérieur ; elle ne tient que de soi sa bonté.

Le centre de la conscience passant ainsi de la rhétorique du sentiment à l'efficacité de la volonté, une *Métaphysique des mœurs* peut être établie, aussi solide à l'épreuve que la *Métaphysique de la nature*. La conscience s'assure de sa propre existence en imprimant à l'action le caractère de sa maxime : *Il faut que ce qui est soit égal à ce qui doit être*, non par une simple conformité extérieure qui ne conduirait encore qu'à la *légalité*, mais par une adéquation interne qui autorise Kant à définir la volonté de la loi comme étant tout à la fois le principe et le but de la vie morale.

Si la bonne volonté se reconnaît dans la forme de l'obligation qu'elle se prescrit à elle-même, parce que le devoir de respecter la loi ne saurait avoir d'autre base que la dignité du respect inhérent à la moralité de la loi, alors, entre le *Fondement de la métaphysique des mœurs* et la *Critique de la raison pratique*, la division du travail est purement apparente. La loi et la liberté s'impliquent réciproquement. Attestée par la loi, la réalité de la liberté n'est subordonnée, ni à des considérations d'ordre cosmologique qui dépasseraient le plan de phénoménalité où se tient l'*Analytique* de la raison théorique, ni à une preuve d'ordre psychologique qui s'arrêterait au niveau de la conscience empirique. Elle n'est pas, si l'on nous permet l'expression, « spéculativement spéculative », mais elle n'est pas non plus, suivant l'idée nouvelle qu'introduira la *Dialectique de la raison pratique*, « pratiquement spéculative » ; elle est, dans le cercle de l'*Analytique*, « pratiquement pratique », c'est-à-dire qu'elle se manifeste par son efficacité, par le *fait*, non celui que l'entendement reçoit et comprend, mais par celui que la raison fait, non pas *Thatsache*, mais *Faktum*.

Déjà la constitution d'un univers de l'expérience scientifique par delà l'univers de la perception sensible avait révélé, autre que la conscience immédiate, une conscience législatrice de la nature. La raison supérieure à la nature, dont cette conscience transcendantale est le foyer, est le gage d'une vocation nouvelle dans l'humanité : la puissance créatrice dont elle s'est servie pour faire entrer le monde physique dans le système des catégories, elle doit en faire usage vis-à-vis de l'homme lui-même, considéré comme nature, afin de le promouvoir à l'ordre de la liberté. Dès lors, la portée de la liberté humaine est véritablement illimitée. La morale doit être « formelle » afin de satisfaire à l'exigence rigoureuse de la rationalité ; par là, sans doute, elle a un aspect *rigoriste* que Kant ne dissimule pas et n'atténue pas. Mais, si elle part de la forme, elle ne s'en contente pas. L'effort central de la *Métaphysique des mœurs* consiste à montrer comment l'universalité abstraite, invoquée à titre de *criterium* dans la première formule de moralité, permettra de dégager la réalité de la personne morale comme *fin en soi*. Et cette personne, à son tour, n'est nullement, ainsi que le veut le phénoménisme atomistique de Hume ou de Renouvier, l'individu réduit à la plus superficielle et à la plus exclusive expression de soi. Ce qu'elle signifie, c'est la concentration à sa source du principe d'expansion et de générosité, de communauté universelle, qui est l'être de la raison. Voilà pourquoi, si l'on suit jusqu'au bout le dessin de la morale kantienne, on la voit s'achever par l'obligation de contribuer à créer un univers concret, que nous déterminons comme règle des fins, en nous affirmant, par nos propres actes, législateur d'une république morale.

Seulement, si Kant s'est proposé avant tout de tendre tout l'effort de la liberté vers le progrès d'un avenir qui dépend du vouloir humain, n'apparaît-il pas singulier qu'entre l'*homme-nature* et l'*homme-raison* il n'ait aperçu d'autre moyen terme que le respect ? Examiné à la lumière de l'analyse que Kant lui-même en a faite, le respect s'apparente au *sacré*, par la même union paradoxale de sympathie et de crainte. Mais le préjugé du sacré n'est-il pas à la base de toutes les doctrines traditionalistes, théologiques ou sociologiques, qui asservissent la conscience de l'individu à ce qui a été avant lui ou à ce qui est autour de lui ? Objection spécieuse et seulement spécieuse : elle invoque un rapprochement de concepts définis une fois pour toutes par leurs éléments constitutifs, tandis qu'il s'agit d'idées à l'intérieur desquelles a passé le mouvement de l'humanité. Le respect peut s'identifier au sacré, mais en régime d'hétéronomie, alors qu'on prétend le fonder sur la nature de l'objet auquel il est rapporté. Or, l'autonomie kantienne est précisément destinée à opérer comme une conversion du respect. Au lieu de consister à « plier la machine » devant la majesté des forces sociales qui s'incarne dans un roi ou qui se transcende dans le « Roi des Rois », il va remonter vers sa source, vers la personne morale : celle-ci n'accepte plus de s'y soumettre qu'à la condition de le voir émaner d'elle, en revendiquant le droit de ne l'accorder qu'à ce qu'elle en juge digne. Et, de même qu'il n'y a pas un de nos actes dont nous puissions, en toute sécurité, dire qu'il est pur de tout autre motif que l'intention du devoir pour le devoir, de même il ne s'est jamais manifesté dans le monde un État qui, fût-ce dans la moindre parcelle de son autorité, une Église qui, fût-ce dans le plus haut de ses représentants, aurait résisté un quart d'heure à l'application stricte et sincère de la maxime : *Respecte, non pas ce qui est respecté, mais seulement ce qui est respectable.*

La prudence de conduite extérieure, observée par Kant comme jadis par Descartes, ne saurait nous tromper sur l'orientation de sa doctrine. Il l'a lui-même rattachée à l'*Aufklärung* française, lorsqu'il a cité, pour illustrer sa théorie du respect, le mot de Fontenelle : *Devant un grand seigneur je m'incline, mais mon esprit ne s'incline pas.* Du même coup il nous rend le service de nous faire mesurer la portée d'un courant de pensée trop souvent méconnu et travesti dans son pays d'origine : « Le XVIIIe siècle littéraire, qui s'est trouvé si à l'aise dans les grands sujets et les a traités si légèrement, n'a été ni chrétien ni français », écrivait Émile Faguet dans un célèbre *Avant-propos* pour un recueil d'*Études littéraires*. Et ce n'est sans doute qu'une boutade, mais bien curieusement significative par les sous-entendus qu'elle implique. Faguet a parlé comme si c'était manquer à l'idéal du christianisme et à l'idéal de la France que d'avoir une confiance absolue dans la raison et dans l'humanité.

L'exemple de Kant est là pour témoigner qu'en s'affranchissant de la *misologie* et de la *misanthropie,* qui, aux yeux de Platon déjà, étaient les péchés par excellence, notre XVIIIe siècle n'avait nullement sacrifié ce qui fait la profondeur et la solidité du savoir, la noblesse et la pureté de l'action. Avec Kant, l'entreprise de la civilisation moderne, inaugurée chez nous par Montaigne et par Descartes, est définitivement assurée du succès : sur l'autonomie de la conscience sera fondée la transformation spirituelle de l'humanité.

L'enthousiasme de Kant pour la Révolution française s'explique par le caractère de spiritualité qu'il lui a si justement attribué. Désormais, les valeurs intrinsèques du respect pourront se traduire dans la réalité. Plus de faux respect humain : Kant, dans la *Doctrine de la vertu* (§ 12), s'insurge contre la politesse soucieuse de marquer avec des nuances trop exactes les différences du rang social, pédanterie servile par laquelle il déplore que ses compatriotes aient surpassé les autres peuples, « exception faite peut-être pour les castes hindoues ». Plus de faux respect divin : avec la même vivacité, Kant, dans sa *Doctrine du droit* (§ 40), dénonce comme une atteinte grave à la conscience la « torture spirituelle » du serment religieux devant les tribunaux. Il convient à toute personne humaine, quelle que soit sa condition, de défendre en soi l'incomparable dignité de l'agent moral : « Celui qui se fait ver de terre, peut-il se plaindre d'être écrasé ? » Cette dignité, Kant réclame qu'elle soit protégée chez ceux-là mêmes qui semblent y avoir renoncé pour leur propre compte, que soient abolis, dans le châtiment des criminels, les raffinements de supplice, chers à l'Ancien Régime, qui humilient, qui dégradent, l'ensemble de l'espèce.

L'Essai philosophique : De la paix perpétuelle donne enfin à la communauté d'inspiration entre les philosophes français et la pensée kantienne son expression la plus saisissante, la plus féconde pour l'humanité d'aujourd'hui. De là, sans doute, on conclura qu'il n'est pas de peuple qui soit autorisé à revendiquer, d'une façon exclusive, l'héritage de Kant, lequel consiste avant tout dans une conformité de la conduite à la parole, si scrupuleusement surveillée qu'elle ne saurait tolérer, quelque prétexte qu'il invoque, de quelque excuse qu'il se couvre, le moindre soupçon du plus petit mensonge. Mais, par là aussi, on peut être assuré que le jour où l'Allemagne prendra sa place dans la *Société des Nations,* elle y entrera, grâce à Kant, avec ses titres historiques de noblesse.

III. — Qu'est-il permis d'espérer ?

Des deux problèmes essentiels pour le progrès de la vie spirituelle : *Que puis-je savoir ? Que dois-je faire ? l'idée* critique a permis de donner une solution répondant aux exigences les plus sévères de la rationalité positive. Cette positivité, acquise dans les deux *Analytiques,* semble se confirmer par l'examen de la *Dialectique* de la *Critique de la raison pure,* le terme de *Dialectique* étant pris dans le sens péjoratif que déjà lui donnait Aristote afin de faire pièce à Platon.

Au cours de cette même *Dialectique,* il arrivera cependant que le vent change brusquement, et qu'à l'*illusion,* présentée pourtant comme inévitable, succède l'éventualité d'une *espérance* bien fondée. Et ce qui achève de déconcerter, c'est que ce mouvement tournant qui décide, par delà l'idée critique elle-même, de l'orientation définitive du système kantien ne se rapporte nullement à une distinction entre deux parties de la *Dialectique transcendantale. Il* ne s'agira pas d'y opposer, par exemple, la psychologie à la théologie ou à la cosmologie ; c'est la cosmologie qui s'oppose à elle-même par la dissymétrie surprenante des solutions proposées pour les deux premières *antinomies* d'une part, et, de l'autre, pour les deux dernières.

Les raisonnements de la *Dialectique transcendantale* sont tous des *sophismes.* Kant dénonce le caractère sophistique des preuves traditionnelles en faveur de l'existence de Dieu, et particulièrement de l'argument ontologique. Celui-ci seul, si par ailleurs la conclusion en était valable, serait adéquat à son objet. Il est visible, en effet, que le réalisme de la causalité physique, que l'anthropomorphisme de la finalité, à les supposer justifiés, ne pourraient conduire qu'à une puissance démiurgique, laquelle reste infiniment en deçà de l'idée de la Divinité. Au contraire, c'est bien à l'idée de Dieu que s'attache l'argument ontologique, pour y opérer le passage de l'essence à l'existence. De même qu'il suffit de concevoir un triangle pour être en droit de lui conférer telle ou telle propriété, de même un Dieu, conçu comme possible, et par cela seul que son concept implique l'existence nécessaire, possède nécessairement l'existence. Descartes et Leibniz offrent donc à la théologie rationnelle, comme base et comme garantie, une déduction du même type que celle qui apporte à la science rationnelle par excellence, à la géométrie, son appui et son autorité. Mais, avec Kant, la comparaison de la théologie avec la science tombe dans le vide, par le changement radical que l'avènement de la critique apporte dans la théorie de la science. L'œuvre du mathématicien serait stérile s'il se bornait à contempler l'essence des nombres ou des figures, essence qui serait l'objet d'une intuition et trouverait son expression dans un concept ; s'il est vrai qu'il avance effectivement dans la voie du savoir, c'est qu'il est capable de construire des synthèses, qui ne peuvent exister qu'au delà des concepts, parce que ce sont des actes effectifs de l'intelligence, c'est-à-dire des jugements. La possibilité de jugements synthétiques *a priori* se déduira sans doute dans la *Critique de la raison pure*, mais par une déduction *transcendantale*, qui remonte du conditionné au conditionnant, sans rapport avec la déduction logique qui, afin d'atteindre la conséquence, est contrainte de supposer le principe dans lequel elle serait contenue. Comprendre pourquoi la mathématique est riche et féconde, c'est apercevoir du même coup toute la nudité, toute la pauvreté, de ce raisonnement ontologique auquel la théologie rationnelle suspend le destin de la réalité suprême. Avant de soutenir que l'existence découle de l'essence divine, il faut avoir admis que l'essence soit saisie à part de l'existence ; il faut donc avoir passé par le détour de l'abstraction qui oppose à la qualité concrète de l'existence le concept d'être, l'*entité*, à laquelle manque précisément ce qui fait l'être en tant que distinct du concept. Si donc la tentative de démonstration ontologique comporte une évidence, c'est bien celle-ci, que la déduction de l'existence à partir de l'essence ne fournirait, en tout cas, rien d'autre qu'une existence conceptuelle, laquelle, par définition même, est négation de toute existence réelle. Ajouter l'existence conceptuelle à l'essence divine n'a pas plus pour effet de conférer l'existence à Dieu qu'on ne s'enrichit pour de bon en alignant à la suite du chiffre de sa fortune une série de zéros.

La ruine de l'argument unique par lequel la théologie avait pu se flatter d'être égale à sa prétention, a une portée définitive. A l'idée de Dieu ne correspond aucun jugement véritable, de forme analytique ou de forme synthétique ; tout sujet disparaît auquel l'existence pourrait se rapporter comme prédicat, et par suite aussi tout concept. Il est à noter, toutefois, qu'après avoir pris acte de cette conclusion, et sans d'ailleurs se préoccuper de refondre la notion de Dieu, sans chercher du moins à ressaisir cette intimité de présence qui, chez Descartes, soutient l'armature de la déduction [1], Kant veut que ce concept irréel demeure à titre « problématique » : en dépit donc de la critique, le système maintiendra, sous le nom d'*idéal* et dans l'attente d'une résurrection, le fantôme de l'illusion théologique.

Il y avait une pétition de principe qui viciait tout le système de l'ontologie : la suprématie du concept, pris en soi, sur l'acte positif du jugement. La réflexion critique découvre le principe formel de l'aperception dans le jugement constitutif de la conscience transcendantale. Le *Ich denke*, le *Cogito* cartésien, est antérieur aux concepts purs de l'entendement ; et c'est par là même qu'il peut leur servir de fondement, qu'il est le « véhicule des catégories ».

La déduction transcendantale des catégories, dans l'*Analytique de la raison pure*, met donc immédiatement la psychologie rationnelle en possession d'un « texte », unique mais irrécusable : *Je pense*. Dès lors, la question sera de savoir si, à partir du *Cogito*, il est possible de développer la psychologie rationnelle en un système complet de connaissance spéculative, comme cela se produirait en effet si, « en suivant le fil des catégories », la réflexion sur soi du sujet pensant conduisait aux déterminations successives d'un objet selon l'ordre de la quantité, de la qualité, de la relation, de la modalité, c'est-à-dire à l'affirmation d'une substance dont les attributs seraient l'*immatérialité*, l'*incorruptibilité*, la *personnalité*, enfin, et au sens étymologique du mot, l'*animalité*, le pouvoir d'animation. L'immortalité de l'âme serait ainsi assurée en même temps que sa spiritualité. Mais il est à peine besoin de démontrer qu'une semblable tentative implique un *paralogisme* perpétuel ; la conception même en est contradictoire. Du moment que la réalité de l'être pensant se manifeste par l'activité de la « conscience originaire », par l'unité synthétique de l'aperception, elle échappe

---

[1] Cf. Koyré, *Essai sur l'idée de Dieu et les preuves de son existence chez Descartes*, 1922, p. 180, n. 3.

aux catégories qui dérivent d'elle. Que l'on rattache ces catégories aux divisions logiques des propositions destinées à briser le tout concret de la pensée pour la faire coïncider avec les cadres du langage vulgaire, ou qu'on les applique aux principes fondamentaux des sciences exactes, telles qu'elles se sont organisées depuis Euclide jusqu'à Newton, les catégories apparaissent tournées vers l'objet. En leur faisant appel pour forcer le passage du *Cogito* à la *res cogitans*, on a donc commencé par perdre de vue le caractère propre de l'être psychologique. L'aventure, en tout cas, n'aurait pu conduire à une métaphysique de l'esprit ; elle aurait donné, tout au plus, une contrefaçon, ou, si l'on préfère, un prolongement, de la métaphysique de la nature, comme était, en effet, la psychologie aristotélicienne.

La conséquence à tirer du paralogisme transcendantal peut se formuler ainsi : prétendre rien ajouter au « texte » initial de la psychologie rationnelle, ce serait appliquer les catégories à contresens de leur utilisation véritable. Mais voici que, dans l'émoi de la catastrophe, le texte initial disparaît à son tour ; Kant oublie ce *Cogito*, qui, précisément parce qu'il est distinct de la *res cogitans*, ne pouvait être affecté par le caractère sophistique du substantialisme psychique. En fin de compte, les catégories demeurent maîtresses du champ de bataille. Leur intervention, chimérique et perturbatrice, a réussi à diviser l'esprit d'avec lui-même. D'un côté sera le *sujet déterminant*, le *moi transcendantal*, qui est une forme pure, aspirant à trouver un contenu ; de l'autre côté, *l'objet déterminé*, le *moi empirique*, qui n'a de contenu que phénoménal, puisque l'intuition du sens intérieur dans le temps, modelée sur l'intuition du sens extérieur dans l'espace, est conditionnée comme elle par la relativité des formes *a priori*. Avant les catégories, il était trop tôt pour parler de psychologie rationnelle ; après les catégories, il est trop tard. Autrement dit, il y a une solution critique de la psychologie rationnelle : elle consiste à faire fond, immédiatement, exclusivement sur l'*Analytique transcendantale, à* chercher l'essence de la spiritualité dans le dynamisme interne, dans l'activité immanente, de la conscience *originaire*. Mais Kant ne l'entendra pas ainsi : le problème doit demeurer posé dans les termes où la critique démontre qu'il est insoluble. De même qu'il avait renversé, sains souci de l'amender, la théologie rationnelle sous la forme où le leibnizianisme la présentait, de même, en faisant justice de ses prétentions démonstratives, il conserve l'idée de la psychologie rationnelle, telle qu'il la montrait dans la métaphysique de Mendelssohn [1], et les commentaires dont s'accompagne la discussion du *paralogisme transcendantal* disent clairement pourquoi. Si la psychologie rationnelle n'était que ce qu'il lui est permis d'être dans le cercle des affirmations positives de la critique, la spiritualité qu'elle établirait consisterait dans l'activité de pensée inhérente au développement du savoir scientifique et de l'action morale, tandis que la spiritualité que Mendelssohn avait cru atteindre, à laquelle Kant ne cesse de songer et d'aspirer, doit servir de base à l'espérance de l'immortalité. De ce point transparaît, dans la discussion kantienne de la psychologie rationnelle, le sentiment inavoué que le danger ne vient pas seulement d'une négation dogmatique comme celle du matérialisme : il serait aussi dans une fidélité trop stricte à l'idée critique, qui aurait pour résultat d'exclure la représentation d'une substance psychique, et, avec elle, la mythologie de l'immortalité, dessinée par Platon dans les fantaisies symboliques du *Phédon* et du *Timée,* incorporée depuis à l'orthodoxie du christianisme.

Le cours de la *Dialectique transcendantale* est dominé par ce caractère singulier de la pensée kantienne qui fait que son centre réel d'application est perpétuellement hors du champ spéculatif où la *Critique de la raison pure* est appelée à se mouvoir. Les effets de cette singularité (de cette *excentricité,* pourrait-on dire au sens littéral du mot), encore latents au terme de la théologie et de la psychologie, éclatent dans la dualité des solutions proposées pour les *antinomies* de la cosmologie rationnelle.

La doctrine commence par se présenter d'une façon régulière. Les antinomies sont distribuées selon les ordres de catégorie, et, dans chacun des quatre ordres, la trame de l'argumentation dialectique est la même. La fonction de l'entendement consiste à s'emparer d'un événement ou d'un objet qui est pour la perception immédiate une réalité indépendante, à le mettre en relation avec d'autres événements et avec d'autres objets, de façon à constituer, parties par parties, le monde solidaire et un de l'expérience scientifique. Le

---

[1] Cf. BRÉHIER, *Histoire de la philosophie allemande,* 1921, p. 43. (*a*) et 2ᵉ éd., 1933, Vrin, pp. 49-50.

processus intellectuel est un processus d'intégration. Cette marche des parties au tout ne prendra son sens véritablement complet que si elle atteint, en effet, le tout, si l'intégration parvient à l'intégrité. Le raisonnement est irréprochable ; et il est susceptible, tel quel, d'être étendu de l'éventualité d'un tout accompli à celle d'un élément définitif, d'une cause première, d'une nécessité absolue, suivant que la raison poursuit et fait aboutir ses propres opérations de juxtaposition quantitative, de division qualitative, de connexion relative, d'interdépendance modale.

Mais ces opérations mêmes par lesquelles la raison prétend réaliser, en effet, son aspiration à l'achèvement du système des conditions, à l'absolu de l'inconditionné, impliquent une conséquence dont un raisonnement non moins irréprochable atteste la nécessité, et qui, lui, imposera une conclusion tout à fait contraire. C'est en exerçant la fonction du jugement, c'est en poursuivant l'œuvre de liaison intellectuelle qui fait succéder une partie à une autre partie, un nouvel antécédent à un antécédent déjà donné, que nous allons vers le but que la raison nous propose. Or, les moyens mêmes dont nous faisons ici usage rendent aussi peu raisonnable que possible l'idée qu'il pourrait y avoir, soit un point, soit un moment, où l'obtention définitive du but permettrait de se débarrasser de ces moyens comme d'instruments désormais superflus, même dangereux. Ou l'intelligence n'était pas en état de commencer une série, ou il lui est interdit de l'arrêter. Suspendre le progrès de son mouvement, rompre brusquement la chaîne des choses ou des causes, c'est supposer la raison capable de nier sa raison d'être.

L'antagonisme irréductible d'une *thèse* et d'une *antithèse* également irrécusables ne serait de nature à nous émouvoir et à nous troubler que si nous avions pu nous imaginer un instant que le sort de la *Logique* est lié à la *Dialectique*. Or, l'*Analytique* a pris les devants : elle a montré que la législation scientifique de l'univers pouvait être établie de façon entièrement positive, et que la raison était libre d'aller droit à la *Métaphysique de la nature* sans avoir à se risquer dans les labyrinthes de la *Dialectique*. De ce point de vue, donc, il est permis de dire que les *antinomies* de la cosmologie rationnelle sont résolues, ou plutôt écartées, avant même d'avoir eu l'occasion de se produire ; et c'est là le triomphe de l'idéalisme critique. *Thèse* et *antithèse* apparaissaient toutes deux inébranlables, en tant qu'elles faisaient appel à l'absolu du raisonnement logique ; elles faisaient abstraction de la condition fondamentale qui seule confère une possibilité d'application effective aux catégories de la pensée : la relation aux conditions de l'intuition sensible. La substitution de la *logique transcendantale* à la logique vulgaire met en lumière l'illusion dont elles sont les aspects antagonistes et pourtant solidaires ; elle surmonte la contradiction en renvoyant dos à dos, en rejetant à la fois dans le pays des chimères, le dogmatisme de l'affirmation et le dogmatisme de la négation. Encore une fois le néant de jugement implique l'inanité du concept. Comme le dit Kant à la fin de sa remarque sur l'antithèse de la première antinomie : « Le *mundus intelligibilis* n'est rien que le concept universel d'un monde en général, dans lequel on fait abstraction de toutes les conditions de l'intuition de ce monde, et au regard duquel, par conséquent, il n'est aucune proposition synthétique, ou positive ou négative, qui soit possible [1]. »

Au moment où il écrit ces lignes, Kant sait que l'évanouissement spéculatif du monde intelligible n'a aucune répercussion sur la législation de l'univers scientifique. Qu'il en doive être de même pour la législation de l'univers moral, nous le savons aujourd'hui, mais c'est parce que nous l'avons appris de la *Grundlegung* et de l'*Analytique* de la *Raison pratique,* tandis qu'il semble bien qu'en écrivant la *Dialectique* de la *Raison pure,* Kant ne le savait pas encore. Et c'est ce qui fait comprendre, dans une certaine mesure du moins, la rupture de symétrie qui s'introduit à l'intérieur même de la doctrine des antinomies. La solution proprement et rigoureusement critique, telle que Kant lui-même l'a découverte et établie, il ne l'accepte que pour les deux premières, *antinomie de la quantité, antinomie de la qualité,* tandis que les deux dernières vont nous faire assister à l'explosion subite d'une fantaisie désordonnée, ainsi qu'il arrive parfois dans la vie des hommes les plus rangés ou dans le régime des administrations les plus routinières.

A commencer par le détail de la technique architecturale, tout va concourir maintenant à dérouter le lecteur de Kant. En ce qui concerne les deux premiers ordres de catégories, le problème était posé sous sa forme générale, portant sur l'*intégrité* de l'ensemble pour la quantité ou sur l'*intégrité* de l'élément pour la qualité.

---

[1] Trad. BARNI, 1869, t. II, p. 53.

Quand on aborde le troisième ordre, celui de la relation, Kant adopte un tout autre procédé ; il déclare négliger la première des catégories, celle de la *substance,* comme la troisième, celle de la *communauté d'action* ; *il* ne s'occupe que de la *causalité,* et, pour autoriser cette restriction inattendue, il substitue à l'*intégrité du système cosmique l'intégrité de l'origine du phénomène.* Il est clair, pourtant, que, si la notion de substance apparaissait fondamentale dans la prétendue psychologie rationnelle pour la connaissance du monde intérieur, elle ne saurait davantage être exclue de la cosmologie rationnelle pour la connaissance du monde physique ; de fait, elle est, depuis Aristote, la pierre angulaire de toute conception dogmatique de l'univers, la *chose en soi* par excellence. Encore plus singulière, s'il est possible, sera l'exclusion de la communauté d'action, qui est elle-même synthèse de la substance et de la causalité, grâce à laquelle, dans le système newtonien du monde et, par suite aussi, dans la métaphysique kantienne de la nature, la raison parvient à sa pleine satisfaction, liant les objets et les événements dans une réciprocité solidaire à l'intérieur d'un tout harmonieux. Conserve-t-on le droit de juger la prétention du dogmatisme à l'*intégrité* du savoir si on commence par se dérober à l'obligation de l'examiner là précisément où le savoir se flattait d'avoir atteint sa propre intégrité ? Enfin, comme si Kant avait tenu à mettre toutes les apparences contre lui, quand il passe de l'antinomie de la relation à l'antinomie de la modalité, dont la solution sera obtenue à titre de corollaire de la solution proposée pour la causalité, c'est au couple *nécessité-contingence* qu'il s'adresse, c'est-à-dire qu'il revient à la catégorie qui, opérant la synthèse du possible et du réel, se trouve occuper le même rang que la communauté d'action, et qui correspond à la même fonction intellectuelle.

Ces caprices dans la forme, d'autant plus frappants qu'ils contrastent davantage avec le rythme habituel de la pensée kantienne, ne sont, d'ailleurs, rien auprès du coup d'État par lequel Kant, à propos de la causalité, désavoue, en se figurant la dépasser, la solution critique des deux premières antinomies. Qu'il s'agisse de la *thèse* finitiste ou de l'*antithèse* infinitiste, les raisonnements de la troisième antinomie sont les mêmes que ceux de la première. La connexion causale n'est susceptible d'application positive qu'à la condition de se référer au cours de la succession temporelle ; pour s'être arrogé le pouvoir de passer par-dessus cette condition élémentaire, la cosmologie rationnelle, quelque parti qu'elle adopte, s'expose et se heurte à une contradiction insurmontable ; elle s'effondre dans le vide du prétendu « intelligible ». Nulle part l'idée critique ne manifeste plus distinctement son exigence que dans la théorie de la causalité ; nulle part il n'apparaît avec plus de clarté comme la corrélation de l'idéalisme transcendantal et du réalisme empirique fait évanouir à la fois le dogmatisme de l'affirmation et le dogmatisme de la négation. Mais aussi bien c'est ici que le système est réfractaire à l'idée. Maître de la logique transcendantale, Kant décide que seule y sera soumise la position par l'*antithèse* d'un enchaînement nécessaire de causes à l'infini (doctrine qui était celle de Spinoza et que Kant qualifie d'empiriste), tandis que la *thèse*, l'affirmation d'une cause première, étant conforme à l'idéal inconditionné de la raison, pourra être affranchie de cette même logique. Dès lors, il deviendra loisible de concevoir, du moins comme possible, une causalité purement transcendantale qui dominerait, sans le rompre, le tissu de la connexion causale, parce que cette causalité se situerait dans un autre plan que le plan de la réalité donnée ; elle serait soustraite au schématisme du temps ; elle prendrait place, hors du monde sensible, dans le monde intelligible dont elle servirait à ramener le concept.

La dialectique de la cosmologie rationnelle a donc deux dénouements : le premier est le dénouement vrai, celui que rend inévitable la trame intérieure de l'œuvre, l'élan de pensée qui l'a suscitée et qui l'anime ; le second est un dénouement réel, mais postiche, comme celui du *Tartufe,* qui n'a d'autre racine que la volonté de l'auteur. Il est remarquable, d'ailleurs, que Kant ne substitue pas celui-ci à celui-là ; il les conserve tous deux. Et même il ne serait pas tout à fait exact de dire que Kant se tire d'affaire par un compromis, abandonnant quantité et qualité au cours ordinaire de la critique, puis s'attendrissant, exerçant son droit de grâce en faveur de la causalité et de la modalité. Le privilège de la *thèse* par rapport à l'*antithèse*, sauvé, du point de vue spéculatif, par la solution *métacritique, ultra-idéaliste*, de la troisième antinomie, rejaillit, cette fois du point de vue pratique, sur les deux premières jusqu'à déborder le cadre de la cosmologie rationnelle. C'est, du moins, ce que suggère ce passage, étrangement révélateur : « Que le monde ait un commencement ; que mon *moi* pensant soit d'une nature simple et, par suite, incorruptible ; qu'il soit en même temps libre dans ses actions volontaires et élevé au-dessus de la contrainte de la nature ; qu'enfin l'ordre entier des choses qui constitue le monde dérive d'un être premier, à qui il emprunte son unité et son enchaînement en vue de fins, ce sont là autant de pierres angulaires de la morale et de la religion » [1]. Les quatre propositions correspondent, dans la pensée de Kant, aux quatre *thèses* dogmatiques de la cosmologie rationnelle. Or, la première seule est d'ordre cosmologique, la dernière est théologique, utilisée d'ailleurs par Kant pour opérer le passage de la cosmologie à la théologie. Quant à la seconde et à la troisième, elles forment l'objet direct de la psychologie rationnelle ; elles sont destinées à rouvrir le chemin qui mène hors du temps, et qui semblait interdit depuis la découverte des paralogismes. La démonstration de l'illusion théologique et de l'illusion psychologique, qui devait se présenter comme décisive pour l'avènement de la critique, est rendue à son tour illusoire. La dualité des doctrines dans la cosmologie rationnelle entraîne, à travers toute l'étendue de la *Dialectique transcendantale,* une dualité de perspectives irréductibles et antagonistes.

Entre l'une et l'autre de ces perspectives, il serait, d'ailleurs, tout à fait vain de chercher une liaison intrinsèque ; le recours à la causalité intemporelle est sans rapport aucun avec l'effort accompli pour l'élaboration de l'*idéalisme transcendantal.* La meilleure preuve en est qu'il se rencontre dès 1755 dans l'*Histoire universelle de la nature et théorie du ciel.* Là, en effet, « Kant expose une cosmogonie mécaniste qui, maintes fois, a été comparée, plus ou moins justement, à l'hypothèse de Laplace. Toutefois, alors même qu'il reconnaît le plus expressément le droit de la science à rendre compte des premiers commencements des choses, il prétend que la croyance religieuse, respectable avant tout, doit être mise hors de toute atteinte. Pour résoudre l'apparente antinomie qui pourrait résulter de cette double disposition d'esprit, il introduit une distinction importante dont sa philosophie ultérieure fera, sous une forme renouvelée par la *Critique,* un fréquent usage : c'est la distinction entre la causalité déterminable dans le temps, qui ne permet de

---

[1] Trad. BARNI, II, 78.

remonter qu'à un état relativement premier du monde, et la cause absolument première, indépendante du temps, raison déterminante de toute la suite régulière des choses » [1]. L'idée, qui est en soi théologique et toute traditionnelle, d'une simultanéité entre l'efficacité perpétuelle de la cause première et le déroulement successif des causes secondes, Leibniz l'avait transportée dans la dynamique en suspendant à la *vis primitiva, ipsum persistens,* qui enveloppe la totalité des cas, la vis *derivativa* par laquelle le présent tend à l'avenir dont il est gros. Or, de l'*Histoire du ciel* à la *Critique de la raison pure,* le progrès de pensée que Kant a poursuivi pendant un quart de siècle a consisté à modifier le centre de sa réflexion sur le leibnizianisme. La monade était d'abord un principe de force, dont Kant se servait pour soutenir un atomisme immatériel, analogue à celui de Boscovich. A la lumière des *Nouveaux essais,* il a su y apercevoir un foyer d'activité rationnelle, d'où émane le système des jugements synthétiques *a priori.* C'est à l'intelligence du style nouveau qu'il doit d'avoir élevé l'*Analytique transcendantale,* d'avoir vérifié avec le soin le plus exact la solidité de ses fondations. Est-il rien de plus singulier que de voir le même homme, afin d'ajouter un étage à l'édifice, revenir à un mode de construction qui devait lui paraître d'autant plus suranné qu'il en avait lui-même dénoncé l'inévitable fragilité ?

Il est vrai que, si le concept de la causalité intelligible est comme un résidu indécomposé, toujours identique à lui-même, Kant renouvelle la forme de sa présentation ; il le projette dans une ombre propice, qui en estompe les contours, qui permet d'en faire une simple possibilité, protégée par une délimitation transcendantale à la fois contre les prétentions dogmatiques de la raison spéculative et contre les objections sceptiques, destinée à déboucher directement dans la pratique, pour frayer la voie à la liberté qui est exigée par l'idée du devoir. Mais, et du moins tant qu'on s'en tient à la *Critique de la raison pure,* les aspirations morales de Kant risquent d'être trahies par l'origine leibnizienne comme par le caractère cosmologique de cette prétendue liberté. La spontanéité de la monade leibnizienne, qui lui permet de comprendre l'univers tout entier dans le déroulement de ses replis, est une façade trompeuse derrière laquelle doit se reconnaître la subordination de l'originalité

---

[1] Delbos, *Phil. prat.*, p. 74.

individuelle à l'harmonie du système total dont toute monade particulière est condamnée, par le décret éternel de Dieu, à refléter un aspect déterminé. L'homme de Leibniz, au jugement de Kant, n'est pas plus libre que le « tourne-broche ». Et alors, si on suit la même voie que Leibniz, si l'on passe par le détour de la cosmologie pour atteindre à une notion qui, normalement, relève de la psychologie rationnelle, ce sur quoi on retombe sera nécessairement d'ordre physique, bien plutôt que d'ordre spirituel. Réalité *dynamique*, si l'on veut, mais au sens où le mot est employé dans la mécanique ou, plus exactement, dans la métaphysique de la mécanique, pour indiquer une production d'événements qui sont liés les uns aux autres dans l'indivisibilité de leur succession nécessaire. Qu'il soit l'effet d'un choix qui a précédé le temps, ou l'expression d'un choix qui domine et pénètre tous les instants du temps, le caractère intelligible se traduit ici-bas par l'immutabilité, statique et rigide, du caractère empirique. Contre cette immutabilité devra se briser tout l'effort déployé pour parvenir à doter notre intention morale d'énergie véritable et d'efficacité ; cet effort, qui se produit dans le temps, sera, par définition même, sans réaction sur la réalité profonde dont la source est en dehors du temps. L'acceptation du caractère intelligible signifie la mort de la bonne volonté.

Par rapport à la carrière philosophique de Kant, considérée dans son ensemble, le rappel, dans la *Dialectique* spéculative, du thème initial de la cosmogonie, a une importance d'autant plus grande que le même thème réapparaîtra dans la partie finale de l'œuvre, consacrée à la religion. Mais l'origine *antécritique* du concept de caractère intelligible explique aussi comment l'élaboration d'une critique propre à la raison pratique devait l'éliminer du contenu de l'idée de liberté, telle que Kant la mettra en œuvre dans sa doctrine morale. De fait, au cours de la *Grundlegung*, de l'*Analytique* et de la *Dialectique pratiques*, où la liberté sera partout présente, et en liaison avec le monde intelligible dont Kant a demandé à son idéalisme transcendantal de sauver la possibilité, les déterminations de la liberté n'offrent aucun trait qui rappelle, de si loin que ce soit, l'interprétation psychologique proposée pour illustrer la solution de la troisième antinomie cosmologique. Ici, c'est l'*autonomie* ; et, loin de requérir pour sa justification un recours aux solutions obscures et incertaines de la *Dialectique,* une telle liberté devient, en vertu de son immanence et de sa rationalité parfaite, « la *clé de voûte* pour l'édifice entier de la *Critique,* spéculative aussi bien que pratique » [1]. Quant à la *Dialectique,* Delbos a complètement élucidé la signification qu'y prend la foi dans la liberté : c'est « la foi dans la puissance que nous avons de produire ici-bas la vertu, et par là de préparer l'avènement du souverain bien » [2]. Cette liberté, « fondée sans doute sur l'autonomie », est pourtant tout autre chose : c'est ce que Kant appellera l'*autocratie.*

La démonstration de l'autonomie appartient à l'*Analytique*, c'est-à-dire que le système de la raison se ferme entièrement sur lui-même pour la justification et le développement d'une double législation, scientifique et morale. Il reste, par delà, le problème de l'objet en vue duquel sera requise la croyance en Dieu et en l'immortalité, *le problème du souverain bien.* Le caractère *dialectique* qui est inhérent à ce problème est mis en évidence par l'*antinomie* de la *thèse* épicurienne et de l'*antithèse* stoïcienne. Il faut que la raison, en possession de ces deux termes de vertu et de bonheur, convaincue qu'il est impossible de ne pas les unir, résiste pourtant à la tentation de chercher dans l'un l'élément constitutif de l'autre. La vertu ne saurait assurément être la conséquence immédiate du bonheur ; mais la vertu, étant posée par un acte dont la maxime doit demeurer complètement étrangère au souci du bonheur, ne saurait créer d'elle-même le bonheur, qui est un état de nature, une donnée immédiatement ressentie, extérieure et irréductible à l'élan du vouloir. Il faut donc faire appel à un moyen-terme, à la notion de dignité : la vertu sera la dignité du bonheur, et l'obtention du bonheur par la vertu, qui définit le souverain bien, devra être l'objet d'une foi pratique. Cette foi implique, d'une façon générale, l'immortalité de l'âme et la bonté de Dieu. Mais ces formules laissent place à une application subsidiaire. En méditant Rousseau, Kant a compris que l'un des aspects essentiels du problème moral était dans la liaison entre la destinée propre de l'individu et l'orientation de la culture dans la société, qu'il ne pouvait être résolu pour l'homme à part de l'humanité. De là, dans l'interprétation kantienne de l'immortalité, un infléchissement remarquable,

---

1 *Critique de la raison pratique*, Préface. Cf. trad. Picavet, 1888, p. 2.
2 *Bulletin de la Société française de Philosophie*, séance du 27 octobre 1904, année 1905, p. 15.

et remarquablement conforme à l'esprit du siècle : l'immortalité se détache de la rigidité du dogme traditionnel pour descendre sinon sur terre, du moins dans le monde, là où on souffre et où on lutte, où on se perfectionne et où on jouit, pour s'incorporer dans l'espèce tout entière, faisant concourir l'effort successif des générations à l'avènement de la communauté des êtres raisonnables. La difficulté, qui lui paraissait auparavant inextricable, du rapport entre le devoir et le bonheur, Kant l'aurait ainsi surmontée, Delbos y a insisté très heureusement, par la constitution d'une philosophie de l'histoire, permettant d'entrevoir, pour la satisfaction nécessaire de la vertu qui est digne du bonheur, un bonheur que l'on a rendu digne d'elle.

Telle est la forme sous laquelle la *Dialectique* ramène à la foi ; et il n'y a pas là plus de mysticisme qu'il n'y avait d'ascétisme dans l'obligation de la loi, imposée par l'*Analytique*. On dirait, au contraire, que, chez Kant, la séparation des domaines communique à la raison et à la foi comme une assurance nouvelle d'équilibre et de sérénité. La raison, sans avoir besoin de rien emprunter à la foi, s'est complètement acquittée de la tâche qu'elle avait assumée de pourvoir à la justification du savoir positif et de l'action morale ; par là même elle a déchargé la foi de toute inquiétude sur sa propre responsabilité. Désormais, en règle avec la science et avec la conscience, Kant a tout loisir et toute licence pour se pencher vers la nature et pour en écouter la voix. Dans le cours ordinaire de la vie, la crainte est liée à l'espérance comme le reflux au flux. Mais, chez Kant, l'élément de crainte a été absorbé par la loi, qui l'a spiritualisé sous la forme du respect intérieur. La foi, libérée, peut devenir uniquement espérance.

De cette confiance joyeuse Kant a cherché à souligner la fécondité ; c'est pourquoi il a choisi le mot de *postulats* pour l'appliquer aux objets de la *Dialectique* pratique. Le mot a trompé plus d'un historien de la philosophie : on a été tenté d'y voir un signe d'insuffisance, comme l'aveu d'une « incomplétude », qui rejaillirait sur la critique tout entière, qui finirait par mettre les propositions de l'*Analytique* sous la dépendance des croyances *dialectiques*. Pourtant, ainsi que l'a remarqué Delbos, Kant avait pris les meilleures précautions pour prévenir toute méprise sur ce point : « Dans la *Critique de la raison pure,* Kant ne veut pas qu'on entende par postulat une proposition reçue comme immédiatement certaine, sans justification et sans preuve ; ce sont, dit-il, de récents auteurs qui ont imposé au mot cette signification différente de celle qu'il a pour les mathématiciens et qui doit lui rester. Or, pour les mathématiciens, un postulat est une proposition pratique, qui ne contient rien de plus que la synthèse par laquelle nous nous donnons un objet et nous en produisons pour nous le concept [1]. » Il est vrai seulement qu'en passant au domaine de la foi morale nous ne possédons plus ce qu'avait le géomètre : l'intuition directe de cette vertu constructive qui est l'essence du postulat kantien ; nous ne faisons plus sortir l'objet d'un concept que nous serions capables de créer intellectuellement. Mais, du moins, les perspectives d'une subtilité séduisante, que Kant s'est plu à ouvrir sur la philosophie de l'art, sur la philosophie de la vie, sur la philosophie de l'histoire, font apercevoir comment un rapport à l'objet s'établit par une certaine « manière de se comporter » qui n'exige pas l'intervention d'une détermination conceptuelle.

La structure de la *Critique de la faculté de juger* est assurément complexe. Nul doute, tout d'abord, que l'intention de Kant ait été d'y « rattraper » les valeurs de beauté et de finalité qu'il avait dû laisser échapper, afin de fonder, dans sa stricte rigueur, le canon de la connaissance et de l'action, qui, à aucun moment pourtant, ne lui avaient paru négligeables. Parmi les motifs fondamentaux de la méditation chez Kant on trouve, d'une façon permanente, le souci de garantir à la moralité son attrait et son rayonnement, comme de faire rendre à l'intelligence et à l'admiration de la nature ce qu'elles comportent d'efficace pour l'éducation du sentiment religieux. La découverte d'une fonction originale du jugement, dont dérivent les maximes du goût et les vues de la téléologie, doit servir de point de départ pour un double effort qui vise à dépasser le plan proprement humain de la beauté, la considération purement subjective de la finalité, à comprendre la sublimité d'émotions qui, par la grandeur de leur objet, contrastent avec la misère et la fragilité de notre condition, à relever le crédit de l'argument qui invoque, en faveur de l'existence de Dieu, l'ordonnance de l'univers et son

---

[1] Delbos, *Phil. prat.*, p. 486. Cf. *Critique de la raison pure*, trad. Barni, t. I, 1869, p. 296.

adaptation au développement de l'espèce humaine.

La marche de la pensée kantienne sera d'autant plus aisée qu'elle ne propose pas une démonstration à laquelle serait lié le sort de la morale ou de la religion. Du point de vue où Kant s'était placé un moment, sous l'influence des écrivains anglais, alors que la moralité s'assimilait dans son esprit à la beauté, il fallait, sous peine de voir disparaître toute règle de conduite, que le beau fût défini par des lois dérivant des principes du goût ; de même, la tradition maintenue jusque dans l'optimisme leibnizien, suivant laquelle la finalité serait le trait d'union entre la connaissance de la nature et la théologie rationnelle, exigeait que la finalité fût l'objet d'une preuve dogmatique : elle se mettait ainsi en opposition, non pas seulement avec les résultats, mais avec les conditions, de la science véritable. Détaché maintenant de toute préoccupation pour l'établissement de la morale comme de toute obstination dans le rêve ontologique, Kant ira librement au-devant de la beauté et d'une finalité qui, elles-mêmes, s'offriront à lui dans la joie d'une bonne rencontre. Le beau est lié, non à la nature intrinsèque d'un objet, mais au jeu désintéressé qui s'établit spontanément entre nos facultés et qui nous permet de goûter, sans l'avoir préméditée, sans avoir travaillé pièce par pièce à la constituer, la satisfaction d'une harmonie totale. Et, de même, la finalité se dépouille de l'enveloppe sous laquelle la faisait apparaître la notion scolastique, encore tout extérieure, et toute matérialiste ; elle s'éclaire du dedans par la réciprocité des parties et du tout, qui tour à tour seront moyen et but, celui-ci vis-à-vis de celles-là, celles-là vis-à-vis de celui-ci. Tel était l'aspect sous lequel Aristote déjà envisageait la cité, que les citoyens font vivre et qui fait bien vivre les citoyens ; Kant le reconnaîtra dans la rénovation de la France par la vie républicaine : il fait honneur à notre Révolution d'avoir su introduire l'idée d'*organisation* au centre de l'institution politique (§ 65, note).

Sans doute, ou ne peut attendre que beauté ou finalité, ainsi comprises, soient l'objet d'une détermination systématique. Mais c'est sagesse d'avoir su renoncer à une semblable ambition ; et la récompense en sera dans la découverte grâce à laquelle la *Critique de la faculté de juger*, par sa pureté, par sa souplesse, par sa fécondité, apparaîtra comme la plus spécifiquement critique des trois *Critiques* : Kant y a découvert le jugement en tant que *fonction réfléchissante*, soustrait définitivement à la primauté du concept *a priori*, c'est-à-dire de ce qui est, par définition et par excellence, le préjugé. Dans la contemplation esthétique et dans la considération téléologique, par lesquelles se manifeste cette fonction réfléchissante, les apparences de l'imagination s'accordent aux aspirations de l'intelligence, l'enchaînement des phénomènes semble orienté vers la liberté, comme si la législation de la science et la législation de la morale avaient pu communiquer par des canaux invisibles ; l'homme se réconcilie avec lui-même dans l'intégrité de sa nature tout à la fois sensible et rationnelle.

Mais l'élan qui emporte ici Kant l'empêche de s'en tenir entièrement à ce plan humain, vers lequel convergent pourtant, à l'intérieur de la doctrine, tous les courants de la pensée positive. Dans la *Critique* même de la *Faculté de juger*, il dessine l'image d'un *intellectus archetypus* d'où procéderait, comme de leur source ontologique, la double réalité de l'art et de la vie. Kant, ce jour-là, invente, pour le compte de Schelling, la philosophie de l'identité. D'autant plus admirable est la finesse de scrupule avec laquelle il écarte le retour à la transcendance intuitive. Pour transformer le jugement *réfléchissant* sur l'art et sur la vie en un jugement *déterminant*, il faudrait que l'artiste s'égalât au créateur, et qu'il découvrît en quelque sorte le secret de la nature dans le système de ses propres productions. Mais Kant est étranger à toute mégalomanie romantique : il célèbre dans le génie la puissance qui devance les règles bien plutôt qu'elle ne les renverse, qui fait surgir de nouveaux modèles, dignes d'être imités, mais à l'intérieur de la discipline du goût. D'autre part, celui qui s'est fait l'adversaire ironique de Swedenborg et qui dénonçait dans l'*hylozoïsme* « la mort de toute vraie science », n'aurait guère supporté que l'héritage des astrologues et des alchimistes fût désormais dévolu aux biologistes.

La marche réflexive que Kant nous invite à suivre pour envisager la structure et l'évolution de l'univers d'un point de vue favorable à l'avènement de la culture proprement humaine, n'est nullement susceptible de se retourner et de se transformer en une voie de déduction progressive, à laquelle on pourrait attribuer une force démonstrative, une portée dogmatique. Si l'univers kantien n'est pas muet pour l'homme, c'est de l'homme seul, considéré au stade atteint par le développement de la civilisation, que relèvera une philosophie de l'histoire, orientée, Kant l'a noté lui-même, en sens inverse des conceptions de Rousseau ; car celui-ci « procède synthétiquement, en partant de l'homme à l'état de nature »[1]. On peut dire que Kant va travailler, cette fois, pour Hegel. Habitué, par la pratique des méthodes newtoniennes, à reconnaître dans les phénomènes moraux, dans le respect ou encore dans l'amitié, le même équilibre d'attraction et de répulsion que présente le système du monde, il oppose, à la courbe trop simple que traçait l'optimisme de Herder, l'idée d'un conflit entre forces antagonistes qui arrache l'homme à la tentation du repos et de la nonchalance, qui fait de la discorde un moyen pour rétablir la concorde sur un plan supérieur. La guerre a donc eu, aux yeux de Kant, un rôle utile dans le progrès de l'espèce humaine, passant de l'état de nature à l'état de culture ; ce qui ne signifie nullement que Kant ait entendu faire l'apologie de la guerre en soi et pour soi. On a brouillé toutes les perspectives de sa philosophie [2] lorsqu'on a fait de lui le serviteur du Dieu irritable et sanglant que devait remettre à la mode le matérialisme catholique d'un Joseph de Maistre, précurseur du pangermanisme contemporain. La critique, au contraire, trace et souligne une, démarcation essentielle entre la loi qui commande impérativement de travailler pour l'avènement de la paix universelle, et les « conjectures » par lesquelles un *archéologue* de l'humanité pourra se représenter les époques de son passé, afin de chercher à s'en expliquer la succession. Et c'est précisément lorsque le mouvement de sa pensée le ramène de la philosophie de la nature et de la philosophie de l'histoire aux problèmes de la religion, que Kant condamne le plus expressément l'idée d'un *progressus ordi-*

---

1 Fragmente aus dem Nachlass, *Œuvres,* éd. Hartenstein, t. VIII, 1868, p. 613,
2 Cf. BASCH, La philosophie et la littérature classiques de l'Allemagne et les doctrines pangermanistes, *Revue de métaphysique,* 1914-1915, p. 756. — L'interprétation jadis proposée par BRUNETIÈRE a été reprise en Allemagne et défendue avec la même absence de subtilité : « Nous aurions tort de nous imaginer la personnalité de Kant d'après son livre sur la paix éternelle (qui est d'ailleurs loin d'être un de ses meilleurs traités). Notons chez lui plutôt comme trait caractéristique qu'il préférait a musique militaire à toute autre musique, et qu'il ouvrait toutes grandes les fenêtres lorsque les soldats prussiens passaient avec leur musique devant sa maison. Avec raison on a souvent fait remarquer l'analogie entre la morale de Kant et le sentiment du devoir de l'État prussien. » (G. VON BELOW Le militarisme et la culture intellectuelle de l'Allemagne, *Scientia,* février 1915, p. 105.)

natus qui subordonnerait l'incertitude pathétique de l'effort moral aux desseins d'une Providence, dogmatiquement définie dans son cours éternel.

La sévérité finale de Kant à l'égard de la *Théodicée* tient à ce qu'elle lui paraît pervertir la signification propre au problème du mal : elle charge Dieu de le résoudre, c'est-à-dire qu'elle efface du compte de l'homme le principe mauvais dont le caractère essentiel est d'être enraciné dans la volonté de la personne. Une telle solution, spéculative et métaphysique, ne saurait répondre à la question. Et voilà pourquoi c'est une fausse *Aufklärung*, celle où s'obstinaient encore Leibniz et Mendelssohn, tendant à une religion naturelle à partir d'une religion historiquement donnée qu'ils s'efforcent de traduire en discours conceptuels, ainsi qu'avait commencé de faire la scolastique médiévale chez les Juifs et chez les Chrétiens comme chez les Musulmans. La religion rationnelle, selon la véritable *Aufklärung*, est avant tout une religion morale ; c'est par cette idée de la religion qu'il faudra juger du christianisme. L'exégèse kantienne se trouve ainsi orientée vers l'inspiration de Bayle, qui procédait de Spinoza et qui s'est continuée en Lessing. On fait tort au christianisme lorsqu'on veut y voir un simple prolongement du judaïsme, et qu'on est par là conduit à mettre l'exacte observance des pratiques rituelles au-dessus des obligations de la conscience universelle, à soutenir par la physique fantastique des miracles l'interprétation littérale des Écritures. Le christianisme est bien la religion, mais c'est en tant qu'il satisfait à l'idée de la moralité, non pas seulement d'une façon négative, parce qu'il en respecte les exigences, mais aussi dans ce sens positif qu'il ajoute à ce que, par lui-même, l'homme est capable de déterminer, même de concevoir. Dans un projet de réponse au *Rescrit royal* qui avait blâmé l'indépendance dont il avait fait preuve dans l'expression de sa pensée, Kant indique les points sur lesquels la foi rationnelle, se sentant en défaut, doit solliciter une « subvention » de la théologie : *origine du mal, conversion au bien, justification de l'homme régénéré* [1].

Assurément le mythe juif de la *Genèse* n'est rien de plus qu'un symbole. La notion d'un péché, dont la transmission se ferait par

---

[1] Addition à la *Préface* du *Conflit des facultés*, apud éd. Hartenstein, t. VII, p. 329. Cf. DELBOS, *Phil. prat.*, p. 675, n. 1.

hérédité naturelle, qui ne serait pas imputable à ce qui est l'essence de l'agent moral, constitue une *contradictio in terminis* qu'aucune force, ou humaine ou divine, n'est en mesure de résoudre. Mais ce qui est symbolisé par la légende, c'est la réalité intemporelle du caractère intelligible, « toujours mauvais ». Par delà les moments où l'individu vit et agit, au delà de cette conscience, « originaire » pourtant, d'où dérive la législation *a priori* de la raison, il y a quelque chose qui serait plus *originaire* encore : un acte dont nous sentons bien le poids retomber sur nous par le fait même que l'impératif de la raison se présente comme une « contrainte assumée à contre-cœur ». Cet acte, dont nous ne pouvons, dans l'état actuel, ni dire ni comprendre où et quand, comment et pourquoi, il s'est produit, c'est un péché, c'est *notre* péché : en chacun de nous, l'homme s'est fait nature, pouvant être autre que nature.

Tel est, suivant Kant, le *mal radical*, mal qui ne saurait être, cependant, sans une contre-partie ; car, si l'homme a failli en acceptant d'être nature, c'est qu'il était en possession d'une liberté qui, pour s'être, en fait, mise au service de l'attrait sensible, n'en demeure pas moins, en droit, capacité de raison. Et, en effet, par la revendication de l'autonomie morale, par une conduite conforme à l'intention de respecter la loi, l'homme s'affirme comme être raisonnable. Seulement, cette affirmation, il ne dépend pas de l'individu, pris isolément, qu'il réussisse à la traduire en réalité ; c'est dans l'humanité tout entière qu'elle devra prendre corps, elle implique une société *éthico-civile* qui sera l'*Église*, ramenée du dehors au dedans, du « culte servile » à la vie libre de l'esprit. Cette Église est destinée à vérifier que « Dieu lui-même doit être l'auteur de son propre royaume ». La transformation du peuple de Dieu en république morale universelle pour l'accomplissement absolu de l'humanité, reflète, et elle atteste, un secours d'en haut, dont l'apparition de *l'Homme-Dieu* est la sublime expression.

Les dogmes du péché d'origine, de la justification de l'homme régénéré, sont donc au terme (et peut-être étaient-ils implicitement à la source) des courants dessinés par la philosophie kantienne lorsqu'elle travaillait à établir la possibilité *cosmologique* du caractère intelligible et la possibilité *pratique* de l'impératif catégorique. On pourrait donc dire que la *Religion dans les limites de la simple rai-*

son fixe le contenu et fait apparaître la portée de la liberté transcendantale, mais sans introduire de difficulté nouvelle, si elle ne devait faire un troisième emprunt à la théologie, concernant *la conversion du mal au bien.*

La faute originelle qui engage notre avenir, tout en remontant au delà de notre passé, implique une causalité de telle nature qu'elle a dû échapper à la *prise* de notre conscience actuelle et qu'elle doit échapper à sa *reprise* ; elle s'exerce dans un plan supérieur au plan du temps. Et de même le Dieu qui concourt par la moralité de son Église à l'avènement de son règne, n'est pas un homme que d'autres hommes ont cru rencontrer en chair et en os, à un moment déterminé de l'histoire, dans un endroit donné de la terre. Son action, pour être digne de sa sainteté, doit être interne, spirituelle, éternelle ; il faut donc, je ne dis pas pour comprendre, mais pour poser, la grâce régénératrice du pécheur recourir une fois de plus au plan de l'intemporalité.

Ces deux démarches de la pensée religieuse ne sont pas en contradiction avec la conception kantienne de l'idéalisme, qui permet de restaurer le monde intelligible par un appel à la foi rationnelle. Il est même loisible de soutenir qu'en débarrassant de leur dogmatisme ontologique les propositions fondamentales de son christianisme, Kant écarte ce qui pouvait paraître rude et malaisé dans le double aspect de la réalité intemporelle, dans la contrariété de ses aspects. Mais il n'en est plus du tout ainsi avec le troisième point, qui était destiné, dans l'intention de Kant, à l'achèvement du système, et qui semble avoir pour effet de le faire éclater dans une dislocation brusque de ses éléments. Il est inévitable (et cela n'est pas contesté) que la conversion au bien, comme l'origine du mal et la « justification », ait lieu hors du temps. Or, la plus impérieuse des évidences s'impose ici : la notion de conversion, fût-elle réduite à sa simple expression verbale, implique la dualité radicale du vieil homme et de l'homme nouveau, un renversement d'attitude et d'âme entre ce qu'il était autrefois et ce qu'il est depuis, une séparation, par l'*Uebergang*, entre l'*avant* et l'*après*, c'est-à-dire le temps lui-même en son essence et à sa racine. Dès lors, et de quelque obscurité que s'enveloppe la formule d'un mystère, il est difficile d'admettre que le dogme d'une conversion intemporelle ne se heurte pas, dès avant d'être formé, à l'impossibilité intrinsèque de son énonciation.

Si nous avons bien suivi à travers la complexité de ses détours sinueux la carrière philosophique de Kant, cette difficulté ne sera pas un détail secondaire que l'on pourrait corriger à peu de frais : elle est liée au fond du problème que le XVIIIe siècle avait reçu du précédent et dont nous avons essayé de préciser les termes, au début de notre étude, en rappelant la controverse théologique de Bayle et de Leibniz. Le dénouement sera ici commandé par le *Prologue*, c'est-à-dire qu'au delà de toutes les antinomies que successivement les trois *Critiques* définissent et résolvent, il semble qu'il y en ait une qui couvre tout l'horizon du système et que le système ne parviendra pas à résoudre, dont nous serions tentés de dire qu'il ne cherche pas à la dominer, car il faut qu'elle réapparaisse au cours de la *Religion dans les limites de la simple raison* : c'est l'antinomie que présentaient déjà le pessimisme moral de Bayle et l'optimisme métaphysique de Leibniz, le dualisme de la conscience humaine et le monisme d'une raison absolue.

Par là, nous touchons à ce qu'il y a de plus intérieur, de plus profond, chez un philosophe, au rythme de pensée dont tel ou tel point de doctrine ne sera que l'expression partielle et encore inadéquate. Tandis que la pensée de Bayle se caractérise par un rythme d'*antithèse*, et la pensée de Leibniz par un rythme de *synthèse*, la pensée kantienne présente un continuel entrelacement d'*antithèse* et de *synthèse*. L'*Analytique* dans la *Critique de la raison pure*, et la *Métaphysique de la nature* qu'elle prépare, sont orientées vers une synthèse de l'univers ; mais une *Dialectique* s'y superpose, dont le résultat final est le système des antinomies. Quand on passe à la *Critique de la raison pratique*, le rapport de l'*Analytique* et de la *Dialectique* apparaît inverse. Celle-là met en évidence l'antithèse radicale de la nature et de la liberté, tandis que celle-ci suggère leur synthèse dans l'idée du souverain bien.

Ces oppositions à l'intérieur de chaque *Critique* et entre les *Critiques* elles-mêmes expliquent à leur tour le jeu de lumière et d'ombre qui permettra de réunir, dans la perspective totale du système, les *Analytiques* prises ensemble, d'une part, et, d'autre part, les *Dialectiques*. Tout d'abord, par le fait qu'il a prescrit à la nature les normes de la synthèse intellectuelle, l'homme a conscience de la suprématie qui appartient à sa propre raison : retrouvant en soi la nature, il se sait capable de lui imposer la discipline grâce à laquelle il se transforme lui-même en raison, avec le sentiment qu'une telle imposition implique une lutte perpétuelle, un déchirement, de l'être intérieur. Voilà où s'arrête la rigueur de la démonstration philosophique ; et ce fut l'erreur de Leibniz que d'avoir conçu un règne de la grâce qui serait symétrique du règne de la nature, accessible aux mêmes démarches de la pensée logique, susceptible de donner occasion à la même forme de synthèse claire et distincte. Il reste vrai, pourtant, que la dualité de structure, inhérente au domaine *apodictique* de la loi, se retrouve dans la région *problématique* de la foi. Kant aurait pu se borner à y prolonger simplement les lignes, ou de l'*antithèse* suivant la suggestion de la *Dialectique* spéculative, ou de la synthèse suivant l'espérance de la *Dialectique* pratique. En fait, la croyance, chez Kant, présentera un double aspect, correspondant à une double fonction. Le rôle de la foi est d'achever, à la place de la raison, mais selon le plan dressé par elle, cette totalité inconditionnée dont la connaissance théorique s'est montrée incapable, faute d'intuition supra-sensible. Seulement, la foi sera aussi ce dont le contenu ne saurait tomber dans les cadres d'une synthèse rationnelle, n'ayant aucune commune mesure avec les démarches habituelles de notre intelligence. Entre l'imputabilité d'un péché transcendant par rapport aux intentions dont nous pouvons prendre conscience, et l'initiative d'une grâce transcendante au mérite d'une volonté libre, un passage s'opère qui fait le fond le plus intime de notre destinée personnelle, et qui, pourtant, nous demeure mystérieux : l'homme vit à la surface du drame qui est son être, n'en recueillant que les conséquences contradictoires, dans l'alternative incessante du pessimisme que suggère inévitablement l'intelligence du réel, et de l'optimisme dont le respect de la loi morale s'accompagne comme d'une condition pour son efficacité. *Foi philosophique* et *foi théologique,* Kant n'entend renoncer ni à l'une ni à l'autre ; il ne demande pas non plus que le christianisme prenne parti pour celle-là contre celle-ci. Au contraire, ce qui caractériserait l'interprétation kantienne de la religion, c'est qu'elle conserve tout à la fois, qu'elle *consacre,* l'effort de l'homme pour ennoblir son Dieu en le détachant de toute relation aux contingences d'ordre terrestre, à la mythologie et à l'histoire, en le concevant dans la pureté de sa vérité ; mais aussi l'effort de l'homme pour s'ennoblir lui-même, en cherchant, au delà de la terre, au delà de la vie, qui prendra intérêt à lui, qui le soutiendra dans la lutte entreprise pour surmonter les trop douces impulsions de la nature, qui le « sauvera », enfin, en le soulevant jusqu'à la dignité de citoyen dans la république des êtres raisonnables.

Peut-être ces efforts, orientés dans des directions divergentes, sont-ils antagonistes l'un de l'autre. Ainsi se produirait, à l'intérieur de la croyance, dont Kant a désiré augmenter le domaine avec la permission et sur l'invitation même de l'*idéalisme transcendantal,* une crise profonde et inextricable. Mais peut-être aussi Kant admettrait-il que la crise dût figurer l'état normal et spécifique du chrétien. La pensée religieuse ne lui était-elle pas parvenue sous le double aspect du piétisme et du wolffianisme, dans une sorte d'oscillation autour du point d'équilibre que représentait le luthéranisme officiel ? Ses maîtres de Kœnigsberg, les Schultz et les Knutzen, ne lui avaient-ils pas inculqué le devoir de ne rien sacrifier ni des exigences logiques de la raison ni des scrupules intérieurs de la moralité ? Fidèle, comme Descartes, à la religion de sa nourrice, Kant, au moment de rédiger la *Religion dans les limites de la simple raison,* relira le catéchisme qui, quelque soixante ans auparavant, lui avait fait connaître les thèmes fondamentaux du christianisme.

* * *

Ainsi nous pourrions comprendre, comme nous nous l'étions proposé, ce que cette carrière, faite des plus étonnantes aventures intellectuelles qu'homme ait jamais courues, offre de plus étonnant à l'historien : le spectacle d'une doctrine qui bouleverse tout autour d'elle et après elle, sans qu'elle ait détaché son auteur du centre de ses convictions profondes. Kant a passé à travers la critique, lui demandant le service positif de fonder une philosophie définitive de la nature, mais, il en fait lui-même la remarque, afin de permettre à la métaphysique véritable d'aller désormais vers son but : *Dieu, la liberté, l'immortalité de l'âme* [1]. Dès lors, si nous appelons disciples immédiats ceux qui feraient groupe avec le maître pour traduire leurs opinions par un même bulletin de vote, nous aurions sans

---

[1] Premiers principes métaphysiques de la science de la nature, trad. ANDLER et CHAVANNES, 1891, p. 12.

doute à les chercher du côté des théologiens, tels Schleiermacher ou Ritschl, qui ont essayé, eux aussi, de prolonger et d'approfondir la vertu interne du christianisme par une délimitation plus sévère des frontières entre le savoir et la croyance, par un réajustement plus subtil de leurs significations respectives. Mais l'œuvre du génie dépasse l'état initial de sa préméditation ; elle est tendance à perceptions nouvelles. Et, à ce titre, le kantisme, considéré indépendamment de toute référence à la personne de Kant, comportait une possibilité d'interprétations également immédiates, mais qui, cette fois, ne se réduisaient pas à une simple répartition de valeurs, qui entraînaient des transmutations radicales.

L'événement se produit d'abord avec Fichte. On pourrait dire que la doctrine de Fichte (prise, bien entendu, sous sa première forme) revient à lire simultanément les trois *Critiques,* que Kant avait élaborées pièce à pièce et avec tant de difficulté. On aperçoit alors qu'elles s'organisent, pour ainsi dire d'elles-mêmes, autour de la réflexion de conscience. Par cette réflexion, nécessairement adéquate à son objet, l'homme s'assure qu'il possède la liberté créatrice du savoir scientifique et de l'action morale. Il est vrai, sans doute, que la réflexion apparaît comme un moment second par rapport à la spontanéité de la création. Mais le progrès décisif que la critique accomplit sur le dogmatisme, c'est de nous faire comprendre que de là ne résulte nullement qu'il y ait lieu, entre le moment où la réflexion se produit et le premier moment auquel elle est relative, d'opérer matériellement, ou même de concevoir, une séparation analogue à celle que le réalisme suppose entre l'œil qui voit et l'objet de la vision. Le réalisme se réfère à la définition traditionnelle de la sensation : *acte commun du sentant et du senti,* laquelle ne signifie, à son point de départ, rien d'autre que la constatation du fait psycho-physique. Mais il y glisse le postulat que cet acte implique une double intuition : non seulement une intuition du *sentant* par lui-même, dans la subjectivité de la conscience, mais aussi une intuition ontologique, symétrique de cette intuition de conscience et qui lui serait antérieure ; car elle porterait sur le *senti*, déterminé dans son objectivité pure et dans sa transcendance, abstraction faite de l'acte de la sensation dont le *senti* cesserait d'être un produit pour devenir un facteur. L'idée de cette intuition en soi, détachée du fait de conscience, et à laquelle il est difficile d'apercevoir d'autre base que l'emploi syntaxique du substantif, Aristote, après l'avoir adoptée pour sa psychologie, l'a transportée, en vue d'un usage métaphysique, du plan du sensible dans le plan de l'intelligible : la νόησις νοήσεως se doublera donc de l'intuition d'un νοητόν ou, suivant la terminologie kantienne, d'un νοούμενον destiné à lui servir de fondement. L'antériorité de l'objet de l'intuition par rapport à ce qui devrait être l'acte de l'intuition, permet seule, si singulière qu'elle soit, de comprendre comment la métaphysique de Leibniz et de Wolff aborde le problème des essences : elles sont posées en soi, selon leur signification intrinsèque, à titre de possibles logiques, avant que la question soit examinée de savoir si elles ont passé à l'existence, si elles ont acquis la capacité d'être données dans la réalité. Or, c'est ici qu'apparaît Kant. Il fait la preuve que cette façon de procéder, sur laquelle s'appuyait le rationalisme dogmatique, est contraire aux normes positives, aux exigences inéluctables, de la raison. De toute nécessité, il faut partir du réel pour être en état de saisir les conditions réelles de la possibilité, de donner, par suite, une signification effective à l'idée du possible ; de sorte que ce n'est plus seulement la solution, c'est aussi la position, du problème leibnizo-wolffien qui se trouve réduite à néant. Du moment que les essences ne peuvent plus rendre le moindre service pour la déduction de l'existence, elles s'évanouissent dans leur concept en même temps que dans leur réalité ; il ne leur reste plus qu'à se retirer de la scène philosophique.

Mais Kant conserve la nostalgie de ce monde « enchanté » qu'on lui avait dit peuplé des *Idées* de Platon (transposées d'ailleurs en objets d'intuition à la mode aristotélicienne) et qui était bien plutôt le monde d'un Swedenborg. Fichte, affranchi, grâce à Kant, de tout préjugé dogmatique, admet, sans réserve et sans arrière-pensée, qu'il faut voir dans les prétendues *choses en soi* des *Heimatlosen*, des *Undingen*. Dès lors, il commence par s'installer dans l'œuvre kantienne, en prenant comme centre la fonction réfléchissante du jugement, qui n'a été dégagée que dans la dernière des trois *Critiques*, dans la *Critique de la faculté de juger*. De là, il parcourt cette œuvre en sens inverse de sa conception, et il la débarrasse de toutes les survivances qui l'obscurcissent, de tous les résidus qui l'altèrent. Puisque le caractère propre de la raison est de se manifester par l'acte de la liberté, le primat de la raison pratique a une signification tout *analytique,* que Kant avait dénaturée en lui attribuant une portée *dialectique,* en subordonnant le dynamisme immanent de l'intelligence à une croyance qu'il a introduite comme succédané de l'aperception d'un contenu supra-sensible, mais qui n'en suppose pas moins, elle aussi, le réalisme transcendant des concepts. La foi dans l'immortalité implique, en sa formule même, la notion d'une substance psychique, c'est-à-dire le *paralogisme transcendantal* de la psychologie rationnelle. Derrière la preuve morale de Dieu se dissimule, tout autant que derrière la preuve cosmologique, un recours à l'ontologie, c'est-à-dire au *sophisme* radical de la théologie rationnelle. Mais, ainsi que l'a compris Fichte, ce qu'atteint effectivement l'activité réfléchissante, mise en œuvre par la *Critique,* c'est une activité qui lui est homogène, tournée vers l'avenir, appliquée à sa seule efficacité. La spécificité pratique de la raison permet, à son tour, de redresser la déduction des catégories. Si elles ne sont plus des formes destinées à encadrer le contenu d'une intuition supra-sensible, elles cessent de projeter l'ombre de leur attente éternelle sur l'unité synthétique de l'aperception. Instruments de la conscience *originaire,* elles marquent les étapes de sa fécondité illimitée, et il n'y a rien à chercher au delà de cette origine dans la conscience. Contre la psychologie rationnelle, Kant mettait en avant cet argument qu'elle ne dispose d'autre texte que du *Je pense.* Or, précisément parce qu'elle consiste tout entière dans ce texte unique, il y a une *Philosophie de l'esprit,* capable de fonder, sur la seule liberté de la raison, la philosophie naturelle et la philosophie morale.

Avec la forme initiale de la doctrine fichtéenne, l'idée critique manifeste toute sa force d'expansion et de révolution. Et on le vit bien, dans « la querelle de l'athéisme », par la résistance que lui opposa l'orthodoxie attachée à l'idée d'un ordre matériel « tout fait », d'un *ordo ordinatus,* qui serait dicté par une volonté transcendante. Mais on le vit mieux encore par l'exemple de Fichte lui-même, fléchissant devant les méprises et les surenchères de ses premiers disciples, se persuadant que ce serait timidité de sa part, aveu d'impuissance, s'il sacrifiait franchement, à l'exigence d'un idéalisme tout à la fois critique et pratique, l'ambition d'une déduction universelle. Il a joué de l'équivoque inhérente à la notion du *Verbe* pour remonter vers un au-delà de la réflexion, vers l'Être du non-savoir ; et par lui a été transmise aux générations successives du XIXᵉ siècle l'idée messianique du « dernier philosophe », de celui à qui, par un privilège unique d'élection, il était réservé de dire le mot suprême du savoir absolu, de fermer la marche du devenir historique.

Il a fallu que la science contemporaine, particulièrement avec l'évolution saisissante de la physique, allât en quelque sorte au devant du philosophe pour lui faire toucher du doigt comme l'idéalisme critique trouve une confirmation véritable et précise dans la modestie et la circonspection auxquelles son essentielle relativité le condamne. La victoire sur la loi, nous l'obtiendrons réellement, non pas du tout en nous détachant d'elle, en l'abandonnant à l'immobilité d'une expression cristallisée à jamais, mais en revenant au contraire sur les formules simples et schématiques qui en avaient été données au premier abord, en les soumettant à une révision incessante. Au terme s'éliminera la forme hiératique de la loi, procédé trop sommaire et trop commode d'extrapolation immédiate et à l'infini, tandis que transparaîtra l'agilité subtile et souple de la raison, capable de se constituer un monde aux contours d'autant plus compliqués et plus inattendus que le développement de la technique donne le moyen de maintenir un contact plus étroit et plus assuré avec l'objectivité de l'expérience. Et la victoire dans l'ordre spéculatif fera comprendre les conditions du combat dans l'ordre pratique. Il ne s'agira plus d'opposer, réduits à l'état de concepts abstraits, rattachés chacun à l'entité scolastique d'une faculté, la justice morte de la loi et le sentiment vivant du cœur. Le problème consiste à réaliser une humanité de plus en plus unie en compréhension comme en extension, dans l'intégrité de ses fonctions comme dans l'universalité de ses représentants ; pour cela, de la réflexion sur la loi, considérée comme première approximation de ce qui peut contribuer à un égal épanouissement, pourvoir à un heureux accord, des personnes morales, il faudra faire surgir les vertus caractéristiques de l'intelligence : *amour* et *générosité*.

Toutefois, si nous avons une excuse pour avoir aussi longuement retenu l'attention du lecteur sur la structure complexe du kantisme, c'est que par là nous avons écarté toute tentation de chercher dans la première philosophie de Fichte, quelque adéquate qu'elle puisse paraître à la pureté de l'idée critique [1], l'unique forme de révolution issue d'une aperception immédiate de l'œuvre kantienne. La signification de cette œuvre s'est éclairée pour Fichte d'une manière subite et complète lorsqu'il a pris comme centre l'*Analytique* de la *réflexion*. Aux yeux de Schopenhauer, non moins brusque et non moins pleine a été l'illumination, à partir de la *Dialectique* de l'*intuition*, telle qu'elle se fait jour avec le revirement de la cosmologie rationnelle, passant, dans la troisième antinomie, du plan *transcendantal* au plan de la transcendance. Sans doute, la lumière de cette intuition demeure encore voilée pour Kant lui-même. Mais c'est que Kant a invoqué la causalité intemporelle du caractère intelligible en vue d'une consolidation de la loi juive, d'une apologie de la foi chrétienne. Or, prise à sa source, selon l'ordre proprement cosmologique, la liberté impliquée dans la *thèse* de la troisième antinomie n'a évidemment rien à faire avec les qualifications qui lui seront ajoutées dans l'intérêt d'une utilisation morale ou religieuse. Et, de même, du moment qu'elle échappe aux prises de l'intelligence, il n'y a plus rien en elle qui se relie au sens initial du mot intelligible. Les successeurs de Kant ont fait fausse route lorsqu'ils prétendaient, par l'issue *métacritique* de la *Dialectique* kantienne, ramener le rationalisme absolu d'un Spinoza ou d'un Herder. Écartant les intermédiaires qui se sont glissés entre Kant et lui, dépouillant le primat de la raison pratique de sa double détermination rationnelle et pratique, Schopenhauer y aperçoit l'intuition immédiate d'une causalité libre par rapport à l'enchaînement des phénomènes selon la succession des antécédents et des conséquents. Or, cette causalité, pour être véritablement *Grund*, doit être *grundlos* ; car voici précisément en quoi consiste la découverte kantienne : ce dont relève la connaissance ne peut plus tomber lui-même dans la connaissance. L'origine de la conscience est donc au delà de la conscience, dans un vouloir radical qui n'aura d'autre détermination que d'être la racine du vouloir.

Et, certes, nous n'avons pas à nous demander si Schopenhauer a forcé le secret de la pensée kantienne et si le maître lui eût réservé un accueil meilleur qu'à Fichte. Nous n'avons pas non plus à rechercher si, en construisant un système autour de son intuition

---

[1] Cf. GUEROULT, L'antidogmatisme de Kant et de Fichte, *Revue de métaphy*sique, avril-juin 1920, p. 203.

centrale, Schopenhauer n'a pas trop mis à contribution le procédé tout intellectuel et tout mécanique de l'antithèse, si souvent il ne s'est pas borné à renverser, terme à terme, les propositions de la morale rationnelle ou de l'optimisme métaphysique. Il se peut que l'aspiration à dépasser l'expérience, la conscience et la raison, dans ce qu'elles ont d'humain, de « trop humain », ait bien plutôt pour conséquence un renouvellement de confiance dans la vie, une exaltation de puissance. La remarque importante pour nous, c'est que l'intuition retrouvée par Schopenhauer au cours de la *Dialectique* kantienne conduit à envisager, par delà ce qui suffit au positivisme, par delà l'enregistrement pur et simple des lois scientifiques ou des règles sociales, non pas une réflexion sur l'activité de la fonction coordinatrice, sur l'*ordo ordinans,* mais une réalité transcendante aux méthodes employées pour la connaissance et pour l'action, ce que Gourd désignait, d'une façon saisissante, comme l'*incoordonnable.* De ce point de vue, Kant, suivant l'expression de M. Bergson, « frayait la voie à une philosophie nouvelle, qui se fût installée dans la matière extra-intellectuelle de la connaissance par un effort supérieur d'intuition » [1].

Telle nous apparaît l'œuvre de Kant, dans son déploiement de richesse et d'actualité. En lui se sont rejointes, concentrées et réconciliées tout à la fois, grâce à la relation originale qu'il a établie entre la loi et la foi, les grandes tendances qui, depuis l'éveil de la raison hellénique, ont inspiré l'effort des philosophes et qui se sont disputé leur adhésion. Si elles ont repris la suite de leurs cours divergents, ce n'aura pas été sans avoir reçu de leur passage à travers la méditation kantienne une impulsion imprévue, sans que les systèmes où désormais elles s'expriment aient conservé, au plus profond de leur structure, la trace d'une influence souveraine. Après Platon et après Descartes, nous ne savons si la civilisation de l'Occident présente un autre exemple de génie aussi universel, aussi universellement bienfaisant.

LA TECHNIQUE DES ANTINOMIES KANTIENNES [2]

---

[1] L'évolution créatrice, 1907, p. 387.
[2] A paru dans *Revue d'histoire de la philosophie* janvier-mars 1928, 2ᵉ année, n° 1, pp. [49]-71.

Les deux aspects successifs sous lesquels se présente la doctrine des antinomies forment, dans la *Critique de la raison pure,* comme deux versions différentes de la *Cosmologie rationnelle.* Kant commence par faire justice de l'*antinomie de la raison pure,* prise en général ; il met à nu le *paralogisme* fondamental dont elle est issue. Puis il se ravise ; il institue une procédure d'appel, et, considérant le cas spécial de chacun des condamnés, il abandonne à leur destin les deux premières antinomies *(antinomies mathématiques)* ; *il* fait bénéficier d'une mesure de grâce, tout au moins d'une loi de sursis, les deux dernières antinomies *(antinomies dynamiques).*

I. — L'Antinomie de la raison pure

Sous son premier aspect, le problème des antinomies est résolu d'une façon péremptoire dans la section VII du chapitre, qui est intitulée : « Décision critique du conflit cosmologique de la raison avec elle-même. » Voici, dit Kant, l'argument dialectique sur lequel repose toute l'antinomie de la raison pure : *Si le conditionné est donné, par là aussi est donnée la série entière de toutes ses conditions. Or, les objets des sens nous sont donnés comme conditionnés. Donc la série entière de leurs conditions nous est donnée.* Et Kant se réplique à lui-même : *La majeure du syllogisme cosmologique prend le conditionné dans le sens transcendantal d'une catégorie pure, la mineure dans le sens empirique d'un concept d'entendement, appliqué à de simples phénomènes.* Par conséquent, il y a là l'erreur dialectique qu'on appelle *sophisma figurae dictionis.* Toutefois, aux yeux de Kant, cette erreur revêt une sorte de dignité ; on ne peut pas dire qu'elle soit « truquée » ; la nature et la raison y collaborent : *Dieser Betrug ist aber nicht erkünstelt, sondern eine ganz natürliche Taüschung der gemeinen Vernunft.* Et pour rendre compte de cette sorte de « mirage transcendantal » qui dessine une réalité là où il n'y en a pas, Kant incrimine la tradition de la logique et l'ontologie de la chose en soi. Dans la *majeure,* nous sommes dupes de la logique, parce que la logique, ne considérant aucun ordre du temps, nous conduit inconsciemment à supposer donnés *en même temps* et *le conditionné* et les *conditions.* Dans la *mineure,* nous sommes victimes de l'ontologie, parce que, faisant abstraction de toutes les conditions d'intuition sous lesquelles seuls des objets peuvent nous apparaître, nous prenons les *phénomènes* pour des *choses en soi*. Ainsi, les mêmes motifs pour lesquels Descartes avait déjà relégué le *sens commun* de la scolastique aux antipodes du *bon sens* conduisent Kant à dénoncer la *nature* comme maîtresse de sophisme et d'erreur, la *raison commune* (qu'il lui arrivera également d'appeler *raison pure)* comme faculté aberrante, comme raison déraisonnante.

Dès lors, il ne paraît pas qu'il puisse y avoir à la cosmologie rationnelle un autre dénouement qu'à la psychologie ou à la théologie. Il est impossible à l'homme de conquérir son âme, du moment que Kant lui impose de la chercher, au delà de sa conscience et de sa pensée, dans une addition de « prédicats transcendantaux » au *Ich denke*. De même, la réfutation de l'argument ontologique, considéré par Kant sous la forme précartésienne à laquelle Leibniz l'avait ramené, montre que, non seulement le sujet divin n'appelle pas nécessairement le prédicat de l'existence, mais que le jugement où Dieu entre comme sujet peut être supprimé sans contradiction. La cosmologie, également, emporte son propre problème. Du monde intelligible, qui est le « rêve » commun des métaphysiciens scolastiques à la manière de Wolff et des visionnaires spirites à la manière de Swedenborg, Kant dira, en concluant sa *Remarque sur l'antithèse de la première antinomie* : « Aucune proposition synthétique n'est possible à son égard, qu'elle soit affirmative ou négative. »

La *Dialectique transcendantale* se résout donc tout entière, et définitivement, semble-t-il, dans son propre néant, à la lumière de l'idéalisme transcendantal. Le réalisme antique avait imaginé la hiérarchie des νοητά et des αἰσθητά ; mais la raison pure est trahie par son *usage logique* dans le raisonnement, lorsqu'on fait du raisonnement l'expression d'une faculté supérieure aux facultés du concept et du jugement. La *Logique transcendantale,* qui a pour trait caractéristique de substituer la discipline de la réflexion critique à l'idéal chimérique de déduction logique, est intégralement contenue, en ce qu'elle a de positif, dans l'*Analytique du concept* et dans l'*Analytique du jugement*. Le terme *transcendantal* s'appliquera encore, chez Kant, à la *Dialectique,* mais en subissant une inversion de sens, en passant du signe *plus* au signe *moins*. La *transcendantalité* de l'objet dans l'*Esthétique* et dans l'*Analytique* est ce qui le rapporte aux conditions dans lesquelles le sujet humain l'appréhende grâce à l'intuition et selon les normes d'une connaissance véritable. La *transcendantalité* de l'objet dans la *Dialectique* sera ce qui le fait échapper à toute prise du sujet humain, à toute possibilité de vérité. Au début du Livre II, consacré aux *raisonnements dialectiques* de la raison pure, Kant reconnaît que « l'objet d'une idée purement transcendantale est une idée sans concept », tout en ajoutant « que la raison produit nécessairement cette idée suivant ses lois originaires ». La raison effective, *raison pure de l'Analytique*, déduit les concepts comme formes intellectuelles d'une expérience qui se constitue en connexion avec l'intuition sensible ; la raison commune, *raison pure de la Dialectique*, s'empare de ces formes, les détache de l'intuition réelle qui en fait la positivité, en vue d'une application éventuelle à un type *supra-sensible* d'intuition qu'il n'est pas défendu sans doute de supposer en Dieu, mais qui demeure pour l'homme une simple fiction. Voilà pourquoi le *sens transcendantal de la catégorie pure* est un *non-sens* ; voilà pourquoi l'opposition de la *Dialectique* et de l'*Analytique*, qui était, pour le dogmatisme, l'opposition entre la *science de l'être* et la *science du phénomène*, est, pour la critique, l'opposition entre la *logique de l'illusion* et la *logique de la vérité*.

Cette conclusion, qui apparaît sans équivoque et sans réserve dans la pensée de Kant, sinon dans son langage, est renforcée par une considération importante. L'élimination d'une *Dialectique* illusoire ne comporte nullement, en ce qui concerne le problème proprement cosmologique, les mêmes conséquences troublantes que dans le cas de la psychologie et de la théologie, où Kant semble s'être interdit toute compensation. L'*homo nooumenon* demeurera éternellement mystérieux à l'*homo phænomenon* ; et, puisque toute preuve de l'existence de Dieu implique la valeur démonstrative de l'argument ontologique, les diverses formes de la théologie — *théologie physique, théologie morale, théologie révélée* — sont destinées à partager le sort de la théologie rationnelle. Mais pour la connaissance de l'univers, l'effondrement d'un dogmatisme, que la *Préface* de 1781 traite de *vermoulu*, prépare les voies au système de la raison pure, par rapport auquel la *Critique* est une propédeutique nécessaire. Ce système, dont il précise l'annonce dans le titre de ses *Prolégomènes*, Kant le constitue par les *Premiers principes métaphysiques de la science de la nature*, lesquels sont appelés à réussir, du fait qu'ils se tiennent dans le cadre strictement critique de l'*Analytique des principes*.

II. — Logique transcendantale et logique générale

Une fois l'antinomie de la raison pure éclaircie et résolue, le problème de la technique des antinomies se pose à nouveau, et sous cette forme paradoxale : comment Kant est-il parvenu, dans la neuvième et dernière *section* de son *chapitre*, à *embrouiller* ce qu'il avait si parfaitement *débrouillé* dans les huit premières ? Comment a-t-il pu sérieusement tenter de faire briller aux yeux du dogmatisme les formes décevantes de la logique générale, l'imagination puérile de la *chose en soi* ? Bâtir sur le sable est déjà une imprudence, mais c'est une folie que de bâtir sur le mirage ; et il est difficile de dire que la raison dialectique fasse autre chose quand elle s'aventure « dans cette région des simples idées où l'on n'est si discret (dit Kant lui-même) que parce qu'on n'en sait rien, alors qu'il faudrait rester tout à fait muet en confessant son ignorance s'il s'agissait de recherches sur la nature ».

Dans cette région, où la vanité scolastique a étalé pendant des siècles l'infini de son discours et le néant de sa pensée, régneront les antinomies. Pour organiser un *système de la raison pure*, qui se constituerait comme cosmologie rationnelle, sur un plan *dialectique* supérieur au plan *analytique* de la *métaphysique de la nature*, il conviendra d'articuler *thèses* et *antithèses* suivant les titres du tableau des catégories ; c'est-à-dire qu'il ne suffira plus de faire appel au *sens transcendantal de la catégorie pure*, envisagée dans l'abstraction de sa généralité : il faudra prendre en considération la nature intrinsèque, la caractéristique spéciale, de chacune des catégories.

Quelle lumière nous fournit ici l'ordonnance technique de la *Critique de la raison pure* ? Quelle liaison établit-elle, pour ce qui regarde les catégories, entre les deux parties de la *Logique transcendantale, Analytique* et *Dialectique* ? Une première difficulté se présente, du fait que la déduction des catégories, qui devrait offrir une base au dessin de l'édifice dialectique, relève seulement de l'*Analytique*. La déduction transcendantale consiste essentiellement à découvrir la place de la synthèse intellectuelle, unité synthétique de l'aperception, au sommet de la hiérarchie des synthèses qui comporte successivement *synthèse de l'appréhension dans l'intuition, synthèse de la reproduction dans l'imagination*, qui s'achève enfin par la *récognition dans le concept*. Avec une insistance que plus tard il estimera sans doute compromettante, Kant ne cesse de répéter, en 1781, que la déduction transcendantale perdrait toute espèce de signification et de portée si l'on cherchait la justification des concepts purs de l'entendement ailleurs que dans leur relation au monde phénoménal. De plus (et le point se révélera important pour la structure des antinomies), Kant s'abstient de déduire ces concepts chacun pour soi ; il se borne à faire des catégories, prises en bloc, les fonctions du *Ich denke*, les moyens d'unifier des représentations dans un jugement, sans se soucier de définir chacune d'elles à titre d'expression spécifique de la spontanéité du sujet pensant.

Du point de vue de l'idéalisme transcendantal, et tant que la *Critique* est simplement envisagée comme *Prolégomènes à la métaphysique de la nature*, cette abstention ne saurait toucher en rien à la solidité ou même à l'homogénéité de la doctrine. La déduction véritable des fonctions de l'entendement, ajournée par Kant dans l'*Analytique des concepts*, a lieu en réalité avec l'*Analytique des principes* ; et c'est là seulement qu'elle était possible, à partir du *schématisme transcendantal*, puisque aussi bien tout exercice de l'intelligence humaine se produit dans le temps, puisque tout acte effectif de la pensée est un jugement, ainsi que le voulait la psychologie cartésienne de l'esprit.

Mais les choses changeront du tout au tout, du moment que la *Dialectique* envisage, hors des limites de l'idéalisme transcendantal, un *système de la raison pure* qui ne se confondrait pas avec la *métaphysique de la nature*. La *Logique transcendantale* de l'*Analytique* refuse tout appui à une cosmologie *hypermétaphysique*, qui prétend se constituer sur un plan pseudo-rationnel de réalisme *ultra-transcendantal*. Une ontologie surannée réclame une logique elle-même surannée ; et c'est pourquoi Kant va remettre en service, au milieu de la *Critique de la raison pure*, cette même logique générale dont l'*Esthétique transcendantale* avait pourtant dénoncé l'influence perturbatrice sur l'interprétation de la vérité scientifique. Il sacrifie la psychologie cartésienne et critique de l'intelligence à l'hypothèse traditionnelle de facultés qui se laissent séparer à l'intérieur d'un même esprit comme se décomposent matériellement les parties du discours. Pour qu'il y ait, dans la *Dialectique*, un *usage pur* de la raison, dont l'*usage logique* sera l'*organum*, il faut que le *jugement* soit l'œuvre d'une faculté intermédiaire entre deux facultés : l'une, au delà du jugement, faculté de *raisonnement*, et l'autre, en deçà, faculté de *concepts* en soi, de formes préexistant au jugement dans l'absolu, pourrait-on dire, du préjugé : « La logique générale est construite sur un plan qui s'accorde tout à fait exactement avec la division des facultés supérieures de la connaissance. Ces facultés sont : *Entendement, Jugement, Raison*. Cette doctrine traite donc dans son analytique de concepts, de jugements et de raisonnements, suivant les fonctions et l'ordre des forces de l'esprit que l'on comprend sous la dénomination large d'entendement en général » (début de l'*Analytique des principes*).

Le revirement décisif qui devait aboutir, par le *sens transcendantal de la catégorie pure*, au dédale des antinomies de la raison pure, est donc lié à celui que nous voyons se produire, dans le chapitre relatif à la déduction des catégories, lorsque le créateur de la *Logique transcendantale* se détourne de sa créature, lorsqu'il charge la *Logique générale*, par sa *table des jugements logiques*, de suppléer à la réflexion de l'*Analytique* sur les conditions de la science rationnelle et de lui fournir « un fil conducteur » pour l'énumération systématique des concepts transcendantaux. On voit alors Kant demander à ses lecteurs qu'ils lui concèdent successivement l'existence d'un tableau de douze jugements logiques, rangés sous quatre titres : *quantité, qualité, relation, modalité* — la correspondance terme à terme, avec ce tableau des jugements logiques, d'un tableau de douze catégories rangées sous les mêmes titres.

Moyennant ces deux postulats, le jugement logique sera la *ratio cognoscendi* de la catégorie, comme la catégorie est la *ratio essendi* du jugement. Mais ces deux postulats en recouvrent un troisième, qui demeure implicite dans la *Critique* : à savoir qu'il existe un point de rencontre entre cette *ratio essendi* et cette *ratio cognoscendi* ; c'est-à-dire qu'il n'y a ni équivoque ni confusion dans l'identité de terminologie que Kant suppose ici entre la *logique générale*, à laquelle il emprunte le tableau des catégories, et la *logique transcendantale*, qui est appelée à se fonder sur le tableau des catégories. Mais c'est la question de savoir si les mêmes manières de *parler* peuvent correspondre à des mêmes manières de *penser* ; et, une fois cette question posée, la *Critique* se dresse tout entière contre Kant. La caractéristique de son génie, pris à ses débuts dans l'embarras de l'éclectisme leibnizien, n'est-elle pas d'avoir cherché à y échapper en élaborant la doctrine des jugements synthétiques *a priori*, en lui donnant pour base cette opposition radicale entre la structure de la pensée logique et la structure de la pensée mathématique, qui était à l'origine déjà de la révolution cartésienne ?

Si les jugements sont tous du type *sujet-prédicat*, un jugement *a priori* est nécessairement *analytique*. Du *concept-sujet*, qui est une *partie* du jugement, se conclut le jugement total, grâce à l'inhérence du prédicat au sujet, sur laquelle repose toute déduction formelle, et même, pour Leibniz, tout système ontologique. Par contre, les jugements où la connaissance du prédicat ajoute quelque chose à la connaissance du sujet seront tous *synthétiques*, et Hume aura gain de cause, *à moins qu'il n'y ait des jugements d'un autre type que le type considéré dans la logique générale*. De ces jugements, qui sont les jugements de la mathématique et de la physique rationnelle, on pourra dire qu'ils sont compris et, par là même, fondés dans l'unité d'un *concept*, mais à la condition expresse d'entendre par *concept* l'unité dynamique de la conscience, c'est-à-dire de prendre le mot dans un sens qui n'a rien de commun avec le sens scolastique, avec la hiérarchie des espèces et des genres. Si le concept est inséparable de l'acte de juger, lui-même indivisible, s'il le commande dans sa totalité, il ne peut plus être une *partie* du jugement, susceptible de s'en détacher à titre d'élément logique qui lui soit antérieur.

La confusion de la *partie* et du *principe* est précisément celle que Kant reprochera plus tard aux leibniziens de commettre perpétuellement dans l'appel qu'ils font à la raison. Le mot de *Grund* couvre tout cela, dit-il à Eberhard en 1790 : *So aber deckt das Wort* Grund *alles dieses*. Mais il reste à savoir dans quelle mesure Kant lui-même a pu échapper entièrement à cette confusion fondamentale tout en demeurant fidèle à la tradition prestigieuse de la logique générale. En fait, et faute d'avoir eu pour son propre compte le contact du rationalisme classique, tel qu'il s'exprime dans la *Géométrie* de Descartes ou dans le *Traité* de Spinoza *sur la réforme de l'entendement*, Kant a laissé sa doctrine des jugements synthétiques *a priori* incertaine et embarrassée, entre la raison logique et la raison scientifique. Si la raison kantienne avait été exactement *raison scientifique*, elle aurait considéré son œuvre comme terminée avec l'*Analytique des principes*, qui donnera lieu à la *Métaphysique de la nature*. Mais, parce qu'elle a voulu être aussi *raison logique*, elle s'est aventurée, au risque de se contredire, dans la vaine dialectique des antinomies cosmologiques.

Il est bien difficile, pour les spectateurs, de prendre au tragique, même au sérieux, la péripétie d'un cinquième acte quand l'auteur a eu l'honnête précaution, ou l'insigne maladresse, d'en faire explicitement connaître le dénouement dans son premier acte. Or, ne suffit-il pas que, dès la première antinomie, Kant ait introduit dans les formules de la *thèse* et de l'*antithèse* la considération de l'espace et du temps pour rendre évident qu'aucun conflit dogmatique ne s'élèvera jamais entre elles ? Chacune d'elles, prise à part, est incapable de s'énoncer sans contradiction formelle avec les résultats du premier chapitre de la *Critique de la raison pure*. En écrivant l'*Esthétique transcendantale*, Kant a coupé court, d'avance, au jeu des antinomies. Il lui faudra donc oublier, ou feindre d'oublier, « l'idéalité du temps et de l'espace » pour faire paraître les diverses antinomies, qui disparaîtront aussitôt qu'il s'avisera de s'en souvenir. Dans l'intervalle, la logique générale recevra l'*intérim* du pouvoir abandonné par la *logique transcendantale*, et, pour nous orienter à travers ce labyrinthe des antinomies, où, par politesse, nous ferons semblant de ne pas nous apercevoir qu'elle nous a elle-même engagés, elle a la charité de nous offrir le fil conducteur des jugements logiques ; selon les titres du tableau des jugements logiques, le système de la cosmologie rationnelle comprendra quatre antinomies : *quantité, qualité, relation, modalité*.

III. — L'Antinomie de la quantité

La première antinomie a sa racine dans le *sens transcendantal* de la quantité pure, lié lui-même à la considération de la quantité logique. Parce que Kant distingue trois jugements sous le titre de quantité : *universel, particulier, singulier*, il énumère trois catégories de quantité : *unité, pluralité, totalité*. Supposons donc qu'il y ait un accord autre que verbal entre la *quantité des jugements* et les *jugements de quantité*, il reste bien des difficultés pour accorder ici la terminologie de Kant avec elle-même. C'est de l'idée transcendantale de totalité que Kant fait dériver, non seulement l'antinomie de la quantité, mais encore les trois autres qui apparaissent ainsi, sous ce rapport, comme de simples variations sur le thème de la première. Et la catégorie de *totalité* fait pendant au jugement *singulier*. Mais, dira Kant expressément dans une remarque de 1787, si l'on compare le jugement singulier avec le jugement universel simplement à titre de connaissance et au point de vue de la quantité, il se comporte, par rapport à ce dernier, comme l'unité par rapport à l'infinité. Le jugement singulier mène donc, en toute évidence, à la catégorie d'*unité*, qui est, elle, la première des catégories de la quantité. Nous ne pourrons, d'autre part, rapprocher la *totalité* de l'*universalité* sans commettre un péché contre la *Critique*, puisque la *Critique* naît avec la dualité irréductible du *Worunter* et du *Worin*, du concept subsumant et de la *forme contenante*, c'est-à-dire précisément de l'*Allgemenheit* (*universalitas*) et de l'*Allheit* (*universitas*). Abandonnons alors le « fil » trompeur des jugements logiques ; envisageons la catégorie pure dans le splendide isolement de son *sens transcendantal*. La catégorie de *totalité* se définit, selon Kant, par l'acte original qui établit l'union entre les deux premières catégories du titre de la quantité : ce n'est autre chose, écrit-il, que la *pluralité* considérée comme *unité*. Or, en toute évidence, *unité*, *pluralité*, *totalité*, que les anciens érigeaient en « prédicats transcendantaux » et transportaient « inconsidérément » sur le plan de leur ontologie, n'ont de signification, pour nous saisissable, qu'à titre de concepts numériques ; ce qui rompt la connexion de la *Dialectique* avec les concepts de la logique formelle, ce qui l'oblige à rentrer dans les limites de l'*Analytique transcendantale*. On n'échapperait à cette nécessité mortelle que s'il était possible de considérer la *quantité pure* antérieurement à sa position temporelle ou spatiale, à sa division en *quantité extensive* et en *quantité intensive*. Mais cette dernière issue, Kant se l'est fermée à lui-même, puisqu'il rattache la quantité intensive au titre de la *qualité*, ainsi qu'en fait foi la déduction des Anticipations de la perception.

En tout état de cause, la Dialectique cosmologique ne trouve dans les chapitres précédents de la *Critique* aucun appui, même précaire, pour se persuader à elle-même de l'existence de son problème. En fait, pour pouvoir enfermer le monde dans des bornes et procurer ainsi le repos à l'imagination, on doit commencer par supposer que le monde porte en lui son espace, espace qu'il faudrait concevoir qualitativement distinct de l'espace *extra-mondain* ou *imaginaire*, et qui lui serait rapporté de la façon dont un prédicat est attribué, en logique, à son sujet. Le réalisme dogmatique se donne l'illusion qu'il va du monde à l'espace. Mais l'idéalisme transcendantal a fait la preuve du principe contraire : *l'esprit va de l'espace au monde*. Un monde nous est donné en tant qu'il est déterminé par rapport à l'intuition spatiale qui, elle-même, ne saurait s'exercer effectivement sans contenu. Le monde se constitue par l'opération humaine de sa constitution, c'est-à-dire qu'à la représentation agrégative et en apparence immédiate de la grandeur spatiale est sous-tendue une synthèse s'accomplissant par moments successifs, une série dans le temps. De là, sans doute, le dogmatisme conclura que l'achèvement de cette série requiert un nombre fini de moments dans le temps ; ce qui implique un premier moment du monde. Mais ce premier moment ne saurait, en toute évidence, prendre place dans le temps qu'à la condition d'être précédé par un moment antérieur. Or, par la nature même du temps, ce moment précédent ne pourrait être temporellement défini s'il était seulement l'abstraction d'une forme vide, à part de tout contenu intuitif.

La formule dogmatique de la thèse renvoie ainsi à l'*antithèse* empirique : *le monde n'a ni commencement dans le temps ni limite dans l'espace*. L'apparence d'antinomie ne pourra donc se produire, à moins que le caractère empiriste de l'*antithèse* ne soit défiguré, ou transfiguré, jusqu'à revêtir l'aspect dogmatique, dont la position de la thèse, elle, ne saurait s'affranchir. Dans ce cas on dira, comme le veut Kant dans la seconde partie de la formule de l'antithèse : *le monde est infini aussi bien dans le temps que dans l'espace*. En ce cas, et en ce cas seulement, la solution critique, fondée sur l'idéalité transcendantale des formes de l'intuition, pourra être considérée comme neuve par rapport à la *thèse* et à l'*antithèse*.

IV. — L'Antinomie de la qualité

Le mirage transcendantal de la raison commune semble entièrement dissipé par la conclusion de la première antinomie. La *thèse*, malgré son apparence d'affirmation, est un pur néant intellectuel, comme le *monde intelligible* dont elle postule l'existence. Toute la valeur de positivité appartient à l'*antithèse*, entendue au sens empiriste : « L'expérience possible peut seule donner la réalité à notre concept ; sans elle, tout concept est seulement une idée, dépourvue de vérité et de rapport à un objet. C'est pourquoi le concept empirique possible est la mesure d'après laquelle nous devons juger de l'idée pour décider si elle est simple idée et être de raison, ou si elle possède un objet dans le monde » (V^e section *sub fine*).

Dès lors, la victoire de la *réflexion critique* sur la *déduction logique* se trouvera consacrée par l'issue de la Dialectique cosmologique dans la mesure où la solution des antinomies suivantes sera parallèle à la solution de la première.

C'est ce qui arrive exactement pour la seconde en ce qui concerne du moins la formule de l'*antithèse*. La matière est divisible à l'infini, selon un processus de *régression empirique* qui fait exactement pendant au processus envisagé dans la question de l'infini cosmique. Sur cette divisibilité, dans les cadres des principes de la qualité, Kant constituera la *Dynamique* des *Premiers principes métaphysiques de la science de la nature*.

En énonçant et surtout en interprétant dans son commentaire la *thèse* qui sera la contre-partie illusoire de l'*antithèse* empirique, Kant déborde le problème proprement cosmologique pour pousser l'examen du dogmatisme leibnizo-wolffien jusqu'à la racine de ses méthodes et à travers tout l'horizon de son application. La *thèse* que *toute substance composée dans le monde est formée de parties simples, et qu'il n'existe absolument rien que le simple ou ce qui en est composé*, justifie la *monadologie* de Leibniz, plus exactement son *atomistique transcendantale* ; elle permet de concevoir le *moi* comme une chose simple et impérissable, tranchant ainsi l'alternative en faveur de cet *intellectualisme* que Kant rattache au nom de Platon, contre un *empirisme* dont le chef est, à ses yeux, Épicure, transformé, d'une façon assez imprévue, en initiateur d'un naturalisme antiatomistique.

Il est clair que la *thèse* dogmatique de la seconde antinomie, ainsi envisagée, n'offre plus guère de liaison, soit avec la qualité des jugements, soit avec les catégories de qualité ; elle affirme l'unité substantielle du simple, et l'*unité* relève de la *quantité*, la *substance* de la *relation*. D'autre part, Kant fait manifestement craquer les cadres de la cosmologie, en renvoyant son lecteur aux *paralogismes* psychologiques ; ce qui serait, en effet, surprenant s'il y avait, par ailleurs chez Kant, une position propre du problème psychologique. Mais, ignorant du *Cogito* cartésien, passant par-dessus « la distinction de la nature spirituelle et de la nature matérielle » qui est pourtant à la base de l'idéalisme moderne, Kant ne considère l'être que sur le terrain du réalisme physique où l'avait placé la mythologie platonicienne, rajeunie par Mendelssohn ; ce n'est pas la spiritualité du νοῦς qui le préoccupe, c'est la substantialité du νοούμενον, c'est la simplicité de la *res cogitata*, destinée à devenir le support de l'immortalité ; de sorte qu'il retrouve naturellement, à propos de la seconde antinomie cosmologique, cette image contradictoire de la réalité intérieure qui avait provoqué l'avortement de la psychologie transcendantale : « La conscience de soi (écrit Kant à la fin de ses *Remarques sur l'antithèse relative à la qualité*) a ce caractère particulier que le sujet qui pense, étant son propre objet, ne peut pas se diviser lui-même (bien qu'il puisse diviser les déterminations qui lui sont inhérentes). Néanmoins, si ce sujet est considéré *du dehors*, comme un objet du l'intuition, il manifestera pourtant une composition dans le phénomène. Or, c'est ainsi qu'il faut toujours le considérer, lorsqu'on veut savoir s'il y a en lui une diversité d'éléments extérieurs les uns aux autres. »

V. — L'Antinomie de la relation

Le décalage de la *thèse* de la seconde antinomie par rapport, soit à la formule de la *thèse* dans la première, soit à la formule de l'*antithèse* dans la seconde, n'a aucune conséquence directe quant au fond de la théorie, puisque Kant reste fidèle à l'esprit de la *Critique* et qu'il renvoie dos à dos les propositions, dogmatiquement contradictoires, de la *thèse* et de l'*antithèse*. Mais il ne sera pas sans répercussion sur la manière dont Kant aborde la discussion des deux dernières antinomies, avec l'ambition de rompre, à leur sujet, la symétrie de la doctrine et de laisser entrevoir qu'il est possible, ou tout au moins qu'il n'est pas impossible, d'admettre la vérité simultanée de l'*antithèse*, prise au sens empirique, et de la *thèse*, entendue au sens dogmatique.

A ce moment de la Dialectique cosmologique, Kant, travaillant à contre-sens de son propre génie, multipliera les rappels, volontairement gauches, obscurs, ambigus, de thèmes archaïques, empruntés à ses souvenirs leibnizo-wolffiens ; la tâche de l'explication technique, même de la coordination verbale, soulève des difficultés qui semblent bien inextricables.

Les deux antinomies dont la solution pourrait donner accès à la restauration du dogmatisme portent, non plus sur la représentation du *monde*, mais sur l'existence de la *nature*. L'une se rattache au titre de la *relation*, l'autre au titre de la *modalité*.

Au sujet de la *relation*, le « fil » des jugements logiques apparaît immédiatement rompu ; car les jugements sont tous, pour la *logique générale*, de la forme *sujet-prédicat*, tandis que les prétendus jugements *hypothétiques* ou *disjonctifs* sont, en toute évidence, des relations de jugements, et non des jugements de relation. Mais, abstraction faite de la forme logique des jugements qui leur correspondraient selon Kant, il reste que, sous les catégories de *substance*, de *causalité*, de *communauté d'action*, Kant a montré, à l'œuvre dans les *Analogies de l'expérience* et dans les lois fondamentales de la mécanique rationnelle, les fonctions essentielles et solidaires qui ont donné à l'homme la maîtrise intellectuelle de la nature. Si la cosmologie rationnelle tente, à son tour, de formuler son problème du point de vue de la *relation*, il semble difficile qu'elle se résigne à en négliger aucune. Et à supposer qu'il faille n'en retenir qu'une seule pour mettre la troisième antinomie à l'alignement des autres, c'est la catégorie de *communauté d'action* qui s'impose, puisque les *idées transcendantales* de la Dialectique cosmologique se réfèrent à la considération de la *totalité* ; d'ailleurs, le *jugement disjonctif*, qui conduit, selon Kant, à la *communauté d'action*, exprime l'épuisement de l'univers du discours ; et c'est encore elle qui permet à Kant de déduire la nature, dans les *Premiers principes métaphysiques*, comme totalité réciproque d'actions et de réactions entre substances et causes.

Mais ici Kant fait brusquement un écart. Non seulement il ne se soucie ni de la *substance* ni de la *communauté d'action*, mais encore il allègue, au profit de la *causalité*, le motif qui semblait devoir en justifier l'exclusion dialectique, à savoir que la *causalité forme une série*. Or, dès l'examen de la première antinomie, il est manifeste que les embarras de la cosmologie rationnelle proviennent de ce que la représentation du monde se constitue à l'aide d'un processus de série, et que toute série implique le temps. Et si, dans l'intention de Kant, la troisième antinomie est appelée à se résoudre autrement que les deux précédentes, n'est-ce pas à se résoudre autrement que les deux précédentes, n'est-ce pas que la *nature* n'est pas constituée tout à fait comme le *monde*, qu'il ne sera pas impossible de trouver dans l'absolu *dynamique* de l'existence de l'univers le moyen d'échapper à cette loi de série qui subordonne à la relativité de la succession temporelle la représentation *mathématique* des choses ? Kant joue donc la difficulté, en faisant porter sur la *causalité* l'examen d'une antinomie qui, d'une façon si indirecte ou si timide que ce soit, devra rouvrir, ou entrebâiller, la porte pour l'éventualité d'un monde suraphénoménal.

L'énoncé de l'*antithèse* n'en demeure pas moins tout à fait correct, sans obscurité ni équivoque. Kant se borne à indiquer la condition de toute expérience de la réalité, la *Gesetzmässigkeit*. Il est seulement à remarquer que Kant ne considère plus que la réduction de l'*antithèse* infiniste au processus indéfini de la régression empirique soit une proposition nouvelle par rapport à la formule de l'*antithèse* ; bien plutôt, il prend pour immédiatement accordé que la nécessité qui régit la nature est liée au caractère phénoménal de l'objet du savoir scientifique.

La *thèse* dogmatique prétend s'élever au-dessus de cette nécessité en considérant ce qui semble bien être le *sens transcendantal de la catégorie pure*, c'est-à-dire la *causalité de la cause*, dynamisme immanent à l'être qui fait de son acte propre un premier commencement, à part du déterminisme universel. Seulement, l'infortune qui lui est inhérente contraint le *sens transcendantal de la catégorie*, non pas seulement à provoquer l'antinomie par les contradictions de ses conséquences, mais à se manifester contradictoire dès son énoncé verbal. La causalité dogmatique de la cause, par cela seul qu'elle s'affirme comme *causalité première*, est, en toute évidence, du point de vue critique, *causalité sans cause*.

Il est vrai que Kant passe outre : il soustrait la *thèse* de la *causalité première* aux conditions de la causalité temporelle, en la transposant du plan des phénomènes, auquel s'applique l'*Analytique*, dans le plan de la *chose en soi*, sur lequel porte la Dialectique. Mais voici la difficulté capitale qu'il s'oppose à lui-même par la façon dont il a situé la *Cosmologie rationnelle* dans l'ordonnance générale de la *Critique de la raison pure*. Pour que le passage du *phénomène* à la *chose en soi* puisse être autre chose que le passage de la *vérité ana-*

lytique à l'*illusion dialectique*, il faut que, quelque part à l'intérieur de cette même Critique, Kant ait réservé une place pour le *concept* (ou à défaut du concept pour le *vocable*) de *chose en soi*, que sa naissance d'enfant légitime ou d'enfant *supposé* soit enregistrée sur quelque page d'état civil ; ce qui revient à dire que le *sens transcendantal de la causalité*, même à titre *problématique*, ne saurait être envisagé, si préalablement n'a été envisagé le *sens transcendantal de la substance*. La seconde catégorie de la relation dans la cosmologie rationnelle comme dans la métaphysique de la nature n'entre effectivement en jeu que par sa corrélation avec la première. Or, cette corrélation, non seulement Kant n'a pas abordé de front le problème qu'elle implique et qui, pourtant, est vital pour l'ensemble de son œuvre, mais il lui est arrivé de la nier implicitement, en soutenant que, par rapport à la catégorie de *substance*, la raison n'a aucun motif d'aller régressivement jusqu'aux conditions. Si donc, comme il dit encore, la catégorie de la substance et de ses accidents ne convient pas à une *idée transcendantale*, la cosmologie est incapable de contenir, même dans ses cadres verbaux, ce sujet, ὑποκείμενον ou νοούμενον, auquel pourrait être attribuée la propriété de causalité première. Dès lors, les formules de courtoisie et de dévotion que Kant, tout le long de sa carrière philosophique, prodigue à la *chose en soi*, n'intéressent plus guère que l'*histoire des singularités de l'esprit humain*. L'idéalisme transcendantal, par son avènement, a réduit l'« idole vermoulue » du dogmatisme, selon la métaphore de la *Préface* de 1781, à la condition d'un despote « détrôné » qui, du fond de son exil, verra seulement une tradition séculaire de servitude ontologique s'incliner devant sa majesté chimérique. L'ombre dialectique de la *substance* est incapable, dans la *Critique de la raison pure*, de prêter le moindre secours à l'ombre dialectique de la *causalité*.

Kant pose le même problème, sous une forme un peu différente, dans la troisième *section* du *chapitre* où il interprète, du point de vue de l'intérêt moral, en les rapprochant, les formules de la seconde et de la troisième antinomie. Il s'y agirait de savoir *s'il y a quelque part et peut-être dans mon moi pensant une unité indivisible et indestructible, ou s'il n'y a rien que le divisible et le passager — si je suis libre dans mes actions ou, comme les autres êtres, conduit au fil de la nature et du destin* (section II). La spiritualité et la liberté du *moi*, que l'idéalisme moderne avait, avec Descartes, dégagées de la réflexion sur l'être intérieur, se trouvent rejetées par là dans les cadres de la *philosophie de la nature*, qui était, pour le réalisme des anciens, le genre dont la *philosophie de l'esprit* était seulement une espèce. La *Dialectique* de la raison spéculative, comme il arrivera d'ailleurs pour la *Dialectique* de la raison pratique, retarde donc de quelque vingt siècles sur l'*Analytique* kantienne. Et c'est pourquoi, par quelque biais qu'on aborde l'idée de la *liberté transcendantale*, elle se dérobe aux prises de l'esprit. Du moment que la solution de la seconde antinomie a ruiné sans retour la *thèse* dogmatique du spiritualisme, il ne reste plus rien qui soit appelé à supporter l'affirmation d'une causalité non nécessitée. La rupture de symétrie entre la dernière antinomie mathématique et la première antinomie dynamique est aussi périlleuse pour l'équilibre de la doctrine que la rupture de symétrie entre la première et la seconde des catégories de relation.

La dernière ressource serait d'affronter directement la difficulté. Dans les *Remarques sur la thèse de la troisième antinomie*, il y a diverses velléités d'offensive, destinées à rompre le cercle dans lequel Kant s'est enfermé lui-même. Il songe a invoquer l'expérience du *libre arbitre* : « Si, par exemple, maintenant je me lève de mon siège, tout à fait librement, et sans subir l'influence nécessairement déterminante des causes naturelles, alors avec cet événement et ses suites naturelles à l'infini une nouvelle série commence absolument parlant, bien que cet événement, par rapport au temps, soit simplement la continuation d'une série précédente. » Mais, aux yeux de Kant, le sentiment du *clinamen*, même s'il est transposé dans le plan dialectique, n'en compromet pas moins, par le fait qu'il s'attache à un moment particulier de notre activité, la nécessité de détermination qui fait la consistance, et par suite l'unité, de l'expérience scientifique. Aussi Kant se place-t-il, immédiatement après, à un tout autre point de vue, mais relevant encore du réalisme archaïque : « Le besoin où se trouve la raison de faire appel, dans la série des causes naturelles, à un premier commencement résultant de la liberté, se confirme de la façon la plus claire au regard par ce fait que tous les philosophes de l'Antiquité (à l'exception de l'école épicurienne) se sont vus contraints d'admettre pour expliquer les mouvements du monde un premier moteur, c'est-à-dire une cause librement agissante qui, à l'origine et d'elle-même, ait commencé cette série d'états. Car ils ne se présumèrent pas en état de rendre concevable un premier commencement par simple nature. »

Ces deux textes témoignent que dans la pensée de Kant l'attribution de la liberté à la *causalité première*, qui fait à ses yeux l'intérêt de la *thèse* dogmatique, implique un double décalage du problème cosmologique, d'une part dans le domaine de la psychologie, d'autre part dans le domaine de la théologie. Deux thèmes vont s'entremêler, pour rendre inextricable dans la solution de la troisième antinomie l'idée de la *liberté transcendantale*. C'est, d'une part, l'ambition spéculative de constituer, pour la série des phénomènes cosmiques, une *raison* totale, sur le modèle de cette *vis primitiva*, unité permanente dont procèdent, dans la mécanique leibnizienne, les états successifs de la *vis derivativa*. C'est, d'autre part, l'exigence pratique de réserver l'intervention de motifs spécifiquement *rationnels* à des moments privilégiés de la vie morale dans la chaîne en apparence continue et homogène de l'activité humaine.

Il n'y a sans doute pas lieu de chercher quel lien peut, *raisonnablement*, être établi entre ces deux usages de l'idée de raison, puisque Kant pousse l'humilité jusqu'à se défendre d'avoir voulu démontrer, je ne dis pas la réalité, mais la possibilité même de la liberté. Et cependant, en demeurant au-dessous du seuil du possible, il est manifeste que la *Dialectique*, dans la mesure où elle émerge du « mirage transcendantal », ne s'épargne aucune des difficultés que son modèle leibnizien avait rencontrées. Le brouillard impénétrable dont la *chose en soi* s'enveloppe a l'avantage de la soustraire à toute attaque directe de l'idéalisme, à tout examen de la raison critique, avantage stérile et que Kant paie trop cher s'il s'interdit par là tout discernement de substances, toute délimitation de frontières, dans son *monde intelligible*. Kant n'est pas capable d'opérer le départ entre la causalité du tout cosmique et la liberté de la personne humaine, pas plus que Leibniz n'avait réussi, dans les conséquences métaphysiques qu'il tirait de l'équation de la force vive, à distinguer la loi qui fonde l'originalité d'une monade prise à part et la loi qui fonde la conservation du système total de l'univers. Et de même encore que le *Théodicée* a dû dénaturer la liberté pour la faire rentrer dans le plan divin d'une harmonie *préétablie*, de même Kant parvient sans doute, par l'idée transcendantale du *caractère intelligible*, à garantir l'innocence de Dieu selon l'intention du mythe platonicien qui est le prototype de la théorie, mais du même coup il fait sortir la liberté du champ temporel où se déploie l'efficacité de l'acte moral. Il faut attendre l'*Établissement de la métaphysique des mœurs* et la *Critique de la raison pratique* pour que Kant apprenne à chercher la liberté, non plus seulement hors la loi et sur le plan *dialectique*, mais aussi, en liaison avec la loi, sur le plan *analytique* ; la *thèse* de la liberté, cessant alors de se référer à une éventualité dogmatique, acquiert toutes ses conditions de possibilité et de certitude.

VI. — L'Antinomie de la modalité

A titre de seconde antinomie *mathématique*, l'antinomie de la *qualité*, dont la *thèse* avait pourtant trait à la substantialité de l'âme, a partagé le sort de l'antinomie de la *quantité*, laquelle portait sur la représentation du monde. A titre de seconde antinomie *dynamique*, l'antinomie de la *modalité* devra suivre la condition de l'antinomie de la *relation*. *Thèse* et *antithèse* seront censées subsister sur deux plans différents, la *thèse* sur le plan *dialectique* de l'être, l'*antithèse* sur le plan *analytique* du phénomène. Il n'y a pourtant aucune connexion intrinsèque entre les catégories de la relation et les catégories de la modalité. D'ailleurs, Kant avait élu la seconde catégorie de la relation comme champ de bataille dialectique ; l'antinomie de la modalité, par contre, se produit au sujet de la dernière catégorie, catégorie de la *nécessité*. Enfin, et surtout, la troisième antinomie mettait aux prises deux types de causalité, *causalité première et libre, causalité par détermination nécessaire* ; mais ce ne sont pas deux types de nécessité qui se confrontent et s'opposent dans la quatrième antinomie. La *thèse* dogmatique de l'*inconditionnel* a pour contrepartie, non pas l'*antithèse* empiriste du *conditionnement* nécessaire, mais la négation de la nécessité d'un être cosmique ou extra-cosmique. D'un autre côté, cette *thèse* dogmatique subordonne la totalité de l'être cosmique à la *nécessité* ou d'une *partie* intra-cosmique ou d'une *cause* extra-cosmique : *Il y a, ressortissant au monde, quelque chose qui, soit comme sa partie, soit comme sa cause, est un être absolument nécessaire.*

Il est remarquable que Kant ait voulu trouver dans la justification parallèle de la *thèse* et de l'*antithèse* le témoignage par excellence de l'origine rationnelle de l'antinomie. Si l'on dit, d'une part, que tout le temps passé renferme la série de toutes ses conditions, et, par suite, aussi, l'inconditionné ou nécessaire ; si l'on dit, d'autre part, que le temps écoulé renferme la série de toutes ses conditions, et que, conséquemment, elles sont toutes conditionnées, la manière de conclure est, dans le cas de la *thèse* et dans le cas de l'*antithèse*, tout à fait conforme à la *raison commune*, « à qui il arrive souvent de se contredire elle-même, parce qu'elle considère son objet sous deux points de vue différents ». Et Kant renvoie son lecteur à un mémoire de Mairan, *Recherches sur l'équilibre de la lune dans son orbite* (31 mai 1747), dont on voit par l'*Histoire du ciel* qu'il s'était préoccupé dans sa jeunesse. Si l'on imagine une rotation de la lune, en supposant le centre de rotation fixe autour de la terre, il est évident que la lune, nous présentant toujours la même face, ne tourne pas. Mais il n'en est plus de même si l'on considère le centre de rotation « roulant » lui-même autour de la terre. Et en effet, comme dit Fontenelle dans le second soir des *Entretiens sur la pluralité des mondes*, « les deux mouvements par lesquels la lune tourne sur elle-même et autour de nous étant égaux, l'un rend toujours à nos yeux ce que l'autre devrait dérober, et ainsi elle nous présente toujours la même face ».

Le conflit auquel Kant fait allusion n'a jamais eu lieu entre deux points de vue simultanés. Mairan a simplement décrit deux étapes dans le cours irréversible de la science, et il en est exactement de même dans la spéculation sur l'être nécessaire. L'*objet transcendantal conditionné dans le plan de l'Analytique*, qui définit la sphère de la réalité, ne peut pas se rencontrer avec l'*objet transcendantal inconditionné dans le plan de la dialectique*, qui est la région des fantômes. La *Critique de la raison pure* n'a d'autre but que de démontrer cette impossibilité ; par là elle apparaît comme l'aboutissement du long effort de méditation qui a eu pour point de départ le problème de la modalité, sous la forme où la scolastique leibnizo-wolffienne le présentait à Kant. La méthode scolastique est une déduction logique, qui met le concept du *possible* à la source radicale de l'être. Or, du concept à la réalité, du possible à l'être, il n'y a pas de passage, puisque *être* et *réalité* sont précisément ce qui, par définition même, fait défaut et au *concept* et au *possible*. Il n'y a de *réalisme* qu'*empirique*, parce qu'il n'y a d'*idéalisme* que *transcendantal*, c'est-à-dire procédant par *réflexion rationnelle*, et non par *déduction logique*. Or, du point de vue de l'idéalisme transcendantal, la modalité, inséparable du jugement qu'elle situe, en quelque sorte, dans sa perspective de vérité, ne peut comporter de concept qui puisse être considéré à part du jugement ; et, en effet, la modalité, selon la remarque explicite de Kant à propos de la table des jugements logiques, est « une fonction tout à fait spéciale qui a ce caractère de ne contribuer en rien au contenu du jugement, mais de ne concerner que la valeur de la copule par rapport à la pensée en général ». Ainsi, passer de la *condition* dans la série des phénomènes à l'*inconditionnalité* dans le concept, comme le voudrait la *thèse* de la quatrième antinomie, est une opération qui se réfère à une période archaïque où la soi-disant raison de l'homme se mouvait dans les espaces imaginaires du vide ontologique. Cette période, qui aurait dû être close depuis Descartes, se termine décidément, et en dépit de la réaction leibnizienne, avec Kant. La doctrine des *postulats de la pensée empirique* n'a-t-elle pas insisté, avec une netteté qui semblait interdire à son auteur tout retour en arrière, sur ce point capital que *possibilité, réalité, nécessité* n'acquièrent une signification d'intelligence qu'en corrélation avec les conditions d'une intuition véritable, c'est-à-dire avec les formes de l'espace et du temps ? Si donc le système des *antithèses* avait gardé cette cohérence interne qui le distingue, selon Kant lui-même, de la juxtaposition hétéroclite des *thèses* dogmatiques, l'*antithèse* de la quatrième antinomie aurait consisté à poursuivre à l'infini l'acte effectif de conditionnement ; elle aurait affirmé l'existence d'un univers immanent à soi-même, posée grâce à la nécessité qui relie les phénomènes les uns aux autres dans l'espace et dans le temps : telle est la forme légitime d'*antithèse* empirique qui, rationnellement et véritablement, s'oppose à la *thèse* dogmatique de la nécessité inconditionnelle ; et tel est aussi bien, en fait, le fondement de la *Phénoménologie* par laquelle se concluent les *Premiers principes métaphysiques de la science de la nature* et où il faut voir, du point de vue de l'idéalisme transcendantal, l'éclaircissement et l'achèvement du *système de la raison pure*.

Mais l'idéalisme transcendantal ne semble jamais plus éloigné de la pensée de Kant que lorsqu'il formule l'antinomie de la modalité.

Non seulement il entend réserver l'éventualité d'un être inconditionnellement nécessaire, comme si le *sens transcendantal de la modalité* pouvait être énoncé sans contradiction ; mais ce qu'il oppose à la nécessité *inconditionnelle*, ce n'est nullement la nécessité *conditionnante* selon la loi de régression indéfinie qui caractérise, dans les trois autres antinomies, l'*antithèse* empirique : *processus illimité dans la représentation de la grandeur du monde, divisibilité de la matière à l'infini, Gesetzmässigkeit*, c'est la contingence de l'être phénoménal. Ainsi se réintègrent peu à peu, dans la dernière partie de la *Cosmologie rationnelle*, le réalisme dogmatique de Wolff, le réalisme transcendantal de Hume, c'est-à-dire les deux termes de l'alternative au travers de laquelle l'auteur de la *Critique*, dans la *Préface* de 1781, se vantait d'avoir passé, pour apporter une solution originale et vraie des problèmes métaphysiques.

En conséquence, et en témoignage, d'une régression aussi extraordinaire, il est à noter que le sens de la quatrième antinomie se trouve renversé complètement par rapport à la première. La *thèse* de la première antinomie posait un monde fini, et l'« intérêt moral » que Kant lui reconnaît tient, évidemment, à ce qu'un monde fini lui paraît avoir besoin d'un créateur, tandis qu'un monde infini pourrait s'en passer. Dans la quatrième antinomie, au contraire, la doctrine de la contingence cosmique, qui, dans l'histoire, accompagne constamment la doctrine de la finité pour offrir une base commune à la théologie physique, se trouve rejetée du rôle des *antithèses*, suspectes de naturalisme impie. En revanche, la nécessité de l'être, qui est affirmée par la *thèse*, n'est pas posée franchement dans l'ordre proprement cosmologique, où elle serait la *nature* elle-même dans sa totalité ; à cette conception de la nécessité totale, Kant substitue la supposition assurément étrangère à la considération de la modalité, que l'*être nécessaire serait ou une partie du monde ou sa cause*. La quatrième antinomie est donc déjà hors du plan de la cosmologie rationnelle ; elle doit, dans l'intention de Kant, servir de transition à l'examen du problème théologique. Il est vrai que cette transition ne sert à rien, puisqu'elle ne mène à rien. L'argument ontologique, dont dépend toute chance d'exister pour Dieu, est un sophisme. La quatrième antinomie est sans issue.

* * *

Finalement donc, la discussion, si laborieuse et si incertaine, des antinomies *dynamiques* ne saurait, à aucun degré, justifier la confiance que Kant avait, au dernier moment, paru mettre en elles pour rendre quelque espoir de survie au dogmatisme dialectique. Elle ne donne aucun moyen d'éluder le *paralogisme* fondamental de la cosmologie rationnelle, dont la découverte commande la solution directe et nette, selon la méthode strictement critique, des antinomies *mathématiques*. La nécessité de l'être, si elle ne doit pas trouver d'appui dans la théologie rationnelle, demeure aussi fantastique que la liberté de la causalité en l'absence de toute psychologie rationnelle. Il reste seulement que cette reprise d'une discussion qui paraissait terminée, sans recours possible, à la confusion du dogmatisme, semble baigner l'antinomie de la raison pure dans une atmosphère d'obscurité et d'ambiguïté ; de cette apparence, le *sens commun*, la *foi*, s'emparera comme d'un prétexte suffisant pour ériger en réalités *transcendantes* ces mêmes objets *transcendantaux* dont la Critique a démontré pourtant qu'il était impossible, en tout bon sens, non seulement d'atteindre l'existence, mais même de définir le concept. La raison, du moins la *raison commune*, baptisera cette foi de *foi rationnelle*, flattée dans son illusion systématique, et se laissant aussi persuader par Rousseau qu'elle remplit le vœu de la nature, lorsqu'elle interprète, comme « peut-être heureux pour la destination pratique de l'homme », l'échec auquel l'antinomie de la raison pure voue la spéculation.

Au dénouement de la Critique, dans la Méthodologie transcendantale, tout se passera, pour Kant, comme si le kantisme, comme si la Critique n'avaient pas existé. Spectacle étrange d'un philosophe qui reste, non pas sans doute indifférent, mais imperméable à la vérité de sa propre philosophie. L'histoire ne réussit à en rendre compte que si elle remonte de l'auteur à l'homme. Il lui convient, en effet, de poser à chacun de ceux qu'elle étudie la question : *Pourquoi philosophes-tu ?* L'un dira que c'est pour aller au-devant d'une vérité nouvelle, qu'il travaille à dégager de l'effort continu et désintéressé de la réflexion ; l'autre, que c'est pour tenter l'apologie de son passé, pour justifier le préjugé d'une Église ou d'une École. Et il en est aussi qui feront à la fois les deux réponses contradictoires. Parmi eux est Kant. Émancipé par Newton, par Rousseau, par Hume, du piétisme luthérien et de l'ontologie leibnizienne, il n'en demeure pas moins fidèle à son *caractère intelligible*, c'est-à-dire à un choix qu'il croit *intemporel* et qui ne reflète sans doute que les formes de mentalité les plus anciennement enracinées en lui par l'éducation. A travers la complication technique des antinomies, un drame intime se joue : celui de Wotan, manquant du courage nécessaire pour accepter le triomphe du jeune Siegfried, opposant en vain sa lance à un glaive que son conseil a rendu invincible. La même difficulté de dépouiller le *vieil homme* explique comment Kant s'est attardé à dresser devant le génie de la critique pure et libératrice une raison condamnée par lui-même à l'impuissance dialectique ; car il est trop évident qu'une raison séparée de l'intelligence, *idée* sans *concept*, *Vernunft* hors du *Verstand*, est, par sa définition même, une faculté imaginaire.

Notes bibliographiques

Pour la philosophie pratique : cf. ci-dessus : *L'idée critique et le système kantien*, § II, Que doit-on faire ? ; cf. *Le progrès de la conscience*, éd. 1927, t. I, liv. V, ch. XII, section 2, pp. 321 sqq. ; *L'esprit européen*, ch. IX, pp. 136 sqq.

Sur le système en général : cf. le ch. XII du liv. V du *Progrès de la conscience*, t. I, pp. [295]-364. On peut ajouter :
pour l'évolution de la pensée kantienne : *L'esprit européen*, fin du ch. VIII, pp. 128-135 ;
pour la pensée religieuse de Kant : *La raison et la religion*, ch. VI, section 1, § 31-35, pp. 156-175.
pour la conception kantienne de la causalité et la philosophie de la nature : *L'expérience humaine et la causalité physique*, éd. 1949, liv. XI, ch. 27 à 30, pp. [253]-284 ;
pour la philosophie mathématique : *Les étapes de la philosophie mathématique*, éd. 1912, liv. IV, ch. XII, pp. [253]-281 ; sur les catégories : *La modalité du jugement*, 2ᵉ éd., 1934, ch. 2, § 3, pp. 62 sqq.

APPENDICES

APPENDICE I

LA NOTION DE PHILOSOPHIE CHRÉTIENNE [1]

M. E. Gilson présente à la Société les considérations suivantes :

L'expression de « philosophie chrétienne » est assez fréquemment employée de nos jours, mais il n'est pas évident qu'elle corresponde à une notion distincte. On se propose précisément de chercher si cette notion existe et, si elle existe, de la définir. Une telle notion est-elle possible ?

1° On peut d'abord déterminer un premier point de vue d'où elle apparaît impossible ; c'est celui de certains théologiens médiévaux pour qui la philosophie, parce qu'elle est une discipline purement rationnelle, est source d'erreur comme par définition. Il ne saurait alors y avoir de philosophie chrétienne, parce que la révélation dispense de la philosophie comme la vérité dispense de l'erreur ;

2° Un second point de vue, entièrement opposé au premier, conduit à la même négation : c'est celui du rationalisme pur. Si la philosophie est l'œuvre de la raison, et de la raison seule, elle ne saurait s'accommoder d'aucune subordination au dogme ni à une foi religieuse, en quelque sens que ce soit. Dans ces conditions, la notion de philosophie ne saurait avoir aucun rapport intrinsèque avec la notion de christianisme ; il peut exister des chrétiens qui soient philosophes, mais non point des philosophes chrétiens. Il ne saurait donc y avoir de philosophie chrétienne parce que la philosophie dispense de la révélation comme la raison dispense du préjugé ;

3° Le rationalisme pur s'accompagne ordinairement d'une condamnation globale de la philosophie médiévale, que sa subordination au dogme religieux disqualifie en tant que philosophie. Pour laver la philosophie médiévale de ce reproche, certains néo-thomistes acceptent la position rationaliste du problème, mais contestent la validité de la conclusion que l'on en tire. Pour eux, la

---

[1] Extrait du *Bulletin de la Société française de Philosophie*, mars-juin 1931, 31ᵉ année, nᵒˢ 2 et 3, séance du 21 mars 1931, pp. [37]-39, et 73-82,

philosophie ne doit rien qu'à la raison ; c'est à sa seule rationalité que le thomisme doit d'être une philosophie et une philosophie vraie. D'où il résulte, selon ces interprètes récents de saint Thomas, que, si la philosophie thomiste est philosophie, c'est en tant que rationnelle, non en tant que chrétienne ; ces néo-thomistes accordent à leur tour que l'expression de « philosophie chrétienne » n'a aucun sens ; la notion à laquelle elle correspondrait est impossible ;

4° Contre cette conclusion s'élève la protestation de la tradition augustinienne en général. Ceux de ses représentants qui parlent de philosophie chrétienne emploient cette expression en plusieurs sens différents, quoique apparentés :

a) Chez saint Augustin lui-même, elle désigne la philosophie des chrétiens, par opposition aux différentes philosophies des païens ;

b) Chez plusieurs augustiniens, elle désigne la philosophie de saint Augustin, ou celle qu'ils lui attribuent, par opposition à la philosophie de saint Thomas, qui leur semble avoir sacrifié certaines thèses fondamentales du christianisme à la philosophie païenne d'Aristote ;

c) Dépassant, le plan purement historique pour atteindre le plan philosophique, certains autres voient dans la perspective augustinienne la justification de cette expression, parce que la philosophie d'Augustin implique l'homme dans son état concret, c'est-à-dire en y incluant sa vie religieuse ; la philosophie qui traduit fidèlement l'expérience de l'homme chrétien est nécessairement chrétienne ;

5° Difficultés auxquelles se heurte une telle conception, non seulement parce qu'elle identifie dans le concret des ordres qui peuvent s'y unir sans s'y confondre, mais surtout parce qu'elle refuse d'analyser le concret en concepts, c'est-à-dire d'en donner la seule traduction philosophique concevable. Nécessité de revenir à la distinction formelle de l'ordre philosophique et de l'ordre religieux ; mais peut-on le faire en conservant un sens à la notion de philosophie chrétienne ?

6° On le peut à la condition de ramener le problème sur le plan de l'histoire. Il s'agit alors de savoir si le christianisme a joué un rôle observable dans la constitution de certaines philosophies ? S'il existe des systèmes philosophiques, purement rationnels dans leurs principes et leurs méthodes, dont l'existence ne s'expliquerait pas sans l'existence de la religion chrétienne, les philosophies qu'ils définissent méritent le nom de philosophies chrétiennes. Cette notion ne correspond donc pas au concept d'une essence pure : celle du philosophe ou celle du chrétien, mais à la possibilité d'une réalité historique complexe : celle d'une révélation génératrice de raison. Les deux ordres restent distincts, bien que la relation qui les unit soit intrinsèque ;

7° Cette interprétation de la notion de philosophie chrétienne ne montre rien de plus que la possibilité d'une telle notion. Elle laisse ouverte la double question de l'existence d'une réalité historique correspondante : affirmée par certains historiens, mais niée par d'autres ; et de la valeur dogmatique des résultats obtenus par une telle philosophie, si elle existe. Ce dernier problème ne relève que de la critique rationnelle pure, la seule dont la philosophie chrétienne soit justiciable, mais dont elle est entièrement justiciable, puisqu'elle se donne pour une philosophie.

M. Xavier LÉON. — Quand vous avez été de retour d'Amérique, mon cher Gilson, et que vous êtes venu, comme toujours, prendre affectueusement de mes nouvelles, vous avez rencontré dans mon bureau celui que vous appelez « votre cher ennemi » et qui est notre ami commun : Brunschvicg.

Son second article sur « La vraie et la fausse conversion », qui vous met un peu en cause sous les espèces de saint Thomas, allait justement paraître dans la *Revue de métaphysique et de morale*. Il a fait entre vous deux l'objet d'un entretien qui fut un étincelant tournoi d'esprit. J'ai considéré — et je vous l'ai écrit presque au lendemain de cette rencontre — qu'il serait égoïste de ma part de conserver pour moi le régal d'un pareil échange d'idées et je vous ai proposé d'en faire l'objet d'une de nos prochaines séances. Comme votre maître Lévy-Bruhl, vous n'avez pas un goût immodéré pour ces sortes de palabres ; vous croyez volontiers que chacun a ses positions fixées, que toutes les discussions ne parviendront pas à modifier. Mais, par amitié pour moi, en des termes qui m'ont profondément ému — je ne les reproduirai pas, vous savez pourquoi — vous avez répondu à mon appel.

Seulement, vous avez tenu à élargir le débat et à ne pas le borner à la philosophie thomiste. Vous m'avez proposé : *La notion de philosophie chrétienne*.

M. L. Brunschvicg. — On a montré la complexité presque infinie des problèmes qui se découvrent sous le nom de philosophie chrétienne. Et, quoique le mot d'*ennemi* ait été prononcé, je ne voudrais pas ici faire figure d'adversaire. Loin de là. Je reconnais d'ailleurs qu'on est facilement agacé par l'attitude d'un simple philosophe qui se donne le rôle *d'observateur impartial et désintéressé*, alors qu'il est peut-être le seul à accepter pour son propre compte ces épithètes. Mais, en ce qui me concerne, soit indirectement, par ma réflexion sur les philosophes chrétiens, soit directement, par la manière dont je comprends la relation de Spinoza au christianisme, je dirai ce que M. Gilson disait d'une façon générale : je ne me reconnaîtrais pas moi-même dans ce que je pense et dans ce que je sens s'il n'y avait pas eu tout le mouvement du christianisme.

Maintenant, si j'aborde le problème qui nous est proposé aujourd'hui, il n'y a d'intérêt à examiner la notion de philosophie chrétienne que si on intercale entre le substantif et l'adjectif un adverbe, et, sans doute, y aura-t-il quelqu'un qui, là, verra immédiatement le diable se dresser en tant que grammairien. Je dirai donc que le problème est pour moi celui d'une philosophie *spécifiquement* chrétienne.

La nécessité de cette précaution apparaît tout de suite en face de la Scolastique du XIIIe siècle. Ainsi que l'a très bien expliqué M. Gilson, pour un chrétien comme saint Thomas d'Aquin, il n'y a pas à discuter le sens intrinsèque, le contenu propre, de la philosophie. La philosophie existe à l'état de réalité constituée ; elle a été enseignée par Aristote qui avait été accepté comme maître dans les écoles grecques, où il a trouvé ses premiers commentateurs. De là, il a passé dans les écoles orientales, arabes ou juives, enfin chrétiennes. Les pourparlers pour les cérémonies de réception n'ont pas été sans difficulté ; mais ils ont abouti à ce que M. Gilson appelle lui-même, je crois, le baptême d'Aristote.

Il y aurait alors à résoudre une question délicate et même scabreuse : qu'est-ce que vaut le baptême par rapport à quelqu'un qui ne l'a pas demandé ? Ce qui revient à décider si Aristote devenu chrétien ne demeure pas, comme le pensait d'ailleurs Malebranche, irréductiblement païen. Mais en posant ainsi le problème des rapports entre la philosophie d'Aristote et la théologie, on implique qu'on a résolu préalablement un autre problème : celui de la valeur rationnelle de la métaphysique aristotélicienne. Or de quel droit appeler raison une construction logique sur le type du syllogisme, qui, lorsqu'on passe de la logique formelle à l'ontologie, est irrémédiablement vouée à la pétition de principe ?

C'est d'ailleurs sur ce seul point que nous avions, Gilson et moi, discuté, dans la conversation à laquelle Xavier Léon a fait allusion, lui annonçant les timides et modestes remarques qu'allait publier la *Revue de métaphysique* et dont il était alors le seul confident.

Lorsque l'on a dit d'une philosophie du type aristotélicien qu'elle est susceptible d'être complétée par une théologie, grâce à l'imagination d'un ordre surnaturel et transcendant, on suppose accompli un renversement de valeur par rapport à ce qui était la conception de la philosophie avant Aristote, celle précisément de Platon, à laquelle M. Maritain faisait tout à l'heure allusion. Mais il faut alors chercher à justifier cette prétention, au premier abord exorbitante, de considérer, sur le plan sacré, comme source, comme révélation primitive et originelle, ce qui, sur le plan profane, dans la continuité de l'histoire, nous apparaît comme un confluent. Et c'est là que nous retrouvons le problème des origines préjudaïques, babyloniennes, égyptiennes, etc., du contenu des dogmes soi-disant révélés et réservés aux fidèles d'un culte particulier.

Également, puisque M. Maritain y a fait allusion, nous retrouvons un problème psychologique. J'ai sur moi, pour en corriger les épreuves, un texte que j'ai eu déjà l'occasion de citer, mais qui, à mes yeux, marque une direction fondamentale, une page d'Émile Boutroux : « ... C'est peut-être une suite de la constitution de l'esprit humain d'attribuer d'abord à une révélation surnaturelle et de considérer comme venant du dehors dans son esprit les idées nouvelles qu'il lui impose. Les essences platoniciennes, le νοῦς d'Aristote, l'idéal chrétien, les principes suprêmes de la connaissance et de l'action ont été reçus pour des choses et des êtres en soi avant d'être expliqués par les lois de l'esprit humain. Le naturel a d'abord été surnaturel, car le génie ne sait comment il procède et ne s'apparaît à lui-même que comme un Dieu qui visite la créature. »

Il y a donc un point de vue qui est proprement philosophique, un point de vue qui se présuppose lui-même comme étant sans préjugés. Ma formule dit ce qu'elle veut dire ; elle laisse intacte la position adverse. Dès lors, une fois que nous nous sommes débarrassés par hypothèse de tout préjugé, que nous ne voulons plus que Philon et Plotin aient été précédés par le christianisme, ou bien que Platon ait été l'élève de Moïse, nous revenons à la position que j'ai appelée, très naïvement d'ailleurs, celle de la conscience occidentale et qui est antérieure de cinq siècles à l'éclosion du christianisme. De ce point de vue, la foi, en tant que foi, est seulement la préfiguration, le symbole sensible, l'approximation de ce que l'effort proprement humain pourra mettre en pleine lumière.

On comprend alors comment on peut bien reconnaître qu'il y a philosophie et christianisme, sans avoir le droit d'en conclure qu'il y ait philosophie chrétienne. Si on est philosophe, le substantif demeure, en quelque sorte, immuable devant l'adjectif. En revanche, si on est chrétien avant que d'être philosophe et plutôt que d'être philosophe, la situation se renverse. Il faut donc accepter franchement un cercle, qui n'est pas du tout un cercle vicieux, qui est le contraire, et qui se traduit dans la formule de Pascal : « Tu ne me chercherais pas si tu ne m'avais trouvé. » La vérité est transcendante à la recherche, formule qui implique une négation radicale et décisive de l'inquiétude proprement philosophique.

Et je dois avouer ici que, pour moi, qui ai cependant étudié Malebranche, mais qui ai surtout vécu avec Pascal, il me semble que c'est bien la position spécifiquement augustinienne.

Entre Luther et saint Augustin, je crains que vous ayez un peu laissé dans l'ombre saint Paul. La transmutation des valeurs profanes n'est-elle pas partagée par saint Augustin ? Et particulièrement le mépris des philosophes qu'on déclare — je n'ai jamais su pourquoi, mais enfin les textes des saints les plus charitables sont là — voués au « démon de l'orgueil » ?

Il convient donc d'insister, de remettre à la base du christianisme l'apparition historique, l'incarnation du Messie promis aux Juifs et qui est le Fils unique de Dieu. Il est impossible de faire fond sur la raison pour ce qui dépasse la raison. Et si on maintient qu'il y ait encore là une philosophie chrétienne, c'est que le mot « philosophie » désignera un processus de pensée, une marche, un progrès, comme le disait M. Maritain, de l'homme tout entier, qui renversent directement les procédés ordinaires de la raison. En ce sens, il est légitime de considérer Pascal comme un philosophe, mais comme un philosophe par-delà, en quelque sorte, la philosophie. J'ai, il y a plus de trente ans, écrit, et je le pense encore aujourd'hui, que Pascal me paraissait plus profond qu'Hegel, parce que, maniant la dialectique des contraires, il avait vu que cette contrariété ne pouvait pas surgir de la raison et surtout que la raison ne pouvait pas se répondre à elle-même sur un tel terrain. Pascal ne voit d'issue que dans un appel à un ordre de valeurs qui contredit la raison, dans une interprétation de l'histoire qui contredit l'histoire (les prophéties vont, non pas, comme notre science, du présent au passé, mais du présent à l'avenir), dans les miracles qui renversent et détruisent l'ordre naturel que notre science a pour objet d'établir.

Ce sens profond de la philosophie chrétienne où l'adjectif nie radicalement le substantif, ne laisse rien subsister du sens, tout extérieur et tout superficiel, où l'on parle de la philosophie chrétienne de saint Thomas. Il n'y reste rien, non plus, du sens proprement rationnel de la philosophie, puisque la raison qui précède le XVIIe siècle est une raison qui n'est pas encore arrivée à la maturité ; à cet égard, les recherches de M. Piaget sur la représentation du monde chez l'enfant ne font que confirmer le verdict de Descartes tel que M. Gilson lui-même, historien probe et profond, l'avait relevé. Si Descartes est un homme et non pas un ange, il est évident que saint Thomas est un enfant.

Voici encore une remarque essentielle. Si la continuité de la philosophie rationnelle et de la théologie chrétienne ne peut en aucune façon s'établir dans le plan aristotélicien, c'est que la métaphysique d'Aristote est avant tout une métaphysique de la hiérarchie, imaginant entre l'homme et Dieu une série d'intermédiaires. Or, ce que Pascal a relevé, ce que relèvera également Malebranche, comme étant spécifiquement chrétien dans l'inspiration de l'Évangile, c'est qu'elle substitue à la vision païenne des intermédiaires la révélation d'une liaison intime entre la Créature et le Créateur par la médiation directe d'un Dieu qui s'est fait homme.

Nous serions donc amené à cette conclusion : l'auteur d'un système de philosophie peut assurément être chrétien, mais ce n'est là qu'un accident sans rapport avec cette philosophie, comme nous le dirions pour l'auteur d'un traité de mathématique ou de médecine ; ou bien si véritablement son christianisme a pris possession de l'homme tout entier, c'est en lui découvrant une manière de philosopher qui n'est pas celle des philosophes.

Il y aurait cependant un cas à réserver, où nous devrions reconnaître qu'il existe ce qu'il conviendrait d'appeler, sans équivoque et sans compromis, une philosophie chrétienne. C'est le cas où un métaphysicien, réfléchissant d'une façon profonde et « ingénue » tout à la fois sur les difficultés de la philosophie en tant que philosophie, arriverait à cette conviction que la philosophie n'aboutit qu'à poser des problèmes, qu'à s'embarrasser dans des difficultés. Plus elle aura une conscience nette de ces problèmes, plus elle mesurera l'abîme dans lequel la jettent ces difficultés, plus elle se persuadera qu'aux problèmes philosophiques satisfont seules les solutions propres du christianisme. Or, cette position me paraît être celle de Malebranche. Malebranche, en tant que disciple de Descartes, découvre en lui-même l'éternité, l'immutabilité, l'infinité des idées mathématiques et, corrélativement, il suit l'élan de liberté qui ne peut s'arrêter qu'au bien en général ; puis, confrontant ces résultats avec l'état misérable dans lequel l'homme se trouve, il constate l'impossibilité de rejoindre le monde sensible, soit dans l'ordre spéculatif, soit dans l'ordre pratique, au monde intelligible. Le philosophe en tant que tel ne peut aller plus loin. La lumière lui viendra de ce qui est le fond du christianisme, de la dualité des aspects du Verbe, le Verbe incréé, le *Logos* de saint Jean, et, d'autre part, le Verbe incarné, le Messie, le fils de Dieu.

Ainsi, avec Malebranche, il me semble qu'il se produit une philosophie spécifiquement chrétienne. Je dois ajouter que Malebranche, malgré tout son génie de penseur et d'écrivain, malgré la sainteté de son âme et de sa vie, n'a guère eu de succès dans le christianisme. Tandis que Pascal n'avait vu dans Jésus que le Verbe fait homme, le Messie médiateur dans le drame historique et, comme disait M. Le Roy, « transhistorique » qui se joue entre ciel et terre, Malebranche ajoutait et peut-être, à certains moments, est-il suspect d'avoir superposé, préféré le Verbe, essence éternelle, dont la révélation en quelque sorte immédiate se trouve dans les mathématiques elles-mêmes. Son système apparaît alors irrésistiblement entraîné vers le Verbe spinoziste, qui est aussi le Verbe héraclitéen, tel qu'il était proclamé au VIe siècle avant Jésus-Christ, et qui est pure essence de rationalité. Je crois pourtant que, dans la manière même dont Malebranche avait scruté et dont il était arrivé à définir les problèmes philosophiques sur le terrain même de la philosophie, par la dualité de la perception et de l'idée, par la distinction profonde entre ce qui est forme mathématique et ce qui est réalité physique, il fournit de quoi écarter tout grief de spinozisme. Ce n'est pas la même manière dont les problèmes sont non pas seulement résolus, mais posés. A mes yeux, il serait par conséquent équitable de maintenir pour Malebranche le privilège et l'honneur d'avoir été le représentant, naturellement pas l'unique représentant, mais le représentant typique et essentiel, d'une philosophie chrétienne.

M. E. GILSON. — J'aurais beaucoup de choses à répondre aux profondes observations de M. Brunschvicg, mais je voudrais aussi laisser la parole à d'autres interlocuteurs, et je vais essayer de m'exprimer de la façon la plus brève possible.

Je vois, dans la très remarquable intervention de M. Brunschvicg, si je ne me trompe, trois points.

Tel qu'il est ici posé, le problème est de savoir si une philosophie chrétienne, au sens de *spécifiquement* chrétienne, est possible.

Il y a une première solution du problème que M. Brunschvicg écarte ; celle qui reviendrait à considérer une philosophie du type thomiste comme une philosophie chrétienne. Cette philosophie, disiez-vous, est celle d'un homme qui considère que la philosophie, c'est Aristote. Or, la philosophie d'Aristote, quel que puisse d'ailleurs en être le contenu, est loin d'avoir une valeur de premier ordre au point de vue philosophique. C'est une philosophie qui, déjà en tant que philosophie, dans votre pensée est discréditée. Vous n'aimez pas Aristote...

M. L. BRUNSCHVICG. — Je ne suis pas sûr qu'il soit chrétien.

M. E. GILSON. — C'est une autre question. Vous avez dit que la valeur rationnelle de la philosophie d'Aristote est très douteuse parce qu'elle est une logique, une syllogistique, et c'est à cela que je réponds.

Ce que je voulais dire, c'est que, dans ce que vous avez exposé, il était impliqué dogmatiquement que l'on ne pouvait assimiler le rationalisme à l'aristotélisme ou au thomisme. Je considère que c'est une hypothèse dogmatique et non pas historique. Pour ma part, je ne conçois pas de rationalisme sans platonisme, mais je n'exclus pas Aristote de l'ordre rationnel.

M. L. BRUNSCHVICG. — Le mot « raison » désigne des choses tellement différentes ! Descartes, Malebranche, Spinoza ont considéré que la première condition pour être rationaliste, c'est d'être nominaliste. Cela fait deux sens au mot « raison », nettement contradictoires. Je ne demande pas que vous preniez parti ; je demande que vous ne les confondiez pas.

M. E. Gilson. — Je ne les confonds ni ne les tiens pour contradictoires. Je les distingue et les tiens pour complémentaires. Seulement le fait que, pour vous, il n'y a de rationalisme véritable que dans la lignée du nominalisme, ce que vous avez expliqué il y a longtemps dans l'*Introduction à la Vie de l'Esprit*, n'empêche qu'il puisse y avoir un autre sens, aussi ou plus légitime, du mot « raison ».

M. L. Brunschvicg. — Bien entendu ; il me suffira que vous les distinguiez.

M. E. Gilson. — Dans ce cas, cette distinction, en tant que telle, n'implique aucunement le jugement de valeur que vous avez porté ; elle ne nous oblige plus, *a priori*, à éliminer de l'ordre de la philosophie chrétienne une philosophie pour laquelle l'exercice aristotélicien de la raison, exercice conceptuel et non nominaliste, serait parfaitement rationnel. Nous n'allons pas exclure de l'histoire de la philosophie toutes les philosophies pour lesquelles il y a des concepts, et nous n'allons pas déclarer que le seul fait d'admettre la réalité du concept, qui d'ailleurs s'explicite en jugements, suffit à exclure un homme du rationalisme.

M. L. Brunschvicg. — Si vous voulez que nous discutions le rationalisme, je veux bien.

M. E. Gilson. — C'est nécessaire, puisque vous niez que le thomisme soit une *philosophie* chrétienne parce que la raison dont il se réclame n'est pas la vraie raison.

M. L. Brunschvicg. — Laissons de côté le concept, si le terme vous paraît ambigu. Il reste qu'on n'a pas le droit de mettre sur le même plan et dans le même sac le jugement de prédication, qui est à la base et de la pseudo-physique et de la métaphysique d'Aristote, et le jugement de relation. Le jugement de prédication est, pour les rationalistes du XVIIe siècle qui ont découvert le sens de la science et le sens de la vérité, un jugement purement verbal, tandis que le jugement de relation mathématique et physique est un jugement de vérité.

D'autre part, il se trouve que la philosophie, telle que saint Thomas l'emprunte à la tradition d'Aristote, est quelque chose qui est constitué antérieurement à son christianisme, tandis que Pascal et Malebranche, très différents, d'ailleurs, l'un de l'autre, sont conduits à leur conclusion, nous ne dirons pas philosophique au sens strict de Pascal, mais tout de même à leur vision de l'univers et à leur conception de la vie par leur christianisme. J'insiste et c'est indiscret ; vous m'avez fait trop parler, attitude trop naturelle chez un ancien élève vis-à-vis de son professeur.

M. E. Gilson. — Les élèves ont des ressources infinies pour arriver à faire parler les professeurs ! D'ailleurs, dans ces conditions, je me trouve tout à fait à mon aise pour vous répondre. D'abord, comme je ne réduis pas la philosophie chrétienne au thomisme, je pourrais dire que saint Augustin ne semble pas avoir abusé du jugement de prédication ni ignoré l'usage du jugement de relation. Descartes lui en a emprunté au moins un, et qui n'est pas sans importance. Mais je reviens à la question de savoir si, quelle que soit la valeur de la philosophie d'Aristote, celle de saint Thomas lui est identique. Si ce n'est que de cela qu'il s'agit, je dirai très sincèrement et très franchement qu'à mon avis, pour saint Thomas d'Aquin, la philosophie, c'était peut-être Aristote en un certain sens, comme vous le dites, mais que ce qu'il y a d'original dans la philosophie de saint Thomas d'Aquin découle du christianisme beaucoup plus directement et beaucoup plus profondément que d'Aristote lui-même. Je crois que saint Thomas part d'Aristote, mais que tout ce qui passe d'aristotélicien dans son langage reçoit chez lui un sens profondément nouveau. Or c'est là ce qui importe pour la thèse que je défends.

Je prendrai un simple exemple, qui peut-être, d'ailleurs, sera contesté par M. Robin ou M. Bréhier. Considérons la notion chrétienne de Dieu, défini comme identique à l'être, à l'existence même. A partir du moment où on introduit un tel concept, que je crois d'origine biblique, on entre dans un ordre philosophique nouveau. Vous avez soulevé la question de savoir si la révélation est vraiment révélation ou si c'est un confluent d'idées nouvelles, que nous prenons pour du divin, qui surgit. Je ne prétends pas vous faire admettre que la révélation biblique est d'ordre surnaturel ; il suffit, pour les besoins de ma thèse, que ce qui se trouve de sources philosophiques dans la Bible ne s'y rencontre pas à l'état philosophique. Qu'il y ait un Dieu qui ait dit à Moïse : « Mon nom, c'est l'Être » ; ou bien que Moïse, ou que quelqu'un d'autre que nous appelons Moïse, ait eu cette intuition religieuse : « Le nom de Dieu, c'est Être », le résultat reste le même, car l'origine de la spéculation philosophique n'est pas philosophique. La question est de savoir s'il y a de la philosophie qui est venue de quelque chose qui n'était pas de la philosophie. Eh bien ! Où est-ce que saint Thomas a trouvé cette idée de création ? Si nous nous mettons d'accord sur ce fait qu'il ne la doit ni à Aristote ni à Platon, il faut dire que la Bible a changé toute sa métaphysique. Prenons sa preuve de l'existence de Dieu par le premier moteur. Elle est empruntée littéralement à Aristote ; pourtant, elle n'a pas du tout le même sens parce que, chez Aristote, le premier moteur n'est pas créateur de l'Être mobile, créateur du mouvement, au lieu que chez saint Thomas d'Aquin elle devient la preuve de l'existence d'un être qui est premier dans l'ordre de l'être et qui est cause créatrice du mouvement des êtres mobiles et de ce que leur mouvement produit.

Nous pouvons voir ici deux philosophies, qui useront de la même terminologie, qui useront même, si vous voulez, des mêmes concepts, et j'accorderai à M. Bréhier qu'il y avait des préparations grecques, ce que M. Maritain rappelait également. Mais est-ce qu'il n'y a pas tout de même un moment où le christianisme, où la révélation judéo-chrétienne apporte quelque chose de neuf ? Or, si cela s'est produit chez saint Thomas, et sur ce point, c'est toute la philosophie thomiste qui prend un sens nouveau. Elle diffère profondément de la philosophie aristotélicienne, car nous y trouvons un univers contingent dans l'ordre de l'existence et complètement ignoré, me semble-t-il, des Grecs.

On pourrait procéder de la même manière en ce qui concerne la notion de personne, et ce serait le même problème qui reviendrait. C'est donc le problème de l'interprétation de la philosophie thomiste qui se pose tout entier, la question de savoir si son inspiration profonde est une inspiration grecque ou une inspiration chrétienne. Je ne peux trancher cette question, et je dois me contenter de suggérer en quel sens j'inclinerais à la résoudre, en reconnaissant, d'ailleurs, que cette solution peut se discuter.

En ce qui concerne le deuxième point, à savoir que j'ai laissé de côté le renversement des valeurs introduites par le christianisme et qui s'exemplifie en quelque sorte dans le cas de Pascal, je dirai que je n'ai pas eu du tout l'intention de le négliger, car il me paraît, en effet, très important ; mais nous ne l'interpréterions peut-être pas tout à fait de même. Dans ce cas, dites-vous, la philosophie prendrait en considération l'ordre surnaturel comme quelque chose d'absolument nécessaire et essentiel : « Tu ne me chercherais pas si tu ne m'avais déjà trouvé » ; et cela ne laisse plus rien subsister de philosophique dans une soi-disant philosophie chrétienne. Il me semble, cependant, que, même chez Pascal, il y a eu génération d'idées philosophiques au contact de sa foi et de sa vie religieuse ; ses spéculations sur les deux infinis, qui sont assurément d'ordre philosophique, ne s'expliquent que dans un univers chrétien, puisque la notion d'un être positivement infini n'a pas de sens chez les Grecs. Aristote a donné cette définition : « On ne doit pas appeler infini ce en dehors de quoi il n'y a rien, mais ce en dehors de quoi il y a toujours quelque chose. » Pour un philosophe chrétien, l'infini, c'est ce en dehors de quoi il n'y a jamais rien. Par conséquent, il y a le fait que la notion d'être s'est pensée comme applicable à Dieu et que la notion de la perfection dans l'ordre de l'être s'est développée et a engendré la notion d'un être à la fois parfait et infini qui est le Dieu chrétien. Cet être à la fois parfait et infini, et infini en tant qu'il est parfait dans l'ordre de l'être, est-ce que c'est une notion grecque ? Je ne le crois pas. La doctrine de Pascal serait-elle possible sans elle ? Je ne le crois pas.

M. L. Brunschvicg. — C'est très grave, ce que vous dites, car, en face du dogme de l'infinité de Dieu, il y a, nécessairement, inhérent au plan aristotélicien ou thomiste, le fait que les intermédiaires entre l'homme et Dieu sont en nombre fini, que le monde a son centre en l'homme, que notre terre est aussi un centre par rapport à Dieu. Et si précisément Pascal a été introduit par la science à la découverte de l'infiniment grand et de l'infiniment petit, loin d'y reconnaître ce que vous paraissez y voir, un signe de l'infinité de Dieu, il l'a ressentie comme une cause d'accablement pour l'homme, précisément en raison de l'impossibilité que l'univers physique nous mène à Dieu. Nous sommes perdus dans l'infini. D'une part, la finité des intermédiaires, qui est à la base même de la structure hiérarchique et du dogmatisme achevé du système aristotélicien, permet de concevoir un monde où l'on va, soit par les astres, soit par les anges, de l'homme à Dieu ; d'autre part, l'univers dépeuplé, silencieux de Pascal nous écrase. L'infini avant Copernic, pour saint Thomas, comme après Galilée, pour Pascal, est inhumain, il n'est pas divin.

M. E. Gilson. — Je veux bien. Je suis tout à fait d'accord avec vous pour dire que la notion d'infini joue un autre rôle dans la théologie naturelle de saint Thomas que dans celle de Pascal. Mais la notion d'un Dieu infini leur est commune, et elle est étroitement liée aux spéculations métaphysiques de Pascal, « le mouvement infini, le point qui remplit tout, le moment de repos ; infini sans qualité, indivisible et infini ». Ce que je demande, c'est si la notion même d'infini mathématique, que nous trouvons étroitement liée à la notion de Dieu chez Pascal, ne doit pas certains de ses caractères à l'idée traditionnelle du Dieu chrétien. Il s'agit ici, je le reconnais une fois de plus, d'une de ces grosses questions historiques qu'il est très difficile de résoudre et sur lesquelles les réponses pourraient peut-être diverger. Quoi qu'il en soit, si l'on répondait par l'affirmative, je ne vois pas pourquoi, même chez un homme comme Pascal, on devrait dire que le christianisme absorbe la philosophie au point de supprimer son existence. Je verrais très bien, au contraire, l'acceptation de l'ordre surnaturel, par Pascal, engendrer chez lui un plan philosophique, car il a distingué l'ordre de la pensée de l'ordre de la charité, qui lui est infiniment supérieur.

M. L. Brunschvicg. — Il n'y a chez lui de pensée, à proprement parler philosophique, qu'imprégnée de christianisme dans chacune de ses démarches.

M. E. Gilson. — Il semblerait donc que nous nous rapprochions, d'autant plus qu'en ce qui concerne Malebranche, je suis très heureux de l'éloge que vous en avez fait. Je suis tout à fait persuadé que Malebranche est un philosophe chrétien et un chaînon dans l'histoire de la philosophie chrétienne. Il en représente avec profondeur, quoique non toujours sans quelque partialité, des aspects importants. Par conséquent, sur ce point-ci, je serai tout à fait d'accord avec vous.

APPENDICE II
LE ROLE DE L'HOMME OCCIDENTAL [1]

L'homme occidental, l'homme suivant Socrate et suivant Descartes, dont l'Occident n'a jamais produit, d'ailleurs, que de bien rares exemplaires, est celui qui enveloppe l'humanité dans son idéal de réflexion intellectuelle et d'unité morale. Rien de plus souhaitable pour lui que la connaissance de l'Orient, de tout l'Orient, avec la diversité presque infinie de ses époques et de ses civilisations. Le premier résultat de cette connaissance consistera sans doute à méditer les jugements de l'Orient sur l'anarchie et sur l'hypocrisie de notre civilisation, à prendre une conscience, humiliante mais salutaire, de la distance qui, dans notre vie publique comme dans notre conduite privée, sépare nos principes et nos actes. Et en même temps, l'Occident comprendra mieux sa propre histoire : la Grèce a conçu la spéculation désintéressée et la raison politique en contraste avec la tradition orientale des mythes et des cérémonies. Mais le miracle grec a duré le temps d'un éclair. Lorsque Alexandre fut proclamé fils de Dieu par les Orientaux, on peut dire que le Moyen âge était fait. Le scepticisme de Pyrrhon, comme le mysticisme de Plotin, ne s'explique pas sans un souffle venu de l'Inde. Les « valeurs méditerranéennes », celles qui tour à tour ont dominé à Jérusalem, à Byzance, à Rome, à Cordoue, sont d'origine et de caractère asiatiques, de telle sorte que le retour à l'Orient, que Schopenhauer prêchait à ses contemporains et dont ses compatriotes vantent aujourd'hui l'opportunité serait une tentative pour rajeunir et renouveler, au moins du dehors, le fond oriental de ces valeurs méditerranéennes, bien plutôt que les « liquider ». Quant à l'avenir de l'Occident, il n'est pas ici en cause : une influence préméditée n'a jamais eu de résultats durables, et prédire est probablement le contraire de comprendre. Toute réflexion inquiète de l'Européen sur l'Europe, trahit un mauvais état de santé intellectuelle, l'empêche de faire sa tâche, de travailler à bien penser, suivant la raison occidentale, qui est la raison tout court, de faire surgir, ainsi que l'ont voulu un Platon et un Spinoza, de la science vraie la pureté du sentiment religieux, en chassant les

---

[1] A paru dans les *Appels de l'Orient*, Paris, Émile Paul, « Les Cahiers du Mois », 9-10, février-mars 1925, pp. 14-15.

imaginations matérialistes qui ne font peut-être pas la substance des spéculations orientales, mais qui sont bien, en tout cas ce que l'Occident a toujours reçu de l'Orient.

APPENDICE III
LA MÉTHODE CARTÉSIENNE [1]

I

Il y a une dizaine d'années, la Commission internationale de Coopération intellectuelle était sous la présidence d'un de vos plus illustres compatriotes, le physicien Lorentz, dont la trace demeurera impérissable dans l'histoire de la pensée humaine. Nous avions à dresser une liste des meilleurs livres classés par nationalité. Or, pour définir la nationalité d'un livre, deux thèses s'opposaient : l'une la rapportait à la nationalité de l'auteur suivant son pays d'origine ; l'autre aux frontières de l'État dans lequel l'ouvrage paraissait. Débat tout juridique en apparence, question très délicate en un temps où de grands écrivains sont amenés à exercer leur activité littéraire en dehors de leur patrie.

Le *Discours de la méthode* pourrait servir d'argument, rétrospectif et pacifique, à l'une et à l'autre des parties en présence. C'est un ouvrage français, d'autant plus français que Descartes y revendique l'initiative d'employer la langue maternelle pour traiter de matières que les doctes réservaient alors au latin. Mais c'est aussi un ouvrage imprimé en Hollande, à Leyde, composé chez vous, dans des circonstances où se trouve intimement engagée l'atmosphère que Descartes est venu chercher dans la Hollande du XVIIe siècle.

Atmosphère physique, d'abord ; entre le climat de l'Italie et le climat de la Hollande, Descartes a fait son choix en toute connaissance de cause. Mais surtout, atmosphère morale : *Quel autre pays où l'on puisse jouir d'une liberté si entière* ? A l'heureuse instigation de l'admirable historien de *Descartes en Hollande*, mon collègue et ami Gustave Cohen, cette ligne de Descartes a été gravée sur la façade de la maison qui a été la sienne dans votre ville. Et cette phrase, écrite en mai 1631, dans la grâce prenante — que vous

---

[1] Discours prononcé à Amsterdam le 8 mai 1937 et paru dans *Algemeen Nederlands Tijdschrift voor Wijsbegeerte en Psychologie*, 1937, pp. 1-7.

m'avez permis de goûter à nouveau — du printemps hollandais, tous ceux de mes compatriotes qui eurent le privilège de recevoir votre hospitalité, de nouer avec vous commerce d'affection, la répètent avec le même sentiment de fraternelle admiration. Car cette vertu de liberté, vous avez su la *maintenir*, pure et incorruptible pendant ces trois siècles, à travers les éclipses qui se sont produites chez les autres peuples, qui leur ont valu de terribles épreuves dont vous avez subi la répercussion. Et je me mentirais à moi-même si je ne vous avouais que cette communauté d'âme, tellement profonde et tellement significative, confère un prix infini à la faveur que vous m'avez faite de m'associer à la cérémonie dont Vos Sociétés Amies ont pris la généreuse initiative. Rien n'est plus rare, aujourd'hui, rien n'est plus précieux que de pouvoir redire ensemble, en nous regardant droit dans les yeux, d'homme à homme, la profonde parole de Descartes : « Le libre arbitre nous rend, en quelque façon, semblables à Dieu, en nous faisant maîtres de nous-mêmes, pourvu que nous ne perdions point par lâcheté les droits qu'il nous donne. »

II

Les observations que j'ai à présenter sont simplement préliminaires aux exposés que vont faire Mlle le Dr Serrurier, et le Pr Léo Polak, comme le *Discours* lui-même est une simple préface : *Discours de la méthode pour bien conduire sa raison et chercher la vérité dans les sciences,* précédant *La dioptrique, les météores et la géométrie, qui sont des essais de cette méthode.*

Pour caractériser l'originalité complexe du *Discours* sous son apparence de simplicité ingénue, je prendrai comme thème deux mots bien souvent cités, qui ne sont pas incompatibles, sans doute, mais qui tout de même semblent aller dans des sens assez différents, le mot de Gœthe, disant qu'un *chef-d'œuvre est une œuvre de circonstance* ; le mot de Vigny : *Qu'est-ce qu'une grande vie ? Un rêve de jeunesse réalisé dans l'âge mûr.* Il est curieux d'observer que les deux pensées se rapprochent, se concilient, se limitent, pour s'appliquer au *Discours de la méthode.*

C'est le premier écrit de Descartes. Mais il a déjà 41 ans. C'est un *barbon,* comme on disait au XVIIe siècle ; lui-même, en 1637, l'avoue d'une façon charmante : « Les poils blancs qui se hâtent de me venir m'avertissent que je ne dois plus étudier à autre chose qu'aux moyens de les retarder. » Et ce barbon a été un génie précoce. Par son journal intime, nous savons à quelle date — 10 novembre 1619 — son rêve avait pris corps, en ce « poêle » d'Allemagne où le jeune officier tenait ses quartiers d'hiver. La crise d'enthousiasme dont nous avons conservé le récit avait été préparée par des recherches sur toutes les questions curieuses de la mathématique pure et de la mathématique appliquée, recherches provoquées ou entretenues par son commerce avec Isaac Beeckman dont il avait fait l'heureuse rencontre à Bréda. En apparence, elles étaient dispersées et fragmentaires. Et voici tout à coup que la grande lumière surgit : unité de méthode qui fait que la géométrie sera traitée par l'algèbre, la mécanique par la géométrie, la physique et la biologie par la mécanique.

Descartes écrira, dès les premières lignes de son opuscule inachevé *Règles pour la direction de l'esprit* : « Toutes les Sciences ne sont rien d'autre que la Sagesse humaine, qui demeure toujours une et toujours la même, si différents soient les objets auxquels elle s'applique, et qui ne reçoit pas plus de changement de ces objets que la lumière du soleil de la variété des choses qu'elle éclaire. » Rien de plus, rien de moins. Descartes se révèle tout entier.

Seulement, la limpidité de l'expression risque de dissimuler le renversement de valeurs qui marque, à l'aurore de la civilisation moderne, l'irruption du génie cartésien. L'antique comparaison est abolie, qui veut que l'homme reçoive du dehors la vérité, comme l'œil contemple la lumière. Avec l'idéalisme moderne, l'intelligence devient le foyer même de toute vérité, c'est-à-dire que l'esprit possède une puissance constructive et créatrice, dont nous prenons conscience si nous pensons à la façon dont se constitue la mathématique. Et voici le point capital : il ne s'agira pas de substituer le règne de la mathématique en général au règne de la logique, mais d'opérer une révolution dans la mathématique elle-même en détrônant Euclide aussi bien qu'Aristote. La géométrie d'Euclide est une science naturellement et naïvement axée sur un objet extérieur ; une figure est une réalité spatiale. Mais une équation est une réalité spirituelle ; la mathématique qu'a instaurée Descartes procède du sujet, la théorie des équations se traite par elle-même indépendamment de toute figuration spatiale, l'esprit s'y déploie en toute liberté. Si donc, *techniquement*, Euclide prépare Descartes, *philosophiquement*, la différence est totale. Et on peut évoquer ici le vers de Pierre Corneille, contemporain de René Descartes :

Un grand destin s'achève, un grand destin commence

Qu'on ne nous accuse pas de trop enfler la voix. Le destin qui s'achève, c'est celui du réalisme scolastique, où la philosophie de la nature, par l'intermédiaire de la finalité universelle, semble soutenir la philosophie de l'esprit : ainsi s'établirait du dehors, dans son objectivité pure, la connaissance, non seulement des choses, mais de l'âme et de Dieu, tandis que, chez Descartes, la philosophie de l'esprit commande la philosophie de la nature : c'est du dedans que nous connaissons, non seulement l'âme et Dieu, mais les choses elles-mêmes.

III

Puisque la méthode cartésienne est avant tout unité, on doit attendre que le système issu de cette méthode réponde à ce caractère essentiel d'unité totale. Descartes est le premier à partager cette attente. Il écrit, le 13 novembre 1629, à son confident, le P. Marin Mersenne : « Au lieu d'expliquer un phénomène seulement, je me suis résolu d'expliquer tous les phénomènes de la nature, c'est-à-dire toute la physique. » Pourtant, rien ne ressemblera moins à l'ordonnance totale d'un système que ces trois *Essais* auxquels le *Discours* sert de préface et que le *Discours* lui-même. Que s'est-il donc passé ?

En 1633, l'œuvre était tout près de son achèvement, et nous savons dans quelles conditions, puisque, sous le titre de *Traité du monde ou de la lumière*, elle a fait l'objet d'une publication posthume dès le XVIIe siècle. C'est un assaut net et brutal contre la position scolastique. *Le monde* que Descartes était sur le point de « donner au monde » est un monde nouveau, le monde véritable qui prend la place de l'ancien. Mais, à ce moment, survient l'annonce de la condamnation de Galilée par le Saint-Office. Descartes aima mieux supprimer son ouvrage que de le faire paraître « estropié », sans hésiter à « confesser que si le système de Copernic est faux, tous les fondements de sa philosophie le sont aussi, car il se démontre par eux évidemment » — *fondements de la philoso-*

phie pratique comme de la philosophie spéculative ; car Descartes n'a jamais séparé le désintéressement de la pensée et la générosité du cœur. « Les vérités physiques (écrira-t-il plus tard), font partie des fondements de la plus haute et de la plus parfaite morale. » Et c'est en effet travailler à la perfection de la morale que de détacher l'homme de son centre planétaire, que de rejeter l'erreur qui lui fait croire, dans sa vanité, « que tous ces cieux ne sont faits que pour le service de la terre, ni la terre que pour l'homme ». La condamnation du système héliocentrique demeura pour Descartes le grand événement de sa carrière d'écrivain. Quand le terrible et absurde Recteur d'Utrecht, Gilbert Voët, se dressera contre lui, on verra Descartes y trouver curieusement un motif d'espérer le retour et le repentir des autorités romaines : « Je ne suis pas marri que les ministres fulminent contre le mouvement de la terre, cela conviera peut-être nos prédicateurs à l'approuver. »

Un cas de conscience se posait, pour Descartes. Catholique pratiquant, il refuse de se mettre au travers de la hiérarchie pontificale. Serviteur de la vérité, il redoute de la compromettre sur un terrain qui n'est pas le sien, où un préjugé d'apparence respectable risque de la tenir en échec. Mais, quand on a compris ce que comprenait Descartes, quand on a confiance dans la puissance de régénération humaine qui est inhérente à la vérité enfin conquise, le rêve n'abandonnera pas le rêveur. Il le tient. Et c'est pourquoi Descartes, qui a été dans l'armée, qui a même écrit un traité d'escrime, cherche de nouvelles chances de réussir en attaquant de biais les positions qui ne peuvent être emportées de front. De son système, il détache les deux études de la *Dioptrique* et des *Météores*. Pendant qu'on les imprime, il revient à la *Géométrie*. Et durant la correction des épreuves, il improvise une courte préface, les 78 pages du *Discours de la méthode*, œuvre et chef-d'œuvre de circonstance, suivant la définition de Gœthe, qui ne se comprendrait pas, cependant, sans le rappel de ce lent processus de maturation qui a présidé à sa brusque éclosion.

IV

Le *Discours* est tout gonflé des méditations que Descartes a poursuivies, depuis 1619, dans le domaine de la mathématique, de la physique, de la métaphysique ; mais il est aussi un appel à l'opinion du grand public, comme nous disons aujourd'hui, afin qu'il intervienne pour assurer libre carrière et libre audience à la philosophie nouvelle. On ne lira bien le *Discours de la méthode* que si l'on est averti qu'il est écrit sur deux registres. « J'ai voulu (dit l'auteur), que les femmes mêmes (y) pussent entendre quelque chose, et cependant que les plus subtils trouvent aussi assez de matière pour occuper leur attention. » Et dans la lettre où il sollicite les observations et « corrections » de Constantin Huygens, Descartes demande si sa femme (qui devait mourir quelques semaines plus tard), ne voudrait pas y joindre aussi les siennes : « Je le tiendrais à une faveur inestimable, et je croirais bien plus à son jugement, qui est très excellent par nature, qu'à celui de beaucoup de Philosophes qui souvent est rendu par art fort mauvais. Je ne tire déjà pas peu de vanité de ce qu'elle a daigné écouter quelque chose des *Météores*. »

Nous trouvons dans cette supériorité de la *nature* sur *l'art*, des simples sur les érudits, le souvenir direct de Montaigne. Aussi bien c'est une phrase des *Essais* qui ouvre le *Discours de la méthode* : « Le bon sens est la chose du monde la mieux partagée ; car chacun pense en être si bien pourvu que ceux mêmes qui sont les plus difficiles à contenter en tout autre chose n'ont point coutume d'en désirer plus qu'ils en ont. » Or, Montaigne avait écrit dans l'*Essai* intitulé de la *Présomption* : « On dit communément que le plus juste partage que nature nous aye fait de ses graces, c'est celui du jugement (mot corrigé dans l'exemplaire de Bordeaux, et remplacé par *sens*) ; car il n'est aucun qui ne se contente de ce qu'elle luy en a distribué. »

Il s'agira de donner au *bon sens*, corrompu par les nourrices et les précepteurs, dégénéré en *sens commun* [1], l'arme et l'armature d'une méthode.

Cette méthode, Descartes s'est ingénié à la présenter sous une forme si élémentaire qu'elle semble de pratique courante, d'appli-

---

[1] Cette opposition du *bon sens* et du *sens commun*, DESCARTES l'exprimera plus tard d'une façon singulièrement frappante dans une remarque qu'il communique au P. MERSENNE en parlant d'Herbert de Cherbury : « L'auteur prend pour règle de ses vérités le consentement universel ; pour moi, je n'ai pour règle des miennes que la lumière naturelle, ce qui convient en quelque chose ; car, tous les hommes ayant une même lumière naturelle, ils semblent devoir tous avoir les mêmes notions ; mais il est très différent, en ce qu'il n'y a presque personne qui se serve bien de cette lumière. »

cation naturelle : *s'attacher à l'évidence ; diviser les difficultés ; procéder par ordre, faire des vérifications complètes*. Ces quatre règles sont les lignes les plus populaires de la langue française ; ce sont aussi les plus secrètes. Et, de fait, immédiatement après les avoir énoncées, Descartes a bien soin de renvoyer le lecteur à la mathématique pure, qui considère les rapports et les proportions sans les astreindre à la nécessité d'une figuration spatiale. Le texte ne doit pas être séparé du contexte. Or, le contexte, c'est la *Géométrie* de Descartes, c'est-à-dire l'algèbre en tant que discipline autonome.

On a toujours parlé d'analyse et de synthèse, aussi bien les Péripatéticiens qui ont été les maîtres de Descartes, que les atomistes dont Gassendi était le chef de file. Seulement, chez les uns et chez les autres, l'analyse demeurait tout à fait stérile. Une fois la matière divisée en particules insécables, on ne peut, pour retrouver le tout initial, que juxtaposer arbitrairement des fragments d'espace qui, par eux-mêmes, n'ont pas de structure déterminée. De même, les dévots du syllogisme, qui ont monté de l'individu à l'espèce et de l'espèce au genre, ne peuvent plus redescendre sans emprunter un secours extérieur, puisque de caractères communs aux différentes espèces on ne saurait déduire les caractères propres à chacune d'elles. La synthèse sera donc une opération apparente, sans consistance intrinsèque ; elle se borne à suivre en sens inverse le chemin parcouru par l'analyse.

Considérons, au contraire, un problème de géométrie et proposons-nous de le traiter par l'algèbre. Nous chercherons à le mettre en équation, c'est-à-dire que, grâce au système des coordonnées, nous exprimerons les relations de lignes par des relations de grandeur qui sont prises en elles-mêmes, sans distinction de quantités connues ou de quantités inconnues, de quantités positives ou de quantités négatives. Puis nous combinerons ces équations suivant leur structure propre, par un traitement synthétique, lequel est toute autre chose que le procédé analytique qui a permis le passage de la figure à l'équation : « Si on suppose x égal à 2, ou bien $x - 2$ égal à rien ; et derechef $x = 3$, ou bien $x - 3 = 0$; en multipliant ces deux équations, $x - 2 = 0$ et $x - 3 = 0$ l'une par l'autre, on aura $x^2 - 5x + 6 = 0$, ou bien $x^2 = 5x - 6$, qui est une équation en laquelle la quantité x vaut 2, et tout ensemble vaut 3. »

Rien de commun donc avec la déduction scolastique, et nous

concevons à quel point on se méprend sur le rationalisme propre à Descartes lorsqu'on le ramène à une conception formaliste, rigide et abstraite, du monde et de la réalité. Entre Montaigne et Pascal, Descartes représente précisément la raison du mathématicien, se moquant de la raison verbale du logicien.

Ce n'est pas tout, enfin. Comme il n'y a rien de plus simple que l'équation exprimée sous la forme canonique telle que Descartes l'a dégagée : $x - 2 = 0$, $x - 3 = 0$, nous sommes en face d'une évidence entière. D'autre part, il est facile, en se référant à l'énoncé explicite du problème, au développement régulier des opérations intermédiaires, de s'assurer que rien n'a été omis. Dans un problème suffisamment déterminé, l'objet intelligible que nous avons obtenu au terme de la synthèse rejoint exactement l'objet qui nous était proposé au point de départ de l'analyse.

V

Le génie de Descartes philosophe est inséparable du génie de Descartes mathématicien. La méthode où l'analyse, parce qu'elle est de type mathématique, prépare et explique la fécondité de la synthèse, est parfaite, et elle est universelle. La démonstration de cette proposition fondamentale : *au plus intime de notre pensée se trouvent la source et la garantie de l'universalité*, fera l'objet du *Discours*.

Descartes y esquisse le plan de l'ouvrage que la condamnation de Galilée l'a empêché de publier. Il fait voir comment le chaos s'est débrouillé pour donner lieu à l'ordonnance de l'univers que nous connaissons, sans faire appel à l'imagination de la finalité, en suivant « les lois exactes des mécaniques », lois qui sont toutes géométriques. Quelques mois après la publication du *Discours de la méthode*, Descartes commente lui-même, dans une lettre au P. Vatier, la portée des résultats qu'il estime avoir atteints. La naïveté du génie ne saurait aller plus loin. « J'ai bien pensé, que ce que j'ai dit avoir mis en mon *Traité sur la lumière*, touchant la création de l'univers, serait incroyable, car il n'y a que dix ans que je n'eusse pas voulu croire que l'esprit humain eût pu atteindre jusqu'à de telles connaissances, si quelqu'autre l'eût écrit. »

La vertu de la réduction analytique s'étendra dans le système jusqu'à la biologie. Descartes n'a pas besoin de l'hypothèse *âme* pour rendre compte du comportement animal ; ce qui, dit expressément Descartes, fait ressortir d'autant la différence entre les hommes et les bêtes, et permet ainsi de démasquer l'une des erreurs les plus propres à éloigner « les esprits faibles du droit chemin de la vertu », erreur qui consiste à « imaginer que nous n'avons rien à craindre ni à espérer après cette vie, non plus que les mouches et les fourmis ».

Par là, le *Discours de la méthode* met en relief le double aspect de la pensée cartésienne. En substituant l'intelligence d'un mécanisme rigoureux à la métaphysique illusoire de la finalité, Descartes transforme la physique en science positive, qui comporte une application pratique, destinée à nous rendre *maîtres et possesseurs de la nature*, c'est-à-dire de la nature intérieure comme de la nature extérieure. Du soulagement de la peine des hommes, Descartes passe à la conservation de la vie et à la santé de l'âme : « Même l'esprit dépend si fort du tempérament et de la disposition des organes du corps que, s'il est possible de trouver quelque moyen qui rende communément les hommes plus sages et plus habiles qu'ils n'ont été jusques ici, je crois que c'est dans la médecine qu'on doit le chercher. »

Aussi, on verra le *Discours* se terminer de la façon la plus originale, par un appel de fonds en vue de multiplier les expériences nécessaires ; Descartes sollicite la générosité des particuliers, comme cela devait effectivement réussir, à la fin du XIXe siècle pour notre Institut Pasteur. Et plus tard, même, Descartes se préoccupera de former des techniciens qualifiés en communiquant à son ami d'Alibert le projet d'une véritable *École des Arts et Métiers*. « Les professeurs devaient être habiles en mathématique et en physique, afin de pouvoir répondre à toutes les questions des artisans, leur rendre raison de toutes choses, et leur donner du jour pour leur permettre de faire de nouvelles découvertes dans les arts. Les leçons auraient lieu le dimanche pour permettre à tous les gens de métiers de s'y trouver sans faire tort aux heures de leur travail. »

Seulement, pour bien comprendre Descartes, il faut ajouter immédiatement que cette confiance dans le progrès de la technique marque le triomphe de l'esprit sur la matière. C'est la pensée qui soutient l'édifice de la science, non la pensée singulière d'un homme, mais la pensée humaine en général.

Sans doute, l'auteur du *Discours* commence par parler de lui à la première personne, il fait un récit direct de son « éducation manquée » pour justifier son détachement à l'égard de la philosophie scolastique, telle qu'il l'avait reçue de ses maîtres de La Flèche — *confession d'un enfant du siècle*, d'autant plus curieusement significative qu'il désirait que sa publication demeurât anonyme.

Mais, quand il arrive à la partie positive de sa doctrine, ce n'est plus sur le *moi* de René Descartes que porte la réflexion analytique, c'est sur le sujet impersonnel de la pensée qui supporte le monde, et dont la source en Dieu est attestée par l'intériorité d'une intuition tout intellectuelle. J'emprunte l'expression, si proche de nous qu'elle paraisse, au commentaire que Descartes lui-même donne dans une lettre de mai 1637 : « En s'arrêtant assez longtemps sur cette méditation, on acquiert peu à peu une connaissance très claire et, si j'ose ainsi parler, intuitive, de la nature intellectuelle en général, l'idée de laquelle, étant considérée sans limitation, est celle qui nous représente Dieu et, limitée, est celle d'un ange ou d'une âme humaine. »

Telle est la lumière que le *Discours* nous apporte sur l'unité de l'homme et de l'œuvre, concentrée ici d'une façon qui semblerait bien insuffisante si ce n'était un simple prélude à ce que Mlle Serrurier nous dira de l'homme, à ce que M. Léo Polak nous dira de l'œuvre.

APPENDICE IV
LE IIIe CENTENAIRE DU « DISCOURS DE LA MÉTHODE »[1]

Les Commémorations de saint Augustin en 1930, de Hegel en 1931, de Gœthe et de Spinoza en 1932, nous ont valu un concert d'efforts pour examiner à nouveau, sous leurs différentes perspectives, des œuvres aussi considérables par la continuité de leur influence que par leur portée intrinsèque. Descartes, cette année, a largement joui de la même faveur grâce, en particulier, à l'amabilité du Comité qui a permis que le Congrès international de Philosophie se tînt à Paris sous le patronage de Descartes, et qu'il y célébrât le IIIe Centenaire du *Discours de la méthode*. Un

---

[1] Paru dans *Philosophia*, Belgrade, 1937, vol. II, fasc. 1-4, pp. [245]-250.

nombre considérable de communications fut consacré à élucider les points controversés, les détails obscurs du système, s'ajoutant à des traductions de livres, à des fascicules exceptionnels de revues, à des traductions du *Discours*, illustrés enfin par une Exposition à la *Bibliothèque Nationale de Paris*, aussi pleine d'attraits pour le profane que de révélations pour l'érudit.

De tout cela une moralité se dégage, qui pouvait être prévue à l'exprimer en gros, puisqu'elle se résume dans l'aphorisme stoïcien : « Toute chose a deux anses. » Toute doctrine a un *endroit* et un *envers*, un *endroit* pour qui travaille à la comprendre, un *envers* pour qui désire avant tout la réfuter.

Nous essayerons seulement de préciser.

Vu à l'endroit, le rationalisme cartésien se constitue comme une philosophie d'expansion illimitée. L'intuition claire et distincte de l'infini en est le thème essentiel. La métaphysique d'Aristote reposait sur une conception finitiste du monde qui, avec les écoles de théologie médiévales, s'était infléchie dans le sens d'un anthropocentrisme de plus en plus rétréci et mesquin. Elle triomphait en apparence ou, tout au moins, elle se maintenait sans peine, tant qu'elle n'avait pour antagoniste que l'atomisme traditionnel. Mais avec le mécanisme cartésien l'univers n'a plus de bornes. Aucune voix humaine n'y vient rompre « le silence éternel des espaces infinis ». Or, cela même qui déconcerte l'intérêt de votre individu, naïvement installé au centre du monde, marque un progrès de la spiritualité pour autant qu'elle implique avec la recherche scrupuleuse du vrai la générosité du caractère. La condamnation du système héliocentrique qui a tant ému Descartes, venant de l'Église à laquelle il était sincèrement attaché, n'est pas seulement à ses yeux un contre-sens scientifique, elle est surtout un contre-sens religieux ; car « les vérités physiques font partie des fondements de la plus parfaite morale ». Et n'est-ce pas une « présomption impertinente » que de se figurer « qu'au delà des cieux il n'y a que des espaces imaginaires et que tous ces cieux ne sont faits que pour le service de la terre, la terre que pour l'homme ».

Ce n'est pas tout : derrière Descartes physicien, il y a Descartes mathématicien. Il ne se contente pas de réduire l'ensemble des phénomènes matériels et vitaux à un jeu de combinaisons que la considération de l'étendue est en état d'épuiser ; l'étendue elle-même se trouvera réduite et dominée par l'activité pure de la pensée, telle qu'elle se déploie en algèbre grâce à la puissance constructive de l'analyse que personne, jusqu'à Descartes, n'avait réussi à dégager en pleine lumière et qui définit désormais l'arme de l'intelligence pour la conquête de la vérité du monde. Le spatial apparaît comme le reflet de l'intellectuel, ainsi qu'en témoigne la correspondance terme à terme entre les propriétés des équations et les propriétés des courbes. L'antithèse Aristote-Descartes se double de l'antithèse Euclide-Descartes ; ce qui signifie qu'à l'intérieur même de la science positive la contrariété fondamentale n'est plus entre le mécanisme et le dynamisme, mais entre le dynamisme et le spiritualisme.

La spiritualité de la mathématique cartésienne qui, par delà les paradoxes surannés de Zénon d'Élée a rendu évidente la transparence intellectuelle du continu, prélude à la spiritualité de la métaphysique, que nous assure la possession claire et distincte de l'infini.

Depuis l'essor du Romantisme les mots d'« intuition » et d'« infini », évoquent trop souvent des états de rêves et d'angoisse, tout proches de la confusion primitive. Chez Descartes, chez les purs Cartésiens, la certitude tranquille du métaphysicien s'appuie à la certitude tranquille du mathématicien, qui n'aurait pas pu créer la vérité d'une science exacte et positive si sa pensée n'avait pas été capable d'une expansion spontanée qui ne saurait connaître de limite. Pas plus que le doute, simple phase de transition pour séparer de sa caricature scolastique, l'intelligence authentique de la raison, le *Cogito*, considéré comme acte purement psychologique, n'est la base vraiment fondamentale du cartésianisme. Et c'est ce que Descartes proclame dans cette déclaration qui est au centre des *Méditations* : « J'ai en quelque façon premièrement en moi la notion de l'infini que du fini, c'est-à-dire de Dieu que de moi-même. » Et une lettre de mai 1637 montre quelles racines cette conception, si peu cartésienne aux yeux de ceux qui jugeraient Descartes par « prévention » et « précipitation », avait dans l'esprit de son auteur : « En s'arrêtant assez longtemps sur cette méditation, on acquiert peu à peu une connaissance très claire et, si j'ose ainsi parler, intuitive, de la nature intellectuelle en général, l'idée de laquelle, étant considérée sans limitation, est celle qui nous représente Dieu et,

APPENDICES

limitée, est celle d'un ange ou d'une âme humaine. »

Bref, l'analyse cartésienne doit sa puissance créatrice à ce qu'elle est indivisiblement mathématique et réflexive. En isolant ces caractères l'un de l'autre, on se condamnerait à détruire l'équilibre de la doctrine qui repose sur la dérivation commune de l'intelligibilité de l'univers et de l'universalité du sujet pensant à partir de cette idée de l'infini immanente à la raison de l'homme et qui atteste la présence de Dieu.

Seulement, une fois reconnu le rôle souverain de l'intuition, il convient d'ajouter immédiatement que Descartes par les détours auxquels il se résigne pour divulguer sa doctrine prêtait de lui-même aux malentendus ; et il ne faudrait pas seulement incriminer le renversement d'ordre auquel il s'est résigné dans ses exposés et qu'il avoue au cours de son entretien avec Burman.

Il y a autre chose encore : la méthode est féconde parce qu'elle proclame dans ses règles essentielles (*deuxième et quatrième*), la relativité d'une analyse régressive et d'une synthèse progressive qui fait que leur travail réciproque doit se poursuivre à l'infini. Mais par la *première* règle, qui invoque l'absolu de l'évidence, par la *quatrième*, qui prescrit le dénombrement exhaustif, Descartes prétend leur imposer un achèvement immédiat qui l'entraîne à user de son génie pour boucher hâtivement, et superficiellement, les trous. Il recourt à des expédients qui vont à contre-sens de l'intuition spécifiquement cartésienne et où les commentateurs auront beau jeu à retrouver la tradition de l'enseignement scolastique.

La spiritualité cartésienne se réfère à la pureté de l'intuition intellectuelle. Or, voici que cette pureté se trouve irrémédiablement compromise par l'impossibilité de comprendre l'« union » qui, cependant, ne peut se produire que dans l'espace, d'une substance corporelle et d'une substance immatérielle, inétendue par définition. D'autre part : la physique mathématique de Descartes, en dépit ou en vertu de la puissance imaginative de son auteur, demeure une affirmation de principe, un souhait pieux ; la liaison n'y est pas effectivement établie entre la représentation mécanique et la combinaison algébrique, fut-ce même avec le calcul élémentaire. Enfin le recours à la liberté insondable de Dieu atteint dans sa racine même l'assurance de raison sur quoi se fondait toute la métaphysique.

A tout point de vue, donc, sa philosophie des idées claires et distinctes, prise dans la lettre de ses solutions, se retourne contre soi. Descartes donne de la besogne à ses successeurs.

II

Les uns comme Spinoza et Malebranche sont de vrais disciples, reconnaissables dans leurs interprétations, d'ailleurs divergentes et même opposées, de la science et de la religion, à ce trait essentiel qu'ils prennent également pour principe l'intellectualité absolue et l'intuition de l'infini.

Le rapport de Leibniz à Descartes sera beaucoup plus complexe, et il engendrera pour l'avenir de graves confusions.

En un sens, Leibniz va plus loin que Descartes dans la voie que Descartes avait ouverte. Mathématicien, mécanicien, métaphysicien, il brise par des inventions de génie les cadres dans lesquels Descartes avait enfermé l'application de sa méthode, présumant qu'il avait atteint d'un coup les bornes de l'esprit humain. Le calcul infinitésimal succède à l'algèbre, et Leibniz peut écrire : « Ce que j'aime le plus dans ce calcul, c'est qu'il nous donne les mêmes avantages sur les anciens dans la géométrie d'Archimède que Viète et Descartes nous ont donné dans la géométrie d'Euclide ou d'Apollonius en nous dispensant de travailler avec l'imagination. » De même, Leibniz dénonce l'« erreur mémorable » de la mécanique cartésienne, reconnaissant toutefois que par delà subsiste une vérité plus profonde que cette erreur même : la découverte d'un principe conservatif qui préside à l'unité rationnelle du monde. Et la théorie de la monade approfondit le *Cogito* en y intégrant les « petites perceptions », comme Spinoza l'avait fait pour les « idées inadéquates ». Elle rend plausible l'aphorisme cartésien, qui était un paradoxe pour Descartes lui-même, suivant lequel l'âme pense toujours.

En ce sens, donc, Leibniz apparaît dans l'histoire comme un *post-cartésien*, un *ultra-cartésien*. Mais ces diverses thèses ne seront encore, dans l'ensemble de son système, que des moyens en vue d'une doctrine finale, qui est *précartésienne* et même *anticartésienne*.

L'intelligibilité conquise de l'infini lui sert de base pour assouplir la logique d'Aristote et revenir par un détour du jugement de *relation* au jugement de *prédication*.

L'expression de la force vive, qui resserre le lien de la nécessité mécanique, encore flottant chez Descartes, se trouve, par un jeu magique de concepts qui recouvre un rapprochement purement verbal, rejoindre sur le plan du sentiment intérieur la notion dynamique de l'âme, telle que Leibniz l'avait reçue de son enfance scolastique. Enfin, il est remarquable que Leibniz fasse grief à Descartes de s'être arrêté devant l'évidence et la simplicité de l'idée de l'infini, d'avoir posé Dieu comme l'objet d'une intuition immédiate. Et, en effet, tandis que Descartes se déclare d'accord avec saint Thomas contre saint Anselme pour récuser la légitimité d'une démonstration purement logique de l'existence de Dieu, c'est dans l'absolu même que Leibniz subordonne délibérément l'intuition à la déduction.

Le primat de la déduction commande l'image sous laquelle, avec le magistère de Wolff, le rationalisme sera présenté au XVIIIe siècle allemand, et par contre-coup il décidera de quelques-uns des caractères de la critique kantienne. C'est en un sens, une réaction contre une réaction, un retour par suite aux bases de la pensée moderne. Kant se retrouve avec Descartes pour s'opposer à l'absorption des mathématiques dans la logique, pour appuyer aux principes du connaître la métaphysique de la nature, pour dénoncer l'abus de raisonnement, le sophisme véritable, que l'on commet en attribuant une portée ontologique à un argument d'ordre uniquement conceptuel.

Seulement, faute de contact direct avec la science et la métaphysique de Descartes, Kant est demeuré à moitié chemin dans la voie de sa propre critique. Il n'a considéré dans la synthèse *a priori* des mathématiciens que la géométrie d'Euclide et l'arithmétique de Pythagore, sans soupçonner la portée et la fécondité de l'analyse nouvelle, sans en relier le développement interne à l'activité du *Cogito*, qui restera, pour lui, emprisonné dans les cadres formels d'une catégorie. Il a échoué à constituer une psychologie positive, qui aurait été à la psychologie dite rationnelle ce que la physique newtonienne est à la cosmologie rationnelle. Et de même, son Dieu posséderait bien les attributs moraux que la *Critique de la raison pratique* et la *Critique du jugement* tendent à lui reconnaître si la *Critique de la raison pure* n'avait enlevé par avance à l'idée de ce Dieu toute possibilité d'existence effective.

L'ombre de la *Dialectique* précartésienne pèse sur la position du problème kantien et empêche l'*Analytique* d'aller jusqu'au bout de son inspiration. Kant est mi-cartésien, mi-scolastique : ce qui ne veut pas dire qu'il s'agisse de franchir les siècles pour revenir en arrière. Rien ne serait plus vain que d'échanger un système du passé contre un autre système du passé, alors que la raison même de la méthode est de nous pousser en avant. Mais peut-être ce progrès s'éclairera-t-il par les deux remarques complémentaires qui ressortent de notre exposé : il a fallu l'avènement de la critique kantienne pour corriger Descartes et les cartésiens de leur terminologie réaliste ; il faut retrouver le sens de l'analyse mathématique et de l'analyse réflexive pour rendre toute leur souplesse, toute leur fécondité aux vues profondes et originales de Kant sur la connexion de la raison et de l'expérience.

APPENDICE V
IIIᵉ CENTENAIRE DE LA NAISSANCE DE SPINOZA [1]

M. Léon BRUNSCHVICG. — il suffit de nous rappeler que l'auteur de l'*Éthique* est aussi l'auteur du *Tractatus theologico-politicus*, pour nous convaincre qu'aux yeux de Spinoza, il y a aussi deux sources de la morale ou de la religion, une source sociologique et une source philosophique. Le passage de l'Ancien Testament au Nouveau, c'est l'affranchissement de la loi par l'intériorité, par l'universalité de l'amour intellectuel. Et le même sentiment qui inspirait Spinoza au lendemain des guerres de religion se retrouve chez M. Bergson au lendemain de la guerre mondiale, le même regard pessimiste sur l'histoire : cet élan des fidèles et des Églises pour réaliser l'unité du genre humain, pour proclamer la paix définitive par la charité, l'avènement d'un catholicisme répondant à la vérité de son titre, n'a pas rendu moins aiguës et moins violentes, tout au contraire, les rivalités de croyances et de confessions, les

---

[1] Ce texte est extrait de la discussion engagée à la Société française de Philosophie à la suite d'un exposé de M. C. GEBHARDT sur le spinozisme considéré comme *religio metaphysica*. — *Bulletin de la Société*.... décembre 1932, 32ᵉ année, n° 5, séance de 26 novembre 1932, pp. 179-180.

querelles fratricides entre les cultes et à l'intérieur de chaque culte comme entre les nations et à l'intérieur de chaque nation.

La cristallisation et la consécration d'une formule dogmatique, la prétention à l'autorité spirituelle et à l'infaillibilité détruisent dans sa racine la vie religieuse ; c'est-à-dire, suivant la parole même de Spinoza, *determinatio est negatio*. La fin est donc la même pour les deux philosophes : qu'il n'y ait plus de frontière entre les hommes, plus de haine dans les cœurs, plus de séparation dans les esprits. Mais ils s'opposent dans leur façon d'envisager les moyens. Suivant Spinoza, la puissance d'expansion infinie qui empêchera que l'homme s'abandonne à la fatalité de l'instinct, qu'il continue à dresser pierre contre pierre, Église contre Église, c'est la raison, tandis que M. Bergson, sans proscrire assurément l'intelligence, en restreint la part et fait appel à l'apparition imprévisible, en soi déconcertante, du génie mystique. Il faut bien réserver l'avenir ; mais, jusqu'ici, en le considérant, non seulement en Occident où il est resté un phénomène exceptionnel, limité à des cercles de plus en plus restreints, mais en Orient, où il a passé de la virtualité à l'acte, du rêve à la réalité, l'expérience apparaît décevante ; l'âme mystique ne cesse de se débattre contre elle-même, partagée entre le goût et l'amertume de la solitude, entre l'horreur et la nostalgie du néant. Il me semble que la vérité du *Banquet* demeure, qui ne veut voir dans l'enthousiasme mystique qu'un moment préparatoire à la possession lumineuse, à la plénitude unitive du savoir ; et c'est de cette même vérité que l'*Éthique* s'inspire lorsqu'elle fonde sur une exigence de raison la spiritualité pure de la joie et de l'amour.

ISBN : 978-3-98881-993-2

www.ingramcontent.com/pod-product-compliance
Lightning Source LLC
LaVergne TN
LVHW040039080526
838202LV00045B/3405